中国社会科学院创新工程学术出版资助项目

中国企业管理研究会社会责任专业委员会

责任采购管理

SOCIALLY RESPONSIBLE PROCUREMENT
MANAGEMENT

肖红军 王晓光 李伟阳 著

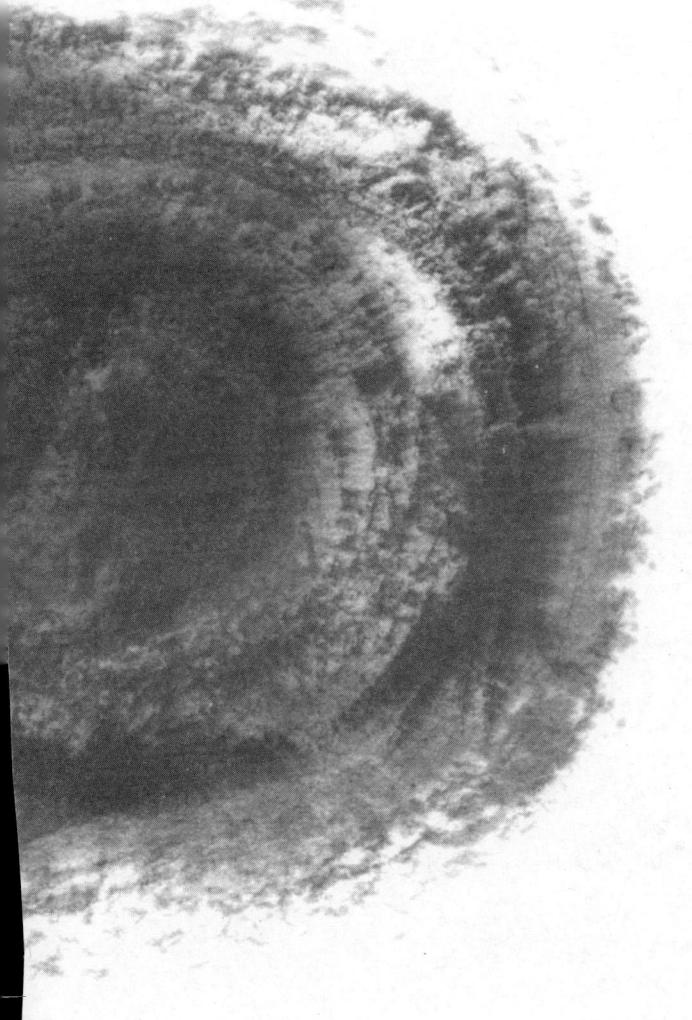

经济管理出版社
ECONOMY & MANAGEMENT PUBLISHING HOUSE

图书在版编目（CIP）数据

责任采购管理/肖红军，王晓光，李伟阳著. —北京：经济管理出版社，2014.11
ISBN 978-7-5096-3472-1

Ⅰ.①责… Ⅱ.①肖… ②王… ③李… Ⅲ.①企业管理—采购管理 Ⅳ.①F274

中国版本图书馆 CIP 数据核字（2014）第 266162 号

组稿编辑：申桂萍
责任编辑：宋　凯
责任印制：司东翔
责任校对：张　青

出版发行：经济管理出版社
　　　　　（北京市海淀区北蜂窝 8 号中雅大厦 A 座 11 层　100038）
网　　址：www.E-mp.com.cn
电　　话：（010）51915602
印　　刷：三河市延风印装厂
经　　销：新华书店
开　　本：720mm×1000mm/16
印　　张：21.5
字　　数：374 千字
版　　次：2014 年 11 月第 1 版　2014 年 11 月第 1 次印刷
书　　号：ISBN 978-7-5096-3472-1
定　　价：69.00 元

·版权所有　翻印必究·
凡购本社图书，如有印装错误，由本社读者服务部负责调换。
联系地址：北京阜外月坛北小街 2 号
电　话：（010）68022974　邮编：100836

前　言

近年来，随着我国经济的持续高速增长，各种社会问题特别是与企业生产经营相关的问题也日益突出。例如，仅在食品安全、医药卫生、员工权益等关系人民生命健康安全和基本权益保护直接相关的领域，就连续发生了多起在中国乃至国际社会产生重大影响的事件，包括河北三鹿集团的三聚氰胺事件、肯德基公司的苏丹红事件、浙江新昌药用毒胶囊事件、深圳富士康员工跳楼事件、上海福喜过期劣质肉事件、江苏昆山中荣公司生产车间粉尘爆炸事件等。减少和杜绝此类事件的再次发生，化解由此产生的社会矛盾，不仅是政府、社会高度关注的热点，也是相关企业义不容辞的责任。

回顾上述事件的新闻报道和讨论，我们可以看到，"供应商"是其中使用频率最高的词汇之一。涉案企业要么本身就是供应商，要么是采购商使用了供应商提供的不合格产品，给自身以及最终消费者带来了严重的损害。究其原因：一方面是采购商没有全面认真执行产品质量控制或供应商管理的制度规定，给供应商以可乘之机；另一方面是供应商缺乏基本的道德与法律意识，违背国家有关法律法规要求，为赚钱不择手段，导致灾难的不断发生。例如，2014年8月发生的昆山中荣公司粉尘爆炸事件，中荣公司已经连续十几年作为美国通用汽车公司的供应商为其提供汽车轮胎轮毂。按照规定，通用汽车的供应商需要通过ISO9000、ISO14001、OHSAS18000等管理体系的认证，并由专门的认证机构每年对供应商的管理体系运行情况进行审验，但这些都没有使中荣公司长期存在的安全生产问题得到解决。而中荣公司为了降低成本，拒不在抛光车间投资新上通风除尘设备，恶劣的生产条件在给员工身心造成伤害的同时也带来了严重的安全生产隐患，并最终酿成数百人伤亡的惨剧。由此可以看出，企业采购环节社会责任履行的好坏直接影响着企业的社会形象乃至生存发展。因此，加强责任采购管理，提高采购商与供应商的社会责任管理能力和管理水平，就成为当前我国企业界必须高度重视的工作。

事实上，责任采购在全球的发展已经有几十年的历史。从20世纪80年代开始,西方社会公众环保意识的提高对企业及其产品提出了更高的环保要求,跨国企业纷纷在采购中提出环保要求,形成了所谓的"绿色采购";同时,对"血汗工厂"的声讨以及随之形成的以尊重和保护劳动者权益为核心的跨国公司生产守则运动在全球不断发展。这两大运动在发展过程中逐步融合,最终形成了我们今天谈论的责任采购。因此,也可以说责任采购的发展是全球社会责任运动发展的重要动力和关键内容。

当前,欧美发达国家的跨国公司普遍开展了供应商审查,即"验厂"。现在全球每年有数万家采购商进行供应商审查,验厂的次数多达数以百万计。通过验厂已经成为外贸加工企业获得生产订单的基本前提,这极大地改变了全球企业贸易的规则,即负责任的生产成为与产品价格、质量、交货期同步考虑的重要因素。而通过强化采购管理,阿迪达斯、耐克、惠普、沃尔玛等全球采购商在有效控制生产成本与交货周期的同时,也大大降低了所面临的社会与环境风险,赢得了良好的社会声誉,成为企业增强全球竞争的重要手段。比如,沃尔玛于2008年10月召集1000多家供应商参加其全球可持续发展峰会,提出将建立"世界领先的高价值可持续发展供应链",即对环境和社会发展负责任的全球供应链。该公司在中国也明确提出了四个方面的目标,包括:提高可持续发展意识并在构建更加绿色的供应链方面为中国政府提供支持;与致力于提高能效并保护环境的供应商共同成长;在发展业务的同时,减少碳的排放量,减缓全球变暖;建立统一的工厂审核标准来监督在社会和环境方面的业绩,促进最佳实践在业界的推广。为了实现上述目标,沃尔玛做出了三个方面的承诺,包括:确保在中国100%的供应商取得显著节能成果并达到或超过中国政府对环保的要求以及相关道德规范;到2012年,提高供应商能源效率以及织物厂节水率20%,降低10%的二氧化碳排放量,同时使尾气排放量减少25%,燃料消耗减少10%~15%;建立统一的工厂审核标准以提高审核效率并于2009年12月开始工厂改进协作。同时,沃尔玛相应开展了一系列活动与项目,以保证上述目标的实现。这些企业行为有力地提高了沃尔玛在中国公众中的形象,改善了其与供应商的关系,增强了企业的竞争力。

责任采购在我国的发展是随着出口加工企业的迅速发展、跨国公司对供应商进行审验于20世纪90年代产生发展起来的,这也是我国企业将社会责任理念要求与企业的经营管理结合起来的开端,但当时主要是被动地接受跨国采购商的验厂,对责任采购的理解也更多地停留在克服贸易壁垒、竞争外商订单的层面。近年来,越来越多的跨国经营的中资企业,如华为、深南电路等在学习借鉴国际领先企业采购管理经验的基础上，也开始对供应商进行社会责任方面的审验，以保证供应商提供的产品符合企业的社会责任理念、政策与目标市场客户和公众的要求，并取得了良好的效果。例如，华为公司对其采购的整个流程及供应商的运营管理都提出了明确的社会责任要求，并进行审查，保证了企业顺利地进入包括发达国家在内的全球市场。

但从总体上来看，我国开展责任采购的企业数量仍然偏少，即使是一些已经连续多年发布社会责任报告的企业，其在责任采购领域的表现仍然乏善可陈，很多企业社会责任报告中缺乏责任采购相关内容的披露就足以说明这个问题。其中，一部分原因在于推动我国企业履行社会责任的社会氛围尚未完全形成，公众、媒体等对企业在采购方面的表现并未提出严格的要求，企业在这方面受到的压力不大；另一部分原因在于我国企业的经营理念、管理水平、管理能力与国际先进企业还有较大的差距，对供应商在社会、环境领域的表现对企业的影响认识不足，也缺乏相应的供应商管理经验与方法。因此，尽管经过了20多年的发展，我国企业的责任采购管理仍处于起步阶段，还需要进行大量宣传推广的工作。

实际上，从国内外先进企业的实践经验来看，企业实施责任采购管理不仅是对外部社会要求的回应，在更大程度上也是企业提升竞争力、实现自身可持续发展的要求。主要表现在三个方面：

一是提升企业的价值链竞争力。责任采购要求采购商与供应商建立更加密切的联系，采购商要将其社会责任的理念传播给供应商并达成共识。这样，双方能够对企业发展与社会发展的关系形成一致的认识，在新产品研发、生产制造等环节基于共同的目标与理念实现紧密的合作，更好地满足社会需求，大大提高工作效率。同时，采购商有责任帮助供应商解决合作中存在的问题，改进生产技术、完善管理体系、提高管理水平。这也在很大程度上保证了供应商的产品生产和供应能力，从而有助于提高采购商的供应链管理水平，控制采购成本，提高对市场变化的适应能力。如德国巴斯夫公司的"1+3"社会责任项目，巴斯夫公司分别选择一家供应商、物流服务商和客户进行合作。项目通过自我评估、组建专家团队以及"我看安全"（由巴斯夫责任关怀专家前往各个项目伙伴生产基地实地考察并提出改善建议）等行动，帮助合作伙伴在环境保护、运输安全和应急响应等领域取得显著改进，目前已有140多家国内外企业参与到项目中来。通过该项目，巴斯夫公司大大提高了其产业链的合作水平，大大减少了产业链企业在生产、运输环节的事故数，有效地降低了因事故可能给企业造成的损失。

二是增强企业的风险防控能力。采购商与供应链企业有着密切的合作与联系，社会公众通常认为采购商对供应商有着巨大的影响力，应当将供应商包括在其责任边界之内。因此，采购商应当对供应商的行为承担一定的责任。这样，一旦供应商出现社会责任方面的问题，无论其是否与采购商有关，都会对采购商的社会形象乃至股价产生影响。富士康公司发生员工连续跳楼事件后，苹果公司的股价明显受到影响而走低就是例证。因此，通过实施责任采购，提高供应商合规运营管理的能力，能够减少采购商的社会环境风险，提高其风险的管控能力。

三是改善企业的外部发展环境。企业履行社会责任的重要任务就是处理好企业与内外部利益相关方的关系，协调平衡不同利益诉求，赢得利益相关各方的认可。实施责任采购管理也包括和与采购活动相关的利益各方进行充分的信息沟通与交流，促进企业与各方间的理解与信任，从而促进企业外部发展环境的改善，提高企业的持续发展能力。

目前，国内与责任采购相关的理论与实践研究还比较少，本书作者近年来进行了大量与企业特别是大型企业责任采购相关的理论研究与咨询实践，本书也是国内第一本对责任采购管理进行专题研究的论著，作者力图通过简明通俗的语言将当前企业的责任采购理论与实践进行系统的介绍，针对企业实际工作中存在的各种问题与困难提出改进的意见建议，推动更多的企业开展负责任的采购，提高企业的可持续发展能力。

本书总体上分为三个部分，分别从理论、标准和实践三个层面对企业责任采购管理进行系统论述。其中，理论篇对责任采购管理的概念与管理模式演变、相关基础理论以及如何构建责任采购管理体系进行了重点阐释。标准篇就涉及责任采购管理的国内外标准指南，如国际标准化组织《组织社会责任指南(ISO26000)》、全球报告倡议组织《可持续发展报告指南4.0》、SA8000、《跨国公司行为准则》及企业管理体系ISO9000、ISO14001、OHSAS18000等针对责任采购的要求进行了全面介绍，还对供应链管理国际标准指南中的社会责任要求进行了解读。实践篇对英国石油公司、法国电力集团、德国意昂集团、巴斯夫集团、美国通用电气公司、韩国三星电子有限公司以及中国的华为投资控股有限公司、联想集团有限公司、宝钢集团有限公司九家国内外领先企业的责任采购实践进行了全面系统的分析，为企业开展责任采购管理提供参考与借鉴。

目 录

理论篇 THEORY PART

概　览 ·· 2

第一章　责任采购管理的概念及模式演变 ·· 3
　　第一节　责任采购管理的含义与特征 ·· 3
　　第二节　采购管理模式的演进及其社会责任审视 ······························ 11

第二章　责任采购管理的理论基础 ·· 28
　　第一节　供应链管理理论 ··· 28
　　第二节　可持续发展理论 ··· 31
　　第三节　企业社会责任及相关理论 ·· 36
　　第四节　企业社会责任管理理论 ·· 44

第三章　责任采购管理体系的构建 ·· 50
　　第一节　责任采购管理的实施范式与框架 ······································· 50
　　第二节　推动社会责任融入采购活动 ··· 53
　　第三节　开展负责任的供应商管理 ·· 65
　　第四节　责任采购管理的保障体系 ·· 72

标准篇 STANDARD PART

概　览 ·· 80

第四章　社会责任与企业管理体系国际标准指南中的责任采购规范 ············ 81

第一节　ISO26000 中的责任采购规范 ·· 81

第二节　G4 中的责任采购规范 ·· 90

第三节　其他重要社会责任国际标准中的责任采购规范 ······························ 94

第四节　企业管理体系国际标准中的责任采购规范 ···································· 100

第五章　供应链管理国际标准指南中的责任采购规范 ································ 105

第一节　联合国全球契约《可持续供应链》中的责任采购规范 ·················· 105

第二节　联合国全球契约《供应链责任管理指南》中的责任采购规范 ·· 124

第三节　国际商会《供应链责任指南》与《责任采购指南》中的责任采购规范 ·· 128

第四节　绿色和平组织《负责任采购政策》中的责任采购规范 ·················· 136

实践篇 PRACTICE PART

概　览 ··· 142

第六章　国际一流企业责任采购管理实践 ·· 143

第一节　英国石油公司的责任采购管理实践 ··· 143

第二节　法国电力集团的责任采购管理实践 ··· 161

第三节　德国意昂集团的责任采购管理实践 …………………… 182
第四节　巴斯夫集团的责任采购管理实践 ………………………… 199
第五节　美国通用电气公司的责任采购管理实践 ………………… 215
第六节　韩国三星电子有限公司的责任采购管理实践 …………… 232

第七章　国内一流企业责任采购管理实践 … 257

第一节　华为投资控股有限公司的责任采购管理实践 …………… 257
第二节　联想集团有限公司的责任采购管理实践 ………………… 287
第三节　宝钢集团有限公司的责任采购管理实践 ………………… 304

参考文献 ……………………………………………………………… 323

后　记 ………………………………………………………………… 333

责任采购管理

理 论 篇

概　览

责任采购管理的含义与特征
√ 采购的含义
√ 采购管理的含义
√ 社会责任的含义
√ 责任采购的含义
√ 责任采购管理的含义
√ 责任采购管理的特征

责任采购管理的模式演变
√ 传统采购管理模式
√ 战略采购管理模式
√ 供应链采购管理模式
√ 绿色采购管理模式
√ 责任采购管理模式

责任采购管理的理论基础
√ 供应链管理理论
√ 可持续发展理论
√ 企业社会责任理论
√ 利益相关方理论
√ 社会契约理论
√ 社会责任管理理论

责任采购管理体系的构建
√ 责任采购管理的实施范式与框架
√ 推动社会责任融入采购活动
√ 开展负责任的供应商管理
√ 责任采购管理的保障体系

第一章　责任采购管理的概念及模式演变

科学界定责任采购管理的概念是构建责任采购管理体系的基础，也是在实践中推行责任采购管理模式的前提。而系统梳理采购管理的思想演变脉络，正确认识责任采购管理是采购管理发展的必然方向和新阶段，则是深入探究责任采购管理模式的基本动力。

第一节　责任采购管理的含义与特征

一、采购的含义

采购是一种时时发生并且处处可见的经济行为。无论是经济组织还是非经济组织，其运营都离不开从外部获取所需的有形物品和无形服务，而对于个人，为了生存也必然会购买所需的商品或服务，这些都涉及采购问题。尽管如此，通常所说的采购概念主要是指组织的商业购买行为。

虽然采购已经成为一个大家都耳熟能详的术语，也是普遍存在的一种组织经营活动，但学术界和企业界对于采购的定义与内涵理解却"仁者见仁，智者见智"。总体上可以分为狭义观点和广义观点，前者是指以购买的方式获得所需的物品或服务，后者还包括通过租赁、借贷、交换等方式取得物品或服务的使用权（朱虹宇，2010）。

表1-1　部分学者对采购的定义

观点	作者	对采购的定义
狭义观点	Porter（1985）	指购买用于企业价值链各种投入的活动，采购既包括企业生产原料的采购，也包括支持性活动相关的购买行为
	张建良（2007）	狭义的采购，是指以购买的方式，由买方支付对等的代价，向卖方换取物品的行为过程，在买卖双方的交易过程中，一定会发生所有权的转移及占有

续表

观点	作者	对采购的定义
狭义观点	朱虹宇（2010）	狭义的采购就是买东西，即以购买的方式获得所需物品。这种以货币换取物品的方式，是最普通和普遍的采购途径
	张文杰（2014）	是企业得以顺利运转的前提，即企业对各个供应商提供的原材料或者服务的报价情况以及效益情况进行分析后，加以购买的市场经济行为
广义观点	Van Weele（1984）	指从外部获得的，使运营、维护和管理公司的基本活动和辅助活动处于最有利位置所必需的所有货物、服务、能力和知识
	范罡（2002）	指企业以各种不同的途径，包括购买、租赁、借贷、交换等方式取得物品或服务的使用权或所有权的过程
	蒋秀兰（2002）	是经济主体为满足自身的某种需要，通过支付一定代价的方式向供应商换取商品或劳务的经济行为，目的是以最少的支出获得最大收益
	贾金英（2007）	生产商为获取与自身生产需求相吻合的货物和服务而必须进行的所有活动以及这些活动的管理
	杨广菊（2008）	主要包含以下一些基本含义：所有采购都是从资源市场获取资源的过程；采购既是一个商流过程，也是一个物流过程；采购是一种经济活动
	尹国河（2009）	指需求的主体从众多的备选客体中有选择地通过合同方式有偿取得所需要的物资、工程或服务
	朱虹宇（2010）	指企业根据生产经营活动的需要，通过信息收集、整理和评价，寻找、选择合适的供应商，并就价格和服务等相关条款进行谈判，达成协议，以确保需求得到满足的活动过程。广义的采购是指除了以购买的方式占有物品之外，还可以通过租赁、借贷和交换等途径取得物品的使用权，来达到满足需求的目的

资料来源：笔者整理。

为了研究的聚焦，这里采用狭义的采购理解，并且主要指企业采购。然而，多数狭义的观点没有将企业采购与普通的购买区分开来，没有明确企业采购的目的与范围，因此需要重新进行界定。在 Van Weele（2000）对采购的定义基础上，结合狭义观点的核心思想，将采购定义为：企业以最能满足自身要求的方式，为了企业的生产经营和主要及辅助业务活动从外部购买产品、服务、技术和信息的活动，包括购买交易、储存、运输、接收、进场检验及废料处理等一系列活动。

二、采购管理的含义

在市场经济条件下，采购管理也是一个十分普遍的概念，但基于不同的角度，不同学者也对采购管理进行了不同的定义。综合现有对采购管理含义的理解，可以概括为两种观点：目标观与过程观，前者强调从管理目标的角度定义采购管理，后者则更注重从管理过程的视角来定义采购管理，二者的代表性定义如表1-2所示。

表1-2 部分学者对采购管理的定义

观点	作者	对采购的定义
目标观	Harland（1999）	在全球和动态环境中，通过产品、服务以及供应网络的革新，来创造、积累、捕捉和满足终端消费者需求，为了达到这一目标，从而制定和执行合理的战略。这样一种经营管理过程，即采购管理
	范罡（2002）	是企业为了满足生产和销售需要，从适当的供应商，在适当的品质下，以合适的价格，在适当的时间，购入适当数量的物品或服务所采取的一切管理活动
	蒋秀兰（2002）	是企业为了实现生产或销售计划，在确保适当品质的条件下，从适当的供应厂商，于适当的时期，以适当的价格，购入必需数量的物资或劳务所采取的一切管理活动
	Gillingham（2003）	采购管理，即优化采购基础，选择协调供应商，提升供应商绩效，挖掘供应商潜力
	荆凤龙（2007）	是在物资质量得到保证的前提下，能够以适当的价格，在合适的时间从供应商那里采购到一定数量的物资和服务，来保证企业的物资供应
	张文杰（2014）	通过制定相应的制度、规则，对采购过程中面临的诸多问题进行管理，达到企业采购成本最低、采购方式最灵活的目标，进而实现企业利益的最大化
过程观	Heinritzs（1959）	不仅指取得所需要的物质的行为，而且包括有关物质供应来源及其计划、安排、决策，确保正确交货进行的跟踪，对物质的数量和品质进行检验等一系列活动
	Rich（1975）	有些企业赋予采购部门预测、仓储、库存等责任，采购还包括了参与产品开发、企业长期计划等管理活动和保证未来物料的可获得性
	范罡（2002）	是研究在采购物资或服务的过程中，统筹兼顾事前规划、事中执行和事后控制，以达到维持正常的产销活动、降低成本的目的的各种管理活动
	白玉（2004）	指为保障企业物质供应而对企业采购活动的计划、组织、指挥、协调和控制进行的管理活动
	贾金英（2007）	企业为了追求和实现它的战略目标，对与生产和库存相关的识别、采办、获取企业所需或潜在所需资源等一系列流程所采取的管理活动
	杨罡（2008）	指为了保障企业物资供应而对企业采购进货活动进行的管理活动，是对整个企业采购活动的计划、组织、指挥、协调和控制活动，是面向整个企业的管理活动
	苏金栋（2008）	采购管理是从计划下达、采购单集成、采购单执行、到货接收、检验入库、采购发票的收集到采购结算等采购活动的全过程
	朱虹宇（2010）	企业采购管理就是为保证供应，满足生产经营的需要，对整个企业采购活动进行计划、组织、协调和控制的活动过程
	刘勇（2010）	指为保障企业物资供应，降低采购成本而对企业采购环节进行的管理活动。包括对企业采购或供货过程进行的计划、组织与控制
	施晓东（2014）	企业采购管理是指为保障企业物资供应而对企业采购进货所进行的管理活动，是对整个企业采购活动的计划、组织、指挥、协调和控制活动，是整个物流活动的重要组成部分

资料来源：笔者整理。

实际上，采购管理作为企业的一项职能管理，首先是一种管理活动，因此，其定义应该以管理的定义为基础。尽管对于管理的理解有多个学派，但过程学派的观点受到普遍认同，也是现代企业管理的重要基础。为此，这里更倾向基于过程视角对采购管理进行定义，即采购管理是企业为更加有效地获取生产经营和主要及辅助业务活动所需的产品、服务、技术和信息而对采购活动进行管理，涵盖采购活动的计划、组织、指挥、协调和控制全过程。显然，采购管理与采购属于两个不同概念，如果企业采购处于一种自发状态，没有实施有效的计划、组织与控制职能，那么可以说企业有采购活动，却没有采购管理（郑磊，2006）。

三、企业社会责任的含义

企业社会责任，顾名思义，是指"追求对社会负责任的企业行为"。进一步追问，何谓"追求对社会负责任"，就是企业行为自觉（着眼企业追求）或要（着眼社会期望）向最大限度地增进社会福利的方向趋近并做出实际贡献。由此，企业社会责任就可以定义为：在特定制度安排下，企业通过透明和道德的行为，有效管理自身决策和活动对利益相关方、社会和环境的影响，追求经济、社会和环境综合价值最大化的意愿、行为和绩效。这一定义深刻揭示了企业社会责任的基本内涵，包括：[1]

（1）企业社会责任的核心是有效管理好企业决策和活动对利益相关方、社会和环境的影响。社会责任国际标准 ISO26000 认为，"影响"是指组织决策和活动所引致的社会、经济或环境的积极或消极变化，[2] 即经济学上的正外部性和负外部性，包括社会影响、经济影响、环境影响；积极影响（引致的社会、经济、环境的积极变化）、消极影响（引致的社会、经济、环境的消极变化）；直接影响、间接影响（如价值链的影响）等。企业社会责任是一种管理实践，旨在通过有效的社会责任管理，最大限度地增加企业决策和活动对利益相关方、社会和环境的积极影响，最大限度地减少消极影响。

（2）企业社会责任的关键是要实现企业发展的经济、社会和环境的综合价值最大化。综合价值最大化要求企业实现四个方面的超越：一是从股东价值到利益相关方价值的超越，即企业发展不仅要为股东和投资人创造价值，追求企

---

[1] 李伟阳，肖红军．走出"丛林"：企业社会责任的新探索［M］．北京：经济管理出版社，2012.
[2] ISO. ISO26000: Guidance on Social Responsibility [S]. Geneva：ISO, 2010.

业利润最大化或者企业市值最大化,而且要为员工、用户、伙伴、社区等其他利益相关方创造价值。二是从财务业绩到综合业绩的超越,即企业发展不仅要追求利润、收入、净资产收益率等财务业绩,而且要追求社会业绩和环境业绩。三是从短期价值到长期价值的超越,即企业发展不仅要着眼于自身行为所产生的当期影响,包括所导致的成本和带来的收益,更要将自身的发展置身于时间长河中,考虑自身行为所带来的长期影响和长期价值。四是从有形价值到无形价值的超越,即企业发展不仅要关注公司有形资产的质量与价值,而且要提升品牌形象等无形资产和人力资本等关键资源的价值。

(3) 实践企业社会责任的完整逻辑,实现企业社会责任意愿、行为和绩效的统一。社会责任国际标准 ISO26000 认为,"社会责任的基本特征是组织将社会和环境考虑融入其决策并为其决策和活动对社会和环境造成的影响承担责任的意愿"。衡量对社会负责任的企业行为的唯一标准就是对"可持续发展"贡献的最大化。可持续发展的含义是"既满足当代人需要又不危及后代人满足其需要的能力的发展"。"可持续发展事关高品质生活、健康、繁荣和社会正义的协调及维护地球支撑生物多样性的能力。这些社会、经济和环境目标是相互依存和相辅相成的。它从整体上表达了社会的广泛期望。"[1]

(4) 企业社会责任要求企业保证行为的透明和道德,确保遵循法律法规、社会规范和商业道德。从企业与社会关系来看,企业最基本的使命就是为社会提供特定产品或服务。也就是说,企业对社会的贡献首先是企业所提供的产品或服务所产生的贡献,企业对社会的最直接影响也与产品或服务紧密相关。作为特定产品或服务的提供者,企业在产品或服务的提供过程中必须遵守具有社会强制力的法律法规,唯有如此才能保证自身在社会中的合法性。同时,基于提供产品或服务而形成的利益相关方关系是企业最基本的社会关系,对利益相关方负责要求企业遵循良好的商业道德,以更好地实现自身的价值。企业与社会关系的另外一个方面是"企业是社会的公民",这要求企业必须履行遵守法律法规和社会规范的基本责任和做一个优秀公民的更高责任。

四、责任采购的含义

随着企业社会责任日益得到全社会的普遍关注,特别是随着企业日益强调将社会责任融入运营和管理,以及供应链社会责任缺失事件不断发生,人们对

---

[1] ISO. ISO26000: Guidance on Social Responsibility [S]. Geneva: ISO, 2010.

于采购领域的社会责任问题越来越重视,并开始提出责任采购(Socially Responsible Procurement)的概念。Drumright(1994)给出对社会负责任的采购(Socially Responsible Buying,SRB)的描述:"这种采购试图把采购带来的社会后果考虑在内或者通过采购行为对社会带来正面影响。"① Carter(2004)提出了采购的社会责任(Purchasing Social Responsibility)的理念,并借鉴 Carroll(1979),Wartick 和 Cochran(1985)关于企业社会责任的解释,对企业在采购中所涉及的各方面责任给出了一个伞状图,② 如图1-1所示。陈英等(2009)将责任采购定义为"将履行社会责任的理念和要求全面融入企业的采购全过程中,以保证企业所采购的产品和服务是饱含'责任'的,同时也确保企业的采购交易行为是负责的",并认为责任采购包括供应链责任和交易责任两大内容,前者是指企业对处于供应链上的所有供应商履行社会责任的要求,后者是指企业在采购交易过程中对自身的社会责任履行要求。③ 欧盟委员会内部市场和服务司、就业和社会事务司(2011)提出社会责任的公共采购概念,即在进行采购活动的过程中,需要考虑进去一种或多种社会因素,包括就业机会、体面的工作、社会劳动权利、社会包容(残疾人、肤色、人种、妇女、宗教等)、机会的平等、可持续发展、企业的社会责任等所有符合欧盟法和公共采购指令原则的社会因素考量。④ 宋旭娜和王可(2011)则提出可持续政府采购的概念,即政府采购在提高采购质量和效率的同时,应该从社会公共利益出发,综合考虑政府采购的经济、环境、社会等效果,采取优先采购与禁止采购等一系列政策措施,直接

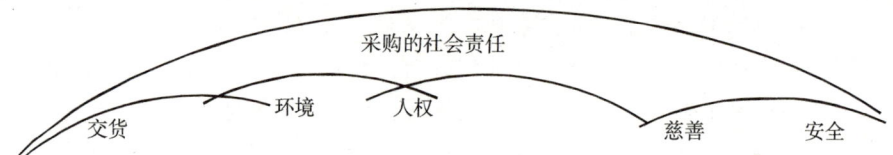

图1-1 企业采购的社会责任

资料来源:Carter, C. R.. Purchasing and Social Responsibility: A Replication and Extension [J]. Journal of Supply Chain Management, 2004 (40):6.

---

① Drumwright, M. E.. Socially Responsible Organizational Buying: Environmental Concern as A Noneconomic Buying Criterion [J]. Journal of Marketing, 1994 (58):7.
② Carter, C.R.. Purchasing and Social Responsibility: A Replication and Extension [J]. Journal of Supply Chain Management, 2004 (40):6.
③ 陈英等.企业社会责任理论与实践[M].北京:经济管理出版社,2009.
④ 欧盟委员会内部市场和服务司、就业和社会事务司.关于社会责任的公共采购考察指南(引言)[J].中国政府采购,2011 (9).

驱使企业的生产、投资和销售活动有利于可持续发展目标的实现。①

由以上可知，目前学术界对于责任采购概念的理解仍然关注不够，对于这一术语的定义也相对缺乏。尽管如此，企业界对于这一概念的实践却在大量开展，不少国内外一流企业都从内容视角提出了自身对责任采购的理解。比如，松下电器就责任采购制定了自己的原则：交易双方要以关心与诚实、正直为基础，实现廉洁交易；要注重对社会的环境保护，对绿色环境的革新；遵守各个地区的法令和社会规范等社会合作关系；保证供应商达到同等的信息安全水平；供应商与松下集团共同承担社会责任，共同为社会做出贡献。②欧莱雅将责任采购的关注点置于五个方面：残障人士、微型企业、少数民族、社会融入及公平贸易。③富士施乐的责任采购主要包括：不仅在削减和限制有害化学物质方面对供应商严格要求，还从法规遵守、环境保护、劳工权益等多方面对供应商提出要求，带动所有供应商共同履行社会责任，在可持续发展的道路上互利双赢。④

综合学术界对责任采购的已有定义，并在总结企业界对责任采购的实践做法基础上，将责任采购界定为：以负责任的方式从外部购买饱含社会责任的产品或服务，以能够满足企业负责任的生产经营和开展主要及辅助业务活动的需要。这一定义揭示了责任采购的深刻含义，包括三个方面：

一是责任采购是一个负责任的采购过程，是社会责任理念和要求融入所有采购活动的过程。因此，责任采购是企业以透明和道德的方式，有效管理采购活动对利益相关方、社会和环境的影响，协调推进企业与社会可持续发展的行为。这里的"影响"是指企业采购过程中对社会和环境的具体作用的过程和结果，既包括积极影响，也包括消极影响。"有效管理"包括对影响过程和影响结果的管理，表现为三个方面：最大限度地增加积极影响；最大限度地减少消极影响；最大限度地激发利益相关方的价值创造潜能。这意味企业在采购全过程中应遵守法律法规和商业道德，按照公平、公开和公正的原则，符合绿色低碳环保的要求，有效管理采购可能导致的社会风险和环境风险，努力追求与各利益相关方的价值共享和互利共赢，切实全面落实社会责任的理念和要求。

二是责任采购是一个采购饱含社会责任的产品或服务的过程。饱含社会责任有两个方面的含义：一方面是产品或服务本身是符合社会责任要求的，如产

---

① 宋旭娜，王可. 构建责任政府推进我国可持续政府采购 [J]. 环境与可持续发展，2011 (4).
② 李剑锋. 松下电器在中国召开 CSR 采购方针说明会 [J]. 电器，2007 (4).
③ 资料来源：《欧莱雅（中国）可持续发展报告 2011》。
④ 富士施乐高科技（深圳）有限公司：责任采购 互利双赢 [J]. WTO 经济导刊，2008 (5).

品是安全的、产品是质量好的、产品是低碳环保的、产品考虑了通用性、产品使用的社会风险低等;另一方面是产品的生产过程或服务的提供过程是符合社会责任要求的,比如满足劳工、人权、环保、反腐败、透明等方面的标准与要求。这意味着企业在采购产品或服务时需要考察供应商的社会责任表现,并在供应商管理中增加社会责任的内容。

三是责任采购的目的是要满足企业负责任的生产经营和开展主要及辅助业务活动的需要。责任采购的意义和实现方式应立足于企业履行社会责任的全局进行审视,应把责任采购看作企业履行社会责任的重要组成部分和落实途径。这就意味着责任采购不仅能够直接创造符合社会责任要求的综合价值,而且更大的综合价值创造来自它对企业实现负责任的生产经营和开展主要及辅助业务活动的支撑。

五、责任采购管理的含义

正如采购与采购管理的关系一样,如果企业实施责任采购处于自发状态,具有随意性和随机性,缺乏系统的计划、组织和控制,那么只能说企业开展了责任采购活动,但并没有责任采购管理。要使责任采购能够系统性地、常态化地、常效化地得到开展,就必然要求企业对责任采购活动进行管理,即实施责任采购管理。对于责任采购管理,可以有两种理解方式:

一种是将责任采购管理看作社会责任管理与采购管理的融合,即将社会责任管理的方法体系运用到采购管理中,形成责任采购管理模式。这意味着企业的采购管理要从社会责任的视角出发,对采购理念、采购战略、采购决策、采购部署、采购流程、采购制度、采购实施、采购沟通、绩效管理、持续改进等方面进行重新审视和重塑,形成符合社会责任管理系统方法的责任采购管理,保证社会责任理念和要求在采购中能够得到长效落实。

另一种是将责任采购管理看作是企业的责任采购行为机制化的过程,即使企业的责任采购行为从"自发"状态转变为"自觉"状态的管理活动。这意味着责任采购管理应涵盖管理的一般过程或职能,即计划、组织、指挥、协调和控制,只是每项管理职能能够确保企业的采购行为是对社会负责任的。

六、责任采购管理的特征

相较于传统采购管理模式,责任采购管理具有以下四个方面的特征:

一是管理目标更加综合。传统采购管理模式追求的是"从适当的供应商,在适当的品质下，以合适的价格，在适当的时间，购入适当数量的物品或服务"，最终目的是要为企业最大限度地创造财务价值。而责任采购管理模式则不同，其追求的不仅仅是"从适当的供应商，在适当的品质下，以合适的价格，在适当的时间，购入适当数量的物品或服务"，而是以负责任的方式获取饱含社会责任的产品或服务，最终目的是要最大限度创造企业发展的经济、社会、环境综合价值。

二是管理对象更加全面。传统采购管理模式的管理对象就是"采购"活动，涉及如何使采购活动变得系统化、机制化、体系化；而责任采购管理模式的管理对象除了"采购"活动之外，还增加了"责任"，即不仅仅是对采购活动的管理，而且是对采购行为中的社会责任管理。

三是管理内容更加多维。传统采购管理模式的管理内容集中于采购的质量、价格、交货的及时性以及供应商的稳定性，主要是经济方面的内容，而责任采购管理模式的管理内容对此进行了拓展，变得更加多维，包括更加注重对于采购产品信息和过程的验证、更加注重利益相关方的伙伴关系、更加注重供应商管理和发展、更加注重采购过程和所购产品的社会影响、更加注重采购过程和所购产品的环境影响。

四是管理范围更加宽广。传统采购管理模式的管理范围主要局限于企业内部和直接供应商，对于直接供应商的管理也主要局限于其显性的经济实力，而责任采购管理模式的管理范围则相对更加宽泛，因为按照社会责任的要求，企业应在其影响范围内对社会负责任，即责任采购管理的管理范围由企业内部和直接供应商拓展到更大的"影响"范围，可能涵盖次级供应商甚至更加上游的供应商，以及采购活动的利益相关方，而且对直接供应商的管理也由其经济实力拓展到社会责任。

第二节 采购管理模式的演进及其社会责任审视

按照出现、兴起和流行时间的先后，已有采购管理模式大致经历了传统采购管理——战略采购管理——供应链采购管理——绿色采购管理——责任采购管理的演进。目前，这五种采购管理模式在企业运营和管理实践中均有应用。

一、传统采购管理模式

采购作为一种独立的管理活动首次出现在第二次世界大战期间，并从20世纪60年代开始进入大发展时期，形成今天所称的传统采购管理模式。

1. 传统采购管理的做法

正如前面所言，传统采购管理模式追求的是"从适当的供应商，在适当的品质下，以合适的价格，在适当的时间，购入适当数量的物品或服务"，因此，其关注的重点是企业如何与供应商进行商业交易。在这一模式下，尽管质量和交货期也都是企业在商业交易中考虑的重要因素，但最为关键的考虑因素仍然是采购价格对于企业成本控制的作用。因此，整个采购过程的大量工作都围绕着价格展开，企业与供应商之间会进行多轮的来回价格谈判，并最终选择价格最低的供应商来达成协议。同时，企业对采购产品的质量与交货期只能通过事后控制的方法，如到货验收等，经常处于相对被动的状态。传统采购管理的流程如图1-2所示。

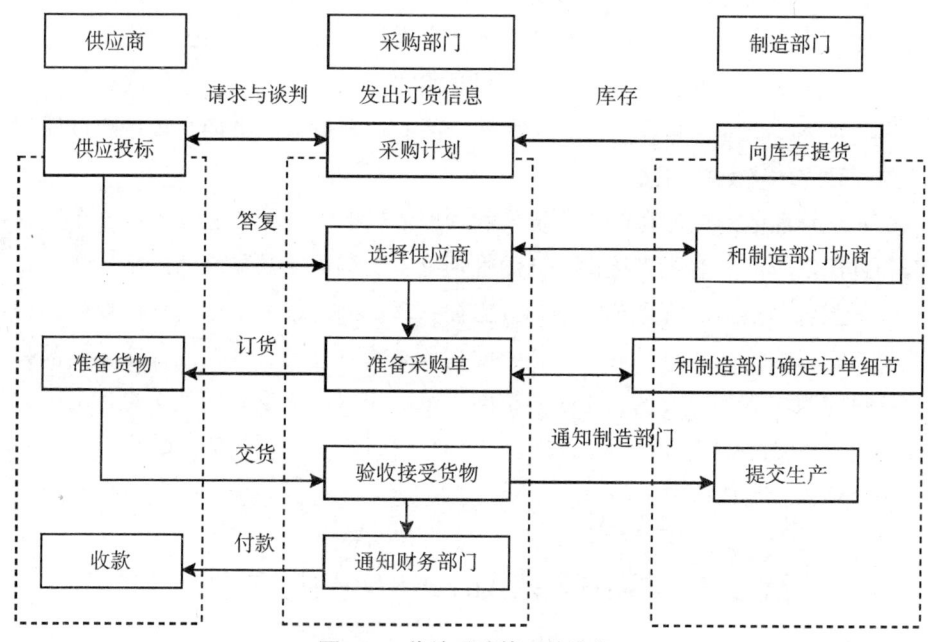

图1-2 传统采购管理的流程

资料来源：荆凤龙. 供应链管理视角下的企业采购管理模式研究［D］. 对外经济贸易大学硕士学位论文，2007.

2. 传统采购管理的特征与局限性

传统采购管理具有五个方面的显著特征与局限性：

（1）信息的高度不对称性。在传统采购管理模式中，无论是交易前、交易中还是交易后,都存在高度的信息不对称性。从交易前来看,为了在谈判中获得有利地位,采购方往往会保留一些私有信息,因为潜在的供应商获得的信息越多,它们在与采购方的谈判中就有越大筹码,采购方就会处于不利的位置。同时,供应商在与其他供应商的竞争中也会隐瞒自己的信息,以避免在竞争中处于劣势。从交易中和交易后来看,因为供应商与采购方之间是纯粹的商业交易关系,因此,供应商提供给采购方的信息也往往局限于与采购合同要求相关的信息,甚至会隐瞒一些对自身不利的关键信息,而采购方也难以通过其他途径获取这些信息,导致双方之间的信息不对称性更加凸显。

(2)交易的"零和"博弈。在传统采购管理模式中,采购方和供应商之间都秉承"零和"博弈的思想,因此,双方均把交易价格作为考虑的核心因素,甚至会围绕着价格进行激烈的对抗性谈判。一方面,采购方会想方设法拼命压低交易价格,以达到降低成本的目的,获取短期的经济利益最大化,因为供应商在价格上的让步就意味着采购方直接成本支出的减少;另一方面,供应商除了会在谈判中尽可能地争取较好的交易价格外,往往还会在合同约定的采购价格下,最大限度地去节约成本,甚至通过偷工减料、有损所提供产品质量的方式来最大限度获取经济利益。

(3)合作的短暂性或临时性。基于"零和"博弈的思想,传统采购管理模式对于采购方与供应商之间的关系定位往往是短暂性或临时性的合作关系,而且竞争的成分高于合作的成分。这使得双方更加注重每一次的采购交易,而对于相互之间的关系管理则较为忽视,更谈不上相互之间对于长期合作共赢关系的企盼。其结果是采购方与供应商之间缺乏有效的沟通协调,采购过程中会出现各种扯皮的问题,这些问题的解决会耗费双方的大量时间,使得双方没有更多时间用来做长期性预测与计划工作,给双方这种缺乏合作的气氛中增加了许多运作中的不确定性。

(4)事后把关的控制难度大。在传统采购管理模式中,虽然在供应商选择中可能有样品考察环节,在合同中也有对采购产品质量标准与交货时间的明确规定,但采购方对于产品质量与交货时间的控制更多的是采取事后把关的方法,因为采购方很难参与供应商的生产组织过程和有关质量控制活动,双方之间的工作并不透明。这种事后把关的方法对于采购方来说存在很大的控制风险,包括对产品质量的控制难度大、对交货及时性的控制难度大、对供应商承诺的服务提供水平控制难度大。特别是到货验收发现产品不合格时,往往会影响到采购方的正常生产经营。

(5) 采购效率和效益较为低下。传统采购管理模式的诸多弊病导致这一模式的效率和效益都较为低下,主要表现在五个方面:一是交易成本较高。由于采购方和供应商在交易前、交易中和交易后都存在高度的信息不对称性,相互之间的信息沟通也相对缺乏,因此,采购方的搜寻成本、执行成本和监督成本都会较高,进而使得整体交易成本会较高。二是协调的缺乏导致效率较低。从外部来看,采购方与供应商之间缺乏协调,导致双方可能出现大量纠纷,并需要投入大部分时间与精力进行解决;从内部来看,生产部门与采购部门往往脱节,采购部门通常仅仅是执行生产部门确定的订单任务,双方的协调也相对较少,容易造成库存积压占用大量流动资金。三是响应用户需求能力较弱。当外部市场需求发生变化时,由于采购方和供应商缺乏及时的信息沟通和反馈,导致采购方不能改变供方已有的订货合同,无论是市场需求增加或减少,都难以进行同步的调整,无法及时响应用户的需求。四是安全库存增加导致成本上升。由于对产品质量与交货时间采取事后控制,导致采购方的后续生产过程不确定性增加,为规避这种不确定性带来的风险,采购方往往会增加安全库存量,这会导致生产成本的上升。五是灰色采购行为普遍存在。所谓灰色采购行为,就是"采购方在没有对所有销售信息进行综合分析的情况下,盲目地或故意地做出对采购主体不利的采购决策行为"。① 各种"暗箱操作"、腐败行为、"劣币驱逐良币"等灰色采购行为在传统采购管理模式下普遍存在,造成了采购效率低下,影响采购方的整体绩效。

3. 传统采购管理中的社会责任审视

传统采购管理是传统企业管理模式的一个组成部分,它延续了传统企业管理模式对社会责任的认知与实践方式。传统企业管理模式秉承的是新古典经济学的社会责任观,即在市场这只"无形之手"的作用下,企业追求利润最大化的行为能够自然地增进社会福利,促进社会资源的更优配置,因此,企业社会责任的唯一内容就是追求利润最大化。这是莱维特(Levitt,1958)、弗里德曼(1962)、哈耶克(Hayek,1969)、波斯纳(Posner,1997)等多个学者坚持的观点。比如,新古典经济学代表人物弗里德曼在1962年出版的《资本主义与自由》一书中明确指出,"在自由经济中,企业有且仅有一个社会责任——只要它处在游戏规则中,也就是处在开放、自由和没有欺诈的竞争中,那就是要使用其资

---

① 程玉忠.基于供应链环境的企业采购管理研究 [D].武汉理工大学博士学位论文,2008.

源并从事经营活动以增加利润"①；1988年在接受《商业与社会评论》采访时，他仍然坚定地认为："确实有实实在在的社会责任，那就是在遵守法律和适当的道德标准的前提下，尽可能地挣更多的钱。他们的社会责任就是在那些约束下，尽可能挣钱，因为这样会更好地服务消费者。"②

在追求利润最大化的企业社会责任观下，传统采购管理模式将管理的最终目标设定为最大限度地创造财务价值，因此，将管理的重点置于采购的价格以及产品的质量和交货期，并不考虑采购行为对社会和环境的影响，完全忽视采购过程和采购产品的社会价值与环境价值。也就是说，传统采购管理模式缺乏对供应商的社会责任考察，缺乏对产品本身的社会属性和环境属性的考察，缺乏对采购过程的社会责任要求的重视。而且，在传统采购管理模式中，透明度的缺乏相当普遍，采购方与供应商之间缺乏共赢的视野，缺乏共同成长的理念，缺乏构建和谐采供关系的动力，因此，难以充分发挥不同主体的综合价值创造潜力。综合以上的分析，严格意义上来讲，传统采购管理模式本质上是完全缺乏社会责任思想与理念的，不符合社会责任的现代要求，难以真正做到对社会负责任。

二、战略采购管理模式

在传统采购管理模式下，采购管理被认为是企业的一项职能，对企业的整体战略没有影响。然而，20世纪70年代，日本汽车制造企业通过采购理念与方法的创新，帮助日本汽车产品在欧美市场上取得巨大成功，实现日本汽车企业国际竞争力的大幅提升，由此使得采购对企业战略的影响越来越受到重视。针对这一现象，美国著名咨询公司科尔尼于20世纪80年代提出"战略采购"(Strategic Purchasing)概念，来解释日本汽车企业的成功之道，并依此发展出战略采购管理理论。

1. 战略采购的含义

尽管战略采购的概念提出至今已经30多年，但仍然没能有一个统一或普遍认同的定义，不同学者从不同视角对其进行了界定，比较有代表性的定义如表1-3所示。

---

① Friedman, M.. Capitalism and Freedom [M]. Chicago: University of Chicago Press, 1962.
② Willa, J.. Freeman and Philanthropy: An Interview with Milton Friedman [J]. Business and Society Review, 1989, 71 (fall): 11-18. 转引自沈洪涛，沈艺峰. 公司社会责任思想起源与演变 [M]. 上海：世纪出版集团，上海人民出版社，2007: 36.

表 1-3 战略采购的代表性定义

作者	定义
Shawn（1995）	由计划、实施、评价和控制组成的战略性的、运作性的采购决策的系列过程，这些采购决策指导着采购职能的各项目标与企业能力和发展规划相结合，以实现企业的长期目标
Carr & Smektzer（1997）	是计划、实施、控制战略性和可操作性采购决策的过程，目的是指导采购部门的所有活动都围绕提高公司能力展开，以实现公司的远景计划
Narasimhan & Das（1999，2001）	为了和组织绩效目标取得一致，设计和管理供应网络的过程，包括供应商评价、供应库优化、买卖双方关系的建立以及采购整合
Laseter（2002）	是一种"双赢采购"，其核心是通过建设企业的整体组织能力，实现组织流程和基础设施的变革，确立一种在培育与供应商协作关系的同时又能获取竞争性价格优势的采购模式
Ssmeltzer 等（2003）	获取原材料和管理供应商关系以实现组织长期目标的系统性、综合性的过程
Burt（2003）	在理解采购的内部与外部市场的基础上，向自己的组织和供应组织学习，成为供应商和自己组织之间的媒介，捕捉信息并用于改进关系
邵敬中、张帆（2003）	是一种系统性的、以数据分析为基础的采购方法。它以最低总成本建立业务供给渠道的过程，而不是以最低采购价格获得当前所需原料的简单交易。并且战略采购充分平衡企业内部和外部的优势，以降低整条供应链成本为目标
加托纳（2004）	创造最高价值，获得最佳服务和保证供应源的最低采购总成本，以确保为增值活动提供物质和服务的有用性
Banfield（2005）	用于系统评估一个公司的购买需求及确认内部和外部机会，从而减少总成本的管理方法
吴亚东（2005）	从企业采购总成本角度出发，以系统分析企业采购为基础，通过持续培育供应商协作关系，建立起企业获取竞争性采购优势的一种采购模式
徐金发、卢蓉（2006）	战略采购包括市场替代企业、优化节点分布、固化网络连接和整合网络能力四个环节，本质上是一个推动企业和市场向网络变迁，以获取交易成本和交易效益持续动态优势的过程
唐宾彬（2006）	在公司战略指导下进行的，计划、实施、评价和控制战略性和可操作性采购决策的动态循环过程；是以采购部门为主、公司高层支持、其他职能部门协助、供应商配合行使的，通过对供应商的有效管理，为公司战略制定部门提供战略信息，为其他职能部门提供战略物资的行为总和，其根本目的是提高公司实现长期目标的能力
刘红波（2007）	充分平衡企业内部和外部的优势，以降低采购总成本为宗旨，通过整合企业内、外部的资源，对关键供应商建立长期的合作关系，采取特别的策略、方法、业务流程及决策规则，并通过建立系统化的流程，达到持续降低企业物料及服务的采购总成本的一种采购管理方式
曾美莲（2007）	是在供应链环境下的一种新兴采购模式，主要是通过与关键供应商建立战略伙伴关系，将供应商经营纳入企业自身战略经营范围，形成优势互补的联盟

资料来源：笔者根据相关文献整理。

由以上的定义可以看出，对于战略采购有从采购的战略功能视角理解的，也有从总成本最小化角度理解的，还有从流程改善与供应商关系改善角度理解的，等等。尽管如此，但所有对战略采购的定义都强调"战略采购需要从宏观范围内确定采购资源，建立最优的供应商体系以及战略伙伴关系"。①

2. 战略采购管理与传统采购管理的区别

传统采购管理是由采购部门单独完成，根据企业内部顾客的预算和要求进行采购，其目的是为了服务企业内部顾客，因此，企业主要关注采购产品的价格、质量和时效性，而很少关心采购与企业竞争战略的关系（宋华，2003）。②但是，战略采购管理不同于传统采购管理，是基于企业竞争战略下的战略采购，属于企业重要的战略事业单位之一，因此，战略采购管理不再由单一部门完成，而是根据企业竞争战略由多事业部门和多职能部门共同完成。因此，战略采购管理的核心不同于传统采购管理，目的是为了实现企业核心竞争力的提升和基于供应链的成本最小化。因此，与传统采购管理模式相比，战略采购管理模式具有四大核心思想：双赢的采购、长期的交易关系、供应商群体优化、运用供应商进行创新（潘文昊，2008）。③战略采购管理模式与传统采购管理模式的具体区别如图1-3、图1-4和表1-4所示。

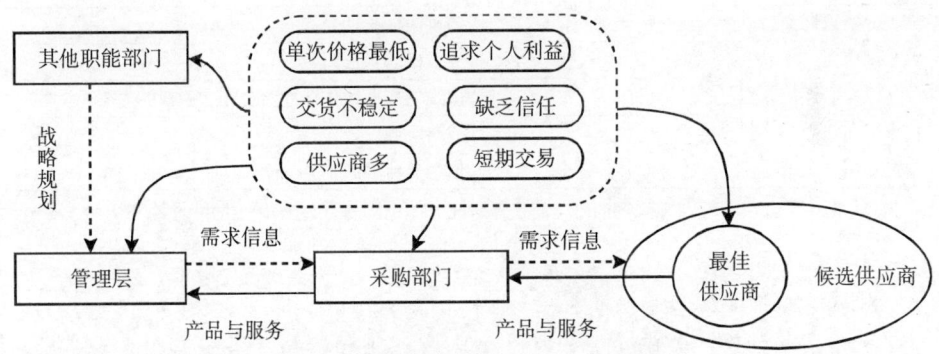

图1-3 传统采购管理模式的概念模型

资料来源：王雯. 基于战略采购的供应商选择研究 [D]. 山东科技大学硕士学位论文，2011.

---

① 李雅彬. 战略采购对供应商参与新产品开发的影响研究 [D]. 西安理工大学硕士学位论文，2009.
② 宋华. 供应链管理环境下的战略采购 [J]. 中国工业经济，2003（6）.
③ 潘文昊. 基于战略采购的供应商选择研究 [D]. 湖南大学硕士学位论文，2008.

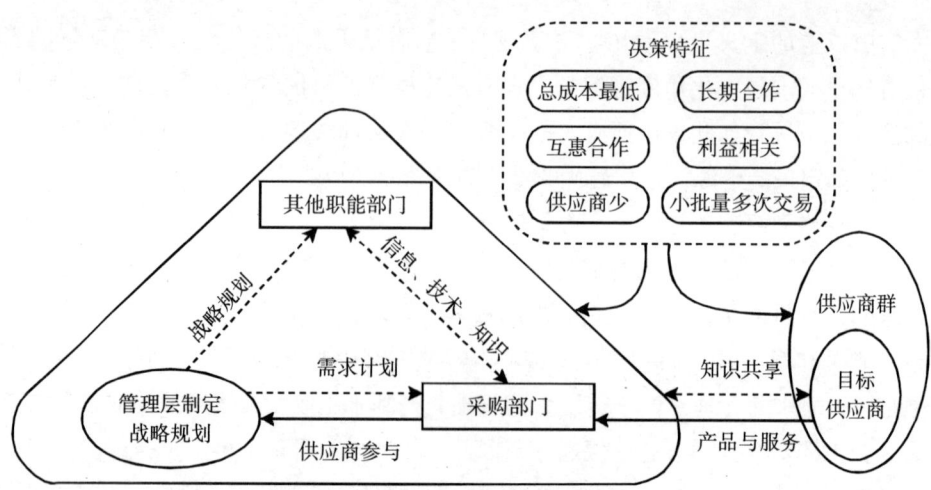

图1-4 战略采购管理模式的概念模型

资料来源：王雯.基于战略采购的供应商选择研究［D］.山东科技大学硕士学位论文，2011.

表1-4 战略采购管理与传统采购管理的区别

传统采购管理	战略采购管理
面向库存	面向订单
追求单一最低采购价格	追求最低总成本
大批量采购	小批量采购
与供应商短期交易	与供应商长期合作
大量供应商	少量优秀供应商
单一供应商评价标准（产品价格）	多维供应商评价标准（合作、创新能力等）
技术层面	战略层面
信息专用	信息交流频繁、共享度高

资料来源：王雯.基于战略采购的供应商选择研究［D］.山东科技大学硕士学位论文，2011.

3.战略采购管理的实施框架

战略采购管理的实施主要包括八大内容：领导参与、采购参与企业战略、竞争分析、关注核心能力、关注生命周期成本、采购策略、供应商管理和持续改进（高攀，2010），如图1-5所示。

4.战略采购管理中的社会责任审视

在战略采购管理模式中，企业的采购行为上升到公司发展战略层面，强调其对实现公司发展战略目标的重要作用。然而，在这一模式中，企业的战略目标仍然以利润最大化为目标，战略采购的最终目的依然是服务于公司追求利润最大化的目标，只是企业实施的采购管理方式发生了变化而已。因此可以说，

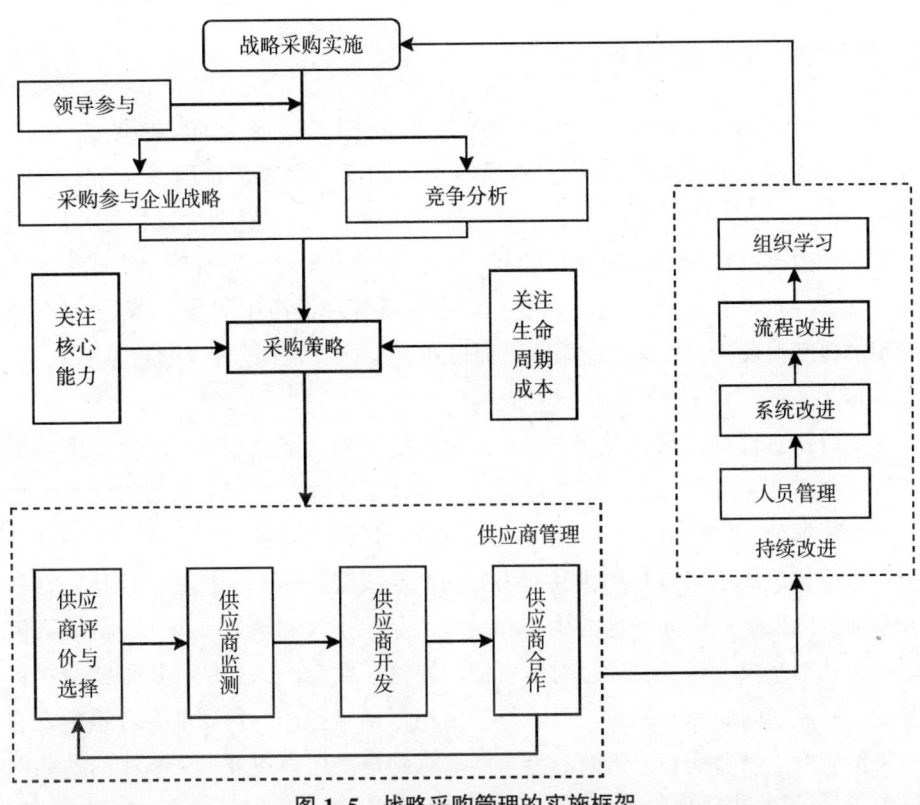

图 1-5 战略采购管理的实施框架

资料来源：高攀. 战略采购对制造企业知识获取的影响研究：供应商网络视角 [D]. 西安理工大学硕士学位论文，2010.

战略采购管理模式仍然秉持新古典经济学的企业社会责任观，但已经考虑与供应商的共赢。

在追求利润最大化的企业社会责任观指导下，战略采购管理关注的是通过何种方式来实现总成本的最小化即总利润最大化。为此，战略采购管理强调与供应商建立长期合作关系，考虑按照"双赢"的理念实施供应商选择与采购行为，供应商评价标准也由传统的价格标准转变为多维标准。然而，企业所强调的"双赢"也主要局限于纯粹的经济价值上的共享，并没有考虑企业与供应商都具有经济价值之外的社会价值和环境价值偏好。由此可见，在战略采购管理模式中，企业部分地强调履行对供应商的责任，包括相互的透明管理，而缺乏对供应商的社会责任管理以及对采购过程中的社会与环境影响管理。实际上，企业对供应商的评价与选择并没有考虑供应商的社会责任表现，也没有对采购过程中的环境要求、社会风险进行考虑。

三、供应链采购管理模式

自20世纪80年代以来,消费者成为市场的主导,企业面临的商业环境越来越复杂,企业的发展仅仅靠自身已经不可持续,供应链管理(Supply Chain Management,SCM)对提高企业绩效的作用越来越大。特别是20世纪90年代以后,面对外部环境的快速变化和严峻的市场竞争环境,企业管理模式由"纵向一体化"向"横向一体化"转变,而供应链管理的产生则是"横向一体化"思想的典型代表,它推动企业采购管理模式进入供应链采购管理的新时期。

1. 供应链采购管理的含义

供应链管理理论最初源于 Porter 的价值链模型,该模型将企业为价值增值所进行的所有业务集成在一条价值链上,描述了企业的资源如何通过业务流程形成价值增值。供应链的概念则是在价值链理论模型的基础上形成的,描述了企业根据客户需求向客户提供其所需要的产品或服务的整个过程,包括原材料和零部件的采购、中间产品的生产和最终产品的生产和销售。由此,供应链被定义为"围绕核心企业,通过对信息流、物流、资金流的控制,从采购原材料开始,制成中间产品及最终产品,最后由销售网络把产品送到消费者手中。它是将供应商、制造商、分销商、零售商,直到最终用户连成一个整体的功能网链模式"[1],其结构如图1-6所示。

在供应链管理环境下,采购的地位与作用发生了很大变化,采购管理的要求也与传统采购管理有很大的不同,由此形成供应链采购管理模式。所谓供应链采购管理,就是基于供应链的采购管理,是企业以实现战略目标为着眼点,从提升供应链运行效率视角出发,对一系列与生产和库存紧密相连的采购活动进行计划、组织、指挥、协调和控制。

2. 供应链采购管理与传统采购管理的区别

由供应链采购管理的定义可以看出,供应链采购管理首先包含了战略采购管理的要素,但又在此基础上增加了准时采购(Just In Time,JIT)的基本思想与做法,因此,供应链采购管理是一种订单驱动的准时采购模式、从交易管理转变为以外部资源管理为中心的采购管理模式、企业与供应商建立双赢战略合作伙伴关系的采购管理模式、整个供应链互动的采购计划管理模式、与供应商协同作业的采购管理模式、面向过程的采购管理模式(李明洲,2002)。这意味

---

[1] 马士华,林勇,陈志祥.供应链管理[M].北京:机械工业出版社,2001.

着供应链采购管理对传统采购管理模式实现了极大的超越,其主要区别如表1-5所示。

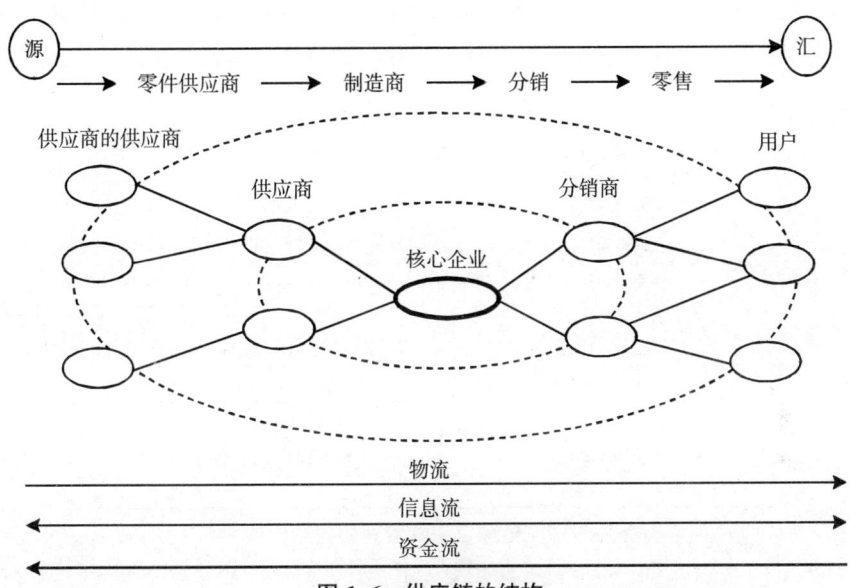

图1-6 供应链的结构

资料来源:徐新林.供应链环境下的采购管理[D].武汉大学硕士学位论文,2005.

表1-5 供应链采购管理与传统采购管理的区别

项目	传统采购管理	供应链采购管理
环境背景	计划经济时代、粗放型生产	市场经济时代、竞争激励
观念意识	采购职能不受重视、被忽视	企业经营管理战略地位
管理方法	关注管理库存和采购价格	整个供应链的效益最大化;注重流程管理、注重人才队伍建设;注重供应商的合作关系
技术手段	无,纸质办公	注重现代信息技术的应用
基本性质	基于库存的采购	基于需求的采购
	需求方主动型、需求方全采购操作的采购方式	供应方主动型、需求方无采购操作的采购方式
	对抗型采购	合作型采购
信息关系	信息不通、信息保密	信息传输、信息共享
库存关系	需求方掌握库存	供应商掌握库存
	需求方设立仓库、高库存	需求方可不设仓库、零库存
送货方式	大批量少频次进货	供应商小批量多频次连续补充货物
双方关系	供需双方敌对关系	供需双方关系友好
	责任自负、利益独享互斥性竞争	责任共担、利益共享、协调性配合

资料来源:朱虹宇.供应链环境下企业采购管理体系研究与设计[D].北京交通大学硕士学位论文,2010.

3. 供应链采购管理的实施框架

基于供应链采购管理与传统采购管理存在巨大的差别，因此，应对传统采购管理模式依赖形成的企业管理框架进行重构，主要是要从战略战术层面、组织运作层面和技术保障层面进行再造与优化，如图1-7所示。

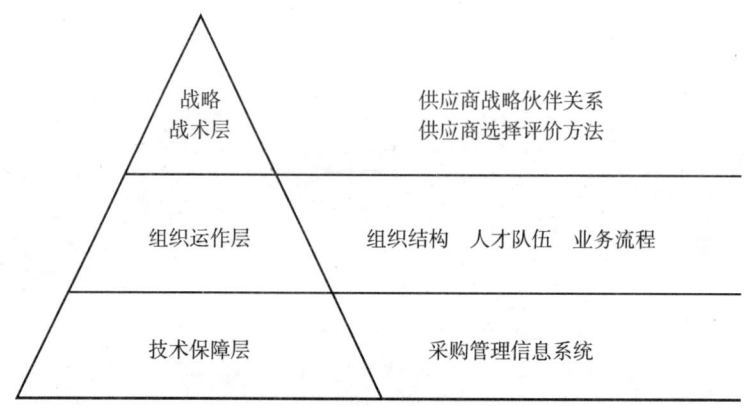

图 1-7　供应链采购管理的实施框架

资料来源：朱虹宇. 供应链环境下企业采购管理体系研究与设计 [D]. 北京交通大学硕士学位论文，2010.

在以上的实施框架中，基于企业与供应商建立了良好的合作伙伴关系，借助现代信息技术的工具，企业的采购业务流程就可以简化和优化（见图1-8），促进供需双方的互动，提高采购效率和效益。

4. 供应链采购管理中的社会责任审视

在供应链采购管理模式中，采购管理被认为是供应链管理的关键环节。然而，由于供应链管理是企业应对急剧变化的市场竞争环境和技术变革环境的需要，企业追求利润最大化的目标并没有改变，供应链管理和采购管理无非是企业实现这一目标的新手段而已。也就是说，企业通过加强供应链采购管理来实现其经济目标，而在供应链管理中所强调的建立与供应商的合作伙伴关系则是其所采取的途径之一。由此可见，总体上而言，供应链采购管理模式依然秉持新古典经济学的企业社会责任观，但已经考虑与整个供应链的共赢。

在供应链采购管理模式中，企业更加重视对供应链成员的责任，强调与供应链成员的互动和合作共赢，在供应商选择时更加注重供应商的综合素质能力，重视与供应商的友好关系培养与管理，同时注重与供应商的信息沟通与共享，加强采购过程的公开透明，这些意味着供应链采购管理模式关注对供应商的责

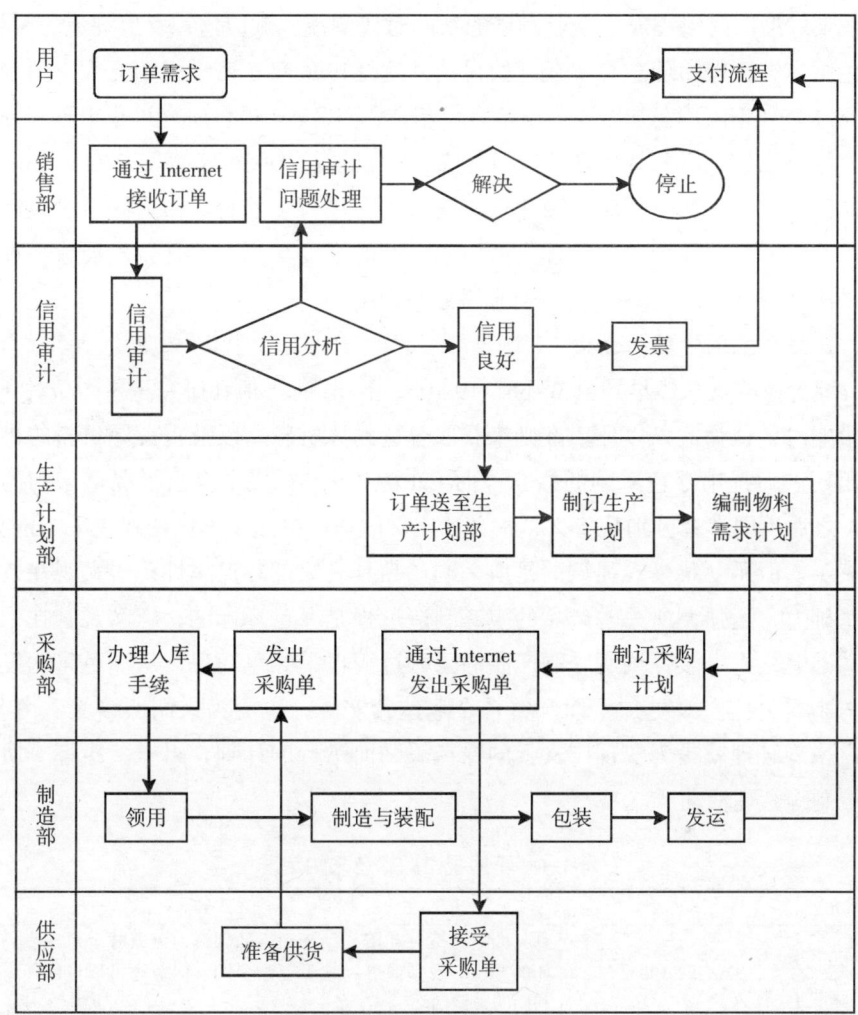

图 1-8 供应链采购的业务流程

资料来源：何海燕. 基于供应链的企业采购管理研究 [D]. 武汉理工大学硕士学位论文，2005.

任以及采购过程中的公开透明责任。然而，这一模式并没有考虑对供应商履行社会责任情况的考察，对于提供的产品也缺乏社会属性与环境属性的考察，采购过程中的绿色环保要求与社会友好要求也并没有得到重视。

四、绿色采购管理模式

随着全球环境问题的日益突出和环境保护运动的兴起，企业不得不对社会普遍关注的环境保护议题做出回应。于是，实施绿色发展、建设"资源节约型、环境友好型"的组织成为企业发展的新的时代潮流。顺应这一发展潮流的需要，绿色供应链管理的理念与实践开始得到关注。1996年，密歇根州立大学的制造研究协会（MRC）在开展"环境负责任制造"（ERM）项目研究过程中正式提出了"绿色供应链"概念，随后多个学者（Walton，1998；Nagel，2000；Gilber，2001；Zsidisin，2001）对"绿色供应链管理"进行了界定。作为绿色供应链管理的重要一环，绿色采购管理自然引起企业的高度重视，并日益发展成一种新的采购管理模式，在许多企业得到实践和应用。

1. 绿色采购管理的含义

绿色采购概念最早是由Webb（1994）提出来的，[1]他在研究一些产品对环境的影响时，认为应该以环境准则来获取合适的原材料，以及重视原材料的再生利用，进而提出绿色采购的概念。而Carter（1995）最早提出了绿色采购的定义，之后不同学者分别从狭义、中义和广义的角度提出了不同的绿色采购定义，如表1-6所示。狭义观强调的是所采购产品具有绿色环保属性；中义观在狭义观基础上，还强调所采购产品的生产制造过程是绿色环保的；广义观则在中义观基础上，进一步强调所采购产品的采购过程也是绿色环保。从绿色采购发展趋势来看，广义观更加全面和符合企业运营实际，也更为人们所接受。由此，绿色采购管理就是为实现广义上的绿色采购而进行的计划、组织、指挥、协调和控制等管理活动。

表1-6 不同视角的绿色采购定义

视角	作者	定义
狭义观	Carter（1995）	是采购可以重复利用、循环利用的物料，可以减少对环境的破坏的产品，及其他可以减少资源使用、使资源可以再循环、再利用的采购活动
	赵清华、朱庆华（2005）	在采购时必须考虑材料是否为环境友好材料，具体包括材料能否再循环、再利用，以及通过粉碎、无害化焚烧和降解等措施清除废物等
中义观	朱庆华、耿勇（2002）	企业内部各个部门协商决策，在采购行动中考虑环境因素，通过减少材料使用的成本、末端处理成本，保护资源和提高企业声誉等方式提高企业绩效
	鲍盛祥、张琦（2009）	主要包含两层意思：一是指产品本身不含有危害人体健康的有害化学物质；二是指在制造产品的过程中没有使用污染环境和有害人体的有害化学物，没有产生污染环境的废物，也没有造成对环境的污染

---

[1] Webb L. L. Green Purchasing: Forging a New Link in the Supply Chain [J]. Resource, 1994, 1 (6): 14-18.

续表

视角	作者	定义
广义观	Carter & Carter（1998）	指包含在供应链管理中的考虑环境因素的采购行为，以利于再循环、再使用和资源的减量使用
	Zsidisin & Siferd（2001）	是为应对自然环境问题而制定的一系列有助于环境保护和改善的采购原则、方法和程序，涵盖供应商评估、供应商选择与长期合作关系建立、绿色包装、资源的重复使用、减量使用、产品废弃物的处理等
	侯方淼（2007）	采购主体结合内外部因素，通过采购战略的制定以及各个部门的协商决策，在采购行为中考虑环境因素，通过减少采购成本、采购物资的使用成本、末端处理成本，保护资源等一系列的行为和结果，包括供应商的选择和评价，供应商的运作管理，与采购相关的物流、包装、回收、重用，资源的减量使用以及废品的处置
	刘彬（2008）	在充分考虑环境因素的前提下，通过采购—供应双方的紧密合作，以使产品从物料获取、加工、包装、仓储、运输、使用到报废处理的整个过程中对环境的影响最小为目的而采取的一系列行动

资料来源：笔者根据相关文献整理。

2. 绿色采购管理与传统采购管理的区别

相比较于传统采购管理、战略采购管理和传统供应链采购管理，绿色采购管理的最大区别在于"绿色"二字，即绿色采购管理要求将环境的可持续发展理念全面融入采购管理。绿色采购管理模式与传统采购管理模式在采购管理目标、采购人员要求、产品考察视角、采购成本观点、公平效率观、采购实施模式、供应商关系和采购绩效标准等方面都存在显著差异，具体如表1-7所示。

表1-7 绿色采购管理与传统采购管理的区别

项目	传统采购管理	绿色采购管理
采购管理目标	纯粹追求企业利润最大化	在追求企业盈利的同时，旨在对环境造成的影响尽量减少
采购人员要求	只需掌握一般知识技能	具有高度环保意识和知识技能
产品考察视角	仅仅从产品本身考察	产品要从整个生命周期来考察，即在资源开发、生产、运输、销售、使用和废旧物品的处理处置等各个环节都最大限度按照绿色目标的要求开展
采购成本观点	关注的重点只放在所购原材料或产品的价格上	重点考虑与采购发生的相关的总成本，即除了交期、质量、库存等传统成本之外还有环境成本的计算
公平效率观	比较注重经济效率，关注采购成本的压缩	同时关注效率与公平

续表

项目	传统采购管理	绿色采购管理
采购实施模式	单纯被动地采购现有资源、面向库存的采购、采购商品管理	更加积极主动地寻求资源、为订单而采购、供应商源头管理
供应商关系	简单买卖关系	更倾向建立长期互利互惠的合作关系
采购绩效标准	主要考核指标包括：供应、过程管理、交货运送和需求管理	主要考虑的因素包括：经济、顾客、环境

资料来源：鲍盛祥，张琦.基于SCOR模型对绿色采购管理研究[J].交通企业管理，2009（9）；侯方淼.绿色采购研究[D].对外经济贸易大学博士学位论文，2007.

3. 绿色采购管理的实施框架

绿色采购管理包括制定绿色采购战略、开展绿色供应商选择与管理、实施绿色采购活动、进行绿色绩效评价和持续改进等内容，具体如图1-9所示。

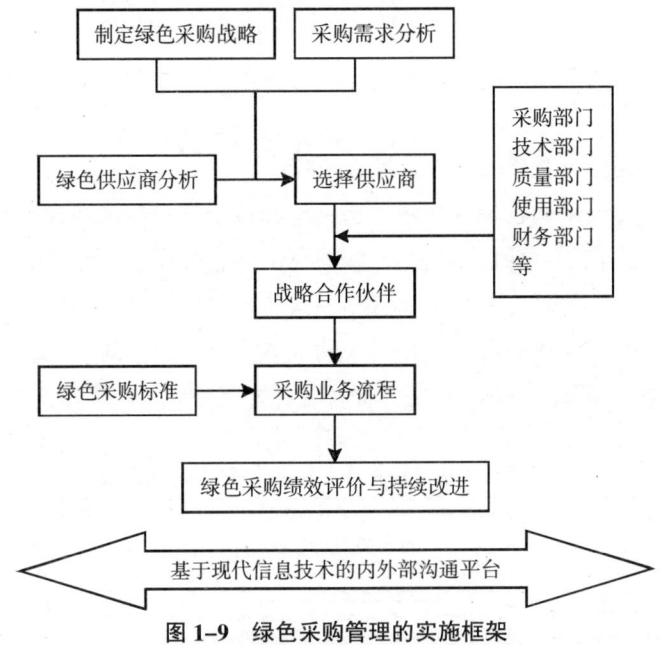

图1-9 绿色采购管理的实施框架

资料来源：娄季峰，龚其国.基于绿色供应链的采购管理研究[J].华北电力大学学报（社会科学版），2007（7）.

4. 绿色采购管理中的社会责任审视

在绿色采购管理模式中，采购管理被认为是实现企业整体绿色发展战略的重要环节，这隐含着企业的价值追求目标开始发生转向，由纯粹的追求利润最大化目标向同时平衡经济目标与环境目标进行转变。也就是说，企业所秉承的社会责任观开始发生变化，由新古典经济学的社会责任观转向企业社会回应（Corporate Social Responsiveness）的社会责任观，后者强调企业对社会问题和社会期望做出回应。由此可见，绿色采购管理是企业面对社会普遍期望参与解决日益突出的全球性环境问题而做出的回应性策略，属于被动性地履行环境保护责任。

在绿色采购管理模式中，企业除了延续在战略采购管理和供应链采购管理中关注的对供应商的责任以及采购过程中的公开透明责任外，更加重视在所有采购管理活动中关注绿色环保要求，无论是对供应商的管理还是对采购产品的属性考察，以及采购过程的规范要求，都增加了"绿色"维度，切实努力做到提升企业的绿色发展绩效。然而，环境保护只是企业社会责任的重要议题之一，绿色采购管理的确能够提高企业的环境价值创造能力和水平，但并不能保证企业在人权、劳工等社会领域创造好的绩效。也就是说，绿色采购管理关注的只是特定的社会责任议题，缺乏对社会责任其他议题的考虑，并不能完全保证企业的采购行为是对社会负责任的，仍然具有局限性。

五、责任采购管理模式

传统采购管理、战略采购管理、供应链采购管理和绿色采购管理对于企业全面履行社会责任来说，都存在范围不同和程度不一的缺陷，而日益高涨的全球社会责任运动以及时有发生的供应链责任缺失事件更加促使企业不得不转向一种新的采购管理模式，即责任采购管理模式，以实现真正意义上的将社会责任全面融入采购管理中。正如前文的分析，责任采购管理模式在管理目标、管理对象、管理内容和管理范围等方面都对传统采购管理模式进行了超越，切实将企业的采购行为带入一个全新的境地。实际上，20世纪90年代中后期开始，尤其是21世纪以来，责任采购管理模式越来越受到国际一流公司的推崇和应用，正在逐步发展成为新的主流采购管理模式。

第二章 责任采购管理的理论基础

责任采购管理是一个交叉研究领域,既涉及可持续发展理论、企业社会责任理论、利益相关方理论、社会契约理论和社会责任管理理论,也与供应链管理理论联系紧密,因此,有必要从这四个理论视角对责任采购管理进行审视,以厘清责任采购管理的理论基础。

第一节 供应链管理理论

供应链概念最早出现于20世纪80年代,并于90年代后期开始受到重视,发展形成供应链管理理论,为责任采购管理模式的形成和发展提供了理论支撑。

一、供应链管理的含义与特征

1. 供应链管理的定义

基于对供应链的界定,学者们对供应链管理进行了不同理解,并形成了管理策略观、整体运作观和供应商伙伴关系观。其中,管理策略观强调供应链管理是一种管理策略,主要目的是提升整个供应链的运行效率;整体运作观强调供应链的整体运作,特别是各节点企业的参与;供应商伙伴关系观强调供应链管理的重点是要与供应商建立合作伙伴关系。这三种观点的代表性定义如表2-1所示。

表2-1 供应链管理的三种定义

视角	作者	定义
管理策略观	Phillip	供应链管理是一种崭新的管理策略,不同于传统意义上的管理,它强调企业间的合作伙伴关系,通过合作与信息共享来增强整个供应链的运作效率

续表

视角	作者	定 义
管理策略观	Houlihan	供应链管理是一种战略管理思想，对于企业具有重大的意义，因为它会对供应链的成本和竞争力产生影响；强调供应链的不可分割性，供应链是一个统一的整体，不能被分割成采购、制造、销售等职能部门，否则会影响供应链的效率；供应链强调对整条链的整合而不仅是接口的连接
	Mentzer（2001）	供应链以提高整条供应链的绩效与竞争力为目标，强调企业内部各部门以及与供应商、制造商、分销商和客户的协调
整体运作观	Cooper（1997）	供应链管理是一种集成模式，是对从供应商到最终客户的整个链条的统一管理
	Evens	供应链管理是一种整体的管理科学，通过对物流、信息流、资金流的管理，将供应商、制造商、分销商、客户连接在一起
供应商伙伴关系观	Monczka, Trent & Handfiel（1997）	供应链管理通过对企业内部的各个职能与企业外部的供应商、分销商、制造商、客户的整合和管理，以提升供应链的绩效；供应链管理强调与供应商在相互信任的基础上发展合作伙伴关系；强调重视供应链管理，强调与传统的物料管理相区分，并由专人负责整个物流过程
	Londe & Masters（1994）	供应链管理是一种战略管理，通过链条间企业共享信息和相互信任，发展战略合作伙伴关系，通过上下游企业间的协调与配合，提高对物流过程的控制，并提升供应链的运作效率

资料来源：赵欣.供应链管理环境下的采购管理研究 [D].河北大学硕士学位论文，2010.

2. 供应链管理的特征

与传统管理模式相比，供应链管理具有系统性、战略性、竞争性、合作性、集成化、顾客导向、敏捷性七个方面的特征，具体如表2-2所示。

表2-2 供应链管理的特征

特 征	描 述
系统性	把供应链中所有节点企业看成是一个系统的整体，使管理贯穿于从供应商到顾客的采购、制造、分销、零售等职能领域的全过程
战略性	强调和依赖战略管理
竞争性	并不排斥竞争，节点企业之间的竞争是基于培育和巩固供应链整体竞争力和各企业竞争力的双赢性竞争，是供应链与供应链之间的整体性竞争
合作性	强调各企业之间的合作，建立战略合作伙伴关系，共用提高供应链的竞争力，达到"双赢"的目的
集成化	以业务集成为基础，每个企业都只有集中发展自己的核心业务，而将其他业务外包
顾客导向	顾客的需求拉动整个供应链的生产
敏捷性	可以根据动态联盟的形成和解体进行快速的业务流程重组，提高企业的敏捷性和对市场的快速反应

资料来源：崔捷.供应链管理环境下的采购管理的研究 [D].上海交通大学硕士学位论文，2006.

二、供应链管理的内容

根据黄小原（2010）的研究，当前在对供应链管理的内容进行分类时，学者们考虑影响供应链管理的因素主要包括供应链成本、供应链信息、知识和关系。在选择研究对象时，主要有双边主体、链条主体及网络主体三种供应链基本研究单位。[①] 因此，供应链管理的内容包括从不同供应链基本单位出发、考虑不同因素、利用不同理论分别进行的研究。

1. 供应链管理的对象

从整个供应链的结构来看，可从微观、中观和宏观三个层次进行供应链管理。在微观层面上，企业可考虑与其具有双边关系的供应商、制造商或销售商其中的一个，仅考虑双边合作中的物流、信息流和资金流的优化改进。在中观层面上，企业可考虑供应链最小单位的链条管理，即考虑仅包含一个供应商、一个制造商和一个销售商的简单链条关系，考虑资源的优化改进。在宏观层面上，企业可考虑所在的整个供应链网络，包括上游、中游和下游的整个网络，供应链的管理是考虑整个供应链网络资源和效率的优化改进。

2. 供应链管理的主要影响因素

（1）成本。这主要是在考虑时间和效率的前提下，考虑物料成本、仓储和运输成本。不但要考虑仓储的位置、地点等静态信息，更要考虑运输等动态信息，以确保供应链管理过程中达到成本与时间的最佳结合，确保供应链的效率最大化。

（2）信息。供应链各节点主体之间传递的除了产品外，还有信息流的传递。由于信息流传递的效率直接影响供应链管理的效率，因而成为供应链管理者最为重视的动态管理内容。促进信息流高效传递主要依靠主体之间信息技术的应用和共享，如电子数据交换（EDI）、条码技术等。完全的信息流通不但包括企业内信息的收集和分享，更包括供应链企业之间的信息收集和分享。为了实现全面质量管理和精准管理，供应链各主体之间应当主动交流并共享部分关键数据，如需求变动、库存变动、运输计划变动。

（3）供应链组织管理。不管进行供应链管理的基本单位是双边结构、链条结构还是网络结构，供应链管理都可看做供应链组织的管理。根据当前学术界对供应链组织管理的研究，将供应链组织定义为在核心企业发起下，由一系列

---

① 黄小原.供应链模型与优化［M］.北京：科学出版社，2010.

源头供应商和中断零售商组成的链状结构，各节点企业按照核心企业的规划展开业务（倪明，2011）。[①] 由于供应链企业不再以企业自身为边界，而是以供应链网络为边界进行资源、信息和知识共享，因此，供应链组织具有合约性，不同的企业之间行为或目标不相容会造成管理的困境，从而影响供应链整体的竞争力。这意味着对供应链组织的管理需要克服企业各自的有限理性和机会主义行为。

三、供应链管理理论与责任采购管理

采购管理是供应链管理的重要环节，因此，供应链管理理论为责任采购管理模式的形成和实践提供了重要理论指引。从理念层面来看，供应链管强调供应链整体效益最大化的思想，以及不同供应链成员之间的互利共赢，注重责任共担、利益共享，同时非常重视不同供应链成员之间的信息沟通，这些意味着企业应将"共赢"、"责任共担"、"透明运营"的理念和要求融入采购管理，将"共赢"、"责任共担"、"透明运营"作为责任采购管理的重要元素。从实践层面来看，供应链管理依托现代信息技术，强调企业内部的协同和企业之间的协同，注重供应链成员之间的关系管理，这些都是实现责任采购管理的重要方式。

第二节 可持续发展理论

一、可持续发展理论产生的背景与历程

从1962年美国女生物学家莱切尔·卡逊（Rachel Carson）发表《寂静的春天》开始，人们对地球的发展模式产生了更深刻的思考。从全球的发展观变化趋势来看，从最初的"增长理论"到"发展理论"，再到20世纪中后期，全球资源短缺、人口剧增、经济危机、社会不公平催生了"增长的极限"，"可持续发展理论"提出的可持续发展观成为主流发展观，人们对发展的认识不断深化。1972年，在瑞典首都斯德哥尔摩举行的"世界人类环境大会"上，"只有一个地球"的概念被提出；同年，非正式国际著名学术团体罗马俱乐部发表了《增长的极限》，明确提出"持续增长"和"合理的持久的均衡发展"的概念。1980年，联合国环境规划署（UNEP）、国际自然资源保护同盟（IUCN）和世界野生生物基

[①] 倪明. 供需网理论及其在企业管理变革中的应用 [M]. 成都：西南交通大学出版社，2011.

金会（WWF）联合多国政府官员和科学家在制定的《世界自然保护大纲》中提出了可持续发展的思想；1987 年，联合国世界与环境发展委员会发表了《我们共同的未来》，正式提出可持续发展概念；1992 年，联合国环境与发展大会上可持续发展要领得到与会者共识与承认，可持续发展成为被世界各国广泛接受的发展观。

实际上，发展理论最初兴起于经济学界，被定义为"经济增长"，是指经济总量的不断增长。后来，发展被用于描述一国经济的变化，原先经济总量的增长含义被延伸到数量和质量上的改善。在布伦特兰委员会 1987 年的报告中，"发展"的应用从经济学领域延伸到经济和社会领域，用于表示以满足人类需求为中心的具有进步意义的变革。而随着人与自然矛盾的不断加深，1990 年世界银行研究员 Daly 和 Cobb 将发展的内涵拓展为环境的动态变化中经济的质的变化，强调经济与环境的动态平衡。因此，发展逐渐演变成一个自然—社会—经济三重互动的复杂系统如何向着更和谐、更合理方向的进化（牛文元，2008）。[①]

二、可持续发展的含义与特征

1. 可持续发展的定义

对可持续发展的定义较多，但是使用最普遍的是 1987 年布伦特兰夫人在主持世界环境与发展委员会时对可持续发展给出的定义，"可持续发展是指既满足当代人的需要，又不损害后代人满足需要的能力的发展"（Brundtland Report, 1987），并于 1989 年联合国环境署理事会通过的《关于可持续发展的声明》中正式被确认。这个定义包含两个基本要素，即"需要"和对需要的"限制"。满足需要，首先是要满足人类的基本需要。对需要的限制主要是指对未来环境需要的能力构成危害的限制，这种能力一旦被突破，必将危及支持地球生命的自然系统，包括大气、水体、土壤和生物。该定义体现了可持续发展的可持续性、公平性和共同性，表现在经济、社会和生态三方面的协调。

2. 可持续发展的特征

由以上的定义可知，可持续发展具有三个方面的特征：一是整体性。可持续发展是综合考虑人类生存发展的内部因素和外部因素，并协调内部因素和外部因素达成整体的协调发展。因此，可持续发展必须要将所有利益集团、国家、民族、阶级当做一个整体进行协调，以实现对整体相对公平的发展。二是内生

[①] 牛文元. 可持续发展理论的基本认知 [J]. 地理科学进展，2008 (3).

性。内生性是可持续发展的基本动力。驱动国家或世界可持续发展的应当是其内部动力,包括对资源的储量和承载力、环境的容量及缓冲力、科技水平与转化力等(牛文元,2008)。三是综合性。综合性代表了发展相关要素的组合形式。发展的内部影响因素和外部影响因素互相作用,相互作用关系是复杂的,要综合考虑他们相互关系的层次性、时序性、空间性及耦合性。

三、可持续发展的主要内容与评价

1. 可持续发展的主要内容

可持续发展要求做到可持续经济、可持续社会、可持续生态的协调统一,强调在发展过程中必须同时注重经济效率、生态和谐与社会公平,最终实现人类的全面发展。从内容上来看,可持续发展包括经济可持续发展、社会可持续发展和生态可持续发展三个方面:首先,经济可持续发展要求在发展经济过程中,不仅要关注经济增长的数量,更要注重经济增长的质量,这意味着必须改变传统以牺牲环境为代价的"高投入、高消耗、高污染"的生产方式和消费模式,取而代之的是走集约化、低碳化的经济增长道路,实施清洁生产和可持续消费,以最少的环境成本获取最大的经济效益,确保经济发展的可持续性。其次,社会可持续发展要求坚持以人为本,追求社会公平,改善人类生活质量,提高人类健康水平,创造一个保障人们平等、自由、教育、人权和免受暴力的社会环境,确保社会发展的可持续性。最后,生态可持续发展要求经济活动和社会建设都必须与自然的承载能力相协调,这意味着在经济发展和社会发展的同时必须保护好生态环境,保证以可持续的方式使用自然资源和环境成本,使人类的发展控制在地球承载能力之内,确保生态环境发展的可持续性。

2. 可持续发展的评价

根据可持续发展的内涵与内容,评价可持续发展需要考虑三个方面:

(1) 可持续发展应当反映发展的协调、可持续。从数量维度看,可持续发展应当能够衡量一个国家或区域的发展度,包括经济、社会、生态三方面的数量变化、发展方向和发展速度。从质量维度看,可持续发展还应当能够衡量一个国家或区域的协调度,即在确保数量增长的同时,应当查看是否能够实现经济、社会、生态三方面的协调发展,是否能够维持利益群体之间利益的协调分配,确保结构的优化。从时间维度看,可持续发展还应能够评价一个国家或区域的持续度,即从时间维度上评价发展度和协调度,看经济、社会、生态三方面是否能够长期进行。

(2) 可持续发展应当反映发展的动力、质量与公平。发展动力可从国家或地区的发展能力、发展潜力和发展速度等方面进行评估,包括自然资源、生产资本、人力资本、社会资本等的变化。发展质量可以用人与自然的和谐发展程度、经济结构调整和社会和谐发展等进行评估。发展公平可通过对国家或地区的贫富差距、分配制度城乡差距等进行评估。

(3) 可持续发展应当反映发展速度、数量与质量的绿色运行。对经济、社会发展的速度、质量和数量进行评估时,必须考虑是否环境友好。在考虑经济总量(GDP)增长速度、增长结构和增长数量时,还应当考虑增长的途径、方式和成本,是否以牺牲环境、牺牲社会公平为代价,是否以削弱发展的可持续度为代价。

四、可持续发展理论与责任采购管理

可持续发展理论为责任采购管理提供了指导思想,企业应将可持续发展的理念和要求融入采购管理中,在采购过程中不能仅仅关注所采购产品的价格及质量优势,也应该本着有利于经济、社会、环境可持续发展的角度选择产品或选择供应商。此外,可持续发展理论还拓展了供应链管理理论,提出和倡导实施可持续供应链管理模式,为责任采购管理模式的形成更直接地奠定了理论基础。

1. 可持续供应链管理 (Sustainable Supply Chain Management, SSCM) 的界定

对可持续发展的供应链管理定义主要有三种:第一种是SSCM,认为可持续供应链至少能够做到不损害自然和社会的利益,并以此为前提来实现自身利益的最大化 (Pagell et al., 2009)。[①] 该种定义下可持续发展的供应链管理主要包括绿色供应链管理和责任供应链管理。第二种是基于三重底线的定义,[②] 认为供应链可持续发展需要从供应链的经济、社会和环境影响三方面进行评估。该定义认为可持续供应链管理包括供应链企业社会责任管理、供应链社会绩效管理以及可持续发展绩效管理等。第三种是基于可持续采购的定义,认为供应链管理应当是在最大化三重底线绩效的前提下,实施上游和下游供应链的综合管理,包括可持续采购、绿色采购、责任采购等内容。

---

① Pagell, M., & Wu, Z.. Building A More Complete Theory of Sustainable Supply Chain Management Using Case Studies of 10 Exemplars [J]. Journal of Supply Chain Management, 2009, 45 (2): 37-56.
② 关于三重底线理论,将在"企业社会责任理论"部分介绍。

表 2-3 可持续供应链管理的三种定义

定义类型	定 义	关注重点
SSCM	不损害自然和社会利益前提下的利益最大化	绿色供应链管理；社会责任供应链管理
三重底线	满足供应链经济、社会、环境绩效基础下的供应链管理	企业社会责任管理、企业社会绩效管理、可持续发展绩效管理
可持续采购	三重底线最大化前提下的上游和下游供应链综合管理	可持续采购、绿色采购、责任采购

资料来源：笔者整理。

2. 可持续供应链管理框架

对可持续发展的供应链管理研究中，三重底线是供应链管理的核心。Carter 和 Rogers（2008）以三重底线模型为基础，设计了供应链可持续发展的理论框架，即可持续供应链管理。该模型的中心是企业的三重底线，包括环境、社会和经济绩效。[①] 这三重底线较好地融合了组织可持续发展的内涵，但没有明确地界定企业应当参加具体环保活动或社会责任行为，而是清楚地表明了企业在进行供应链管理时，应当在能够提高企业经营绩效并不落入不履行社会责任和环保责任的交叉区域。也就是说，企业实施可持续供应链管理是企业发展的要求而非自由选择。因此，如图 2-1 所示的 SSCM 模型将企业的长期可持续发展与企业社会责任的三重底线相结合，明确表明了企业要想长期生存下去应该承担的责任范围。

根据 SSCM 模型，企业的行为必须在三重底线的范围内。Carter 和 Rogers（1998）将如何实现可持续供应链管理分成了四个方面：第一，策略制定。针对性地制定供应链组织内每一个企业的 SSCM 策略，确保企业的个体 SSCM 策略与整个供应链组织的可持续发展战略相协调。第二，风险管理。包括要求供应链的上游企业和下游企业制订好应对风险的应急计划。第三，组织文化。组织文化是根深蒂固于供应链企业员工中的信念，往往包含了较高的道德标准和期望，因此可持续供应链组织应当共享尊重社会、保护环境的组织文化。第四，透明度。应当与主要利益相关方主动进行公开的沟通交流，并追踪和监督上游企业及下游企业的管理。

3. 可持续供应链管理对采购管理的要求

供应链的可持续发展必然要求企业采购实施可持续采购。根据上文对可持

---

① Carter, C. R., & Rogers, D. S.. A Framework of Sustainable Supply Chain Management: Moving Toward New Theory [J]. International Journal of Physical Distribution & Logistics Management, 2008, 38 (5): 360-387.

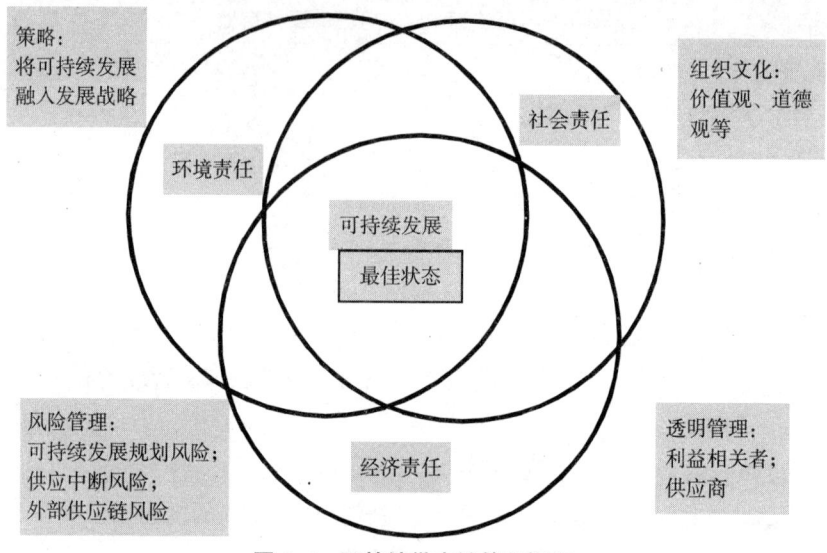

图 2-1 可持续供应链管理框架

资料来源：Carter, C. R., & Rogers, D. S.. A Framework of Sustainable Supply Chain Management: Moving Toward New Theory [J]. International Journal of Physical Distribution & Logistics Management, 2008, 38 (5): 360-387.

续供应链管理的三种定义，责任采购应当是基于三重底线最大化前提下的供应链上游和下游的综合管理。因此，对于任何企业，要想实施可持续采购，不但要对供应商提出更高的社会绩效和环境绩效要求，而且采购企业作为供应链组织的主体之一，还必须分担供应商履行社会责任和环境责任的部分风险。由此，可持续采购的基本要素围绕供应商的社会和环境绩效以及供应商的风险管理展开，可包括去商品化、发展传统供应商、降低供应商风险、发展非传统供应商、透明采购五个要素（Pagell et al., 2010）。

第三节　企业社会责任及相关理论

一、企业社会责任理论

尽管企业社会责任是一个现代概念，但企业社会责任的思想却源远流长，其最早可以追溯到古代社会的商人社会责任观。而在企业社会责任概念正式提出之后，理论界和企业界对企业社会责任思想不断演绎和发展，形成了现代的企业社会责任理论。从与责任采购管理关系来看，重点是企业社会责任的内容理论。

1. 企业社会责任的内容理论

自 20 世纪 70 年代以来，随着"企业的社会责任就是追求利润最大化"的观点逐步失去统治地位，企业应当承担社会责任的思想逐渐为社会所普遍接受，企业社会责任概念也由此引起各方的广泛关注，不同学者与机构分别对企业社会责任的内容维度进行了研究和探讨，形成了不同的企业社会责任内容模型。

1971 年，美国经济发展委员会在《工商企业的社会责任》报告中指出，企业要为美国人民生活质量的提高做出更多贡献，并进一步提出了"三个同心圆"的企业社会责任内容模型。[1] 这一模型对企业社会责任进行了明确规定：内圆是指企业履行经济功能的基本责任，中间圆是指企业履行其经济功能的责任时应顾及改变社会价值和优先秩序，外圆是企业更广泛的促进社会进步的其他无形责任。与"三个同心圆"模型采取广义的企业社会责任观类似，卡罗尔于 1979 年也提出了一个广义的企业社会责任概念，即"企业社会责任包含了在特定时期内，社会对组织在经济上、法律上、伦理上和自行裁量的期望"。[2] 在此基础上，卡罗尔于 1991 年进一步提出了企业社会责任内容的"金字塔"模型，认为企业社会责任是指企业的经济责任、法律责任、伦理责任和自愿责任（慈善责任）之和。[3] 另外一个比较有代表性且影响较大的企业社会责任概念是英国学者埃尔金顿（John Elkington）提出的。埃尔金顿在 1998 年出版的《拿叉子的野人：21 世纪企业的三重底线》中提出了三重底线（Triple Bottom Line）的概念模型，认为企业行为要满足经济底线、社会底线与环境底线。[4] 三重底线是社会对企业的最低要求，满足三重底线是维护企业合法性、确保企业生存与发展的基本前提。三重底线理论提出之后，逐渐成为理解企业社会责任概念的共同基础。即从企业与社会的关系出发，企业要承担最基本的经济责任、社会责任和环境责任。此外，联合国"全球契约"（UN Global Compact）认为企业履行社会责任的内容涵盖遵循"全球契约"十项原则，包括人权、劳工、环境和反贪污四个方面；国际标准化组织在其发布的社会责任国际标准 ISO26000 中则指出，企业社

---

[1] 陈英等. 企业社会责任理论与实践 [M]. 北京：经济管理出版社，2009：11-12.

[2] Carroll, A. B.. A Three-dimensional Conceptual Model of Corporate Performance [J]. Academy of Management Review, 1979, 4 (4): 497-505.

[3] Carroll, A.B.. The Pyramid of Corporate Social Responsibility: Toward the Moral Management of Organizational Stakeholder [J]. Business Horizons, 1991, 7-8: 39-48.

[4] Elkington, J.. Cannibals with Forks: The Triple Bottom Line of 21st Century Business [M]. New Society Publishers: Stoney Creek, CT, 1998.

会责任的内容主要涉及组织治理、人权、劳工实践、环境、公平运营实践、消费者问题、社区参与和发展这七大核心主题。

2. 企业社会责任理论与责任采购管理

责任采购是企业履行社会责任的重要领域和实现途径，因此，企业社会责任理论是责任采购管理模式形成和发展的基础。企业社会责任理论对于责任采购管理而言至少具有三个方面的指导作用：一是理念层面，企业社会责任要求企业必须有效管理自身运营对经济、社会和环境的影响，追求经济、社会、环境综合价值最大化，这一理念是实施责任采购管理的基本指导思想。二是标准层面，企业社会责任内容理论为企业实施责任采购管理提供了规范要求，明确了责任采购管理中的重点社会责任议题。三是操作层面，企业社会责任要求企业在其"影响"范围内对社会负责任，因此，企业在实施责任采购管理时，除了要确保自身采购活动对社会负责任外，还应该对"影响"范围内的其他主体进行社会责任管理。

二、利益相关方理论

1. 利益相关方理论的主要内容

利益相关方理论源于 20 世纪 60 年代，80 年代开始广泛应用于公司治理。Freeman（1984）将利益相关方定义为能够直接或间接影响企业行为的群体，颠覆了股东至上的公司治理理念，为企业社会责任的管理提供了理论分析框架，成为企业社会责任分析的理论基础。Mitchell 认为，判断一个群体是不是利益相关方需要其满足三个条件：其一，某一群体是否拥有影响企业决策的影响力；其二，某一群体是否具有向企业索取的合法性；其三，某一群体的利益是否能够引起企业管理层的关注。[①]

当前的研究对企业利益相关方有着不同的划分。尽管划分标准和具体分类有所不同，但总体是根据利益相关方与企业利益的密切程度、对企业的影响力等进行划分。Charkham（1992）根据利益群体是否与企业存在交易性合同，将利益相关方划分为契约型利益相关方和公众型利益相关方。所谓的契约型利益相关方包括：股东、雇员、消费者、供应商、分销商等，公共型利益相关方包

---

① Garriga, E., & Melé, D.. Corporate Social Responsibility Theories: Mapping the Territory[J]. Journal of Business Ethics, 2004, 53 (1-2): 51-71.

括消费者、监管者、政府、媒体、行业协会、社区等。① 克拉克逊（Clarkson，1994）根据相关群体在企业活动中承担的风险，将利益相关方划分为主动利益相关方（Positive Stakeholders）和被动利益相关方（Passive Stakeholders）；根据利益相关方与企业联系的紧密程度，将利益相关方分为主要利益相关方（Primary Stakeholders）和次要利益相关方（Secondary Stakeholders），主要利益相关方是对企业生存发展有着直接影响的人群，包括股东、员工、顾客、供应商等，次要利益相关方则是间接影响企业运转的群体，比如社区、行业协会、政府、媒体等。② Henriques & Sadorsky（1999）将所有的企业利益相关方划分为四个类别：组织相关者、社会团体、监管者、媒体。其中组织相关者是与企业利益直接相关的，并且能够直接影响企业的行为（Henriques & Sadorsky, 1999），消费者、员工、股东、供应商被认为是主要的利益相关方（Primary Stakeholders），他们对企业的长期发展具有直接的影响。社会团体包括人权或环保组织。监督者包括政府、贸易协会以及竞争者。③

根据企业利益相关方的分类，企业相关者有主次之分，因此，在利益相关方管理过程中，应当对不同的利益相关方进行区别对待。根据 Freeman（1984）对利益相关方的分析，在企业管理中，往往通过如下四个步骤对利益相关方进行管理：第一步，识别每个事件中的利益相关方群体；第二步，判断每个利益相关方群体的利益和重要性；第三步，判断每个利益相关方群体的期望和需求的实现状况；第四步，结合利益相关方的期望和需求制定战略决策。④

2. 利益相关方理论与责任采购管理

无论是哪一种企业活动，都会涉及利益相关方。企业采购活动也不例外，这意味着责任采购管理必然涉及利益相关方管理问题，因此，利益相关方理论也是实施责任采购管理的重要理论基础。实际上，利益相关方理论能够为责任采购管理提供两个方面的指引：

（1）对负责任对象的明确。随着利益相关方理论在企业社会责任研究领域的应用，越来越多的学者将企业的社会责任视为企业对利益相关方的责任

---

① Charkham, J.. Corporate Governance: Lessons from Abroad [J]. European Business Journal, 1992, 4 (2): 8–16.

② Cobb, B. and M.Clarkson. A Simple Procedure for Optimizing the Polymerase Chain Reaction (PCR) Using Modified Taguchi Methods [J]. Nucl. Acid Res, 1994, 22: 3801–3805.

③ Henriques, I., & Sadorsky, P.. The Relationship between Environmental Commitment and Managerial Perceptions of Stakeholder Importance [J]. Academy of Management Journal, 1999, 42 (1): 87–99.

④ Freeman, R. E., & McVea, J.. A Stakeholder Approach to Strategic Management [I]. 2001.

(Donaldson et al., 1995; Jones, 1995)。[1][2] 克拉克逊（Clarkson, 1995）认为，利益相关方理论为企业社会责任研究提供了一种理论框架，在这个理论框架里，企业社会责任被明确界定在企业与利益相关方之间的关系上，针对每一个主要的相关利益群体便可界定企业社会责任的范围。利益相关方理论被看作是企业社会责任研究的一个重要条件，可以将企业承担社会责任的对象具体化。由此，责任采购管理也能明确企业应该针对哪些利益相关方负责任，使得负责任的对象得以明确。

（2）能够为实施责任采购管理提供操作思路。根据利益相关方理论，企业的责任采购管理可以包括四个步骤（如图2-2所示）：

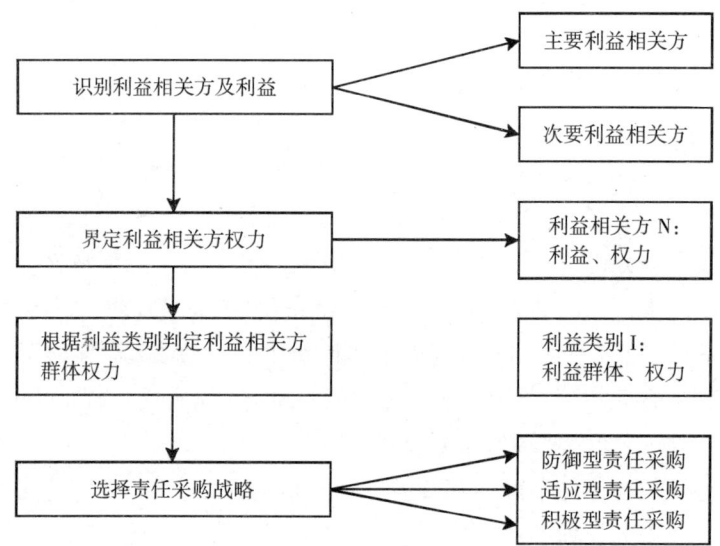

图2-2 基于利益相关方理论的责任采购管理步骤
资料来源：笔者自制。

一是识别企业利益相关方及其主要利益。根据利益相关方理论，企业的采购活动对照的利益相关方包括企业的消费者、企业股东、企业的供应商、企业供应商的员工、地方团体、监管政府、竞争者、媒体（Maignan & Mcalister,

---

① Donaldson, T., & Preston, L. E.. The Stakeholder Theory of the Corporation: Concepts, Evidence, and Implications [J]. Academy of Management Review, 1995, 20 (1): 65-91.
② Jones, T. M.. Instrumental Stakeholder Theory: A Synthesis of Ethics and Economics [J]. Academy of Management Review, 1995, 20 (2): 404-437.

2003；Strasberg，2003)。① 这些利益相关方关注的利益事件可包括如下几个方面：供应商应该尊重人权；遵守本地的民主法治；保护自然资源；遵守最少供应商原则。②

二是界定利益相关方的权力。由于利益相关方对企业的投资及重要性不同，因此，利益相关方的权力大小和权力边界也有所不同。根据资源依赖理论(Pfeffer & Salancik，1978)，③ 利益相关方之所以能够影响企业的采购实践是因为利益相关方为企业长期发展提供必需的资源（物质资源、非物质资源等），因而就有权力向企业施压，而权力的大小与企业对该利益相关方提供的资源的依赖程度有关（Frooman，1999；Pfeffer & Salancik，1978)。④

三是根据利益类别判断利益相关方群体的权力大小。虽然利益相关方的权力大小和边界各有不同，但是，如果将利益相关方关注的利益进行分类，则同一类别下的利益相关方群体相同，他们的联合会增加对企业的权力。而处于不同利益类别下的利益相关方群体之间的矛盾又可能会削弱某一群体的权力。因此，考虑利益相关方之间的联系和冲突时，利益相关方的权力大小会发生变化。情形一：利益相关方可通过与其有相似利益诉求的其他利益相关方联合起来，那么促使企业进行积极型责任采购的利益相关方权力会增加。因此，企业在制定采购策略和实施采购时，必须考虑具有类似权力诉求的利益相关方之间的权力叠加。情形二：只有在利益相关方行使其权力时，企业才愿意进行责任采购。但有些利益相关方群体之间的利益是互相冲突的，例如，组织内的员工、管理者可能与政府的利益是冲突的，供应商的利益与企业股东的利益可能是冲突的。因此，当利益相关方之间的权力冲突时，企业的组织规范会凸显企业在进行责任采购时更照顾哪些利益相关方的需求。

四是选择责任采购策略。根据识别的利益相关方、利益相关方的权力大小和边界，企业可指定其责任采购策略。Maignan & Mcalister（2003）将企业的责任采购策略分为三种，即防御型采购策略、适应型采购策略和积极型采购策

---

① Strasberg, Jenny. Saipan Lawsuit Terms OKd [N]. San Francisco Chronicle, 2003-04-25 (BI).

② Maignan, I., & Mcalister, D. T.. Socially Responsible Organizational Buying: How Can Stakeholders Dictate Purchasing Policies? [J]. Journal of Macromarketing, 2003, 23 (2): 78-89.

③ Pfeffer, J. Salancik. The External Control of Organizations: A Resource Dependence Perspective [Z]. 1978.

④ Frooman, J.. Stakeholder Influence Strategies [J]. Academy of Management Review, 1999, 24 (2): 191-205.

略。① 采取防御性采购策略的企业，不会关注利益相关方对社会责任的需求，采取适应性采购策略的企业则会在不影响财务绩效的情况下被动地负担对利益相关方的社会责任，而采取积极采购策略的企业，则会将对利益相关方的多样化责任贯彻到企业的整个采购过程中，并就其采购中社会责任的履行成果或问题与主要利益相关方进行沟通。

三、社会契约理论

1. 社会契约理论的主要内容

社会契约（Social Contact Theory）兴起于中世纪西方国家，由 Hobbes 首先在其著作《利维坦》（Leviathan）中提出，他将国家视为由大多数人签订的社会契约。直到1980年以来，随着企业社会责任研究的不断深化完善，社会契约理论被广泛应用于企业经营管理中，成为企业社会责任发展的重要理论基础。根据社会契约论的内容，社会契约的实质是一种社会规范，是自然而然地产生的（孙国锋，2002）。

根据不同学者对社会契约理论的研究观点，社会契约具有不同的属性。首先，社会契约具有约束性。将社会契约认为是一种社会规范，那么社会契约就对每一个社会人都具有约束力，因此，每一个人和组织只要处于社会当中，在法律道德框架下不但不能损害他人的正当利益，而且还应当为保护社会或其他成员的利益免遭损害而承担属于自己的义务（约翰·密尔，1959）。其次，社会契约具有公平性。社会契约是以社会公平为目标的，②因此，社会通过非正式的社会契约为社会确立规范，③用虚拟的协议把合法性赋予法律和制度，应用于社会各个领域，如公共事务管理、人力资源管理等。最后，社会契约具有功利性，即社会契约的缔结是因为缔约人都认为社会契约对自身而言是有利的。从这三个角度来讲，社会契约是一套关于社会成员行为模式的规则和假设，是一种非正式的合约。对于企业而言，当它们从事商业活动时，社会契约所包含的规则和假设会约束企业及其利益相关方的行为模式。

---

① Maignan, I., & Mcalister, D. T.. Socially Responsible Organizational Buying: How Can Stakeholders Dictate Purchasing Policies? [J]. Journal of Macromarketing, 2003, 23 (2): 78–89.

② Rawls, J.. Political liberalism (No. 4) [M]. Columbia University Press, 1993.

③ Donaldson, T., & Dunfee, T. W.. Toward A Unified Conception of Business Ethics: Integrative Social Contracts Theory [J]. Academy of Management Review, 1993, 19 (2): 252–284.

2. 社会契约理论与责任采购管理

社会契约理论为责任采购管理模式的形成和发展提供了理论基础和实践指导。从理论基础来看,社会契约理论为认识企业社会责任提供了新的视角,能够深化对责任采购管理行为的理解。社会契约理论被应用于企业社会责任领域的研究,就是将企业与利益相关方缔结的社会契约作为企业社会责任的来源。1937年,科斯在其著作《企业的性质》中提出企业的存在是对市场中一系列短期契约的替代。因此,企业也可被看做是与不同利益相关方之间签订的一系列契约的组合,契约的内容包括利益相关方的权利、义务、利益分配等。利益相关方作为企业的签约人,在对企业进行投资的同时也具有利益索取权,而企业应当对利益相关方承担责任,这就是企业社会责任的主要来源。唐纳森(1982)将企业设想为与社会建立契约而获得合法性的组织,从而用社会契约理论来分析企业社会责任,那么,企业应当按照其与社会缔结的契约来处理企业与利益相关方之间的关系,从而承担其社会责任。因此,企业的社会责任实质是企业以公正为前提与所有利益相关方达成的一系列契约协议。

从实践指导看,按照社会契约理论,企业社会责任契约可分为三个层面:超规范层面、多元层面和操作层面(Donaldson & Dunfee, 2011)。其中,超规范的社会责任契约是指企业必须接受、不容置疑的价值规范,它构成企业社会责任契约体系的核心内容,是其他契约的伦理基础。多元层面是指企业因其所处的政治、经济、文化、制度等环境不同而多元化发展。操作层面是指企业在其所在行业领域进行实际商业决策时所缔结的契约,一般体现在两个方面:一是企业在行业内部的行为准则;二是企业的自我约束准则,是企业对自我价值观的设定,也是对社会的承诺。由此,企业在责任采购管理中应当考虑与所有利益相关方之间三个层面的社会责任契约,如表2-4所示。

表2-4 基于社会契约理论的企业责任采购管理实践维度

责任层次	维度	举例
超规范层面契约责任	环境责任	采购产品、采购服务、采购过程的绿色环保
	人权责任	确保采购过程、交易过程是互相尊重的
	劳工责任	确保采购企业自身、供应商履行劳工责任
多元层面契约责任	横向	跨区域、跨国采购时,确保按照供应商所在地区的责任契约内容进行采购
	纵向	随着消费习惯变化、采购制度变化、采购惯例的变化而调整采购活动应当承担的社会责任

续表

责任层次	维度	举例
操作层面契约责任	行业内	采购惯例、采购法律、行业采购准则改变时，应当将契约责任的变化落实到企业内部
	企业内	根据企业文化、企业价值观的变化，将采购的社会责任落实到企业的具体实践互动中

资料来源：笔者整理。

第四节　企业社会责任管理理论

一、企业社会责任管理的演变历程

纵观世界企业社会责任的发展历史，不同时期、不同类型的企业往往基于不同主导动机去履行社会责任和开展社会责任管理，并表现出一定的演变规律。根据企业履行社会责任的驱动力不同以及企业对社会责任的管理范围差异，企业社会责任管理大致沿着"基于纯粹道德驱动的企业社会责任管理——基于社会压力回应的企业社会责任管理——基于风险防范的企业社会责任管理——基于财务价值创造的企业社会责任管理——基于综合价值创造的全面社会责任管理"的路径进行演化，如图2-3所示。尽管存在着明显的演化路径，但是企业社会责任管理的不同类型之间并不是相互替代和非此即彼的关系，它们在同一时期可能都存在，只是适用的企业类型不同而已，这里的演化路径仅仅突出了它们出现的先后顺序以及其在某一时期的主导作用。

二、企业全面社会责任管理的含义及特征

全面社会责任管理是确保企业发展充分考虑社会和环境因素及可持续发展要求，自觉追求综合价值最大化的全新管理模式。它以持续探索、导入、检验、完善科学的企业社会责任观为前提和指导；以推进可持续发展，追求经济、社会和环境的综合价值最大化为目标和标准；以实现社会责任管理的"全员参与、全过程覆盖、全方位融合"为手段和方式；以"通过透明和道德的企业行为，有效管理企业决策和活动对利益相关方、社会和自然环境的影响"为中心；以"树立全面履行社会责任的企业使命、价值观和可持续发展战略，并在企业决策、制度流程、业务运营、日常管理、运行机制和企业文化中贯彻落实社会责任管理理念，充分实现企业的社会功能和发挥各方合作推进可持续发展的积极

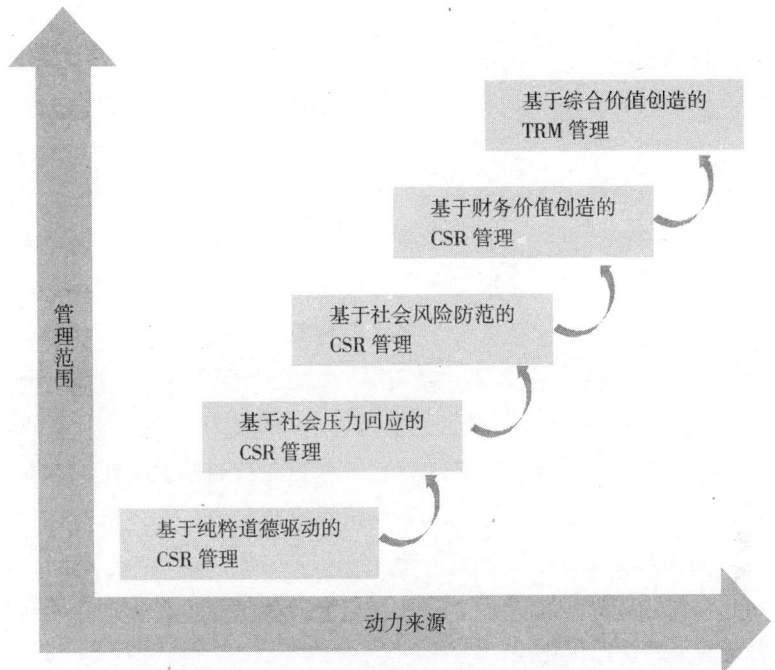

图 2-3 企业社会责任管理演进和发展的路径

资料来源：李伟阳，肖红军. 基于管理视角的企业社会责任演进与发展 [J]. 首都经济贸易大学学报，2010（8）.

作用"为内容。积极推动企业全面提升综合价值创造能力、运营透明度和品牌美誉度，努力成为推进企业与社会、环境和谐发展的卓越组织。

相较于社会议题管理、环境管理、公共关系管理、公益管理、合规管理、利益相关方管理等传统的企业社会责任管理，全面社会责任管理模式具有以下几个方面的明显特征：

1. 管理性质定位的全局性

全面社会责任管理要求企业立足发展全局，基于企业与内外部利益相关方的互动关系，将企业社会责任理念和要求全面融入企业的使命、战略和文化，谋求企业优化配置资源潜力的充分发挥，形成符合社会价值规范要求的核心竞争优势，协调推进企业与社会的可持续发展。

2. 管理责任内容的全面性

全面社会责任管理要求企业对其所承担的各种互相作用、互相制约、互为存在的社会责任进行平衡管理。按责任对象划分，包括股东责任、员工责任、客户责任、伙伴责任、社区责任、企业公民责任等对利益相关方的责任以及对环境的责任。按责任性质划分，包括经济责任、社会责任和环境责任。按履行责任的自我选择程度划分，包括必尽之责任、应尽之责任和愿尽之责任。企业需要按照不同的管理环境和企业实际，确定不同的社会责任边界，选择不同的实施路径。

3. 管理实施范围的全覆盖

全面社会责任管理覆盖企业全体员工，是一种全员管理，不论是企业高层管理人员、中层管理人员、基层管理人员还是普通员工，都是实施企业全面社会责任管理的主体和客体。企业全面社会责任管理覆盖企业运营的全过程和整个生命周期，是一种全过程管理，涵盖所有的生产经营流程和职能管理体系，着眼实现与企业运营相关的价值链的整体优化。企业全面社会责任管理覆盖企业整体运营机制，是一种全方位管理，它要求企业按照社会责任理念对企业价值观、战略、规划、计划、预算、绩效考核等进行全方位的改进与优化。企业全面社会责任管理覆盖企业管理持续改进的长期过程，是一种螺旋式上升管理，遵循计划—执行—检查—处理（PDCA）的循环反复演进，实现企业履行社会责任的能力与水平的动态优化。

4. 管理体系建设的全融合

全面社会责任管理要求企业建立与现有管理体系全面融合的社会责任管理体系。包括与企业治理结构融合的社会责任组织管理体系，与公司日常管理体系融合的社会责任日常管理体系，与企业信息披露体系、业绩考核体系、能力建设体系等管理体系融合的企业社会责任信息披露体系，社会责任业绩考核体系和社会责任能力建设体系等企业全面社会责任管理体系。

5. 管理预期目标的综合性

推行全面社会责任管理，意在实现企业运营的全面优化，有效管理企业运营对社会和环境的影响，综合平衡企业创造的经济、社会和环境价值，综合平衡企业运营的利益相关方价值，综合平衡企业发展的长期和短期价值，实现企业发展的综合价值最大化。

三、企业全面社会责任管理体系

按照全面社会责任管理的定义，全面社会责任管理体系模型应至少反映两个层次的要素：一是目标及目标实现方式，即"以持续探索、导入、检验、完善科学的企业社会责任观为前提和指导，以推进可持续发展，追求经济、社会和环境的综合价值最大化为目标和标准，以实现社会责任管理的'全员参与、全过程覆盖、全方位融合'为手段和方式","树立全面履行社会责任的企业使命、价值观和可持续发展战略";二是内容及内容保障机制,即"在企业决策、制度流程、业务运营、日常管理、运行机制和企业文化中贯彻落实社会责任管理理念,充分发挥各方合作推进可持续发展的积极作用"。基于这一思路,李伟阳和肖红军(2012)构建了全面社会责任管理体系的"鼎·心"(一鼎双心)模型,如图2-4所示。

"鼎·心"模型系统诠释了企业全面社会责任管理体系的四大构成模块和21项构成要素,以及各模块和各要素之间的关系。

一是管理目标模块,包括坚持以科学的企业社会责任观为指导、优化企业使命、丰富企业价值观、实施可持续发展战略、实现社会责任管理的"全员参与、全过程覆盖、全方位融合"五大要素。全面社会责任管理的首要问题是以科学的企业社会责任观为指导,明确全面履行社会责任、追求综合价值最大化的企业目标,包括企业使命、价值观和发展战略,并通过持续推进社会责任管理的"全员参与、全过程覆盖、全方位融合",确保企业目标的实现。

二是管理机制模块,包括责任领导力、公司治理结构、社会责任推进管理、优化决策管理、优化流程管理、完善制度建设、完善绩效管理七大要素。强大的责任领导力、合理的公司治理结构和有效的社会责任推进管理,既是企业全面社会责任管理的重要内容,也是推进全面社会责任管理的根本保障。确保企业决策管理和流程管理全面融合社会责任管理理念,是从源头上推动社会责任管理理念全面融入企业运营过程的基础和保障。完善制度建设和绩效管理,则是建立企业全面社会责任管理长效机制的根本保证。

三是管理内容模块,包括优化业务运营、优化职能管理、优化运行机制、优化公益管理、利益相关方管理、社会沟通管理六大要素。全面社会责任管理在管理范围上的核心特征是"全员参与、全过程覆盖、全方位融合",具体体现就是社会责任管理理念全面融入业务运营、职能管理、运行机制和企业文化建设,并全面推动和加强企业公益管理、利益相关方管理和社会沟通管理,以充分发挥企业现有业务和创新业务的综合价值创造潜力。

四是管理动力模块,包括充分发挥利益相关方驱动作用和充分发挥社会环境驱动作用两大要素。社会履责大环境和内生于企业运营过程中的利益相关方环境,是持续推动企业探索社会责任管理的不懈动力。企业应深刻认识两大外部动力,关注社会履责环境的不断发展,激发利益相关方合作推进可持续发展的潜能和优势,充分发挥利益相关方和社会环境对企业全面社会责任管理的驱动作用。

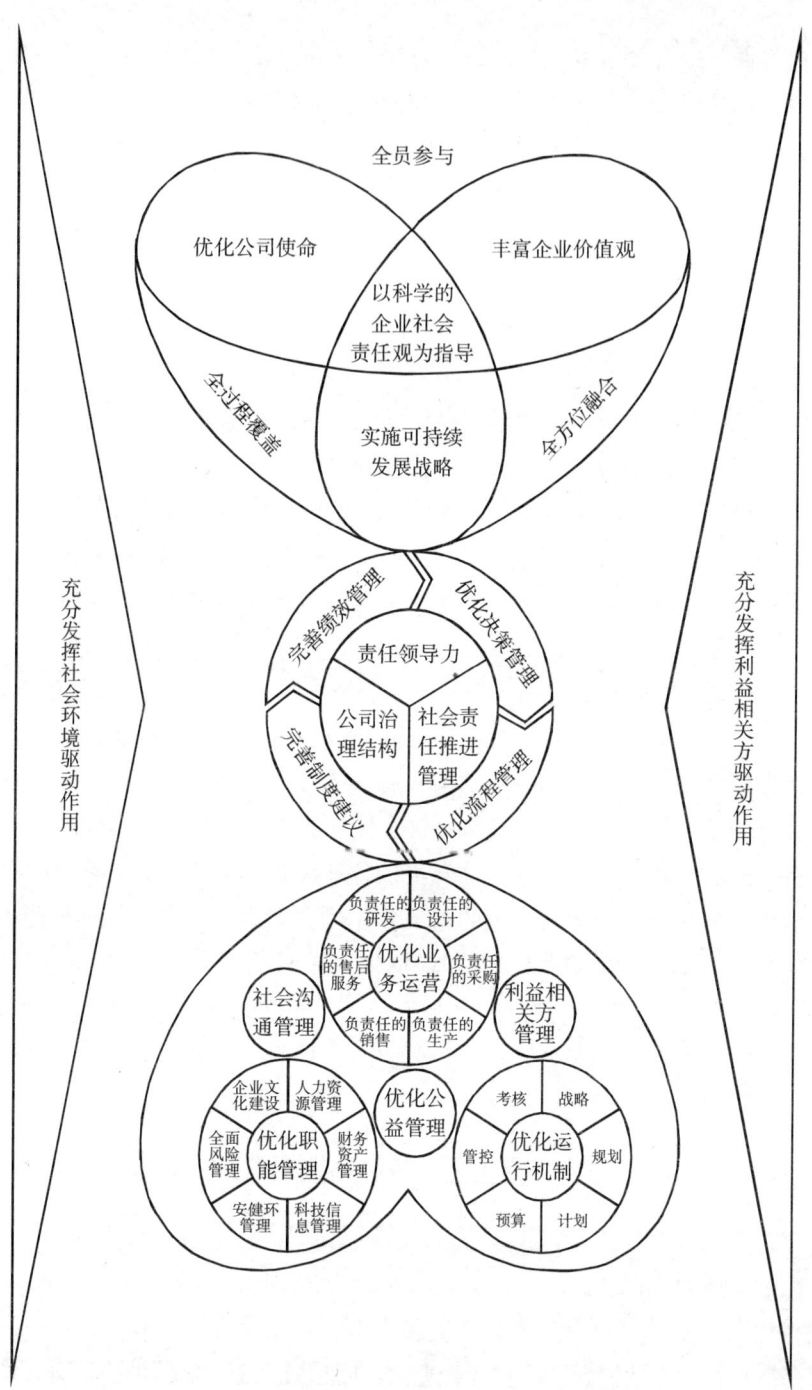

图 2-4 全面社会责任管理体系 "鼎·心" 模型

资料来源：李伟阳，肖红军. 走出 "丛林"：企业社会责任的新探索 [M]. 北京：经济管理出版社，2012.

四、企业社会责任管理理论与责任采购管理

责任采购管理是企业全面社会责任管理体系的构成要素之一，因此，企业社会责任管理理论是责任采购管理的重要理论基础。特别是全面社会责任管理理论为责任采购管理的实施提供了三个方面的指引：一是在管理思想方面，全面社会责任管理是一种企业管理变革，因此，要求责任采购管理也需要在管理目标、管理假设、管理对象、管理方式、管理框架等方面进行变革。二是在方法体系方面，全面社会责任管理有一套系统的方法体系，即有理念与战略指导、有行动部署、有组织保障、有制度支撑、有能力匹配、有信息沟通、有绩效评价，这意味着责任采购管理也需要将这一方法体系应用其中。三是在管理实践方面，全面社会责任管理要求企业做到履行社会责任的"全员参与、全过程覆盖、全方位融合"，这为实施责任采购管理提供了思路，即责任采购管理不只是采购部门的事情，而是涉及的各部门都应该参与；无论是采购管理的前端即供应商管理，还是采购过程中的管理，抑或是采购之后的合同收尾管理，采购管理的全过程都应该做到对社会负责任；涉及采购管理的所有体系和活动，都应该将社会责任理念和要求融入其中。

第三章 责任采购管理体系的构建

鉴于责任采购管理是一种新的采购管理模式,它在管理理念、管理目标、管理框架、管理对象、管理工具等方面均与传统采购管理存在明显差异,因此,有必要在融合各种理论和总结实践经验的基础上,创新构建责任采购管理体系,确保责任采购活动的顺利开展。

第一节 责任采购管理的实施范式与框架

要使责任采购管理思想和方法在实践中得到落实,必然要求探索出适合企业推行的责任采购管理实施范式以及框架体系。实际上,无论是理论研究还是企业实践,当前都缺乏一种能够为企业所用的责任采购管理实施范式和框架,这也是责任采购管理研究迫切需要解决的问题。

一、构建思路

对于一个特定的企业来说,责任采购管理的实施范式与框架构建应体现以下八个方面的思路:

1. 以社会责任理念与战略为指导

企业的责任采购管理必须是对企业的社会责任理念的践行,是落实企业的社会责任战略的抓手之一。因此,企业的责任采购管理体系构建,必须以企业的社会责任理念与战略为指导,必须符合企业的社会责任理念,必须能够对实现企业的社会责任战略形成支撑。

2. 以采购管理流程为主线

责任采购管理的实现必然是在采购管理全过程中做到负责任。因此,企业的责任采购管理体系构建,首先应该梳理出采购管理流程,并以此作为主线。这意味着无论是实际采购活动,还是供应商管理,抑或是管理保障体系,都应该围绕着采购管理流程这一主线来予以开展,要确保采购管理流程的每一环节都做到对社会是负责任的。通常来说，采购管理包括采购战略、采购计划、采购实施、到货验收和合同收尾等主要环节。

3. 以创造综合价值为目标

责任采购管理的目的是要将社会责任理念与要求全面融入企业的采购活动中，实现企业采购行为的经济价值、社会价值和环境价值的最大化。也就是说，企业实施责任采购管理的最终目标是要创造综合价值，既包括为企业自身带来的财务价值，也包括为供应商创造的经济价值，还包括各种直接或间接的社会价值和环境价值。

4. 以利益相关方参与为手段

利益相关方参与既是企业社会责任的核心内容，也是企业实现对社会负责任的重要方式。责任采购管理本质上是企业社会责任与采购管理的融合，其目的是要确保企业的经营活动是对社会负责任的。因此，利益相关方参与也必然是责任采购管理的重要内容及实现方式。进一步来看，企业的采购活动涉及诸多利益相关方，利益相关方参与能够提升企业的采购管理水平，因此，利益相关方参与是实现责任采购管理的重要手段。

5. 充分体现社会责任与采购活动的融合

采购管理的对象是企业的采购活动，责任采购管理就是要通过有效管理实现采购活动的负责任，这意味着企业的采购行为必须全面体现和融合社会责任的理念与要求。而企业社会责任是企业以透明和道德的方式，有效管理自身运营对经济、社会、环境的影响，追求经济、社会、环境综合价值最大化，即企业社会责任具有合规、道德、价值创造、透明等核心要求，采购活动的合规要求重点是要做到廉洁采购，采购活动的道德相符性就是要做到道德采购，采购活动的价值创造要求重点是要创造环境价值与社会价值（利益相关方价值），即要做到绿色采购和共赢采购，而采购活动的透明要求就是要做到阳光采购。

6. 充分体现责任采购的两层次性

责任采购管理应充分考虑责任采购具有两层次性，即采购产品或服务是饱含社会责任的，以及采购过程是满足社会责任要求的。这意味着无论是绿色采购、道德采购、阳光采购、廉洁采购还是共赢采购，都应该具有两个层次，即不仅产品或服务本身以及生产过程是符合绿色、道德、阳光、廉洁和共赢的要求，而且采购过程也要符合绿色、道德、阳光、廉洁和共赢的要求。

7. 充分体现社会责任与供应商管理的融合

供应商管理是采购管理的关键内容，因此，负责任的供应商管理也是责任采购管理的核心内容。实际上，只有负责任的供应商管理，才可能保证企业的采购活动是负责任的。而要做到负责任的供应商管理，必然要求将社会责任的理念和要求融入供应商管理之中，这包括两个方面：确保供应商的行为和结果是对社会负责任的，以及企业履行对供应商的责任。

8. 充分体现社会责任管理的系统性

责任采购管理可以看作是社会责任管理方法体系在企业采购领域的应用，因此责任采购管理应能充分反映出社会责任管理的系统性。按照社会责任管理的系统方法论，通常应该有理念与战略指导、有行动部署、有组织保障、有制度支撑、有能力匹配、有信息沟通、有绩效评价，而在责任采购管理实施框架中则应分别对应社会责任理念与战略、责任采购活动、责任采购组织管理、责任采购制度建设、责任采购能力建设、责任采购信息披露、责任采购绩效评价。

二、实施范式与框架

根据以上的构建思路，责任采购管理的实施就是以企业的社会责任理念与战略为指导，以综合价值创造为目标，以利益相关方参与为手段，通过系统性的社会责任管理在采购领域的应用，确保社会责任理念与要求全面融入采购活动，实现所采购的物资和服务饱含社会责任，以及采购过程符合社会责任要求。据此，责任采购管理的实施范式与框架如图3-1所示。

责任采购管理的实施框架主要由三大核心模块构成：负责任的采购活动模块、负责任的供应商管理模块和保障体系模块，前两者将能直接创造综合价值，后者并不直接创造综合价值，而是综合价值创造的保障支撑。负责任的采购活动模块就是推动社会责任融入采购活动，实施绿色采购、道德采购、阳光采购、廉洁采购和共赢采购；负责任的供应商管理模块就是要在供应商管理中履行企业对供应商的责任，以及通过供应商管理推动供应商履行社会责任，因此，它既是实现负责任的采购活动的基础，又是直接创造综合价值的管理行为；保障体系模块主要是从保障负责任的采购活动和负责任的供应商管理出发，从组织管理、制度建设、能力提升、评价考核和信息披露等方面构建综合的责任采购管理保障体系，相应地，其内容主要包括责任采购组织管理、责任采购制度建设、责任采购能力建设、责任采购绩效评价和责任采购信息披露。

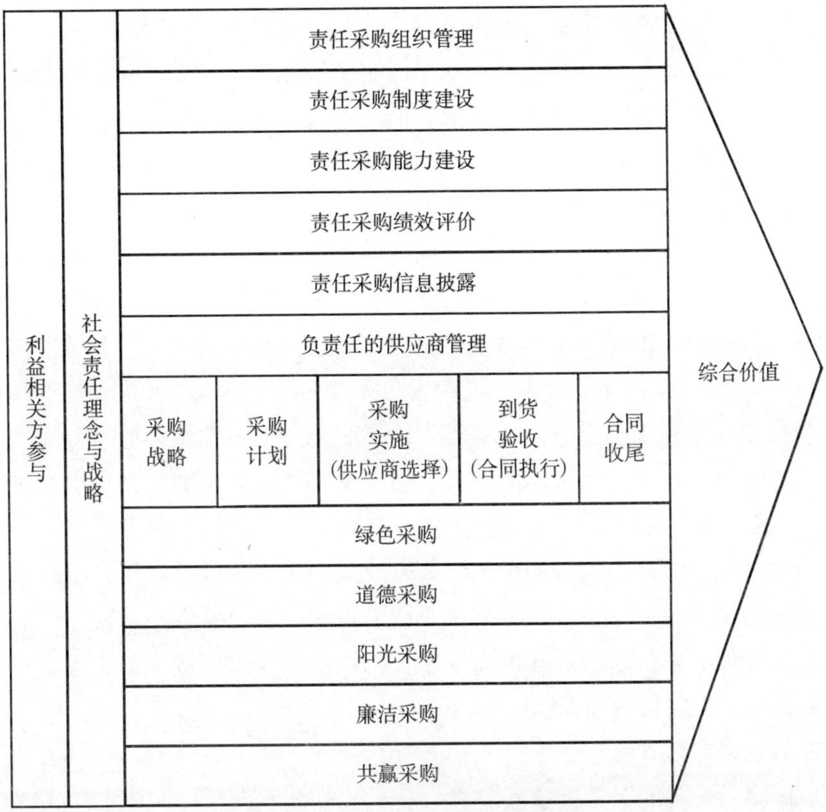

图 3-1 责任采购管理的实施框架

资料来源：笔者自行绘制。

第二节 推动社会责任融入采购活动

责任采购管理的目的是为了实现综合价值的最大化，方式是将社会责任理念融入采购活动中，以实现采购物资和服务是饱含社会责任的。为此，企业就应该在所有采购活动中全面贯彻落实绿色、道德、透明、廉洁、共赢的社会责任要求，切实做到绿色采购、道德采购、阳光采购、廉洁采购和共赢采购，进而实现责任采购。

一、绿色采购

经济发展引发全球对环境保护和可持续发展的关注，企业也不得不对社会承担起环保责任。在企业的采购活动中，将企业的环境责任融入采购活动中是通过绿色采购进行的。绿色采购使企业的整个采购管理流程都是环保绿色的，并且充分创造了产品的环保价值，不但满足了股东、消费者、环保协会以及政府等重要利益相关者的环保绿色诉求，而且符合企业、社会可持续发展的长期战略规划。

1. 绿色采购的定义

自 20 世纪 90 年代起，社会不断掀起的环保运动热潮吸引了企业社会责任研究学者的关注，对企业社会责任的研究开始融入了绿色采购的元素，企业也开始通过为消费者提供绿色产品来建立起负责任企业的形象。采购活动作为企业供应链管理的起点环节，企业进行绿色采购不但能够提高企业的环境绩效，满足利益相关方越来越强烈的环保需求，同时还可以节约整体的采购成本，提高企业竞争力。有关绿色采购的定义，前文从狭义、中义和广义的层面进行了界定。从学者们对绿色采购的定义来看，绿色采购包含三个要点，主要是生产过程的绿色环保、产品本身的绿色环保以及采购过程的绿色环保。由此，本书将绿色采购定义为：绿色采购是指企业通过控制采购产品生产过程与产品本身的绿色环保性和采购过程的绿色环保性，以尽量减少供应链、企业运营对环境的消极影响，最大化对环境积极影响的采购活动。

2. 绿色采购的目标

根据绿色采购的定义，绿色采购不但要求采购产品的生产过程是"负责任"的，而且还强调企业采购过程是"负责任"的，最终的目的是为了改善企业的环境绩效，即供应链和企业运营的环境负面影响最小化以及正面影响最大化。因此，与传统采购不同，绿色采购的目的是在追求企业经济利润的同时，尽量减少对环境的破坏，如图 3-2 所示。绿色采购的目标可从对环境影响的角度分为三个方面：能源消耗的最小化、废物排放的最少化、对环境积极影响的最大化。

3. 绿色采购的内容

根据企业绿色采购的目标，绿色采购的内容可包括如下三个方面：

（1）采购产品的绿色环保。采购产品的绿色环保是指产品成品本身是环境友好的，是绿色环保的，根据 Carter（1996）提出的产品的 3R 标准，产品本身应该是绿色环保、对人无害的。世界各国或各组织对产品的绿色环保往往有不同的标准和不同的认证体系。目前我国对绿色产品的认证主要是由政府制定标准和规范，对不同类别产品进行绿色产品认证，目前主要包括环境保护国际履约类、可再生回收利用类、改善区域环境质量类、改善居室环境质量类、保护

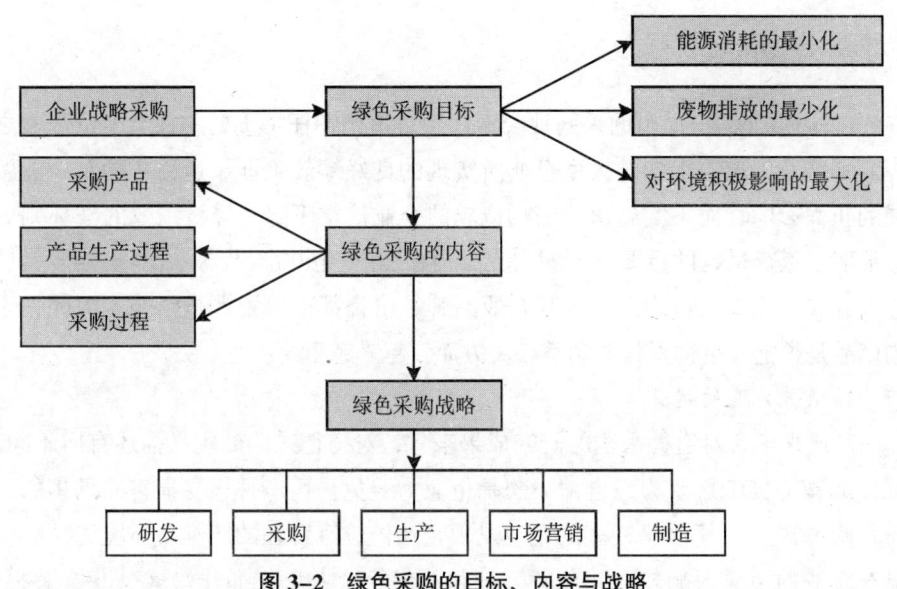

图 3-2 绿色采购的目标、内容与战略

资料来源：笔者自行绘制。

人体健康类和节约能源资源六大类环境标志认证，作为企业履行其产品绿色采购责任的标志。

（2）采购产品生产过程的绿色环保。根据 Carter（1996）的 3R 标准，除采购产品本身以外，采购产品的生产过程也应该是绿色环保的，主要涉及产品生产原料、生产工艺到成品整个过程的绿色环保。1998 年的国际材料科学会议上提倡使用"绿色材料"，也就是对环境形成最小负担、可再生利用能力最大的原材料。这类材料应该是资源、能源消耗最小的，同时还应该是最小化环境污染、容易回收可降解的、可循环利用的。生产工艺和制造过程应该参照绿色采购的目标，实现资源消耗的最小化和废物排放的最少化，从而实现整个采购过程环境绩效的最大化。

（3）采购过程的绿色环保。除了采购原料和产品的绿色环保外，绿色采购还应当确保采购管理的绿色环保。一是采购物流的绿色环保，采用低消耗、低污染的方式进行采购物资、采购原材料的运输。二是采购产品或原材料包装的绿色环保，如包装材料应该绿色环保、无毒无害、可回收利用。三是应当开展逆向物流，包括对废弃物的回收处理或再利用。

二、道德采购

Carter（2004）提出的采购社会责任中，道德责任是重要的社会考量因素之一。那些实施道德采购的大型企业所实现的良好绩效验证了道德采购对企业发展的正面影响，而不实施道德采购造成的企业信誉下降、经济绩效的破坏则更加证明了道德采购的重要性，如耐克公司在 20 世纪 90 年代被 NGO 揭露了其供应商存在使用童工行为后，对其企业品牌、信誉都造成了严重影响。因此，采购产品是否饱含道德责任对利益相关方而言越来越重要。

1. 道德采购的定义

从历来学者对道德采购的研究成果来看，对道德采购的定义描述有所不同。Roberts 等（2002）认为，道德采购是企业为避免公司声誉遭受损害而承担的责任采购内容。[①] 由于越来越多的企业发现企业供应链管理的成本、环境和社会境况对企业的声誉影响较大，而随着外包的盛行，大企业都开始重视道德采购，以维护企业的声誉，确保供应链的稳定。欧洲外贸协会（FTA）的道德采购表中（BSCI）将道德采购表述为：企业为提高供应商的生产力和产品质量，增加零售业在消费者群体中的信誉，并节约供应商与生产商之间的交易时间和交易费用而实施的采购行为（殷格非等，2006）。[②] 曲如晓等（2008）则将道德采购的目的和动机表述为企业确保其采购行为对社会和环境产生积极影响而实施供应商监督、责任采购政策等。[③]

从学者们对道德采购的定义来看，维护公司的信誉并且实现社会的和谐与进步是企业进行道德采购的主要动机。因此，本书对道德采购进行如下定义：道德采购是指企业为了避免声誉受损，在采购过程中对供应链上的供应商生产行为进行监督和约束，以确保企业的采购行为是符合道德的。

2. 道德采购的目标

根据道德采购的定义，道德采购的动机是为了避免声誉损害并实现社会的和谐与进步。根据 Roberts（2003）以及 Dowling（2001），企业的声誉能够带来的价值包括：增加产品或服务的心理价值，并增加产品溢价；增加员工的工作

---

① Roberts, P. W., & Dowling, G. R.. Corporate Reputation and Sustained Superior Financial Performance [J]. Strategic Management Journal, 2002, 23 (12): 1077-1093.

② 殷格非，崔征. 合乎道德的采购是对企业社会责任的贡献——专访欧洲外贸协会高级顾问 Heinz-Dieter KOEPPE [J]. WTO 经济导刊，2006 (8).

③ 曲如晓，张旭. 论跨国公司的道德采购 [J]. 黑龙江社会科学，2008 (1).

满意度和忠诚度；提高广告和销售人员的效率；创造竞争壁垒，向竞争者释放强有力的竞争信号；吸引优秀的供应商；减少危机风险并在遇到危机时有第二次机会；提高企业的议价能力；与其他组织进行合同谈判时，作为履约保证金；企业的资金募集活动更容易。① 因此，与传统的采购活动相比，企业的道德采购目标不再是仅仅为了实现企业的经济利益，而更多的是要兼顾实现企业的声誉价值，促进社会的和谐与进步。

3. 道德采购的内容

要想维护企业的声誉，确保企业的采购活动是道德的，其内容包含三个方面：

一是要确保产品本身是符合道德的。主要包括：首先是判断产品是否考虑了特殊群体的要求。例如，产品是否考虑了残障人士、老人、儿童的特殊需要等。其次是判断产品本身的道德性，例如，产品的通用性，包括不同类别产品的通用性、兼容性，应该符合行业或国际标准，从而反映产品本身的道德性。最后是判断产品的使用是否会带来道德风险，如使用冲突矿物则可能带来道德风险。

二是要确保采购产品的生产过程是符合道德的。主要是指产品生产过程中，供应商的道德责任是否达标。根据2000年联合国世界经济论坛提出的《全球契约》九项责任，供应商的道德责任内容主要包括供应商的劳工责任和人权责任。这是所有企业应当遵守的社会责任，在道德采购中主要体现在供应商的雇工和工作场所建设方面。在雇用工人方面，供应商不得使用童工；工资福利必须满足行业标准；工作时间不得超过法律上限；供应商不得强迫工人进行非自愿工作；不得歧视劳工且应确保工作环境不存在歧视、骚扰等以免给员工造成压力或干预；尊重员工的工会权利、集会自由等。在工作场所的建设方面，供应商须要保证工作环境的健康、安全；住宿条件满足基本要求；具有满足卫生条件的洗手间；工作设备安全。在具体实践中，越来越多的企业关注供应商生产过程的道德责任。例如，苹果公司对其主要供应商富士康的员工超时工作、工作环境恶劣等对劳工不负责行为监管不严，导致大量消费者示威活动，并招致美国劳动组织的"侵犯人权"调查，对苹果公司的信誉造成了一定的损害。星巴克的咖啡原料采购则关注咖啡工人的工作环境和报酬，麦当劳采购咖啡豆原料

---

① Roberts, S.. Supply Chain Specific? Understanding the Patchy Success of Ethical Sourcing Initiatives [J]. Journal of Business Ethics, 2003, 44 (2-3): 159-170.

也是从经过热带雨林联盟认证的农户采购,以确保农民能够得到该联盟提供的可持续发展援助。

三是要确保产品的采购过程是符合道德的。根据 Roberts(2003),企业道德采购的利益相关者诉求如表 3-1 所示,企业的采购过程应该按照利益相关方的道德诉求以及道德诉求的重要性(见图 3-3)分类实施管理。

表 3-1 采购过程中的利益相关方及其道德诉求

利益相关方	群体构成	道德诉求
监管者	政府、NGO、行业协会、股东	监管资本应用;透明化并公平化交易;人权责任;劳工责任
业务伙伴	员工、供应商、生产商、分销商、服务提供商	人权责任;劳工责任;公平竞争;透明化生产过程;宗教民族性别等特殊需求
客户群	细分客户群	避免价格操纵;产品的质量和数量符合标准;销售策略
外部利益相关者	新闻媒体、社区成员、特殊群体	人权责任;劳工责任;环境责任;公平竞争

资料来源:Beekun, R. I., & Badawi, J. A.. Balancing Ethical Responsibility Among Multiple Organizational Stakeholders: The Islamic Perspective [J]. Journal of Business Ethics, 2005, 60 (2): 131-145.

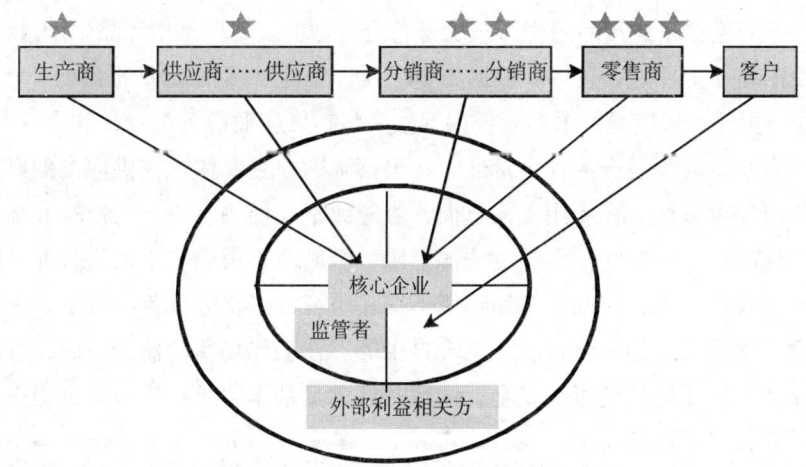

图 3-3 企业道德采购的利益相关方管理
资料来源:笔者自行绘制。

三、阳光采购

随着全球各国劳工法律法规和行业协会的不断完善,供应商的劳工责任得到了较好的履行。但随着商业竞争的加剧,企业采购中的商业诚信暴露出较多问题,包括偏好采购、高价采购、关系采购、定点采购等。由于企业的社会责任包括对商业道德责任的履行,因此,企业的采购行为中的透明度成为确保企业责任采购成功的重要方面。

1. 阳光采购的定义

阳光采购最早应用于政府采购领域,是指国有企事业单位按照公开、公平、公正的原则公开、透明、科学地采购所需物资、产品、服务的标准采购形式。所谓"阳光"就是指采购过程的公开、透明,也就是尽量减少采购各环节各主体之间的信息不对称性。根据我国《招投标法》以及《政府采购法》等相关法律,企业应当根据采购性质按照法律法规的相关规定,选择合适的采购方式,从发布采购信息,到供应商评审、合同授予、合同履行、货物进库的整个过程,都应该是公开、公平、公正的。因此,总体而言,阳光采购关注的重点是采购过程的透明度,以及供应商生产、交易过程的透明度。据此,本书将阳光采购定义为:企业按照法律规定,按照公开、公平、公正的原则,以实现采购过程中利益相关者之间的信息充分交流为前提,从市场采购所需物资、产品和服务。

2. 阳光采购的目标

根据本书对阳光采购的定义,阳光采购的关键是实现采购过程中利益相关方之间的信息充分交流,具体包含两个方面:第一,重点保证采购过程的透明度;第二,保证供应方的透明度,主要是指供应方企业与利益相关方之间的信息沟通、信息披露等。

采购过程的信息透明化是指从采购计划的制定、采购计划的实施如供应商的选择和评审等、合同执行到合同收尾的整个过程都应该是透明的。因此,企业的整个采购过程都应该向所有采购相关人公开,尤其是招投标、评标的过程、原则和标准,应当按照相关法律法规规定进行公示。除此以外,由于采购的资金源于出资人或股东,因此,采购方式的确定、采购合同的管理等也应该在直接利益相关方的监督下进行。

供应方的透明化是指供应商企业与其利益相关方之间信息交流的透明化。主要是通过监督供应商的信息披露情况,与供应商进行座谈、交流,实地检查等方式来了解供应商的商业诚信和公平竞争。例如,通过供应商披露的信息来判断供应商是否有通过欺骗、隐瞒、夸大相关信息的方式获取商业订单,并据此判断其商业诚信;根据社会责任国际标准ISO26000的要求,以"能够激发创新和效率,减少产品和服务的成本,确保所有组织有平等的机会,鼓励发展新产品或流程,在长期上,则能提高经济增长和生活水平"为标准判断企业是否存在不正当竞争等行为。

3. 阳光采购的内容

一是采购过程的透明。首先，采购形式应该是合理合法的，对于招标采购，根据我国《招投标法》等采购相关法规的规定，根据标的物的价值、内容应采取不同的采购形式。对于不进行公开招标的，应当按照法律法规的规定征求相关部门的同意。对于一般采购，采购形式的确定应当根据企业的采购制度，不得进行偏好采购、关系采购。其次，供应商选择、评审过程应透明，应该按照我国法律法规规定进行，供应商的管理、供应商的绩效评审、选择标准等应该公平、公开，禁止供应商以低于成本价格参与采购竞争。最后，合同管理过程应该向利益相关方进行信息公开，包括具体的采购合同谈判、合同条款重要信息的变更等。

二是供应方的透明。首先，采购企业应该督促供应商对采购产品生产和采购参与过程的相关信息进行公开披露。其次，借助信息化的手段，如建立电子采购系统等方式，实现整个采购过程的透明化和规范化，对供应商的信息进行动态、及时的掌握。最后，督促供应商进行信息披露，可通过定期发布社会责任报告或其他公开的形式公布其参与采购的社会责任信息。

四、廉洁采购

采购是企业运用资金购买所需产品、服务或工程的活动，涉及大量资金的运用，因此，必然涉及廉洁问题。当前我国的企业采购过程中，出现了商业贿赂、关系采购、偏好采购、高价采购、定点采购等多种不合法采购行为，不但破坏了市场的公平竞争秩序，而且不利于企业竞争力的提升。目前，我国以政府和国家企事业单位为代表，已经将廉洁采购制度化，来约束采购人员并防范商业贿赂，私人企业对廉洁采购也逐渐重视。

1. 廉洁采购的定义

根据 ISO26000 的定义，"腐败是为私人利益而滥用受托的权力"，也就是将组织（包括企业和公共机构）赋予个人的权力用于为私人（包括自然人和法人）牟取利益的行为。腐败行为包括贿赂、利益冲突、欺诈、洗钱、贪污、窝赃、妨害司法以及影响力交易等形式，"腐败可以导致侵犯人权、对政治程序的腐蚀、社会的贫困以及环境的损害。它还会扭曲竞争、财富分配和经济增长"。在企业的采购中，腐败也是常见现象，它直接导致采购资金利用效率的下降，从而对企业的竞争力造成负面影响。

最早对采购中的腐败行为的研究是通过委托—代理理论的框架展开的。

Kofman 等（1996）[①]以及 Strausz（1998）[②]认为，采购委托人和采购代理人之间的委托代理关系会导致信息不对称，因此，采购中必然存在腐败。而监管者和采购代理者之间存在着互惠互利的可能性，从而导致采购监管者对采购代理人的威慑力不够，采购代理人和供应商之间、采购代理人与采购监管者之间存在腐败的可能（Tirole，1986）。[③]廉洁采购就是针对采购中的腐败行为而言的，可定义为：企业通过一系列组织制度保障，确保采购人恰当利用权力进行采购，供应商通过公平竞争的手段参与采购竞争，采购监管人恰当行使监管权力对采购活动进行监管，以实现采购资金利用效率最大化。

2. 廉洁采购的目标

与阳光采购的目标相类似，廉洁采购是为了确保采购人的廉洁以及供应商的自律，从而最终实现整个采购活动的廉洁，并实现资金效率的最大化。本书将廉洁采购总目标的实现分成两个部分，包括实现采购过程的廉洁以及供应商的廉洁。

要实现采购过程的廉洁，必须实现采购企业员工的廉洁。根据委托代理理论，采购中的腐败行为产生于采购委托人和代理人之间的信息不对称，因此，要想实施廉洁采购，企业必须对采购员工承担责任。一是应该设计良好的薪酬体系，减少采购人员采购过程中的腐败动机；二是制定严谨的采购人员守则和违规处罚机制，增加采购人员腐败的成本；三是应定期对采购人员的采购行为绩效进行评估，减少采购代理人员与企业之间的信息不对称，减少腐败滋生空间。

要实现供应商的廉洁，必须实现采购企业监督的廉洁。除了媒体、政府、行业协会等采购监管人外，企业采购行为的主要监管人，也就是企业的采购委托人、企业股东、董事等利益相关方，对企业的经营行为享有监管责任。对于企业而言，为了防止采购过程中的腐败发生，企业应当提供采购信息交流平台，以便主要利益相关方对企业采购行为进行监管。

3. 廉洁采购的内容

一是采购决策的公开。腐败的发生是因为权力的不恰当利用，决策权力越

[①] Kofman, F., & Lawarree, J.. A Prisoner's Dilemma Model of Collusion Deterrence [J]. Journal of Public Economics, 1996, 59 (1): 117–136.

[②] Strausz, R.. Collusion and Renegotiation in a Principal-supervisor-agent Relationship[J]. The Scandinavian Journal of Economics, 1997, 99 (4): 497–518.

[③] Tirole, J.. Hierarchies and bureaucracies: On the Role of Collusion in Organizations [J]. Journal of Law, Economics, & Organization, 1986, 2 (2): 181–214.

集中，腐败发生的可能性越大。因此，要想实现采购过程的廉洁，必须确保权力的分散化和公开化，实现采购决策的公开，如定期发布采购价格，并且接受来自利益相关方代表的监督。

二是自律的员工。在 2003 年世界经济论坛的调查中，来自 102 个国家的受访企业中，41%认为企业采购中存在腐败行为是正常的，在很多采购企业中，采购中的腐败成为一种认知，采购中的腐败必然多发。因此，企业要想进行廉洁采购，必须首先对采购代理人或员工的行为进行约束和规范，并配合良好的奖励机制和薪酬体系，培养自律的采购人员。

三是动态的监管。Tirole（1986）从委托代理理论研究廉洁采购，认为企业要想减少采购中的腐败行为，必须要降低监管者的自由裁量权，履行更严格的监管制度，切断企业监管者与采购代理人、监管者与供应商之间的互相勾结。

四是完善的制度。主要是责任追究制度以及岗位轮换制度。通过岗位轮换制度可以创造采购部门或采购代理人之间的适当竞争。Auriol（2006）的研究关注腐败的影响，认为竞争和腐败存在着内在联系。一定程度的竞争能够降低腐败，通过创造代理机构（企业内部或企业外部）可以降低采购中的腐败及其负面影响。通过追责制度可以增加腐败的成本，可通过降低腐败的收益来减少腐败行为的发生（Tirole，1986）。[①]

五、共赢采购

由于供应商与企业之间越来越相互依赖，不但存在着竞争性价格谈判，还存在着合作关系。Booz Allen & Hamilton 公司通过寻求供应商和企业之间的竞争与合作关系之间的平衡采购模式，定义了双赢采购（Balanced Sourcing）。然而，随着企业与供应商之间"基于信任的伙伴关系"建立，维持与供应商之间的信赖关系就变得尤为重要。必须要站在一个长期发展的视角寻求与供应商的合作，合作的核心也不仅仅是采购价格，更多的是供应商的产品质量、运输等社会责任内容。

1. 共赢采购的定义

对共赢采购的研究，学者们通过博弈论、利益相关方理论、价值链理论等多个视角进行了研究。从利益相关方的角度来看，共赢采购是指在采购活动中，

---

① Auriol, E., & Laffont, J. J.. Regulation by Duopoly [J]. Journal of Economics & Management Strategy, 1992, 1 (3): 507-533.

企业为实现其经济目的并履行其环境责任、道德责任，通过协调利益相关方的群体行为并达到采购目标的采购（见表3-2）。从博弈论的角度讲，共赢采购是指企业通过制定一种博弈规则，使利益相关方的集体行动和个体行动保持一致，实现多方的共赢（刘光溪，2006）。从价值链的角度讲，企业的采购过程应该是价值增值的过程，采购的产品应该是综合价值优越的，不但包括经济价值，还包括使用价值、环境价值、道德价值等社会责任价值，并且对于所有利益相关方而言，都应该是综合价值优越的产品。因此，从价值链的角度对共赢采购进行定义，是指通过综合考虑多方利益相关方的社会责任诉求，采购综合价值最优的产品。

表3-2 采购过程中利益相关方的利益诉求及行为

利益相关方	利益相关方群体	利益诉求	与企业采购目标的一致性	个体行为
采购出资方	股东、投资人等	Best-value	一致	制定良好的采购制度、采购目标
采购代理方	企业采购部、采购代理机构	最大化个人收益；最大化个人绩效评价	良好的激励考核制度下，部分一致	偏好采购、关系采购、商业贿赂、暗箱操作
采购监管方	政府、媒体、企业内部监管部门	最大化个人收益；履行监管职责	良好的法律制度环境下，部分一致	玩忽职守、商业贿赂、不当监管
供应商	生产商、加工商、原材料供应商等	以最小成本获得最高收益	部分一致	商业贿赂
消费者	不同细分客户群	环保、健康、高质量	部分一致	消费者维权、购买决策

资料来源：笔者整理。

2. 共赢采购的目标

根据上文对共赢采购的定义，共赢采购的目的是通过制定良好的采购制度，采购对于多方利益相关方而言综合价值最优的产品，最终实现整个供应链、整个行业乃至整个社会的价值增值。因此，根据采购的利益相关方，可将共赢采购的目标划分为三个层次：

一是根据供应商和企业的价值偏好，同时为供应商和企业创造价值增值。从微观层次看，共赢采购首先应该是供应商和采购企业之间的价值双赢。在良好的采购制度和组织下，企业的采购活动不但能够带给供应商价值偏好上的综合价值增值，还能够实现企业价值偏好上的综合价值增值。这要求企业要克服供应商和企业自身价值偏好上的敌对和竞争，实现综合价值的共赢。例如，食品分销和零售企业Supervalue通过实施Advantage方案为本企业和供应商创建高效分销渠道和物流方案，克服了双方的信任问题和竞争，共享信息、简化定价，实现了双方成本的节约、稳固了双方的合作关系且提高了供应网络的整体运营效率。

二是通过采购活动能够实现供应链和整个行业的共赢。从中观层次看，实施共赢采购的企业能够带动整个供应链乃至整个行业的综合价值增值。佛罗里达电力照明公司为了成为优选电力供应商，进行了采购制度改革，将60%的努力用于寻找合适的商品规格，30%寻找供应商，10%进行谈判，通过利用电子信息技术建立起了高效的采购制度，节约了大量的谈判成本且形成了长期、稳定的供应商合作关系，与南美及英国的厂商结成联盟，扩张了市场，将本公司的共赢采购经验带给了整个电力行业乃至全世界。

三是促进社会层次的福利增进。从宏观层次看，实施共赢采购是为了带动整个社会福利层次的整体增加。不但所有的利益相关方都能够根据自己的价值偏好获得综合价值优越的产品，而且能够带动整个产业的采购效率提高，从而增进整个社会的福利水平。

3. 共赢采购的内容

根据上文对共赢采购目标的论述，从各大企业的实践经验来看，共赢采购需要具备良好的组织制度设计，通过建立起企业与供应商之间的长期共赢关系，来实现整个供应网络的采购综合价值的最优化。因此，共赢采购的内容主要包括三个方面：

一是共赢采购的组织变革。共赢采购需要提高和改善采购的流程、组织以及相关的支持性设施，如信息技术、信息系统等。从采购流程的改变来看，须从业务交易管理转向战略性管理，从采购计划的制定以及供应商的选择，都应该更加具有战略性；从组织结构转变来看，共赢采购需要采购职能从交易层面转向战略层面，相应的组织结构也应该发生变化，如美国本田公司在采购部门内部建立"采购校友录"发展与供应商的关系，转变采购职能；从支持性设施来看，主要通过信息技术或信息系统实现向战略采购的转变，如 ERP 系统、事务管理系统、决策支持系统、电子商务系统等。

二是共赢采购的制度设计。共赢博弈结果的达成还可通过改变得益的分配方式实现。根据责任采购标准改变采购人员的薪酬制度和激励制度，可增加采购人员实施共赢采购的收益，减少采购过程中的不透明操作。此外，通过建立起共赢采购的战略性供应商管理制度，通过改变供应商选择和审核的标准，供应商名录的供应商企业最终将会成为能够与企业进行共赢合作的战略合作伙伴。

三是共赢采购的供应商关系管理与维护。首先是共赢采购之间的供应商关系应当是长期可持续的。从合作博弈理论来看，长期可重复的合作博弈才能够实现共赢的均衡结果，因此，企业与供应商之间的关系应当是长期的，而这种长期合作关系的维系需要关系投资和沟通。其次是共赢采购之间的供应商关系应该是互相依赖和互相制衡的。例如，本田通过建立供应商网络并努力让自己成为每一个供应商的重要客户后，能够创造供应商之间的相互竞争，以赢得关系网络之间的相互依赖和制衡，并通过与供应商的长期合作为自己赢得了更多的商业机会。

第三节　开展负责任的供应商管理

供应商管理作为采购活动中至关重要的部分，贯穿企业采购的始终，是采购的重要内容，并且直接关系社会责任实施的绩效，对企业的采购绩效起着关键性的影响。因此，负责任的供应商管理是企业实现绿色采购、道德采购、透明采购、廉洁采购和共赢采购的关键。

一、负责任的供应商管理体系

负责任的供应商管理是指企业以负责任的方式对供应商进行管理，包括两个方面：一是对供应商履行社会责任进行管理；二是对"企业对供应商的责任"进行管理，具体内容如图3-4所示。

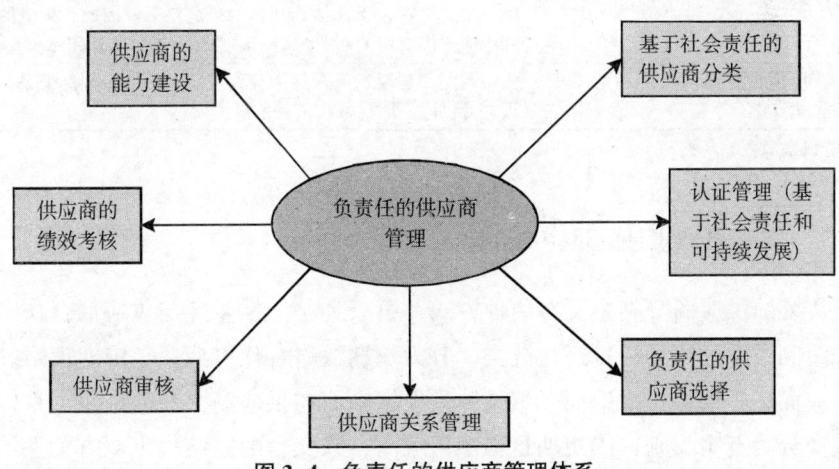

图3-4　负责任的供应商管理体系

资料来源：笔者自行绘制。

在传统的供应商管理体系中，通常考虑供应商所提供产品的质量、交货情况、服务情况、技术和员工等内容，传统的供应商管理目标是实现资金流的最大化增值。传统意义下的供应商管理是整个供应链物流的起点，从此开始资金流的增值以及信息流的反馈，整个管理过程主要侧重于经济因素的考量，对供应商提供的产品质量和服务等内容进行评价，往往并不包含对社会责任的评价，在供应商的管理体系中也没有融入社会责任的内容。而负责任的供应商管理则是将供应商的社会责任融入对供应商的管理中去，它们与传统供应商管理的区别如表3-3所示。

表3-3 传统供应商管理与负责任供应商管理的比较

传统的供应商管理内容	负责任的供应商管理内容
质量。包括原材料、初级产品、消费品的质量	环境保护责任。主要包括如下内容：产品是否经过了相关环保认证，产品的环保设计，生产过程的环保性，清洁技术的有效性，供应商的原料、产品、包装、物流的环保性
交货。即与供应商签订供货合同后按照合同规定提供合格的产品及服务，包括交货准时性、交货提前期、交货提前量等	道德责任。包括供应商是否有雇用童工、是否有强迫员工劳动、员工的健康与安全、员工的结社自由及集体谈判权、员工歧视、员工的惩罚性措施以及员工工作时间、员工的报酬是否达到最低标准
服务。包括产品的使用服务、售后服务等一切不包含在价格之内但体现在产品价值上的服务	公平竞争。由于供应商与采购人之间的信息不对称，供应商具有信息优势，因此，存在通过串标、欺骗、低于成本价出价等不公平竞争的方式参与采购，因此，企业的供应商管理体系必须关注供应商的不公平竞争行为
技术。包括供应商进行差异化产品生产的技术、本行业的先进生产管理技术等	反腐败。由于采购委托人与代理人、监督人之间的信息不对称和利益不一致，腐败成为采购参与人的共同认识，商业贿赂等普遍存在，无法达到共赢的采购结果。因此，供应商管理中应对供应商的商业贿赂、腐败行为进行监督和评价
员工。包括供应商对员工组织培训、招聘学习型员工等	关系与能力建设。重视与供应商建立长期战略伙伴关系，注重提升供应商履行社会责任的能力

资料来源：笔者整理。

二、基于社会责任的供应商分类

传统的供应商分类主要有两种方式：第一种是依据企业与供应商合作时间的长短和关系的密切程度进行分类，分为长期战略合作供应商、中期策略性合作供应商、短期合作供应商。第二种是根据企业与供应商之间的利益关系，将供应商分为五个类别：①短期目标型供应商，以交易的完结代表双方关系的终止；②长期目标型供应商，双方会为了共同利益而进行超越交易关系以外的合作；③渗透型供应商，双方把彼此看做是本企业的延伸，通过产权、参股等形式确保双方利益的一致性;④联盟型供应商,是从供应链整体上,由核心企业协调联盟关系;⑤纵向集成型供应商,是把供应链所有成员进行整合。

基于社会责任的供应商分类则不仅以交易的紧密程度以及利益的联结程度为原则进行划分,还需考虑社会责任的风险,并依此对供应商类别进行划分。按照供应商对企业的重要程度和供应商社会责任风险的大小,可以将企业的供应商划分为四种不同的类型,即重要程度高、社会责任风险高的供应商,重要程度高、社会责任风险低的供应商,重要程度低、社会责任风险高的供应商,重要程度低、社会责任风险低的供应商。企业应针对这四种供应商分别采取不同的管理策略,特别是对其履行社会责任的行为更应采用差别化管控。

三、负责任的供应商认证管理

企业在进行供应商选择之前,需要对所有潜在供应商进行认证。根据传统的供应商认证管理内容,所有参与投标的潜在供应商在进入供应商选择和供应商审核之前,都应当接受采购企业的认证,确保潜在供应商满足采购企业的基本要求。例如,在大型国际组织如世界银行、世界卫生组织的供应商管理中,都会首先对供应商的资质进行预审。但是,传统的供应商认证管理内容与负责任的供应商认证管理内容有着诸多不同。主要区别在于负责任的供应商认证管理需要考虑企业的社会责任相关认证以及可持续发展相关认证。因此,负责任的供应商认证管理的内容是在传统供应商认证管理的内容基础上增加了社会责任认证和可持续发展认证的内容,具体如表3-4所示。

表3-4 负责任的供应商认证管理

传统供应商认证管理	负责任的供应商认证管理
● 供应商的基本资质认证:包括供应商的营业执照、税务登记表、组织机构代码证书等 ● 供应商技术认证:供应商应该符合不同产品、不同行业的不同认证标准 ● 供应商生产认证 ● 供应商质量认证:供应商的质量管理体系证书、产品质量检验报告、试验报告、国标、ISO9000、行业认证、TQM ● 供应商管理认证:财务审计报告、供应商的业绩报告、供应商获得的产品或行业证书及荣誉等	● 传统供应商认证的内容 ● 绿色认证:ISO14000环境质量体系认证、节能环保产品认证、中国质量环保产品认证、ROHS环保认证、其他行业环保认证 ● 道德认证:OHSAS18000职业安全健康管理体系、SA8000标准

资料来源:笔者整理。

四、负责任的供应商选择

从社会责任的角度看,不同于传统的供应商选择,负责任的供应商选择内容不仅限于财务绩效、技术、供货的及时性，还要综合考虑社会责任指标，并赋予不同的权重，进行综合的供应商选择标准和制定。

1. 供应商评价指标体系

对于进入采购阶段的供应商，需要根据采购标的的性质，结合采购目的对供应商进行评价，供应商评价的标准是依据企业制定的供应商采购指标体系进行。目前大部分企业都有独立的供应商评价指标体系，大多包括供应商的产品质量评价、供货能力评价、生产能力评价、财务水平评价等，但是还只有少部分的企业考虑了供应商的企业社会责任评价。基于责任采购的供应商评价是考虑供应商社会责任的，因此，整个供应商的评价指标体系应当包含两个方面：经济绩效评价指标、社会责任绩效评价指标。

（1）选择评价方法。供应商评价的方法应用广泛的主要是定性分析法、定量分析法和综合分析法。定性分析法主要用于较为全面的分析，可以综合考虑与供应商的合作经验和关系来评价供应商。定量分析法则是将对供应商的评价进行量化，可较为精确地选择出供应商，往往可用于对某一种原材料和零部件的采购，对于多品种采购的供应商评价还有局限。综合分析法是定性分析和定量分析的结合，较为常见的是层次分析法，由 Satty 在 20 世纪 70 年代提出，可综合考虑供应商的经济绩效和社会责任绩效。

（2）划分评价层次。本书将整个供应商的评价体系划分为经济绩效评价指标维度和社会责任绩效评价维度（如表 3-5 所示）。供应商的经济绩效评价指标

表 3-5　供应商社会责任评价的层次指标及解释

一级指标	二级指标	指标解释
环境保护	产品的环保性、生产流程的环保性、产品原料的环保性	供应商的产品、包装是否通过 ISO14000 环境质量体系认证；供应商的企业制度重视是否有对企业环保节能的规划或说明、供应商是否积极开发利用新型能源、供应商是否对废弃物进行处理、回收
员工保护	薪酬和福利制度、工作环境、工作时间、员工教育培训、员工晋升的公平度和透明度、员工的健康安全和卫生	员工的薪酬福利水平（与同行业平均水平相比）、员工工作时长是否恰当、员工的工作环境是否属实、供应商是否为员工提供教育培训、员工的晋升是否公平公开、供应商是否通过 OHSAS18000 职业安全健康管理体系认证
人权保护	性别平等、民族宗教平等、互相尊重	供应商是否能够平等对待男女员工、是否尊重不同民族宗教员工、是否存在童工、是否滥用非法劳动力
公平竞争	价格不当竞争、垄断竞争、信息欺瞒	在以往的合作中或法律记录中，供应商是否曾有过低于成本价竞争的记录、供应商是否遭受过反垄断调查、供应商是否存在欺瞒信息记录
反腐败	商业贿赂、串标等	在以往的合作中或法律记录中，供应商是否曾有过商业贿赂行为、是否曾与采购人员或其他竞标人员串标以获取订单

资料来源：笔者整理。

这里不做讨论。供应商的社会责任绩效评价可划分为如下几个一级指标：环境保护、员工保护、人权保护、公平竞争、反腐败。①环境保护方面，二级指标包括产品的环保性、生产流程的环保性、产品原料的环保性；②员工保护方面，二级指标包括薪酬和福利制度、工作环境、工作时间、员工教育培训、员工晋升的公平度和透明度、员工的健康安全和卫生；③人权方面，二级指标包括性别平等、民族宗教平等、互相尊重；④公平竞争方面，二级指标包括价格不当竞争、垄断竞争、信息欺瞒；⑤反腐败方面，二级指标包括商业贿赂、串标等。

2. 供应商评价与选择

关于企业社会责任的评价指标体系中，为了更加精确地反映企业社会责任的程度，多指标评价体系中起关键因素的是不同指标的权重。根据上文设计的供应商社会责任评价指标层次体系，采购企业可组织专家针对不同类型的采购标的对供应商的社会责任评价指标权重进行赋值。而后通过层次分析结合指标权重进行加总，对供应商企业社会责任情况进行综合评价，按照综合评分选择供应商。

五、负责任的供应商审核

负责任的供应商审核过程应该能实现供应商与企业的双赢，确保审核过程的透明、廉洁和道德。因此，在企业的责任采购实践中，负责任的供应商审核可包括三个方面：

一是供应商审核的标准化。为了确保供应商审核过程的透明、廉洁，避免不正当竞争，供应商的审核应该实现标准化。例如，世界银行的供应商审核时通过规范化评审文件进行，规范化评审文件对供应商的评审项目、标准进行了详细的规定，增加了评审过程的公正性。世界卫生组织还对供应商进行预审核，通过《采购机构标准质量保证体系》等规范化评审文件，确保采购的公平、诚信与透明，并适当倾向购买发展中国家的产品。

二是审核过程的透明化。首先是为了确保审核过程的透明、廉洁，越来越多的企业实施现场审核的方式，要求专家现场进行评比打分，并在公证人员的公证下宣布供应商审核的结果。其次是对于供应商的环保责任、道德责任等，可参考第三方开具的认证，确保审核结果的公正性。

三是供应商审核的动态化。首先是对供应商的再评估，即定期对存在于供应商名录中的供应商进行再评估，确保供应商一直都履行社会责任，当供应商产生重大变化时，如人事构成、生产程序、设备更新等，再评估可能会影响供应商的预审资格。其次是对供应商产品的再评估,定期对供应商提供的产品进行再评估,包括对产品的环保性、质量等进行评估检查,接到产品投诉或原材料供应商发生重大变化,生产地点或生产设备、生产过程发生重大变化时,可对产品进行非例行再评估。最后是对供应商外包服务的监管评估。对供应商提供产品的存储或物流运输过程进行监管,确保其在外包环节同样履行了环保责任和道德责任。

六、负责任的供应商绩效考核

供应商的绩效考核是对供应商日常表现进行的定期监控和考核。传统的供应商绩效考核关注的主要内容是供应商提供产品的质量、交货情况、服务情况等,并依据此制定详细的绩效考核标准和流程。然而,负责任的供应商绩效考核是在传统的供应商绩效考核的基础上增加了对企业日常社会责任履行情况的考核。与传统的供应商绩效考核相比,负责任的供应商绩效考核在考核标准和考核流程上都是饱含社会责任的。

一是从供应商的绩效考核标准来看,除了关注日常供应商的产品质量、交货、服务等经济指标外,还应当考虑将供应商的环保责任、道德责任履行情况,并细化制定相关的考核标准,纳入供应商绩效考核标准中。

二是从供应商的绩效考核流程来看,要体现透明、廉洁和共赢。供应商的绩效考核过程应当遵循如下原则:首先,供应商的绩效考核必须持续进行,通过定期、不定期等多种方式检查供应商的绩效情况。其中,定期的绩效考核会督促供应商不断致力于改善自身绩效来提高产品质量,而不定期考核有助于采购企业了解供应商的实际绩效情况。其次,供应商的绩效考核的操作过程必须是公开透明的,这就对采购企业负责实施供应商绩效考核的部门及员工提出了要求,必须确保绩效考核是依据供应商的真实表现记录评估的,并应该及时将供应商的绩效考核依据、结果进行信息披露。

三是从供应商的绩效考核方式来看,主要通过现场审核方式进行。供应商现场审核的内容主要包括:了解供应商的企业文化、长短期发展目标;了解供应商的供应商管理制度、供应商开发与评估、供应商考核、供应商名录的动态管理以及不合格供应商的评定与执行;了解供应商的社会责任履行情况、社会责任事件以及处理情况。供应商现场审核的审核小组成员应该满足如下条件:具备相关的技术、生产、质量、采购知识,尤其应当具备社会责任的评估能力。

七、负责任的供应商能力建设

根据共赢采购的理念，负责任的供应商管理还需要采购企业对供应商的能力建设进行管理。从各企业的实践可以看出，越来越多的企业对供应商的能力进行培训，将供应商培养成更有助于自己竞争地位提升的合作伙伴，并实现共赢。企业进行供应商能力建设的手段主要有两种：

一是员工培训。采购企业通过与供应商进行交流会、研讨会、培训项目的方式，对供应商的员工进行培训，以确保其生产出采购企业所需要的产品。例如，法国电力集团公司会为其供应商提供先进的技术设备，并且为供应商提供培训和发展项目来获得整个供应链上的管理水平、技术水平提升。德国意昂集团通过培训支持供应商进行生产流程的改进，通过集团范围的审计培训，确保供应商审计人员具备审计资质，增加审计结果的准确性，以实现双方的共赢。

二是社会责任履行能力的培训。采购企业除了帮助培训供应商员工，以提供更高质量的产品和服务外，采购企业为了确保供应商能够具备履行社会责任的能力，还会为供应商提供履行社会责任能力的培训。例如，通用公司为供应商开设 EHS 培训，为供应商提供有关环境保护、人生健康、安全生产和人权保护方面的培训，帮助他们加强 EHS 管理水平和能力，以实现双方的共同成长和长期合作，同时提升整个行业的 EHS 标准。

八、负责任的供应商关系管理

供应商关系管理（Supplier Relationship Management，SRM）是指以实现企业盈利为目标，根据的产品/服务供应商的不同重要程度，企业建立起商业管理规则。供应商关系管理的目的是通过建立起一种管理或经营理念，以改善企业与供应商之间关系的管理机制，从而建立起企业与供应商之间长期、紧密的业务关系，并通过整合双方资源和竞争优势，以实现企业的共赢。供应商关系管理的内容涵盖整个采购过程，企业根据采购战略，在供应商的评估、选择、合同履行等整个采购过程中实施供应商关系管理。据此，传统的供应商管理目的是为了实现供应商与企业之间经济利益的优化管理，而负责任的供应商管理则是为了实现供应商与采购企业之间经济利益、社会责任的双重优化管理。

第四节 责任采购管理的保障体系

企业要想确保实现采购行为的绿色、阳光、透明、廉洁并最终达到共赢，以及实施负责任的供应商管理，就需要建立强有力的责任采购管理的保障体系，包括责任采购组织管理、责任采购制度建设、责任采购能力建设、责任采购绩效评价和责任采购信息披露。

一、组织保障：责任采购组织管理

企业组织管理是指企业为了实现共同的目标，通过设计组织一定的规则、程序、人事安排，有效配置企业内部有限资源，以确保最大效率实现组织目标。责任采购组织管理则是企业为了完成采购目标，通过设计组织采购规则、采购流程、采购制度，以有效配置采购资源，实现企业采购的经济目标和社会责任目标。要想实现采购的环保、道德、阳光、廉洁和共赢，保证负责任供应商管理的顺利实施，至少需要恰当的组织目标、恰当的组织模式以及恰当的组织运行规程。

1. 责任采购组织的设计原则与要求

责任采购的组织目标是要在实现采购商品的质量、可获得性、服务响应、成本等绩效的基础上，保障供应商和所采购的产品是"负责任"的，其目的是为了确保采购活动的社会责任履行。因此，责任采购的组织目标设计原则和要求可包含如下方面：一是组织目标的设计应能够保障组织的监督效率；二是采购组织的设计应该与企业的性质、规模相适应；三是采购组织的部门设置应该与企业采购的社会责任复杂程度相适应；四是采购组织的部门设计应当与责任采购的总体目标相适应；五是采购组织的部门设计应该与企业采购产品的利益相关方诉求相适应。

2. 责任采购组织采购模式的比较与选择

根据责任采购组织的集中程度，目前较为常见的责任采购组织模式有如下几种：独立的责任采购委员会模式、部门管理模式、分散治理模式、采购团队模式。不同类别的责任采购组织模式有其优缺点（见表3-6），企业应结合责任采购的组织目标选择责任采购模式。

表 3-6 责任采购组织采购模式比较

组织采购模式	特点	优点	缺点
独立的责任采购委员会模式	由独立的责任采购委员会对企业采购活动中的社会责任进行管理	权力集中管理，社会责任监管效率高，社会责任事件处理速度快	部门协调成本高
部门管理模式	由企业的某一制定部门如可持续发展委员会、采购部门等专门管理采购中的社会责任	协调成本低；目标细化更容易实现	责任采购目标设计以主管部门的职能目标为主，较为片面，不完整
分散治理模式	不同部门在进行采购时分别对采购的社会责任进行管理	协调成本低；以部门目标为责任采购目标，容易实现	责任采购目标的实现分散化、部门化；权力分散，容易滋生腐败；部门之间的社会责任信息不对称严重
采购团队模式	以采购项目或采购团队为单位，对采购活动的社会责任进行管理	监管效率高，社会责任风险低	权力过于分散，容易滋生腐败

资料来源：笔者整理。

3. 责任采购组织机构的运行规程

当企业根据其责任采购目标进行组织设计并选择适当的组织模式后，应该根据组织设计目标和组织模式设计其运行规程。一是要制定采购流程。在一般采购流程的基础上，企业应根据其采购产品的特征、采购活动应该承担的社会责任内容，设计采购流程。二是要制定采购决策的流程。采购决策应该参考采购的社会责任目标和经济目标，对所有采购方案进行评价和评估后选择最佳方案，实现企业经济效益和社会效益的综合效益最大化。三是要进行重大议题讨论。组织运行过程中应当对组织目标所包含的重大议题进行不定期的专门讨论，如环保、诚信、劳工、公益等多项议题。四是要对组织职责进行清晰的说明。

二、制度保障：责任采购制度建设

制度是企业进行组织、运营和管理等一系列行为的规范，是员工在企业生产经营活动中必须共同遵守的行为准则和规定。责任采购制度建设就是指企业的采购活动中，通过制定一系列组织、运营和管理的行为规范，确保企业的采购行为、采购过程是负责任的。因此，企业实施责任采购的过程中，需要通过制定一系列的组织、运营和管理的行为规范，确保企业的采购活动能够充分履行企业的社会责任。

1. 责任采购制度建设的思路

按照社会责任的要求对采购管理、相关制度进行重新梳理和完善，责任采购制度的建设应该从如下三个方面入手进行设计：一是对现有采购管理及其相关制度，从社会责任的视角审视，看目前制度是否符合社会责任的要求，如果不符合，就对其进行修订。二是对于过时的制度、从社会责任角度审视已经违背或偏离的制度要废除。三是要实现采购过程中的企业社会责任，应当对缺失的制度进行补充，如企业的绩效考核制度、薪酬制度、员工管理制度中，对于没有补充社会责任考量的，应当加入社会责任标准，用于约束员工的行为，确保整个采购过程是负责任的。

2. 责任采购制度建设的方式

企业开展责任采购制度建设可以采取以下三种方式：

一是参考国内外相关组织制定的责任采购制度建设标准及指南。随着企业实施社会责任越来越普遍，供应链及采购环节的社会责任也引起企业的重视，并且由国内外的相关政府或组织牵头制定了一系列的责任采购制度建设标准和指南，为责任采购的制度建设提供了方法和借鉴。例如，国际标准化组织出台了 ISO26000 社会责任指南标准，提出了在采购过程中应对供应商进行反腐败、反对供应商通过同谋等手段进行不正当竞争、鼓励企业采购的价值链增值中施行企业社会责任。全球报告倡议组织出台的 G4 标准对企业的信息披露制度进行了详细说明。OHSAS18000 则对责任采购中的员工制度建设提供了参考。

二是借鉴国内外一流企业进行责任采购的制度规范和方法。例如，法国电力集团以可持续发展为目标，制定《法国电力集团与供应商可持续发展宪章》，通过构建 EDF 组织框架，对公司内部制度、企业道德准则、供应商管理制度中贯彻了其可持续发展的采购理念，以实现道德采购、绿色采购、合规采购。

三是企业的采购实践中，通过不断积累责任采购的相关经验，将有利于责任采购目标达成的内容进行制度化和规范化。

3. 责任采购制度建设的重点

目前，企业开展责任采购制度建设的重点主要包括三个方面：

一是供应商管理制度。根据 ISO26000 以及 OHSAS18000 等国际标准的内容，对供应商的劳工、人权、环保等进行标准化，即从供应商预评审到评估、选择、后审整个过程应用标准化文件、标准化评审标准和标准化流程进行管理。动态化供应商管理制度是指对供应商以及其产品进行定时或不定时的评估管理。

二是采购过程的管理制度。采购过程应形成严格的监管制度，最重要的是要对采购主体的监管权力进行明确划分，采购决策的制定人、采购执行人、采购物资的验收人、资金结算人、资金使用监督人对企业采购活动中的责任采购行为拥有监管权力,应当明确划分监管权,实现权力的独立和分离。在此基础上,要完善采购监管规章。监管规章应当对监管主体、主体权力进行明确规定,并对权力的行使给出明确的规范和使用条件,具体的规章制度可包括:采购需求审核制度、合同管理制度、奖惩制度、结算制度、招投标制度。

三是员工管理制度。首先是制定员工行为准则,明确员工在采购过程中的社会责任要求;其次是改革采购员工薪酬制度,通过将员工薪酬和奖励与采购效率指标挂钩,并建立工资增长机制,提高采购人员道德采购、绿色采购的激励;再次是改革绩效考核制度,对采购人员的绩效考核中加大对采购效率、采购成本节约、采购产品质量、采购产品环保性、采购价格、采购供应商的服务水平提升等代表环保采购、道德采购标准的权重,让采购人员更加重视采购的绿色环保、公平竞争和廉洁;最后是通过培训制度提高采购人员素质和对不负责行为的意识,从而减少采购活动中的违规行为。

三、能力保障:责任采购能力建设

责任采购能力建设是指采购企业在进行采购的过程中,应能够确保企业具有责任采购管理的相关能力,例如,供应商的环保责任管理能力、供应商的诚信监督能力、对采购人员的监督能力等。企业要想获得这些能力,可以采取以下四种方式:

一是人员培训。企业的责任采购管理是依靠企业的员工完成的。因此,要想确保企业高效地实施责任采购,应该充分开展企业人员培训。例如,三星电子为了实现其可持续发展战略,承担当地的教育、健康医疗护理、雇员责任和经济责任,每年对其采购人员进行合规培训以及反腐败培训;华为为了消除数字鸿沟,在全球建立45个培训中心来培养ICT人才,致力于消除数字鸿沟,同时还开展网络安全技术培训来提高网络安全员工的安全意识。

二是内外部交流。企业的内部交流会议以及与外部组织、企业和部门的交流是企业提高其责任采购管理能力的重要保障。企业可通过召开内部员工交流会、内部研讨会,在不同部门的员工之间展开交流学习,保障其相关能力的不断提升。此外,企业还可以通过召开供应链管理会议,与供应链上其他供应商、零售商等相关主体进行交流和学习。另外,企业也可通过与行业协会、NGO等社会团体、国际组织之间进行交流,学习国际先进的经验知识,确保自身能力的不断提升。

三是开发工具。一些大型国际组织和大型企业通过开发风险评估工具、供应商审核工具等来保障采购过程中对社会责任的管理能力。联想通过开发 EICC 关于冲突矿产尽职审查工具来应对冲突矿产的管理；法国电力集团公司通过开发供应商实施可持续发展程度评估工具对供应商可持续发展程度进行评估和管理，开发分包商工作计划表、分包商绘制技能表等工具增加与分包商的沟通效率；巴斯夫公司通过开发生态效益分析工具来保证企业能够实现对产品生态环保性能的管理。

四是开展知识管理。从企业和国际组织的实践中可以看出，可通过开展知识管理，开发信息系统，并结合采购相关知识进行知识传播和学习。例如，世界银行根据不同类别采购产品所编制的标准招标文件，以及世界卫生组织对整个采购流程编制的标准采购流程（SOP）。信息化是指采购过程的电子化可追踪，是减少信息不对称的有效方法，例如，企业通过与财务部门、监管部门进行信息化衔接，资金的拨付、合同管理、监管部门的监管可直接通过网络进行，避免经过人而产生信息沟通不顺畅、商业贿赂等问题。

四、评价保障：责任采购绩效评价

责任采购绩效评价是指从采购企业的角度讲，评价企业的采购绩效。企业要想实现其采购过程的环保责任、道德责任、阳光、廉洁并实现供应链上的共赢，必须要能够从采购的社会责任角度出发，客观地评价企业的采购绩效。而客观评价基于社会责任的企业采购绩效，其关键有两个方面：

一是考虑企业社会责任后对企业采购绩效进行评价。传统的责任采购绩效评价指标中，往往包含采购过程中的成本节约、企业产品采购量的变化程度、采购产品的缺陷率、企业的采购及时程度等衡量经济、效率的指标。而如果考虑采购活动的社会责任，则采购绩效的评价体系中还应当考虑供应稳定性、社会责任风险事件、绿色产品所占比重、中小供应商采购比例、针对供应商培训次数、对供应商社会责任审核的次数等指标。因此，责任采购的评价应该是考虑了采购的经济指标和社会责任指标的综合评价体系。

二是对企业社会责任赋予科学的权重进行采购绩效的综合评价。企业的采购绩效评价中到底多大程度考虑社会责任，对于社会责任中的哪一方面内容予以多大程度的考虑，都取决于责任采购绩效评价指标的权重分配，这是构成责任采购评价体系最重要的一环。对于不同的企业，一套科学的绩效评价指标权重的设计直接关系采购绩效评价的科学性，因此，它是构成责任采购评价保障体系中最重要的一部分。

五、披露保障：责任采购信息披露

为了减少采购利益相关方之间的信息不对称以及由此带来的腐败、不公平竞争等问题，责任采购必须建立起信息披露机制，尽可能减少采购利益相关方之间的信息不对称问题。从采购企业的角度看，应该将采购管理的相关信息纳入整个信息披露体系中。根据采购信息的披露方式、披露周期、披露内容，可将责任采购的披露保障分为三个方面：

一是责任采购信息的日常披露。日常披露的采购信息主要是指企业的日常采购信息、企业的采购管理制度、企业的供应商信息以及企业与供应商开展的日常活动信息等，可通过企业网站、新闻媒体等多种媒介向外披露。

二是责任采购信息的专项披露。首先是供应链报告，目前各跨国企业如苹果、耐克以及我国的一些大型企业如华为、联想等企业都会定期发布供应商的信息报告，披露供应商的采购信息、供应商信息以及企业通过"验厂"等多种方式获得的供应商社会责任相关信息，以及这些信息的审核报告；其次是在社会责任报告、可持续发展报告年度报告中，企业往往对责任采购信息进行披露，主要包括企业责任采购的绩效等。

三是责任采购的重大社会责任信息披露。主要是危机事件、重大事件发生的信息披露。

责任采购管理

标 准 篇

概览

社会责任国际标准指南中的责任采购规范

√ ISO26000中的责任采购规范
√ G4中的责任采购规范
√ SA8000中的责任采购规范
√《跨国公司行为准则》中的责任采购规范
√《加拿大企业社会责任实施指南》中的责任采购规范
√《奥地利企业社会责任实施指南》中的责任采购规范
√《SIGMA指南》中的责任采购规范

- 标准指南介绍
- 标准指南对责任采购的要求

企业管理体系国际标准中的责任采购规范

√ OHSAS18000中的责任采购规范
√ ISO9000中的责任采购规范
√ ISO14000中的责任采购规范

供应链管理国际标准指南中的责任采购规范

√ 联合国全球契约《可持续供应链》中的责任采购规范
√ 联合国全球契约《供应链责任管理指南》中的责任采购规范
√ 国际商会《供应链责任指南》与《责任采购指南》中的责任采购规范
√ 绿色和平组织《负责任采购政策》中的责任采购规范

第四章 社会责任与企业管理体系国际标准指南中的责任采购规范

社会责任国际标准指南是企业履行社会责任和开展社会责任管理的指导性规范，其中自然也涵盖了企业实施采购活动和开展采购管理应遵循的社会责任规范要求；而企业管理体系国际标准则对企业构建管理体系和开展管理活动提供了指引，其中也包括从社会责任不同领域视角对企业开展采购管理提出了相应的规范要求。

第一节 ISO26000中的责任采购规范

一、ISO26000概况及对责任采购要求概览

1. ISO26000概况

2010年11月1日，国际标准化组织（ISO）正式向全球发布了社会责任国际标准《社会责任指南：ISO26000（第一版）》。ISO26000制定的目的是促进全球对社会责任的共同理解，按照社会责任的最佳实践，向全世界愿意应用ISO26000的所有组织（不仅限于企业）提供一个有助于践行社会责任的框架性指南，为支持组织实现可持续发展做出贡献。ISO26000的主要内容是回答了社会责任的五大问题：什么是组织社会责任？组织为什么要践行社会责任？组织实践社会责任要考虑哪些核心主题及其议题？组织宜如何实践社会责任？组织可借鉴哪些社会责任倡议和工具？由此，ISO26000标准共由八章构成，具体如图4-1所示。

2. ISO26000对责任采购要求概览

ISO26000在社会责任原则、两大社会责任基本实践、社会责任七大主题（组织治理、人权、劳工实践、环境、消费者问题、公平运营实践、社区参与和发展）、社会责任融入整个组织等方面均对责任采购提出了相应的要求和规范指

引。其中,社会责任七大主题中相关议题涉及责任采购要求的情况如表4-1所示。

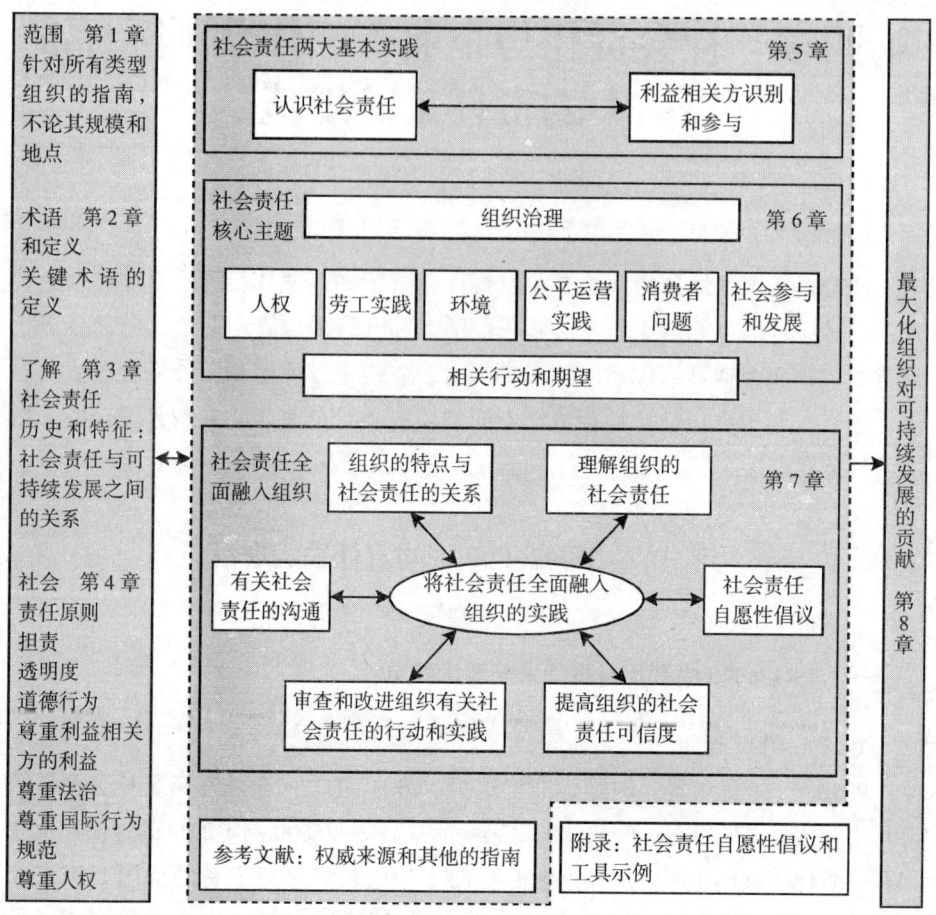

图 4-1 ISO26000 结构

资料来源:ISO. ISO26000: Guidance on Social Responsibility [S]. Geneva: ISO, 2010.

表 4-1 社会责任七大主题中相关议题涉及责任采购要求的情况

核心主题和议题	对应章节	是否涉及责任采购要求
核心主题:组织治理	6.2	否
核心主题:人权	6.3	是
议题1:尽责审查	6.3.3	是
议题2:人权风险状况	6.3.4	否
议题3:避免同谋	6.3.5	是
议题4:处理申诉	6.3.6	是

续表

核心主题和议题	对应章节	是否涉及责任采购要求
议题5：歧视和弱势群体	6.3.7	是
议题6：公民权利和政治权利	6.3.8	否
议题7：经济、社会和文化权利	6.3.9	是
议题8：工作中的基本原则和权利	6.3.10	是
核心主题：劳工实践	6.4	是
议题1：就业和雇佣关系	6.4.3	是
议题2：工作条件和社会保护	6.4.4	是
议题3：社会对话	6.4.5	是
议题4：工作中的健康与安全	6.4.6	是
议题5：工作场所中人的发展与培训	6.4.7	是
核心主题：环境	6.5	是
议题1：防止污染	6.5.3	是
议题2：资源可持续利用	6.5.4	是
议题3：减缓并适应气候变化	6.5.5	是
议题4：环境保护、生物多样性和自然栖息地恢复	6.5.6	是
核心主题：公平运营实践	6.6	是
议题1：反腐败	6.6.3	是
议题2：负责任的政治参与	6.6.4	否
议题3：公平竞争	6.6.5	是
议题4：在价值链中促进社会责任	6.6.6	是
议题5：尊重产权	6.6.7	否
核心主题：消费者问题	6.7	否
议题1：公平营销、真实公正的信息和公平的合同实践	6.7.3	否
议题2：保护消费者健康与安全	6.7.4	否
议题3：可持续消费	6.7.5	否
议题4：消费者服务、支持和投诉及争议处理	6.7.6	否
议题5：消费者信息保护与隐私	6.7.7	否
议题6：基本服务获取	6.7.8	否
议题7：教育和意识	6.7.9	否
核心主题：社区参与和发展	6.8	是
议题1：社区参与	6.8.3	否
议题2：教育和文化	6.8.4	否
议题3：就业创造和技能开发	6.8.5	是
议题4：技术开发与获取	6.8.6	否
议题5：财富与收入创造	6.8.7	是
议题6：健康	6.8.8	否
议题7：社会投资	6.8.9	否

资料来源：ISO. ISO26000：Guidance on Social Responsibility [S]. Geneva：ISO，2010.

二、ISO26000 对负责任的采购过程的要求

ISO26000 对企业实施负责任的采购过程提出了如下四个方面的要求：

1. 遵循社会责任七项原则

ISO26000 认为，组织的任何决策和活动应遵循担责、透明度、道德的行为、尊重利益相关方的利益、尊重法治、尊重国际行为规范、尊重人权七项原则。采购作为企业的一种决策或活动，自然也应遵守这七项社会责任原则，即企业的采购过程应满足这七项社会责任原则的要求。

2. 重视与加强利益相关方参与

企业的采购过程可能涉及供应商、流通商、中介机构、用户等多个利益相关方。按照 ISO26000 的要求，企业在采购过程中应加强利益相关方参与，宜采取四个方面的策略：一是制定基于利益关联度最高的利益相关方参与的公正而恰当的程序；二是在利益相关方参与时，企业不宜由于某个团体更"友好"或比其他团体更支持本企业目标而给予其优先权；三是企业宜知道自身决策和活动对利益相关方的利益和需要的影响；四是为达到更优的利益相关方参与效果，企业宜了解利益相关方参与的明确目的，识别出利益相关方的利益，确认在这些利益基础上建立起来的企业与利益相关方的关系是直接或重要的，利益相关方的利益对可持续发展是相关和重要的，且利益相关方掌握了其决策所必要的信息和情况。

3. 推动社会责任融入采购管理

ISO26000 提出，应将社会责任融入整个组织，这其中就涵盖了推动社会责任融入企业采购管理。具体来说：

一是开展采购决策或活动的尽责审查。ISO26000 认为，社会责任背景下的尽责审查，是确定组织决策和活动对社会、环境和经济的实际和潜在的消极影响的综合性和预防性的过程，旨在避免和减轻这些消极影响。因此，企业应针对采购决策和活动开展尽责审查，确保采购决策和活动是负责任的。

二是推动将社会责任融入采购管理制度和程序。ISO26000 提出，组织宜按照适当的周期对程序和过程进行评价，以确保它们考虑到组织的社会责任，这些程序包括"将社会责任融入采购和投资实践、人力资源管理和其他组织职能中去"。

三是加强社会责任沟通管理。ISO26000 要求组织对与社会责任有关的采购条款与供应商进行沟通，并就有关社会责任的组织声明与包括供应商在内的利

益相关方进行沟通。同时，组织披露责任采购的相关信息也应满足完整性、可理解、回应性、准确性、平衡性、及时性、可获得等方面的要求。

4. 采购过程应满足社会责任主要议题的相关要求

ISO26000 在核心主题部分也明确或隐含地阐明了企业在采购过程中应该满足的相关责任要求，具体来说：

一是在人权方面，ISO26000 提出，组织应不向任何实体提供用来侵犯人权的物品或服务，这意味企业不能在采购过程中向相关方提供用来侵犯人权的支持行为。同时，组织宜建立维护人权的补救机制或确保有可利用的补救机制，以供自身及利益相关方使用，这意味着企业应建立可供供应商使用的人权申诉和补救机制。此外，组织宜注意确保不歧视其雇员、伙伴、顾客、利益相关方、成员和任何与之有联系或会受其影响的其他人，即企业在采购过程中不能对不同供应商采取歧视政策。

二是在劳工实践方面，ISO26000 提出，当进行国际运营时，组织宜努力促进所在国国民的就业、职业发展、晋升和进步，这包括在可行时通过当地企业来进行采购和分销。

三是在环境方面，ISO26000 提出，组织可以采取生命周期方法、产品—服务体系方法和开展环境评估来促进采购决策和活动的环境影响最小化。生命周期方法的主要目标是减少产品和服务在整个生命周期内对环境的影响，并改善产品和服务的社会和经济绩效，即从原材料和能源的生产提取，到生产和使用过程，再到最终阶段的处置或回收。产品—服务体系包括产品出租、产品租赁或共享、产品共用和付费服务。该体系可减少组织的原料使用，使组织获取收益与原料流脱钩，并且使利益相关方参与到推动生产者责任延伸至产品及配套服务的生命周期的过程中。环境影响评估要求组织在采购活动开始之前进行环境影响评估，并把评估结果作为决策程序的组成部分。

四是在公平运行实践方面，ISO26000 提出，组织宜考虑到其采购和购买决策对其他组织的潜在影响或始料未及的后果，并给予应有的关注，以避免或减少任何消极影响。组织宜在整个价值链中公平且可行地推动实施社会责任的成本和收益，包括在可能时提高价值链中各组织实现对社会负责任这一目标的能力。这包括恰当的购买行为，例如，确保支付公平的价格、有充裕的时间交付产品和服务，以及稳定的合同关系。

五是在社区参与和发展方面，ISO26000 提出，组织宜考虑外包决策对就业创造的影响，既包括对做出决策的组织内部的影响，也包括对受决策影响的外部组织的影响；考虑向当地的产品和服务供应商提供优先权，并尽可能帮助发展当地供应商；考虑采取措施来增强当地供应商进入价值链的能力，并为他们创造这样的机会，尤其要注意社区的弱势群体；可以提供一系列培训计划，包括商业规划、营销、作为供应商所必需的质量标准、管理和技术支持、融资和合资企业便利等方面的培训；考虑以适当方式使社区组织更易于获得采购机会，例如，通过能力建设使其达到技术要求和提供采购机会信息等；考虑支持那些向社区提供所需产品和服务的组织和个人，因为他们也能促进当地就业并建立当地市场、区域市场和城区市场之间的联系，因而有利于社区福利。

三、ISO26000对采购饱含社会责任的产品或服务的要求

ISO26000对企业采购饱含社会责任的产品或服务的要求主要体现在以下几个方面：

1. 开展对供应商的尽责审查

按照 ISO26000 的观点，尽责审查也可能包括对他人行为施加影响，就是在发现他人是侵犯人权或其他违法行为的原因而本组织可能会牵涉其中的情况下，担负起对他人行为施加影响的责任。同时，在任何尽责审查过程中，组织宜考虑其运行或活动所处的国家背景，自身活动的潜在和实际的影响，以及与其活动有密切联系的其他实体或个人的行动造成消极后果的可能性。因此，企业应在尽责审查中注重对供应商的履责情况进行考察和评估，以确保供应商本身是一个负责任的供应商。

2. 采购的产品或服务应满足人权方面的要求

ISO26000 明确提出，组织有机会与其供应商、同行或其他组织和更广泛的社会相关方面一起努力支持人权。在某些情况下，组织可能希望通过与其他组织和个人的合作来提升对人权议题的影响力。因此，企业可以与供应商合作，确保所采购的产品或服务及其生产过程是符合人权标准的。具体来说：

一是开展对供应商的人权尽责审查。ISO26000 认为，为了尊重人权，各组织有责任开展尽责审查，以确定、防止和处理由于自身活动或与己有关系的各方的活动所导致的对人权的实际或潜在的影响。尽责审查还可以提醒组织有责任去影响其他各方的行为，在这些情况下，其他各方可能是侵犯人权的起因，而组织则可能会牵涉其中。为此，企业应对供应商的活动所导致的对人权的影响进行评估，防止采购的产品或服务来自违背人权的供应商。

二是避免成为违反人权的同谋。按照 ISO26000 的观点，如果某个组织对其

他组织违反或不尊重国际行为规范的错误行为提供协助,而其通过尽责审查知道或理应知道该行为将会对社会、经济或环境造成实质性消极影响,那么该组织就会被视为是同谋。如果某个组织对此类错误行为保持沉默或从中受益,也将被视为是同谋。为了避免成为违反人权的同谋,企业应不与在伙伴关系中或在合同执行过程中侵犯人权的合作伙伴达成正式或非正式的伙伴关系或合同关系,了解所采购的产品和服务是在何种社会和环境条件生产出来的,以及考虑发出公开声明或采取其他行动,表明对侵犯人权的零容忍。

三是要求供应商反对歧视和保护弱势群体。根据ISO26000的要求,组织宜检查自身的运行活动和影响范围内其他各方的运行活动,以确定是否存在直接或间接的歧视。组织还宜确保不因形成于其活动中的与其他方的关系而助长歧视行为。在这种情况下,组织宜鼓励和帮助其他方担负起防止歧视的责任。如无成效,组织宜重新考虑与此类组织的关系。为此,企业应要求供应商切实履行反歧视和保护弱势群体的责任。

四是要求供应商提供经济、社会和文化权利。ISO26000提出,组织应始终铭记政府和其他组织在提供经济、社会和文化权利方面有着不同的作用和能力,并要求组织考虑与其他组织和政府机构联合以支持、尊重并实现经济、社会和文化权利。因此,企业应考虑与供应商合作,确保所采购的产品或服务及其生产过程能够支持、尊重并实现经济、社会和文化权利。

五是要求供应商反对强迫劳动和禁止使用童工。按照ISO26000的要求,组织不宜参与使用强迫或强制劳动或从中受益,宜杜绝使用童工或从使用童工中受益,特别是,如果组织的自身运行中或影响范围内存在着使用童工的现象,那么它宜尽一切可能确保不但把儿童从工作中解脱出来,而且要提供合适的替代办法。这意味着企业不能间接地参与供应商的强迫劳动和使用童工行为,也不能通过产品或服务采购而从供应商的强迫劳动和使用童工行为中受益,而应该明确禁止供应商有强迫劳动和使用童工的行为。

3. 采购的产品或服务应满足劳工实践方面的要求

ISO26000明确提出,组织的劳工实践包括与组织自身开展、通过组织开展或代表组织开展的工作(含分包工作)有关的所有政策和做法。这意味着劳工实践方面的五大议题即就业和雇佣关系、工作条件和社会保护、社会对话、工作中的健康与安全、工作场所中人的发展与培训均应成为企业对供应商的要求。特别是,ISO26000非常清晰地从就业和雇佣关系方面提出企业对供应商的劳工责任要求,具体包括:组织宜采取措施确保只把工作承包或分包给合法组织或有能力并愿意承担雇主责任且能提供体面工作条件的组织，只使用合法的劳动力中介机构和那些通过其工作安排能使完成工作的人获得合法权利的组织。同时，组织应不从其合作伙伴、供货商或分包商，包括家庭工人的不公正、剥削性或侵权性的劳工实践中获益。在认识到影响力大意味着要相应承担施加影响的责任可能就大的情况下，组织宜做出合理努力，鼓励自身影响范围内的组织遵循负责任的劳工实践。根据不同的状况和影响，合理努力可以包括：对供货商和分包商增列合同义务，事先未予告知的造访和检查，在监督承包商和中介机构时进行尽责审查。如果要求供货商和分包商遵守某劳工实践行为准则，则确保该准则应符合《世界人权宣言》和所适用的劳工标准原则。除了就业和雇佣关系外，ISO26000还提出，社会对话还可以包括保持分包商社会条件方面的透明度，这意味着企业应对供应商开展劳工实践方面的社会对话提出要求。

4.采购的产品或服务应满足环境方面的要求

ISO26000强调，组织应采取策略有效管理供应商在产品或服务提供过程中对环境的消极影响，具体要求包括：

一是实行可持续采购。ISO26000明确提出，组织在采购决策中宜考虑拟采购的产品或服务在整个生命周期中的环境、社会和道德绩效。如有可能，组织宜优先选择环境影响最小化的产品和服务，这可以利用可靠、有效和经过独立验证的标签计划或其他验证计划，如生态标识或审核活动。

二是要求供应商防止污染。按照ISO26000的要求，组织宜采取措施逐步减少和最小化其所控制或影响的范围内的直接和间接的污染，在其影响范围内力求防止使用科研机构和其他任何利益相关方根据合理和可证明的理由所认定的应予关注的化学品，并应使劳动者、合作伙伴、当局、当地社区和其他有关的利益相关方参与实施化学品事故预防和应对方案。

三是要求供应商推进资源可持续利用。ISO26000提出，组织宜在其自身运行中节约、减少用水并实现水资源再利用，并在其影响范围内促进节约用水，同时识别出在组织影响范围内提高原料使用效率的具体方法，推动实施材料效率计划。

四是要求供应商减缓并适应气候变化。ISO26000提出，组织宜采取优选措施，在其控制范围内逐步减少和最小化直接和间接的温室气体排放，并在其影响范围内鼓励类似行动；在组织内部尽可能地实现能源节约，包括采购高能效商品和开发高能效的产品与服务；采取措施回应已有或预期的影响，并在其影响范围内致力于利益相关方适应气候变化的能力建设。

五是要求供应商促进环境保护、生物多样性与自然栖息地恢复。ISO26000提出，组织宜逐步提高来自能够使用更可持续技术和工艺的供应商的产品的使用比例。

5. 采购的产品或服务应满足公平运营实践方面的要求

ISO26000明确提出，在社会责任领域，公平运营实践涉及组织如何利用自身与其他组织的关系来推动积极结果，组织可通过在整个影响范围内发挥领导力并推动更广泛地接受社会责任来实现积极结果，这其中包括供应商。具体要求包括：

一是要求供应商反对腐败。ISO26000提出，组织宜提高雇员、代表、承包商和供应商关于腐败和如何抵制腐败方面的意识，通过建立确保与举报及后续行动相关的人员无须担心遭到报复的具体机制，鼓励雇员、合作伙伴、代表和供应商举报违反组织政策的行为及不道德和不公平的待遇，同时鼓励与组织有运行关系的他人采取类似的反腐败做法。

二是要求供应商实施公平竞争。ISO26000提出，组织宜建立程序或其他保障措施以防止参与反竞争行为或成为反竞争行为的同谋，这其中包括可能成为供应商实施反竞争行为的同谋。

三是在价值链中促进社会责任。ISO26000提出，组织能够通过其采购和购买决策影响其他组织，通过发挥对价值链的领导力和带动力，推动价值链成员接受和支持社会责任原则和实践。价值链中的每个组织都要遵守适用的法律法规，并为其对社会和环境的影响承担责任。为促进价值链中的社会责任，组织宜将道德、社会、环境和性别平等的准则及健康和安全要求，融入自身购买、分销和合同的具体政策和实践中，以不断趋近社会责任目标；鼓励其他组织采取类似政策，但要避免因此陷入反竞争行为；对与其有关系的组织进行恰当的尽责审查与监测，以防止背离其社会责任承诺；考虑为中小型组织提供支持，包括提升它们对社会责任问题和最佳实践的认知，并向它们提供额外帮助（如技术、能力建设或其他资源）以实现对社会负责任的目标；积极参与提高与其有关系的组织对社会责任原则与议题的认知。

第二节 G4中的责任采购规范

一、G4概况及对责任采购要求概览

1. G4概况

为了推动组织定期向各利益相关方公开披露经济、环境和社会绩效信息，增强报告的可比性和可信度，全球报告倡议组织（Global Reporting Initiative, GRI）制定了可持续发展报告框架（以下简称"报告框架"）。报告框架包含四个部分：《可持续发展报告指南》（Sustainability Reporting Guidelines）、各类《指标规章》（Indicator）、《技术规章》（Technical Protocols）及《行业附加指引》（Sector Supplements），其中《可持续发展报告指南》是其他所有文件的基础。《可持续发展报告指南》不是一种行为守则和业绩评价准则，也不是制定行为的绩效标准，而是要求组织披露真正做什么，它适用于各种类型、规模、行业、地域的组织。

迄今为止，《可持续发展报告指南》共经历四个重要发展阶段。2000年，GRI发布了第一代《可持续发展报告指南》（以下简称G1）。2002年，在南非约翰内斯堡的世界可持续发展峰会上，GRI正式发布修订后的第二代《可持续发展报告指南》（以下简称G2）。2006年10月，GRI发布了第三代《可持续发展报告指南》（以下简称G3）。2013年5月，GRI发布了第四代《可持续发展报告指南》（以下简称为G4）。

G4包括两部分内容：第一部分是报告原则和标准披露，涵盖报告原则、标准披露、机构根据《可持续发展报告指南》编制可持续发展报告所使用的标准，以及主要术语定义；第二部分是执行手册，涵盖如何应用报告原则、如何准备将要披露的信息、如何阐释《可持续发展报告指南》的众多概念、其他资源参考、术语汇编以及一般报告说明。

2. G4对责任采购要求概览

G4通过新增加描述机构供应链的要求以及对包括供应商在内的利益相关方和商业合作伙伴的相关要求，提供了机构披露责任采购相关信息的指引，具体如表4-2所示。

表 4-2　G4 对责任采购要求的条款

披露类别	披露内容		披露条款
一般标准披露	机构简介		G4-12, G4-13, G4-24, G4-25, G4-26, G4-27
	治理		G4-41, G4-45
具体标准披露	经济		间接经济影响 G4-EC8
			采购实践 G4-EC9
	环境		能源 G4-EN4
			生物多样性 G4-EN13
			废气 G4-EN16, G4-EN17
			废水废弃物 G4-EN23
			交通运输 G4-EN30
			供应商环境评估 G4-EN32, G4-EN33
	社会	劳工实践及体面工作	供应商劳工实践评估 G4-LA14, G4-LA15
		人权	结社自由和集体谈判 G4-HR4
			童工 G4-HR5
			强制和强迫劳动 G4-HR6
			供应商人权评估 G4-HR10, G4-HR11
		社会	反腐败 G4-SO4, G4-SO5
			供应商社会影响评估 G4-SO9, G4-SO10

资料来源：根据《GRI 可持续发展报告指南（4.0 版）》整理得到。

二、一般标准披露涉及的责任采购规范

1. 机构简介中的相关要求

G4 要求企业在机构简介中披露如下责任采购的相关信息：一是描述组织的供应链；二是指出报告期中关于机构的规模、结构、所有权或供应链的一切重大改变，包括供应商所在地、供应链结构的改变，或与供应商关系的改变（挑选和终止关系）；三是报告利益相关方参与情况，包括提供机构的利益相关方群体列表、报告识别及选择参与利益相关方的根据、报告机构利益相关方参与的方法、报告利益相关方参与的过程中提出的关键主题及顾虑，以及机构回应的方式。

2. 机构治理中的相关要求

G4 要求企业在机构治理部分披露如下责任采购的相关信息：一是报告最高管理机构确保利益冲突得以避免和解决的过程。报告是否向利益相关方披露利益冲突，披露至少包括和供应商或其他利益相关方交叉持有的股权。二是报告是否用利益相关方磋商来支持最高管理机构确认和管理经济、环境和社会方面的影响、风险和机遇。

三、具体标准披露涉及的责任采购规范

1. 经济部分的相关要求

G4 要求企业在经济部分披露如下责任采购的相关信息：一是在间接经济影响方面，披露重大正面和负面间接经济影响的例子，如通过供应链或分销链支持的工作岗位；二是在采购实践方面，披露在各重要运营地点中，从当地供应商采购的支出费用占采购预算的比例（例如，本地采购的商品和服务所占的比例），包括披露机构对于"当地"的地理定义，以及对于"重要运营地点"的定义。

2. 环境部分的相关要求

G4 要求企业在环境部分披露如下责任采购的相关信息：一是在能源方面，披露以焦耳或其倍数计算的机构以外的能源消耗，包括披露采用的标准、方法和假设，以及使用的换算系数的来源。二是在生物多样性方面，报告是否与第三方结成了伙伴关系，以在机构监督和实施修复或保护措施以外的地区，保护或修复栖息地。三是在废气方面，报告能源间接温室气体（GHG）排放和其他间接温室气体排放，前者是由机构购买或获得的电力、制热、制冷及蒸汽所需能源消耗而产生，后者是机构外部（包括上游及下游机构）产生的所有间接排放。四是在废水废弃物方面，说明决定处理废弃物方式的过程，包括废弃物处理承包商提供的信息、废弃物处理承包商对机构的不履行情况。五是在交通运输方面，说明为机构运营目的而运输产品、其他货物及物料以及机构员工交通所产生的重大环境影响，以及机构如何降低物流运输、员工交通和其他产品及物料运输产生的环境影响。六是在供应商环境评估方面，说明经环境标准审查的新供应商所占百分比，以及供应链及其活动中存在的重大实际和潜在的负面环境影响。其中后者包括说明接受环境影响评估的供应商数量；说明被认定有重大实际和潜在的负面环境影响的供应商数量；说明供应链中被认定的重大实际和潜在的负面环境影响；说明被认定有重大实际和潜在的负面环境影响，且在评估后被一致要求改善其影响的供应商所占百分比；说明被认定有重大实际和潜在的负面环境影响，且在评估后终止合作关系的供应商所占百分比，并说明原因。

3. 劳工实践及体面工作部分的相关要求

G4 要求企业在劳工实践及体面工作部分披露供应商劳工实践评估信息，主要包括：一是说明经劳工实践标准审查的新供应商比率。二是报告在供应链中

以及采取行动中的重大实际和潜在的负面影响，具体包括说明进行劳工实践影响评估的供应商总数；说明被确认为具有重大实际和潜在的负面劳工实践影响的供应商总数；说明供应链中确认的重大实际和潜在的负面劳工实践影响；说明被确认为具有重大实际和潜在的负面劳工实践影响，但评估之后采取改进措施的供应商百分比；说明被确认为具有重大实际和潜在的负面劳工实践影响，并且评估之后合作关系终止的供应商百分比，并说明关系终止的原因。

4. 人权部分的相关要求

G4要求企业在人权部分披露如下责任采购的相关信息：一是在结社自由和集体谈判方面，说明已发现可能违反或严重危及结社自由和集体谈判的运营点或供应商，以及保障这些权利的行动，并相应地说明这些运营点类型（如生产设施）和供应商类型，以及它们所在的国家和地区。二是在童工方面，说明具有童工、从事危险工作的未成年工人等严重风险的运营点和供应商，相应地说明这些运营点类型（如生产设施）和供应商类型，以及它们所在的国家和地区，并说明报告期内，机构为消除童工而采取的任何措施。三是在强制和强迫劳动方面，说明已发现具有严重强制和强迫劳动事件风险的运营点和供应商，以及有助消除一切形式的强制和强迫劳动的措施，并相应地说明这些运营点类型（如生产设施）和供应商类型，以及它们所在的国家和地区。四是在供应商人权评估方面，说明接受运用人权标准进行人权审查的新供应商的百分比，以及机构供应链以及所采取行动中的重大实际和潜在的消极人权影响。其中后者又包括说明接受人权影响评估的供应商的总数；说明已确定具有重大实际和潜在的消极人权影响的供应商总数；说明已确定的供应链中的重大实际和潜在的消极人权影响；说明已确定的具有重大实际和潜在的消极人权影响，但经过评估之后已决定采取改进措施的供应商的百分比；说明已确定的具有重大实际和潜在的消极人权影响，但经过评估之后合作关系终止的供应商的百分比，以及关系终止的原因。

5. 社会部分的相关要求

G4要求企业在社会部分披露如下责任采购的相关信息：一是在反腐败方面，按商业伙伴类别和地区细分说明参考过机构反腐败政策和程序的商业伙伴的总数和百分比，以及说明因腐败行为而导致与商业伙伴签订的合同未续签的确认的这类个案的总数。二是在供应商社会影响评估方面，说明接受社会影响标准审查的新供应商的百分比，以及供应链和所采取行动中的重大实际以及潜在的负面社会影响。其中后者又包括说明接受社会影响评估的供应商的总数；

说明被认定为具有重大实际和潜在的负面社会影响的供应商总数；说明在供应链中被确认的重大实际和潜在的负面社会影响；说明被认定为具有重大实际和潜在的负面社会影响，但评估之后采取改进行动的供应商的百分比；说明被认定为具有重大实际和潜在的负面社会影响，在评估之后终止合作关系的供应商百分比及原因。

第三节　其他重要社会责任国际标准中的责任采购规范

一、SA8000 中的责任采购规范

1. SA8000 概况

社会责任国际标准体系（Social Accountability 8000 International Standard，SA8000）是由社会责任国际组织（Social Accountability International，SAI）于1997年发起并联合欧美跨国公司和其他国际组织制定的社会责任国际标准。它是一种基于国际劳工组织宪章（ILO 宪章）、联合国儿童权利公约、世界人权宣言而制定的，以保护劳动环境和条件、劳工权利等为主要内容的管理标准体系，适用于世界各地、任何行业、不同规模的公司，并且是一套可被第三方认证机构审核的国际标准。

SA8000 共分为四个部分：第一部分是标准的目的和适用范围，第二部分是规范性原则及其解释，第三部分是术语和定义，第四部分是社会责任要求，包括童工、强迫劳工、健康与安全、结社自由及集体谈判权利、歧视、惩戒性措施、工作时间、报酬和管理体系。

2. SA8000 对责任采购的要求

SA8000 中涉及责任采购的相关内容主要包括：

一是在术语定义中对供应商/分包商、分供商进行了界定。SA8000 将供应商/分包商定义为：给公司提供货物和/或服务的实体，他所提供的货物和/或服务构成公司生产的货物和/或服务的一部分，或者被用来生产公司货物和/或服务；将分供商定义为：在供应链中直接或间接向供应商提供货物和/或服务的经营实体，它所提供的货物和/或服务构成供应商和/或公司生产的货物和/或服务的一部分，或者被用来生产供应商和/或公司的货物和/或服务。

二是在童工准则部分，SA8000 要求，如果发现有儿童从事符合童工定义的工作，公司应建立、记录、保留旨在救济这些儿童的政策和措施，并将其向员

工及利益相关方有效传达。同时，公司应该建立、记录、维持国际劳工组织第146号建议条款所涉及的旨在推广对儿童及符合当地义务教育法规年龄规定或正在就学中的青少年教育的政策和措施，并将其向员工及利益相关方有效传达。供应商作为公司的重要利益相关方，自然是禁用童工政策与措施的传达对象。

三是在管理体系标准部分，SA8000要求公司对供应商/分包商进行管控，具体要求包括：①公司应建立并维持适当程序，在评估及挑选供应商/分包商（如情况允许下级供应商）时应考虑其满足本标准要求的能力。②公司应保留适当的记录来载明供应商/分包商（如情况允许下级供应商）对社会责任的承诺，包括但不限于下列书面承诺：遵守本标准所有规定（包括本条款）；在公司要求下参与公司的监察活动；及时对任何与本标准规定不符之处实施补救与改正；及时、完整地向公司通报与其他供应商、分包商及下级供应商所发生的任何相关业务关系。③公司应保留合理的证据来证明供应商及分包商能够达到本标准各项要求。④如果公司接收、处理或经营任何可列入当地工人的供应商、分包商或下级供应商的货物和/或服务，公司应采取特别措施保证这些当地工人享有本标准规定向直属雇员提供的相似程度的保护。这些特别措施包括但不限于：订立具有法律效力的书面购买合同载明最低要求（应与本标准相符）；确保当地工人及所有与该书面购买合同有关人员理解并能贯彻合同要求；在公司场地内保留详细载明有关当地工人身份、其所提供的货物/服务以及工作时数的全面资料；频繁进行事先声明及未声明的审查活动以确保该书面购买合同得以贯彻实施。此外，SA8000在本部分的"处理疑虑和采取纠正行动"处，要求当员工和其他利益相关方质疑公司是否符合公司政策和/或本标准规定的事项之时，公司应该调查、处理并做出反应；在本部分的"对外沟通"处，要求公司建立和维持适当的程序，就公司在执行本标准各项要求上的表现，向所有利益相关方定期提供数据和资料，所提供的应该包括但不限于管理审核和监察活动的结果；在本部分的"核实渠道"处，提出如果合约有此要求，公司应该给有关方面提供合理的资料和取得资料的渠道，以供其确定公司是否符合本标准规定，如果合约中有进一步的要求，公司应该通过采购合约的条文，要求供应商和分包商提供以上相似的资料和渠道。

二、《跨国公司行为准则》中的责任采购规范

1.《跨国公司行为准则》概况

《跨国公司行为准则》（Guidelines for Multinational Enterprises）是由经济合

作与发展组织于 1976 年制定，并在 2011 年做了最近的一次正式修改。《跨国公司行为准则》2011 年版本主要包括三个部分：第一部分是国际投资与跨国公司宣言；第二部分是经济合作与发展组织对于跨国公司在全球化背景进行负责任商业行为的建议指南，主要包括概念和原则、一般政策、信息披露、人权、雇佣和劳资关系、环境、打击行贿索贿和勒索、消费者利益、科学技术、竞争和税收几个方面的内容；第三部分是经济合作与发展组织理事会关于《跨国公司行为准则》的决议的实施程序。

2.《跨国公司行为准则》对责任采购的要求

《跨国公司行为准则》中涉及责任采购的相关要求主要包括：

一是在一般政策部分，该准则明确提出，企业应全面考虑其开展业务之国家已制定的政策，并考虑其他利益相关方面的意见。为此，企业应在可行的情况下，鼓励商业伙伴，包括供货商及分包商执行符合本准则的公司行为准则。

二是在信息披露部分，该准则要求企业公布关于涉及雇员与其他利益相关方面的有关实质性问题的实质性信息，鼓励企业通报关于雇员和其他利益相关方之间关系的额外信息。

三是在打击行贿部分，该准则要求企业应：既不提出向公务人员或合作企业雇员提供占合同支付任何比例的报酬，也不接受这样的要求。不应以分包合同、采购订单或咨询协议为手段向公务人员、合作企业的雇员、其亲属或商业性协作单位提供报酬。

四是在竞争部分，该准则要求企业避免与竞争对手达成或执行反竞争协定，以通过分配消费者、供应商、商业领地或贸易范围而分享和分割市场。

三、《加拿大企业社会责任实施指南》中的责任采购规范

1.《加拿大企业社会责任实施指南》概况

《加拿大企业社会责任实施指南》是加拿大联邦政府 2006 年发布的有关企业社会责任的权威性信息、企业范例和建议。它是加拿大工业部消费者事务处在加拿大环境部、加拿大国际贸易部、加拿大外交部和加拿大自然资源部的财政支持下编制的，是企业社会责任的入门书。它对于如何评价商业行为对他人的影响、如何制定和实施企业社会责任战略和承诺、如何测量、评价和报告所取得的业绩，以及如何与利益相关方一起参与提供了相关信息。它共分六个部分，包括前言、简介、企业社会责任概况、实施企业社会责任、利益相关方参与的重要性和更多阅读资料。

2.《加拿大企业社会责任实施指南》对责任采购的要求

《加拿大企业社会责任实施指南》中涉及责任采购的相关要求主要包括：

一是在企业社会责任概况部分，它强调，尽管企业社会责任是建立在遵守法律法规的基础上，但是它通常包含"超出法律范围"的承诺和有关行为，国内外供应链的供应商关系就是其中之一。同时，随着企业社会责任把重点放在跨境贸易商，跨国公司和全球供应链上逐步提出了与人力资源管理实践、环境保护和健康与安全有关的社会责任问题。因此，大企业可以激励与其有业务往来的小企业实施企业社会责任举措。例如，一些大型汽车制造商坚持他们的供应商要符合环境管理体系标准。同样，一些服装零售商要求他们的供应商要遵守劳工法规和标准。

二是在如何进行企业社会责任评估部分，它认为，企业社会责任是企业对其利益相关方所肩负的责任，要求企业以道德的商业行为进行经营并期望它的供应商和合作伙伴也同样这样做；企业社会责任评估要求社会责任领导小组明确促进企业行为的核心价值观，以及企业和其供应链成员所担心的因素，如融合度、工作关系和整合程度等；很多企业的供应商决策程序经常涉及企业社会责任问题，包括培训、工资、健康与安全保护等，因此，企业社会责任评估应审查这类程序；社会责任领导小组应考虑和审查经营伙伴的行为，尤其是供应链合作伙伴的行为，因为他们的行为可能会严重影响到企业；小企业社会责任评估的审查清单中应包括多利用本地的供应商、购买公平交易产品来支持发展中国家的工人等项目；小企业改进社会责任的举措包括相关责任采购行为，如考虑使用视频会议系统接见潜在的供应商或客户，检查产品制造地并调查任何与人权有关的问题，力求采购本地化和用工本地化。

三是在制定企业社会责任战略部分，该指南要求企业在制定社会责任行动图过程中，分析各项现行的和可能的经济、社会、环境行为对供应链的影响。

四是在制定企业社会责任承诺部分，该指南要求企业社会责任承诺能够向合作伙伴、供应商、社区、政府、公众和其他人准确地传达企业的社会责任举措；要与商业合作伙伴、供应链成员和其他承包商进行讨论企业的社会责任承诺，因为当要把承诺应用到他们时，他们的参与并同意遵守承诺中的条款非常重要，也就是说，高层管理人员与供应商要针对履行企业社会责任战略和承诺进行良好的沟通，供应商应该接受企业社会责任举措的背景，包括参与的动机、采纳该举措的原因、该举措对组织的重要性、与企业现行目标的配合方式、改变现行举措的方式，以及其他影响因素。

五是在利益相关方参与的重要性部分，因为供应商是企业的重要利益相关方，因此，该部分对企业实施利益相关方参与的相关要求均适用于对供应商的管理，包括实施利益相关方参与的五个步骤：识别利益相关方；了解利益相关方参与的原因；策划参与过程；展开对话；保持对话，履行承诺。

四、《奥地利企业社会责任实施指南》中的责任采购规范

1.《奥地利企业社会责任实施指南》概况

《奥地利企业社会责任实施指南》由奥地利标准协会于2004年出版，主要阐述了企业社会责任原则、体系和工具，符合国际趋势。其所要支持的目标群体是占奥地利企业绝大多数的中小企业（SMEs），旨在帮助中小企业在无须投入宝贵资源进行开发和测试的情况下，把社会责任概念应用到他们自己的企业中。《奥地利企业社会责任实施指南》共分五个部分，包括目标、企业自愿性承诺的要求与建议、组建社会责任体系、可持续发展报告和附录。

2.《奥地利企业社会责任实施指南》对责任采购的要求

《奥地利企业社会责任实施指南》中涉及责任采购的相关要求主要包括：

一是在企业自愿性承诺的规定与建议部分，该指南认为企业可以采取积极主动型社会责任举措，即企业不仅要考虑到目前的需求，而且要与包括供应商在内的利益相关方一起构建可持续的生活方式和经营方式；企业应对投资者、所有者、股东、商业合作伙伴、客户、员工、员工代表和供应商承担经济责任；每个在当地环境经营的企业都会有各种责任，包括对供应商的责任行为；企业不仅要以自身的产值去衡量企业价值，而且要以利益相关方（包括债权人、员工和供应商等）的利益去衡量它；企业应该要求其供应商、分包商、整个产业链、附属公司和经销商像企业自身一样去履行相同的经济责任要求，力求把它们纳入自己的计划中；因为社会最低要求既涉及企业自身又涉及供应的合作伙伴、分包商、整个生产链、附属公司和经销商，因此，企业应要求供应商至少达到社会最低要求；企业应考虑间接环境因素，包括产品相关的影响（设计、开发、包装、运输、使用和废弃物回收/处理）以及承包商、分包商和供应商的环境绩效和环境实践；企业建立标准来评价自身行为对环境的影响时，应考虑的相关信息包括采购行为、有关物料和能源的输入与排放的数据。

二是在构建社会责任体系部分，该指南要求尚没有建立社会责任管理体系的企业应该通过初步审查的方式评价企业与社会有关的状况，而其中的一项内容就是要评估现行的管理做法和程序，包括与采购和签订合同等行为有关的做法和程序；企业应该依据自身的需要和利益相关方的需要，针对企业政策、绩效等信息建立内部沟通和外部沟通程序，外部沟通程序涵盖与供应商的沟通；企业在设立社会责任目标时，应考虑经济因素、经营因素和组织因素，包括来自供应商和分包商的信息；中小企业可以考虑同大客户和大型供应商共享技术和知识，以及同供应链中的其他中小企业或当地企业合作。

三是在企业社会责任的计划、实施、控制、管理人员生产等全过程中，该指南均要求企业重视包括供应商在内的利益相关方的意见与参与。

五、《SIGMA 指南》中的责任采购规范

1. 《SIGMA 指南》概况

《SIGMA 指南》是基于 SIGMA 项目于 2003 年 9 月发布的一套指南。SIGMA 项目由未来论坛、责任标准和英国标准协会于 1999 年共同发起，其目的是尝试将可持续发展各个方面（包括环境管理、质量、共同体投资、健康与安全、人力资源问题、风险与保险、利益相关方参与等）给日常管理带来的挑战整合到一个管理框架中。《SIGMA 指南》包括前言、答谢、摘要、指南介绍、如何使用指南、指导原则、SIGMA 管理框架、SIGMA 工具包摘要和附录八部分内容。

2. 《SIGMA 指南》对责任采购的要求

《SIGMA 指南》中涉及责任采购的相关要求主要包括：

一是在 SIGMA 指导原则部分，该指南提出，企业问责制的基础是利益相关方的有效参与，包括供应商的参与，同时，可以通过供应链管理来实践问责制；企业提升社会资本的方法包括利用当地产品和服务供应商支持运营所在社区的发展，确保道德采购和公平贸易政策；企业提升制造资本的方法包括通过形成和供应商与终端客户的伙伴关系而使资源的利用更有效率，发展和改进产品和服务；企业提升财务资本的方法包括尊重和供应商以及顾客/大众的关系。

二是在 SIGMA 管理框架部分，该指南要求，企业应确保其员工、次级承包商和供应商能非常详细地了解了企业的愿景、任务和经营原则，以此来避免与各方发生冲突；企业内部应就供应链管理途径达成一致，包括伙伴关系、培训、绩效目标和指标、知识管理和优先权途径；企业应建立有效的供应链管理、评估和伙伴关系制度，发展供应链伙伴关系，以尽量减少负面的可持续性影响，并最大化可以提升绩效和强化内部控制的机会；企业应通过影响自己的供应商、分包商、同行和最终用户，进一步扩展可持续发展视野，促进与运营项目之间的协调。

第四节 企业管理体系国际标准中的责任采购规范

一、OHSAS18000 中的责任采购规范

1. OHSAS18000 概况

OHSAS18000（Occupational Health and Safety Assessment Series 18000，职业健康安全管理体系）是英国标准协会（BSI）、挪威船级社（DNV）等 13 家组织于 1999 年发布的职业健康安全评价系列标准，并于 2007 年推出了新版。主要文件为 OHSAS18001《职业健康安全管理体系——要求》，配套文件有 OHSAS18002《职业健康安全管理体系——OHSAS18001 实施指南》、OHSAS18003《职业安全卫生管理体系——审核》，其中 OHSAS18001 可用于认证/注册。OHSAS18000 详细说明了对职业健康安全管理体系的要求，旨在使一个组织能够控制职业健康安全风险并改进其职业健康安全绩效。它并未提出具体的职业健康安全绩效准则，也未做出设计管理体系的具体规定。标准中的所有要求意在纳入任何一个职业健康安全管理体系。其应用程度取决于组织的职业健康安全方针、活动性质、运行的风险与复杂性等因素。

2. OHSAS18000 对责任采购的要求

OHSAS18000 在风险评估、识别法律要求和建立运行控制的要求中涉及采购，如表 4-3 所示。

表 4-3　OHSAS18000 涉及采购的内容

文件		条款
OHSAS18001（2007）	4.4.6　运行控制	组织应实施和保持与购买的货物、设备和服务有关的控制
OHSAS18002（2007）	4.4.6　运行控制	4.4.6.2　一般要求：在建立及实施作业管制时，须考虑与采购货物、设备及服务有关的产品供应链的控制
		4.4.6.3　建立和实施作业管制：在货物、设备和服务的采购中控制职业健康安全风险的作业管制措施范例

资料来源：OHSAS18001，OHSAS18002。

与采购相关的职业健康安全作业管制措施具体包括：

（1）建立采购货物、设备和服务的职业健康安全需求。

（2）与供货商沟通组织本身的职业健康安全需求。

（3）危害性化学品、原料及物料采购或运输/转移之预先核准的需求。

(4) 新机械及设备的采购,预先核准的需求及规格。

(5) 在使用前,机械、设备与/或的安全操作步骤,与/或原物料在使用前的安全管理。

(6) 供货商的选择及监督。

(7) 在采购货物与接受服务之前,应先确认符合法规及组织本身安全卫生的要求。

(8) 新设施的设计须符合职业健康安全相关规定。

二、ISO9000 中的责任采购规范

1. ISO9000 概况

ISO9000 系列标准是由国际标准化组织质量管理和质量保证技术委员会制定的国际标准,其目的是帮助组织建立、实施并有效运行质量保证体系。自 1987 版的 ISO9000 系列标准发布之后,到目前为止共进行了三次修订,第一次是 1994 年的局部修订,第二次是 2000 年的全面修订,第三次是 2005~2009 年的澄清注解。

ISO9000 系列标准把以过程为基础的质量管理体系用一个模型图来表示,如图 4-2 所示。

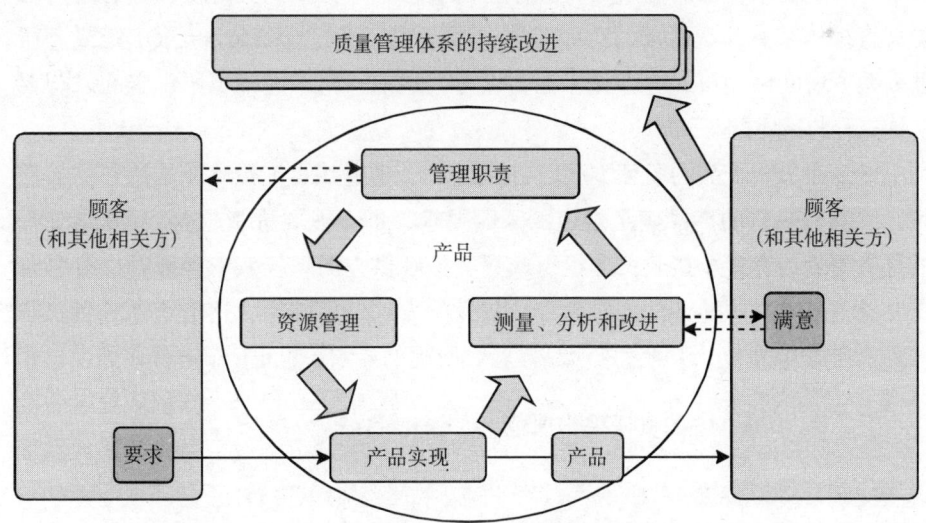

图 4-2 以过程为基础的质量管理体系模式

2. ISO9000 对责任采购的要求

ISO9000 中与责任采购相关的内容主要是产品采购过程、采购信息以及采购产品的验证。具体来说：

一是在采购过程方面，ISO9000 提出首先组织应确保采购的产品符合规定的采购要求，简单理解就是首先要明确采购要求是什么？然后要分析采购的这个产品，它对自己的生产过程有多大影响，以及它对最后成品的质量和安全特性有多大的影响，根据其影响程度大小的不同，实施采购的要求也不尽相同。其次对供方及采购的产品控制的类型和程度应取决于采购的产品对随后的产品实现或最终产品的影响，通常做法是把采购产品按重要程度分成三级，每一级对应不同的采购要求。最后组织应根据供方按组织的要求提供产品的能力评价和选择供方。应制定选择、评价和重新评价的准则。评价结果及评价所引起的任何必要措施的记录应予保持，这里是指要判断供方的好坏，根据其是否满足了组织的要求，满足的程度怎么样，来制定一个评价供方的标准，然后根据这个标准来评价组织的供应商，最后把评价的内容记录下来。

二是在采购信息方面，首先主要包括对产品、程序、过程和设备的批准要求，比如采购怎样的产品（产品的类别和特性等）、按什么样的程序来进行采购；其次是人员资格的要求，这里主要指供方与这个产品有关的人员他们的能力是否满足要求；最后是质量管理体系的要求，是指采购方对供货方的组织的质量管理体系有什么要求，比如要求它通过 ISO9001、ISO16949、Q1 等或者通过采购方所实施的第二方审核。在与供方沟通前，组织应确保所规定的采购要求是充分与适宜的。

三是在采购产品的验证方面，首先组织应确定并实施检验或其他必要的活动，以确保采购的产品满足规定的采购要求，即企业要进货检验，合格放行、不合格退货或者让步接收；当组织或顾客拟在供方的现场实施验证时，组织应在采购信息中对拟验证的安排和产品放行的方法做出规定，这里是针对当采购方要求在供方的生产现场实施产品检验时所提的要求，也很明确。

三、ISO14000 中的责任采购规范

1. ISO14000 概况

ISO14000 系列标准是为促进全球环境质量的改善而制定的。它是通过一套环境管理的框架文件来加强组织的环境意识、管理能力和保障措施，从而帮助组织实现其环境目标与经济目标。ISO14000 系列标准共分七个系列，即环境管

理体系（EMS）、环境审核（EA）、环境标志（EL）、环境行为评估（EPE）、生命周期评估（LCA）、术语和定义（T&A）、产品标准中的环境指标（EPAS）。其中，环境管理体系是 ISO14000 系列中最为重要的内容，其运行模式如图 4-3 所示。

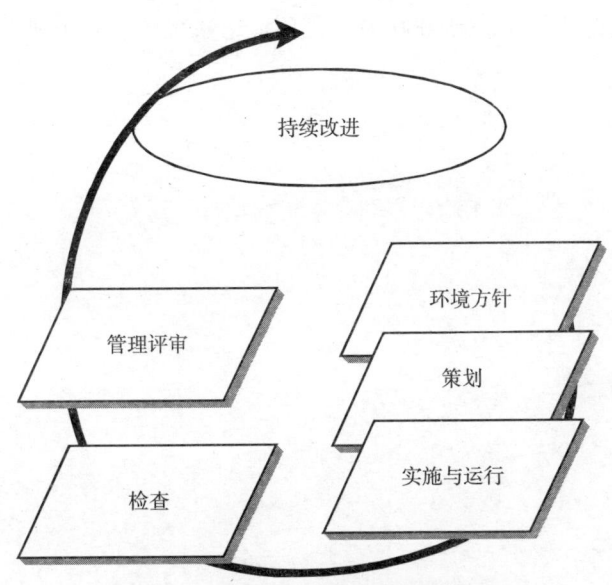

图 4-3　ISO14000 的环境管理体系模式

2. ISO14000 对责任采购的要求

ISO14000 对责任采购相关的指引和规范说明主要包括：

一是在总体要求方面，ISO14000 提出，一个尚未建立环境管理体系的组织，首先应当通过评审的方式来确定自己当前的环境状况，以便对它的所有环境因素予以考虑，作为建立环境管理体系的基础，而评审应当包括审查所有现行环境管理惯例和程序（包括与采购和合同活动有关的管理惯例和程序）。

二是在环境方针方面，ISO14000 提出，应当就环境方针和所有为组织工作或代表它工作的人员进行沟通，包括和为它工作的合同方进行沟通。对合同方，不必拘泥于传达方针条文，而可采取其他形式，如规则、指令、程序等，或仅传达方针中和它有关的部分。

三是在策划环节，ISO14000 提出，组织应通过考虑和它当前及过去的有关活动、产品和服务、纳入计划的或新开发的项目、新的或修改的活动、产品和服务所伴随的投入和产出（无论是期望还是非期望的），识别其环境管理体系范围内的环境因素，如考虑合同方和供方的环境绩效和操作方式对环境的影响。

四是在实施与运行环节，ISO14000提出，对于组织所使用的产品和服务中所确定的重要环境因素，应建立、实施并保持程序，并将适用的程序与要求通报供方及合同方。同时，组织应当要求代表它工作的合同方能够证实他们的员工具有必要的能力和（或）接受了适当的培训。

五是在检查环节，ISO14000提出，环境记录可包含相关供方与合同方的信息。

第五章　供应链管理国际标准指南中的责任采购规范

随着全球企业供应链管理日益朝着打造可持续供应链方向的发展，强调供应链管理中的社会责任越来越受到重视，相应的国际标准指南也应运而生。采购作为企业供应链管理的重要环节，实施责任采购管理自然成为这些供应链管理国际标准指南的重点要求和内容。

第一节　联合国全球契约《可持续供应链》中的责任采购规范

一、《可持续供应链》概况

《可持续供应链》是联合国全球契约办公室与商务社会责任国际协会（Business for Social Responsibility）合作编制的供应链管理实用指南，它提供了许多应对供应链可持续发展挑战的可行建议，有助于企业建立具有全球契约价值观与原则的持续供应链计划。《可持续供应链》专注于探讨上游商业伙伴，即与供应商之间的关系，而非与产品或服务的分销商和消费者之间的关系，而且，这一指南专注于探讨企业所购产品的供应商及其生产过程，而非它们所购之物。《可持续供应链》阐述了企业可以采取的实际步骤与案例，以促进企业实现供应链的可持续发展，其核心内容如表5-1所示。[1]

二、对建立可持续供应链的总体要求

《可持续供应链》提出，"可持续供应链" 主要目的让商品与服务循环周期内所涉及的所有相关方共同建立、保护与发展长期性的环境、社会与经济价值。

---

[1] 本节内容的资料来源：UN Global Compact Office and Business for Social Responsibility. Supply Chain Sustainablity: A Practical Guide for Continuous Improvement [R]. 2010.

建立可持续供应链要求企业关注和有效管理供应链每一阶段的经济、社会和环境影响，如图5-1所示。

表5-1 《可持续供应链》的核心内容概览

对应章节	主要内容
第二章	探讨可持续供应链的基本原理与商业动力，以及了解外在情景和设定企业对可持续供应链特定愿景的重要性
第三章	探讨如何制定一个把全球契约十项原则和其他国际标准包含在内的供应商行事准则，以及如何将此准则落实
第四章	描述界定可持续供应链计划范围的关键要素和各种工具
第五章	提供各种与可持续供应链相关的供应商谈判和合作方法
第六章和第七章	提供持续性供应链内部责任和绩效管理的实用指南
第八章	描述多方合作的伙伴关系如何能够协助延伸可持续供应链计划的影响，以及伴随而来的一些机会与风险

资料来源：UN Global Compact Office and Business for Social Responsibility. Supply Chain Sustainablity: A Practical Guide for Continuous Improvement [R]. 2010.

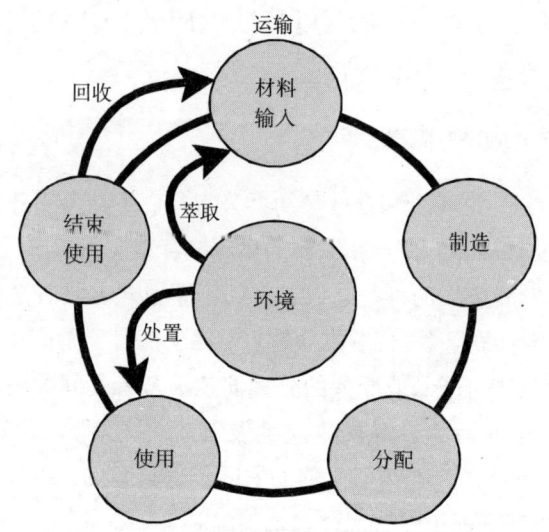

图5-1 经济、社会和环境影响存在于整个供应链的每一个阶段

资料来源：UN Global Compact Office and Business for Social Responsibility. Supply Chain Sustainablity: A Practical Guide for Continuous Improvement [R]. 2010.

《可持续供应链》认为，企业构建可持续供应链需要采取承诺、评估、定义、实施、衡量、沟通六个互补行动，并遵循治理、透明和参与三大原则。

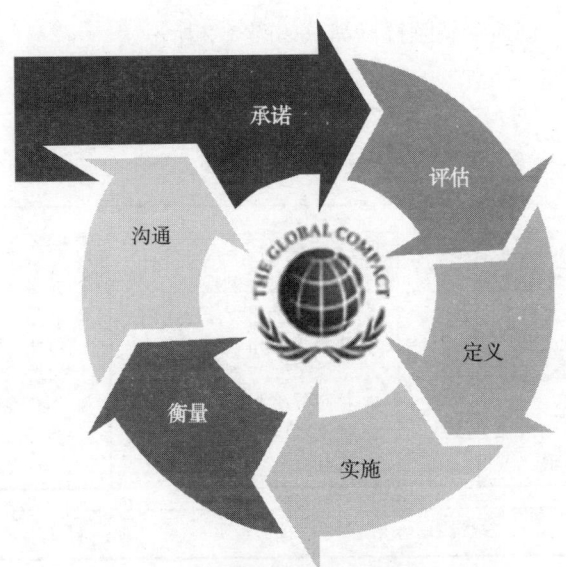

图 5-2　企业建立可持续供应链的步骤

资料来源：UN Global Compact Office and Business for Social Responsibility. Supply Chain Sustainablity: A Practical Guide for Continuous Improvement [R]. 2010.

表 5-2　企业建立可持续供应链的步骤内容

步　骤	具体行动
承诺	● 通过了解外部情景和商业动力来寻找企业建立可持续供应链的理由 ● 建立可持续供应链的愿景和目标 ● 建立对供应链的可持续预期
评估	● 根据业务优先级和影响确定实施范围
定义与实施	● 与供应商合作，沟通期望，以提高绩效 ● 确保团队合作和内部跟进 ● 建立合作与伙伴关系
衡量与沟通	● 对目标绩效进行跟踪，保持透明度并报告进展情况

资料来源：UN Global Compact Office and Business for Social Responsibility. Supply Chain Sustainablity: A Practical Guide for Continuous Improvement [R]. 2010.

三、对建立可持续供应链的承诺要求

建立可持续供应链首先要求企业做出承诺，主要行动包括明晰商业理由、了解外部情况、建立愿景以及形成对供应链的可持续预期。

1. 明晰商业理由

企业通过供应链改进其社会和环境影响有很多原因，包括受到企业价值观与文化的驱动、商业因素驱动等。其中，商业驱动主要表现在三个方面：管理

风险、提高效率、创造可持续性产品,如图5-3所示。

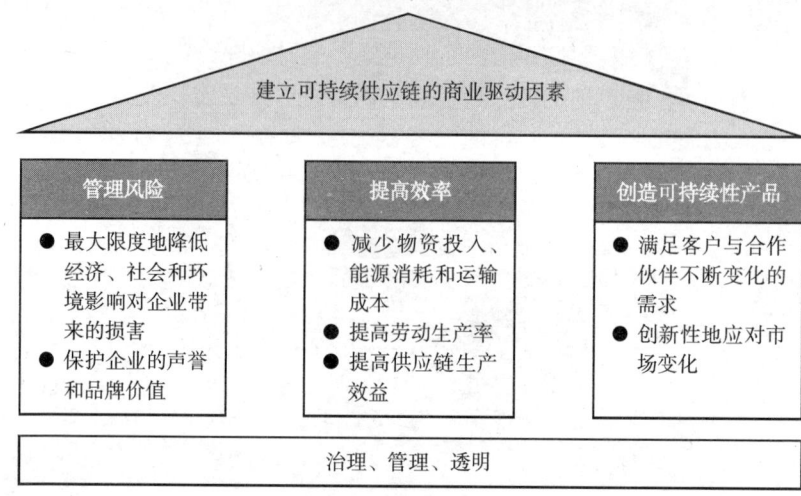

图5-3　建立可持续供应链的商业理由

资料来源:UN Global Compact Office and Business for Social Responsibility. Supply Chain Sustainablity: A Practical Guide for Continuous Improvement [R]. 2010.

(1)管理风险。通过确保供应商拥有囊括全球契约十项原则所有领域的高效率应变计划和管理系统,能够使企业免遭与人权、劳工标准、环境和反腐败有关的潜在供应链中断或延迟风险,以及规避信誉风险损失。同时,可持续供应链能够确保供应商更容易应对不断增加的环境条例和产品责任法令的要求,从而降低将来潜在的责任。对于拥有单一资源来源的企业来说,风险管理对它们持续获得资源更是至关重要。

(2)提高效率。聚焦实现供应链内部效率有助于在减少供应链环境足迹的同时降低企业的采购成本,也能降低员工健康和安全的风险及提升员工的积极性与生产力。具体的好处包括:能够促进员工身心健康与安全,导致成本节约和生产效率提升;能够增进对供应链关键环节(包括自然资源的管理与开发、物流和制造)的理解,实现对资源的更好管理;能够提高所设计流程的效率,降低所需的投入和成本。

(3)创造可持续性产品。企业在可持续发展议题上与供应商开展合作能够促进产品创新,表现为能够在现有产品中增加新的功能和特征,甚至可以创造出新的产品。比如,可持续性产品会比传统产品对环境产生更少的负面影响,或者在生命周期结束后能够更好地收集与处置。一些企业的可持续性产品可能会因为可持续性因素而导致销量增加。

2. 了解外部情况

除了识别商业驱动因素外,了解同行的可持续供应链建设状况、利益相关方的期望等外部情况对于企业建立可持续供应链也十分重要。

(1) 与同行企业开展对标。同行企业可能早已开始着手开展可持续供应链建设,与它们进行对标分析,能够使企业更加详尽地了解可持续供应链的商业价值与思想,并将其融入自身的可持续供应链建设项目中。开展与同行企业的对标分析应了解它们的以下内容:建立可持续供应链的商业理由;对人权、劳工、环境、治理等方面的风险、机遇和影响的理解,以及相应的供应链关注重点;可持续供应链管理的内部架构;行为守则及所包含的议题;行为守则的实施情况;与供应商合作的方法和计划;评价可持续供应链项目成功与否的标准;可持续供应链的报告。

(2) 了解利益相关方的期望。企业应该要了解利益相关方对企业的期望。企业在设计可持续供应链项目时,可以从客户与投资者的建议中受惠,了解可持续供应链管理的相关标准与方法,识别供应链中的新风险和新机遇。具体来说,首先,对于很多可持续供应链项目来说,对很多持续性供应链计划来说,利益相关方的意见反馈可以协助计划的形成和确保项目能够为企业带来最佳回报。其次,一些利益相关方可能知道,甚至曾经参与其他供应商行为守则和认证标准的制定。他们可以协助企业评估各种选择方案的可靠性和辨明企业所开展项目需要的相关投入。最后,通常利益相关方能够最先发现供应链中出现的经济、社会和环境影响。企业在项目早期以及定期开展与利益相关方的沟通就有机会针对这些问题采取主动行动,并与利益相关方结成合作关系,而非事后通过维权行动才获知,这可以协助企业在同行竞争中占得领先地位。

3. 建立愿景

为企业的可持续供应链项目建立清晰的愿景和目标,能够为企业的发展战略指明方向,帮助企业明晰自身的承诺。愿景是企业评估可持续供应链项目成功与否的衡量标准,也是识别企业持续改进领域的基本指引。建立愿景和目标需要注意两个方面:

一是企业愿景和目标的建立需要获得高层领导的支持,这是可持续供应链项目获得成功的关键。在建立可持续供应链项目的愿景和目标时,企业的高层管理者和各个部门的高级经理都应该参与提供建议。经过这一过程最终形成的愿景和承诺声明应当考虑企业投入资源开展可持续供应链管理的驱动因素,这可能需要回答以下问题:客户需要关注吗?非政府组织和维权人士对企业的供应链实践是否有可能影响企业品牌和声誉的言论？投资者是否要求了解企业是如何管理供应链风险的？是否有导致企业无法开展业务的违规行为？自然资源的需求增加和供应减少是否造成成本剧增？同行企业实施可持续供应链项目是否对企业所在行业形成压力？企业的文化是否重视和履行可持续发展要求？企业是否有意通过重视环境与社会事务来确保长期的可持续运营？

二是必须明确具体的目标以及达成这些目标所面临的潜在障碍或风险。企业希望通过供应链项目达成什么？企业希望的长期结果是什么？可持续供应链如何支持企业的业务战略？根据企业的行动动机和目标，可以描绘出反映企业对长期项目成功的愿景陈述。

4. 形成对供应链的可持续预期

企业建立可持续供应链还要求将期望（原则上，企业应至少期望供应商遵守国家法律并会采取预防措施，以避免环境和社会损害）转变为清晰的指导方针，以为供应商和内部员工提供方向指引。为此，企业应采纳或编制行为守则，协助供应链管理专员、供应商和其他利益相关方进行正确决策。行为守则主要有三类：第一类是企业价值观陈述的自然延伸。这些企业的供应商行为守则被应用在重要的商业环节中，同时也是已有期望的强化，而非一套新的要求。第二类是其他同行企业已经设立好它们的联合行为守则。这些守则的设计是为了通过简化及减少供应商所必须遵守之标准数量来减轻他们的负担。它们能让供应商能够顺利进行共同审验，同时也能减轻合作商家设计自身守则所带来的负担。第三类是参考应用国际标准设立行为守则。

为了达成企业可持续供应链的目标，行为守则应该作为设定内部与外在期望的基准、企业与供应商和其他利益相关方交流及行动的框架。编制行为守则的关键步骤包括：向包括供应商在内的利益相关方寻求意见；以现有国际行为标准为基础，不要轻易创立新标准，这样可以避免违背国际法或与拥有多个买家的供应商出现冲突和误解；向跨领域团队，特别是采购经理寻求意见；考虑要求供应商将这些期望纳入基础供应活动。

新的守则必须在全企业内公布以提高遵守标准的意识。同时，企业与供应商还应通过不同方式对守则内容进行沟通，主要方式包括：一是特别的一次性交流。这种方式一般最好由企业高层管理者如首席执行官或首席采购官进行直接交流。二是在与供应商首次接触时将守则公布。企业可以将守则放在与供应商建立关系的一些首次接触点上，这有助于潜在的供应商明白可持续发展将会在它们和企业的合作关系中扮演重要角色。三是将守则纳入供应商合约内。很多企业选择将守则纳入供应商的合约中，或者是采购订单内，要求供应商根据合约所述守则行事。四是在日常计划的业务会议上进行守则评审。

四、对建立可持续供应链的评估要求

根据大部分企业的供应链规模、分布及所需要的资源，建立可持续供应链项目会难以实施。因此，很多企业选择将项目实施集中于其"关键"或最具"战略性"的供应商身上，这些供应商通常是企业资源的直接来源，并与企业生产有着重要关系的对象。通过评估并确定项目实施范围的目的就是要让企业明确应该接触哪些供应商以及相应的合作程度，辨别可持续供应链项目应该包括哪些供应商。当然，可持续供应链项目涵盖的范围会随着企业的结构复杂程度和可持续供应链管理能力的增长而变化。界定可持续供应链项目实施范围应包括两个基本步骤：描绘供应链和细分供应链。

1. 描绘供应链

为了了解可持续供应链项目的适合范围，企业必须首先定义出自身的供应链。供应链的描绘有助于企业追踪产品或服务从创造到消耗整个过程所涉及的重点活动与人员。一般的产品供应链如图5-4所示：

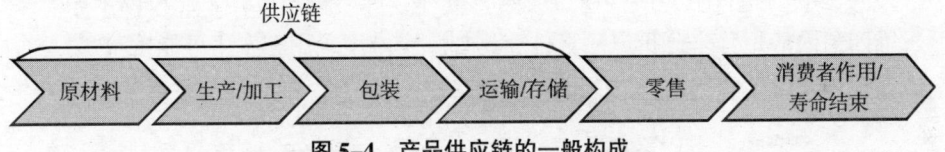

图5-4　产品供应链的一般构成

资料来源：UN Global Compact Office and Business for Social Responsibility. Supply Chain Sustainablity: A Practical Guide for Continuous Improvement [R]. 2010.

描绘供应链要求企业做到以下三点：一是识别所要描绘的主要产品与服务项目。考虑企业的最大采购花费项目和对业务运营有重要关系的项目。二是针对每个产品或服务项目，追踪物流和信息流。不要停留在最直接的供应商处，而应该回溯到原材料和源头供应商。不要做任何假设，而应该了解真实的关系和交易。三是收集供应链每个环节中有关人权、劳工标准、环境和反腐败相关议题的信息。这些议题代表着潜在风险和机会，可以通过与同行企业、供应商、行业团体、公民社会组织、活动家和政府代表的交流来协助辨识。

2. 细分供应链

在对企业的供应链有更深入的了解后，就可以对供应商进行细分以判断如何分配资源来促进供应链的可持续发展。实际上，细分供应链能够使企业专注

于供应链的最重要环节。良好的细分要求企业在两种认识之间进行平衡，即知道一些风险总是存在的，但也知道需要对具体的风险进行管理，以规避它们对企业和社会造成消极影响。

对供应链进行细分有许多不同的标准，包括但不局限于：一是社会风险，即在企业的价值链中，哪些环节会对人权、劳工标准和道德伦理带来最大风险？二是业务风险，即在企业的价值链中，什么风险会影响企业的运营能力和妨碍可持续供应链愿景的实现？三是经济发展风险，即在推行准则硬性要求、监督和审验计划时，如果将中小企业排除在外，那么可能会带来什么风险？

描绘供应链风险有两个主要步骤：一是识别风险事件。诸如供应链上出现工厂对员工工资支付不足的事件，都可能会对企业的业务运营产生风险。因此，对于那些不仅违反法律，而且会影响可持续供应链目标实现的事件，无论是内生的还是外生的，都必须予以识别。这些事件导致的风险包括业务可持续风险、法律风险、声誉风险、市场风险和客户需求风险。外部利益相关方也可能识别出其他的社会、环境、经济和治理风险，企业必须就这些风险对业务运营的潜在影响进行评估。二是评估风险事件的可能性和严重程度。企业应该对风险事件进行分析以了解它们发生的可能性和潜在的影响力。分析结果将决定企业在可持续供应链项目中如何管理这些风险事件。进一步来看，企业可以采用一个二维四象限的矩阵来分析风险事件，比如一个维度采用"发生可能性"，另一个维度采用"后果的严重性"，如图5-5所示。

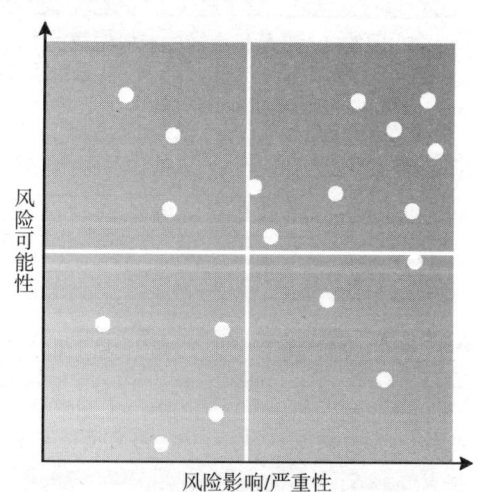

图5-5 可持续供应链风险事件的分析矩阵

资料来源：UN Global Compact Office and Business for Social Responsibility. Supply Chain Sustainablity: A Practical Guide for Continuous Improvement [R]. 2010.

要想将这种细分法有效地应用在企业的供应链,需要将风险事件转换成供应商类型。比如,一家资讯科技企业可能会发现它的大部分高风险事件都集中在用来制造产品的原料部分,因此,它需要将可持续供应链项目专注于供应链的最基点。相反,一家制药企业可能发现它的大部分高风险事件发生在运输过程中,由此导致它的产品和病患安全受到威胁。因此,这家企业就应要求它的物流服务供应商解决商业伦理、劳工标准和业务持续性方面的议题。部分风险,如物流和运输行业所面对的温室气体排放、包装浪费和环境管理在很多行业都可见到,差别根据活动规模而异,可能的应对方式就有不同。

五、对建立可持续供应链的定义与实施要求

在评估基础上确定可持续供应链项目覆盖范围后,就进入到建立可持续供应链的定义与实施阶段。这一阶段要求:企业与供应商合作,沟通期望,以提高绩效;界定任务与责任,确保团队合作和内部跟进;开展合作,与多重利益相关方建立伙伴关系。

1. 与供应商合作

企业与供应商合作的最终目标是建立对可持续发展议题的共同认识,推动供应商建立可持续发展愿景、战略和开展行动,以及与供应商在共同优先领域实施更紧密的合作。实际上,企业可以通过很多不同层次的合作方式来促进供应链的可持续发展,而且可以采取相应的工具(如图5-6所示)在广泛领域中开展与供应商的合作。

(1) 选择沟通渠道。可持续供应链改进的首要步骤是提高对企业关于可持续发展绩效期望的认知。许多企业采用行为守则的方式来达成这一点,此外还有另外两种沟通方式可以考虑采用,它们分别是:

一是采用已有的客户——供应商沟通渠道。所有企业都必然已经有一些或简单或复杂的程序或方法与供应商沟通。企业应考虑如何将可持续发展的期望与对话纳入这些沟通交流,以帮助双方建立共同的理念、强化重点信息和提供反馈机会。这一沟通方法的好处是提供了一个对话平台,使供应商能够提出因采购需求所引起的约束和压力议题(如交货时间短或订购规格的大量修改),有助于双方寻找满足共同的商业要求和可持续发展要求的途径。二是将可持续发展加入供应链论坛议程里。通过参与供应商论坛并阐述企业在行业中的可持续发展期望,可以发现与企业具有共同议题和兴趣的团体。在论坛可以分享企业对可持续发展的期望,同时也可以学习他人的方法。这些论坛也提供了重要机

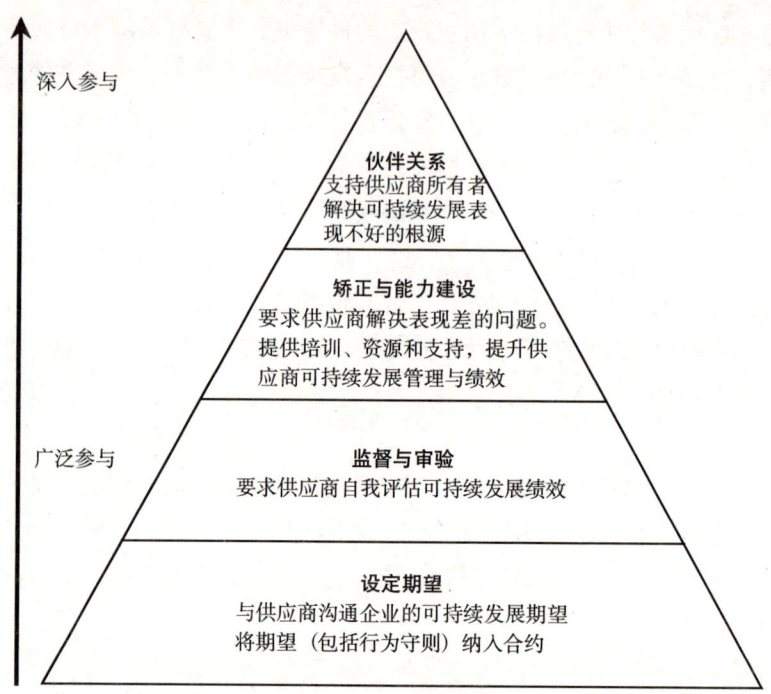

图 5-6 企业与供应商在可持续发展方面的合作工具

资料来源：UN Global Compact Office and Business for Social Responsibility. Supply Chain Sustainablity: A Practical Guide for Continuous Improvement [R]. 2010.

会让企业获得可持续供应链项目的反馈以及了解需要改进之处，同时还能使企业获得支持以应对需要共同回应的系统性挑战。

（2）监督与审验。监督系统能够让企业了解供应商是否遵守了企业所制定的守则和目标，有效协助建立最新绩效与最低期望目标之间的基线衡量机制。但是，合规性监督方式可能会引起成本增加、干扰供应商生产、信息可靠性和潜在的员工安全风险等问题。企业应谨慎选择将采用的监督方式和与供应商打交道的方式，以取得可靠资讯和避免过度依赖合规性审验的结果。具体来说，监督与审验的主要方式包括：

一是供应商自我评估。许多企业要求供应商针对其可持续发展绩效进行自我评估，以此作为选择新供应商的初步筛选或作为识别需要加强监督供应商的风险评估的组成部分。自我评估可以为客户提供重要资讯和增加供应商对客户期望的了解，能让企业在短期内以比审验更低的成本对供应商得到很好的了解。但是，可靠的自我评估有赖于信任、供应商的信息收集能力以及有效的沟通，有效的沟通能够使供应商理解其所被询问的问题和他们提供的资料会被如何使用。

二是合规性审验。合规性审验是针对供应商履行企业政策和期望的绩效进行的现场评估，其包含的主要要素如图5-7所示。审验也包括管理体系评估，以对供应商可持续管理体系的能力相关信息进行收集。审验可以由企业员工开展，也可以由第三方进行。外部审验何时进行、为什么进行以及如何进行取决于总体的供应链风险管理目标。外部审验和内部审验各有优势，并没有统一的标准说哪种方式更合适。实际上，在决定是依赖外部审计师还是培养内部审验力量时，通常要考虑评估供应商履行企业政策的绩效所需的技能类型和程度。同时，审计师的资格水平也非常重要，对审验结果的真实性和质量会产生较大影响。对于有大量审验工作需求的企业来说，还需要考虑实施采用内部审计师或外部审计师的成本、可行性和效率，以及供应商如何看待和被审验所影响、供应商对于企业业务有多重要、企业要对审验过程和结果进行多大程度的控制。进一步来看，有效的审验取决于以下多个因素：对要拜访工厂、员工和团体的事先准备和了解；保持与管理层的距离，以取得员工的信任；在评估的所有环节随机选取员工进行面谈；在员工觉得合适和安全的时间和地点与员工进行非正式会谈；收集足够的信息确保对工厂情况有充分了解；记录所有信息并对员工的可信度进行评估；从其他途径对员工提供的信息进行证实；一定要保护员工的隐私和安全。

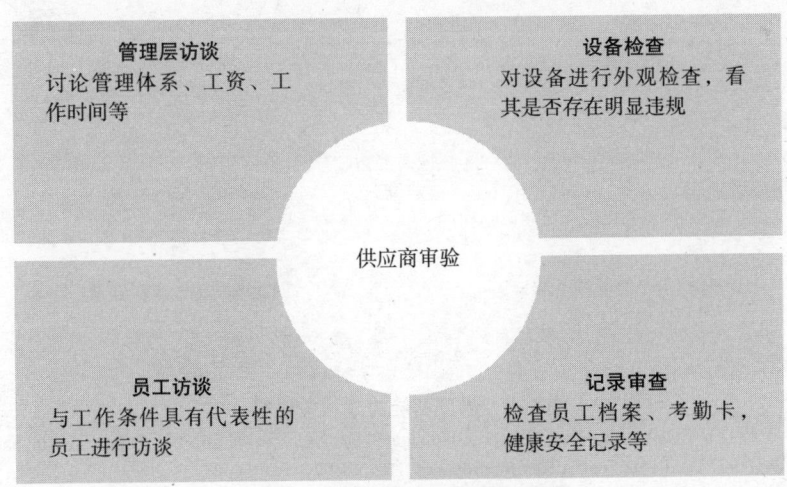

图5-7 合规性审验的构成要素

资料来源：UN Global Compact Office and Business for Social Responsibility. Supply Chain Sustainablity: A Practical Guide for Continuous Improvement [R]. 2010.

（3）矫正与供应商能力建设。供应链的可持续发展是一个不断变化的愿景，因此，必须寻找一种方法来定义和激励持续改进。这种方法不但包括对违规行为的矫正，而且包括对供应商管理能力的投资。矫正涉及多项行动：

一是与供应商合作共同创建一个矫正行动计划，以在明确的合理时间内达到合规要求。

二是通过与不合规供应商的日常沟通来鼓励其改进；对标准和要求的持续提高制定一个路线图。

三是当供应商在"零容忍"议题上犯有错误，并在多次警告后仍然没有矫正时，就应该立刻终止与其的合作关系。企业应该定义和事先告知供应商有关"零容忍"议题，并解释它们在这些议题上行为表现的后果，以及相应的释矫正程序和可能导致终止合作的持续不合规界限。

矫正需求必须清楚地和供应商进行沟通，明确矫正时间期限，以及告知不能达到要求或绩效一直不佳的后果。同时，成功实现矫正还需要与供应商合作来开展供应商管理能力建设，包括从为供应商员工提供培训到建立员工热线和资源网络等多种形式。

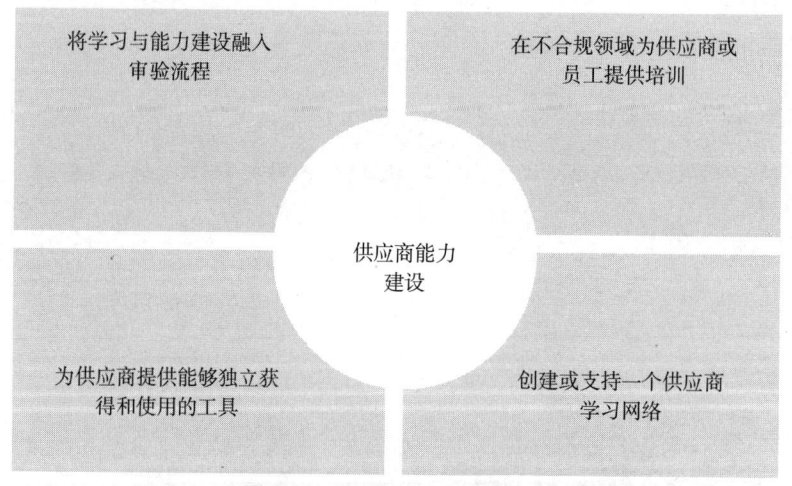

图 5-8　供应商能力建设的途径

资料来源：UN Global Compact Office and Business for Social Responsibility. Supply Chain Sustainablity: A Practical Guide for Continuous Improvement [R]. 2010.

（4）与次级供应商合作。有时候企业会发现他们面临着存有巨大风险的供应商，这些供应商位于供应链内的远距离环节。比如，食品和农产企业最近面临着有关农场雇用童工的挑战，而他们很少直接从这些农场进行采购；电子产业面临着在冲突地区开发矿物的问题,这些矿物最终进入了他们的产品。因此,与次级供应商合作除了能解决一般性供应商问题外,还能解决供应链缺乏透明度和企业对次级供应商缺乏影响的问题。为了克服这些障碍,企业可以采取多种策略,包括:

一是参与产业合作。通过与其他企业合作,可以拓展企业的影响力,增强对次级供应商的话语权。同时,还能将与次级供应商合作所需成本与资源分担出去。

二是参与公共政策。许多企业也通过寻求可持续发展相关法令法规来解决对次级供应商缺乏影响的问题。

三是优化供应链。一些企业也可以通过将小供应商整合到合作网络中或削减中间环节来缩短供应商,这一行动能够增加小供应商的收益。

2. 界定任务与责任

可持续供应链战略需要融入可能影响供应链的业务战略中,并实现二者之间的协调一致。为此,需要明确企业内部不同部门或业务单元在可持续供应链建设中的任务与责任。

(1) 内部协调。可持续供应链发展面临的最持久的挑战就是供应管理专业人员的商业目标、可持续发展目标和对全球契约的承诺之间的冲突,这一冲突反映在可持续发展管理人员与采购人员之间的不同目标上。因此,缺乏内部协调将会导致供应商的可持续供应链绩效欠佳。比如,临时的数量改变会产生时间压力而破坏工作条件,特别是供应商可能被迫增加超时工作来追上紧迫的时间表。更进一步,成功实施可持续供应链计划需要企业内部三个层面开展责任合作,如图 5-9 所示。

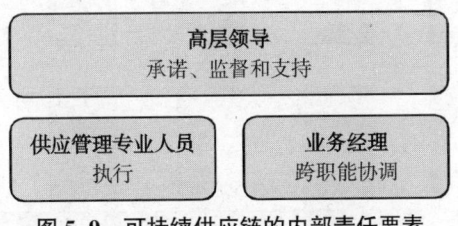

图 5-9 可持续供应链的内部责任要素

资料来源:UN Global Compact Office and Business for Social Responsibility. Supply Chain Sustainablity: A Practical Guide for Continuous Improvement [R]. 2010.

(2) 管理与监督:高层领导与董事会。高层领导和董事会的承诺、监督和支持对于为可持续供应链设定正确的方向至关重要。高层领导应清楚地阐明公司对于可持续供应链的愿景、实现方式、具体实施的里程碑和标准。来自高层领导的文字和口头沟通能够协调业务经理和供应管理专业人员在可持续供应链实施里程碑上达成一致的优先事项,并强调可持续供应链作为实现商业运营方式的重要性。高层领导和董事会应定期审查可持续供应链建设的进展情况,并与设定的目标进行比较。这种来自高层的监督会让公司全体员工变得负责任。同时,高层领导还应定期提供有关可持续供应链发展重点、成功之处与面临挑战的内部更新信息,并支持供应管理专业人员和供应商进行适当交流。这是因为来自供应商的高层领导喜欢面对面的互动交流,而公司高层领导的参与能够显示出公司对持续供应链建设的重视。

(3)业务经理之间的跨职能协调。企业内部不同部门之间的需求冲突可能会对可持续供应链发展造成不利影响。为了支持可持续供应链目标和让供应商达到要求,各部门间的协调非常重要。具体来说:一是除了采购管理专业人员,产品设计、业务开发、物流、市场营销和销售等部门人员都会对可持续供应链产生影响。因此,企业应考虑如何将各部门代表集合起来,以便清楚地掌握企业决策对可持续供应链的影响及来源。二是必须清楚定义企业中的个人角色和责任,以便个人能够对执行高层领导所设的愿景和里程碑承担责任。三是可持续供应链相关人员应参与整个公司的职能战略规划制定,以便推动可持续发展理念和要求融入决策过程。

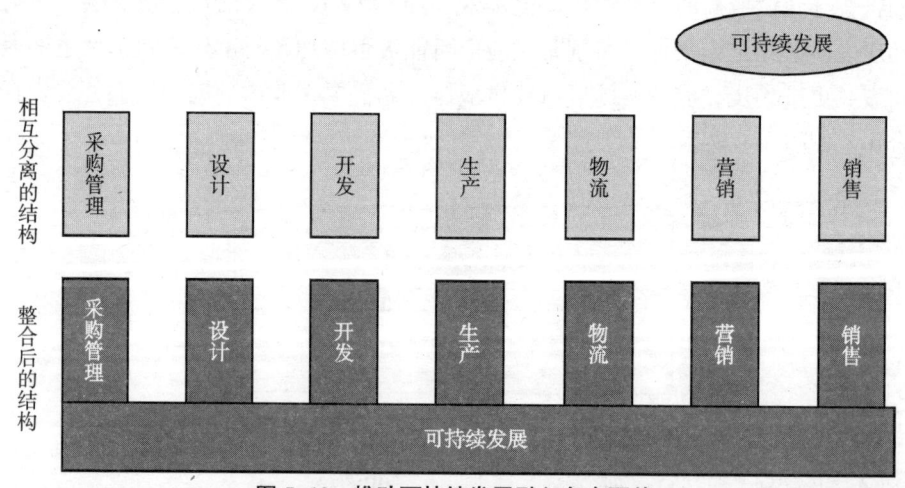

图 5-10 推动可持续发展融入各个职能

资料来源:UN Global Compact Office and Business for Social Responsibility. Supply Chain Sustainablity: A Practical Guide for Continuous Improvement [R]. 2010.

（4）采购管理专业人员执行计划。与供应商有最直接联系的群体即这里所称的采购管理专业人员，在与供应商沟通可持续发展目标以及确保供应商负责任地达到公司的要求方面承担着最大的责任。采购管理专业人员有三种方法来提高可持续供应链水平：

一是选择拥有相对较高水平可持续发展能力和实践的新供应商。在选择供应商的过程中，公司可以将社会和环境管理与绩效标准和商业标准一起考虑在内。这让供应管理专业人员在评估供应商时能够有全面的了解，而且在某些情况下可以避免选择那些可能会引发可持续发展风险的供应商。在这方面的标准做法是审视供应商对自我评估问卷（主要内容是供应商的相关政策和实践的基本信息）的回答，用以评估供应商的风险偏好。

二是与现有供应商合作设定和提高期望并确保绩效不断进步。现有供应商也需要符合企业的可持续发展期望与要求。任何特定的供应商都应根据自身可持续发展管理体系的现状，对体系的建设和人的培养进行投入，并在一段时间后转化为绩效改进。采购管理专业人员应与现有供应商合作共同推动可持续发展的持续改进，基本要求包括：①相互透明。企业应该要求供应商对其可持续发展绩效保持诚实和公开。相应地，企业应该向供应商提供清晰的期望和指引，并在改变供应商政策或做法时提前告知供应商。②合理时限。企业应该谨慎考虑他们的最低需求（例如，符合法律规定）以及为改进并超越最低需求所需的合理时限。③持续改进。企业可以与供应商合作迈向卓越的可持续性发展管理，也可以通过资源提供来协助供应商发展管理能力。④企业应该致力于推动在双方的决策者之间建立开放的沟通渠道，客户可以和供应商合作界定角色与责任并达成双方协商的目标。

三是将可持续发展要求融入采购决策中。企业可以多措并举地支持供应管理专业人员，以推动将可持续发展要求融入决策过程，并消除可持续发展驱动力与商业利益驱动力之间的矛盾。企业也可以探索运用供应商计分卡来推动将可持续发展要求融入决策过程，因为这一计分卡同时显示了供应商的可持续发展绩效和业务绩效。此外，领先的企业还将可持续发展专业人员安排进入采购部门以避免供应商获得重复和混乱的信息。

3. 行业合作与多利益相关方合作

行业合作与多利益相关方合作对于企业推进可持续供应链目标十分重要，特别是在企业面对无法独自解决的复杂挑战性议题时尤为如此。合作还能让企业获得更多资源，减少重复和避免信息冲突，进而提升企业的可持续供应链的影响力和总体效率。

(1) 行业合作的背景。许多领先企业都开始将行业合作看作解决可持续发展议题的重要内容，而且，行业合作能够使资源较少的小企业也有能力参与到可持续供应链建设中来。行业合作主要有两种形式：

一是分享最佳实践。这种行业合作可以集中在某一个行业，也可以跨行业，重点是分享企业个体在开展可持续供应链计划中发现的成功方法和工具。有时这些企业也会合作开发能够代表可持续供应链计划发展方向的工具，但通常他们并不要求使用这些工具，也并不要求满足参与的其他条件。

二是建立联合标准和共同实施。这种行业合作通常聚焦于某一个行业，目的是在不同企业的期望要求和可持续供应链计划间形成一致。以合规为基础的供应商监督方法通常具有不一致性特征，不同企业在监督上具有重复和低效率问题。对于要与多个客户打交道的供应商来说，由于每个客户都有自己的准则和监督与矫正方法，且相互之间的可持续供应链计划也不一致，因此，会对供应商形成沉重的负担，也会分散供应商用于合规和持续改进的资源投入。基于这一原因，许多企业开始合作创建共同的行为准则，并让参与企业选择是否采用，同时它们还通过联合评估和审验来共同推动供应商遵守这一行为准则。此外，许多企业还联合推动供应商的能力建设。

(2) 行业合作的机遇与风险。行业合作能够为企业和供应商创造巨大的效率，但也可能会带来风险。企业应该考虑是否与其他企业合作，以及在可持续供应链计划的哪些环节上与其他企业合作。行业合作对企业的可持续供应链建设可能带来的机遇和风险如表5-3所示。

表5-3 行业合作对企业的可持续供应链建设可能带来的机遇和风险

	类型	主要内容
机遇	提升对供应商的影响力	在可持续供应链建设上与同行合作能够提升企业对直接供应商和次级供应商的影响力，表现为企业的期望要求和参与方式之间变得更加协调，企业对于直接供应商和次级供应商的话语权得到增强
	赢得利益相关方的信赖	参与行业合作可以展示企业对可持续供应链挑战的认识，增强外部利益相关方对企业的信赖。同时，行业合作还与企业与外部利益相关方讨论那些企业自身无法单独面对的争议性问题提供了机会
	资源共享	可持续供应链建设实施行动都需要资源投入。对于那些小企业或者近期有其他事业投入的企业来说，必要的时间与资金投入是实施一个宏大的可持续供应链计划的巨大障碍。而行业合作能够聚集不同企业的资源，共同分摊建立可持续供应链标准以及与供应商打交道的成本费用

续表

类型		主要内容
风险	内部承诺	行业合作对于某些企业来说可能富有挑战性,并威胁到企业获得内部对可持续供应链承诺的能力,特别是,当行业合作的潜在合作者被企业看作竞争对手或在可持续供应链建设处于明显的不同阶段时更是如此。因此,为了保证获得内部承诺,企业应清楚地把握与哪些企业合作以及他们的期望是什么
	资源损失	虽然行业合作让参与者有机会达成资金和时间最佳效率,但合作本身也需要投入,且这一投入并不一定会带来结果
	不愿改变	对于行业合作开展来说,可能参与者之间并不愿意改变方法来达成一致的实现路径

资料来源:UN Global Compact Office and Business for Social Responsibility. Supply Chain Sustainablity: A Practical Guide for Continuous Improvement [R]. 2010.

(3) 多利益相关方合作。除了与同行企业进行合作外,很多企业也选择和多方利益相关方进行合作。国际和当地政府、劳工和雇员组织、非政府组织、倡议与行动主义组织、学术与事务专家和社会团体等利益相关方都能为企业的可持续供应链发展战略制定与实施提供帮助和支持。实际上,近年来,越来越多的利益相关方团体表现出与企业合作的意愿。这些利益相关方团体精通可持续发展议题,他们不仅是观点与意见的分享者,而且能够与企业紧密合作来解决供应链挑战。他们能够帮助企业更好地了解可持续发展挑战的情境,协助企业设计有效的回应方案,并担任本土实施的合作伙伴。此外,他们还能够为企业开展可持续供应链建设提供资源与合法性。

六、对建立可持续供应链的衡量与沟通要求

建立可持续供应链不仅要对企业内部的关键职能进行角色与责任界定,而且应该清楚地设定可持续供应链的绩效目标,并依据目标对可持续供应链建设的进展情况进行衡量与沟通。

1. 综合绩效目标设定

为可持续供应链建设设定清晰的目标能够为企业中相关的员工指明任务方向,并有助于企业对可持续供应链计划的影响和绩效进行评估。

(1) 目标设定的过程。目标设定是一个各部门领导共同参与的合作过程,各部门对于实现设定的目标都应承担责任。同时,可持续供应链目标必须与业务发展目标相协调,这要求对企业的业务发展战略与目标进行审视,并识别哪些供应链目标能够支持总体业务发展目标。原则上,每一个供应链目标至少应该支持一项业务发展目标,并应该得到企业高层领导的同意。

作为业务发展目标衡量的组成部分，企业每年都应基于设定的目标对可持续供应链的绩效进行跟踪，这意味着企业应对界定合意目标以及实现目标方式过程中经常面临挑战的环节进行审视。目标实现进展的界定和跟踪能够反映出为实现目标所作努力的工作价值。此外，虽然目标时常由高层设立，这些目标必须经过转化让各部门经理和员工能够轻易明白和接受执行。只有这样才能让目标在整个企业得到执行。

（2）目标设定的内容。企业可持续供应链建设目标的设定应包含以下三个方面的内容：

一是影响方面的目标。基于可持续供应链发展愿景，企业应该清楚地阐明可持续供应链的商业影响目标，包括满足客户与其他利益相关方的期望、降低成本和拓展新的市场。更进一步，企业还应该明确可持续供应链所造成的社会和环境影响的目标，这是因为虽然部分利益相关方关心企业建设可持续供应链的过程，但很多利益相关方更关注可持续供应链创造的价值。供应商想了解当他们能够符合责任采购需求时，他们的生意有什么改变。因此，在某些时候企业应该考虑设定与供应商构建自身可持续管理体系，如温室气体和废弃物排放方面的环境影响、员工与社区影响等相关的目标。

二是供应商绩效方面的目标。虽然企业可以采取多种机制来跟踪供应商个体的绩效和鼓励供应商的自主权，但设定总体的供应商绩效目标并在其后依据供应商投入而进行更新十分重要。供应商绩效目标的设定应采用各部门管理层所提供的信息（特别是采购部），以确保目标的广泛性和真实。而且，企业不但要依据整个企业的期望来设定总体的供应商绩效目标，例如，在实施供应商审验后通常会为供应商设定完成校正计划数量的目标，而且要制定特定领域如人权、劳工、环境、伦理与供应商管理体系等方面的绩效目标。

三是内部绩效方面的目标。企业在实现可持续供应链的影响目标和支持供应商达成供应商绩效方面的目标时面临的长期挑战就是供应管理专业人员的商业目标与对公平工作条件和环境友好的追求之间不可调和的矛盾。因此，为了支持来自供应管理专业人员对可持续发展议题的关注，企业应该询问来自供应管理和其他部门领导的意见，以设定内部对落实可持续供应链计划的目标。这一目标应该能够指导企业明确对推动可持续发展融入供应管理决策的期望。比如，一些企业设立了最高绩效供应商应该占据企业采购额的某个比例（或数量）的目标，而其他企业则强调设立将可持续发展与商业和技术标准一样作为供应管理决策关键因素的目标。此外，供应管理专业人员在可持续发展议题方面接受的培训人员比例也是一个内部绩效方面的目标。

2. 可持续供应链绩效的衡量

为了评估企业可持续供应链建设的目标绩效实现程度，必须长期收集和追踪绩效资料。大部分这些资料和相关的过程与行动对企业可持续性供应链计划的完成都很重要。

（1）收集哪些资料。企业需要收集的资料包括供应商的绩效和供应管理专业人员的绩效。这些资料可能与其他人员或部门收集的资料会有重叠，如供应商管理专业人员为开展供应商评估而收集的资料、安环健等其他部门收集的资料。企业还应该首先分析所有现有衡量标准和资料的完整性和质量，并设计出能够直接评估企业在可持续供应链建设上取得进展情况的衡量标准。接下来企业就可能需要投入时间来将衡量方法标准化，以便企业不同部门以统一的方式来收集在同一个主题上的资料。

（2）如何收集资料。由于企业需要评估的供应商数量众多、资料来源多样化，因此，资料收集对企业来说可能是一个挑战。而且，许多供应商都有两本记录本、唆使员工在访谈时提供假资料、贿赂巡检员以及寻求掩盖真实情况的其他方法，这使得寻找合适的方法确保所收集资料的真实性对于决策十分关键。此外，供应商在跨职能和跨组织方面的信息透明度通常有限，而企业经常会发现它们和供应商之间对所需交换的资料缺乏有效交流和了解，因此，许多企业正在探索构建信息技术平台，以便实现全面的资料收集和管理。除了信息技术平台，跨职能的业务经理也能够帮助企业协调内部管理体系与流程，促进供应商在跨职能和跨组织方面的信息收集；与供应商合作对于资料收集也非常有效，因为如果供应商觉得自己对于可持续供应链建设能够起到帮助作用时，他们通常会更加愿意参与可持续供应链计划并提供真实资料；还有很多资料共享平台能够帮助企业收集和管理供应商在可持续发展绩效方面的信息，很多信息技术公司也能够提供这方面的资料。

（3）如何使用资料。企业需要策划如何使用收集到的资料。特别是，随着时间的推移和资料的不断收集，企业的高层领导应获得有关可持续供应链进展的定期更新情况，供应管理专业人员更是在决策中充分利用所收集到的供应商绩效资料。

3. 沟通进展情况与报告

公开报告是促进供应链可持续发展和提升供应链透明度的重要工具，它能够向内部和外部利益相关方展示企业对环境和社会影响的管理，以及企业对供应链有效治理的确保。作为公开报告的一种形式，全球契约签署者每年都必须向利益相关方提供他们在执行全球契约十项原则方面的进展报告。此外，可持续发展报告也是企业用来与利益相关方进行沟通的常用工具，其形式包括单独发布报告、在线报告、整合可持续发展与财务报告，主要目的则是衡量和披露企业在可持续发展目标上的实现程度，并促进企业的可持续供应链发展取得持续改进。

第二节 联合国全球契约《供应链责任管理指南》中的责任采购规范

一、《供应链责任管理指南》的概况

《供应链责任管理指南》是联合国全球契约西班牙网络于2009年发布的，旨在促进全球契约原则在公司治理中的实施，特别是在中小企业中的实施。《供应链责任管理指南》的目的是通过供应链的分析，针对企业尤其是中小企业，建立风险评级，让其意识到存在的问题，找出好的做法，并规划企业与供应商的关系，互惠互利发展。最终帮助企业更负责任地管理其供应链，以在所有业务领域和活动中产生可持续的利润。《供应链责任管理指南》涵盖三部分内容：第一部分阐述指南提供的商业和供应链之间的关系；第二部分解释为什么要改善供应链管理；第三部分介绍方法论，包括供应链中的风险评估及供应链管理阶段。其中，涉及责任采购的相关规范和要求主要是方法论中的供应链中的风险评估及供应链管理阶段。[①]

二、对供应链中风险评估的要求

《供应链责任管理指南》指出，根据每个部门、企业或工作环境的特殊性，供应链的风险可能是不同的。因此，为了诊断风险需要回答以下问题，如表5-4所示。

---

① 本节内容的资料来源：United Nations Global Compact Network Spain. Guide for the Responsible Management of the Supply Chain：Application of the 10 Principles of Global Compact in Business Administration [R]. 2009.

表 5-4 供应链中的风险评价问题

企业是否拥有被最终消费者熟知的品牌？	我们的供应商是否提供高风险产品或来自高风险行业？	我们的直接供应商是否在高风险国家经营？	供应链风险
是	是	是	非常高
是	是	否	高
是	否	是	高
是	否	否	中
否	是	是	中
否	是	否	低
否	否	是	低
否	否	否	最小

资料来源：United Nations Global Compact Network Spain. Guide for the Responsible Management of the Supply Chain: Application of the 10 Principles of Global Compact in Business Administration [R]. 2009.

三、对供应链管理阶段的要求

在定义了每个供应商的风险水平后，企业应与每个供应商建立工作关系。目标是促进负责任的供应链的管理，从而确保双方稳定和互利的关系。开展工作的方法将取决于供应商风险的大小。比如，当供应商的风险被评级为"非常高"时，企业的工作方法必须覆盖全部四个阶段的方法；而被评级为风险较低的供应商可以无须实施所有阶段的方法。

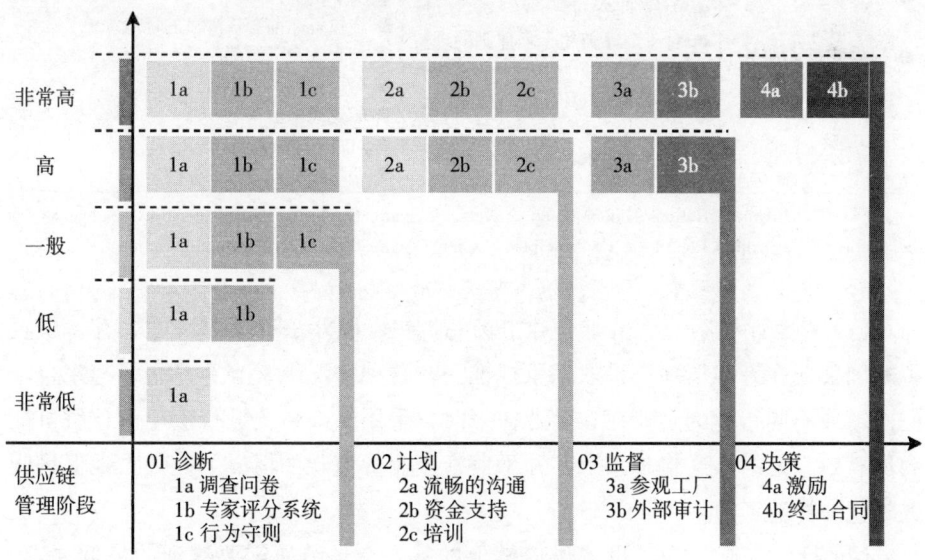

图 5-11 供应链管理各阶段的方法

资料来源：United Nations Global Compact Network Spain. Guide for the Responsible Management of the Supply Chain: Application of the 10 Principles of Global Compact in Business Administration [R]. 2009.

1. 诊断阶段

第一阶段的目的是增加企业对供应链每一个成员的了解。对于这一点，明智的做法是明确企业对所需信息的最低要求，然后验证它们的合规性。这些要求必须与企业的价值观保持一致，以便在未来会更容易确保企业与其供应链的协调一致。这一阶段可采用的工具有三类：调查问卷、专家评级系统和行为守则。

（1）调查问卷。调查问卷是供应商必须对一些各种主题的问题做出回应的文档。问卷可能会根据供应商风险状况的不同而详略不同，同时也会因企业所属行业的不同或企业要求而包含少量的问题或更加全面的问题。在某些情况下，企业可能会要求供应商证明其符合国内或国际的其他现行法律或规则。此外，对调查问卷的需要也会受到供应商类型的影响，持续而重要的供应商与一次性交易且重要性较低的供应商会有所不同。

表 5-5　供应商调查问卷问题

对供应商的基本信息要求	普遍性的问题和要求	有时额外的信息要求
● 企业的身份信息 ● 联系人 ● 企业活动 ● 提供的产品/服务	● 拥有的质量认证、质量手册或质量部门 ● 在缺乏质量体系时，未来的实施计划和影响 ● 内部质量控制 ● 对于全球契约十项原则的理解和实施 ● 环境问题：环境管理体系的认证、认可和实施（或关于创建环境管理体系的规定）	● 客户企业的审计结果或者获取先前的第三方审计结果 ● 质量方针、员工管理、内部和外部控制的资源和规律性 ● 员工培训计划 ● 在投资之前分析潜在的环境影响 ● 拥有人力资源部门 ● 劳动合同的工作条件 ● 职业风险的预防 ● 可持续发展报告 ● 遵守企业社会责任标准

资料来源：United Nations Global Compact Network Spain. Guide for the Responsible Management of the Supply Chain: Application of the 10 Principles of Global Compact in Business Administration [R]. 2009.

（2）专家评级系统。由于全球市场的扩张、国际法和国内法的共存，引发了跨国公司在许多情况下采取双重标准。在这种情况下，当客户企业与来自不同国家或不同行业的企业存在商业往来时，采用外部系统进行供应商评级可能会更有效。最终，这将是一个在并不危害企业价值观的情况下，极大地促进服务外包的管理工具。

（3）行为守则。为了设置供应链上的每一个环节所需要达到的最低要求，客户企业可以开发一个内部行为守则。企业可以根据国际劳工组织和联合国的指南和建议等为供应商规定行为准则，以对希望与企业合作的所有供应商提出强制性的要求，通常包括禁止雇用童工、强迫劳动、歧视、对员工的纪律处分，以及保障结社自由，规范工人的劳动时间和薪酬等。更进一步，如今，企业建议，除了对行为守则的认识和接受，可衡量的行动和结果也是必需的，以便监测遵守情况。

2. 联合的战略规划与实施阶段

根据诊断阶段的结果，客户企业必须与供应商一起规划开发联合工作策略。这一阶段的目标是提高那些在诊断阶段被评级为负面或不充分的方面，并制订一个中长期计划，根据客户企业的价值观调整供应商的行动和行为。通常来说，这一阶段的主要特征包括：顺畅的沟通、对供应商的资金支持、由企业开展的培训。

（1）顺畅的沟通。与供应链进行顺畅的沟通能够提升管理效率、简化订单跟踪及提高与供应商的关系品质。要做到这一点，一些简单的工具如通信或组织定期会议会有所帮助。而对于有大量供应商的企业，建立供应商门户网站，根据与客户公司的关系允许直接访问供应商最重要的信息（订单、发票、行为准则等），这可以作为一个简单而灵活的交流工具。

（2）对供应商的资金支持。对于生产依赖来自发展中国家的供应商的企业，经常的做法是企业为供应商员工设定最低工资标准以确保员工适当的待遇。此外，有时企业会对供应商进行投资，确保其生产符合质量标准的原材料。还有一些企业为供应商提供机械，从而提高生产速度、效率和质量。另有企业提出供应商持续改进方案，其中包括财务援助，通过确保一个长期合同来规划他们的长期生产计划。

（3）由企业开展的培训。为了提高产品的质量和经济效率，企业会不定期对供应商提供培训。这种培训的好处大于成本，因为它们通常是企业提供的常规性培训课程的一部分，能够促进企业和供应商之间的关系。

3. 供应链监督阶段

为了确保联合的战略规划与实施阶段得以完成，建议企业对供应链进行持续和密切的监测。这可以通过参观工厂和审验来完成，但采取哪种方式取决于每个供应商的风险状况。同时，建议与供应商签订的合同包括为避免双方可能出现的误解而需要采取的控制措施，这样使得企业可以在供应商出现违规时从法律上终止合同。对于聘请审验资源有限的企业，可以在合同中包含一项条款，规定他们有权获得由供应商或者第三方提供的外部审验结果。

（1）参观工厂。为了监测仅在国内运营的供应商，参观其经营场所和评估报告的后续管理通常足以确定与该供应商进行合作是否合适。然而,当监测更复杂的供应链或国外经营公司时,就会面临访问可能不够有效的风险。而且,一般来说,访问会有一个时间计划,这给了供应商准备时间去暂时改变客户眼中的任何缺陷。

(2)外部审验。外部审验通常是基于需要寻找更加规范、简明的信息支持结果而实施的。鉴于人们普遍使用这种控制系统,国际审验公司已经在供应商主要所在国家尤其是在亚洲,建立了分部。这些审验公司雇佣全面了解所在国家当前立法的本地员工,这样就具有能够在任何时间访问被审验企业的优势。

4.关系发展中的决策

经过一段时间的合作(通常是半年或一年),企业就必须评判出供应链是否充分符合生产要求和质量管理的标准。由此,接下来要采取的步骤就是激励履行承诺的供应商和终止与没有达到执行标准的供应商的合同。

(1)激励。在供应商提供了符合合同要求的优质产品时,企业可能希望通过实施优惠措施对供应商进行鼓励,如长期的资金支持、长期合约或向其介绍其他客户。其中,资金支持使供应商可以购买机器和提高员工工资,进而对产品的质量产生积极的影响;长期合同给予供应商安排工作战略的机会,可以承担为改善生产流程而产生的成本;如果供应商在客户企业那里受到好评,其他公司会对与它合作感兴趣,最终将意味着获得新的业务机会。

(2)终止合同。未能达到合同约定的标准可能会导致罚款或终止合同。然而,除非符合协议要求,否则企业实施的罚款或终止合同将面临损害公司形象的风险。通常来说,供应商会被给予宽限期去进行整改以满足企业的要求,但一般不会超过之前约定的期限,如果宽限期之后还未达到要求则合同将被取消。

第三节 国际商会《供应链责任指南》与《责任采购指南》中的责任采购规范

一、《供应链责任指南》与《责任采购指南》的概况

国际商会(International Chamber of Commerce,ICC)即世界商业组织,成立于1919年,旨在促进国际贸易和投资的公开市场发展以及知识产权保护,其成员企业来自130个国家的不同行业。2007年和2008年,国际商会分别发布了《供应链责任指南》和《责任采购指南》。《供应链责任指南》以多行业、多地区的

国际商会成员企业的实践经验为基础，旨在建立一个政策框架来分别界定企业与政府在供应链责任领域所起的作用，并且鼓励企业采用以风险为基础的方法，这一目标可以通过集中精力于最需要，也最可能带来变革的领域来实现。在这一政策框架之下，国际商会提出了一套切实可行的建议来帮助企业以一种负责的方式管理与供应商的关系。这些建议通过在社会与环境绩效目标的形成过程中囊括地方管理与员工，从而强调了供应商选择阶段的重要性，企业将供应链责任问题纳入其常规采购实践与整体业务模式的必要性，在企业与其供应商之间形成长期合作方式的价值。《责任采购指南》是为了帮助企业制定各自的负责任采购方法，从全球和跨行业的角度提供了一系列切实可行的措施。这些措施基于国际商会的全球成员企业所收集到的现实经验，可被各种规模、行业、地区的企业使用。

二、《供应链责任指南》中的责任采购规范

国际商会的《供应链责任指南》主要从实施责任采购的必要性、实施责任采购的方法以及实施责任采购的具体措施三个方面对企业的责任采购提出了要求和指引。[①]

1. 实施责任采购的必要性

责任采购即所谓的供应链责任，就是企业自愿承诺用一种负责任的方式来管理与供应商的关系。企业实施责任采购具有四个方面的必要性：

一是责任采购能够促进供应商社会与环境绩效的改善。通过实施责任采购活动，企业可能有机会对其供应商的社会与环境绩效产生建设性的影响。特别是，通过这种方式，供应商可以参与社会与环境绩效目标塑造过程，从而根据对自身业务能力与需求的感知实现转变的内在化。

二是责任采购是供应链管理的重要组成部分。随着原材料成本的上升、销售价格上竞争压力的增大，对企业而言，在其供应链中寻求更高的效率是无可厚非的。但是，成本不能成为与供应商谈判业务关系时所考虑的唯一因素。为了制定长期支持品牌的采购战略，企业应从自身利益出发考虑全面的供应链问题，包括产品质量和安全、供应与运输的连续性以及知识产权的保护。作为这一过程的一部分，越来越多的企业把解决工作条件问题、道德问题、环境问题、

---

① 本部分内容的资料来源：ICC Commission on Business in Society. ICC Guidance on Supply Chain Responsibility [R]. 2007.

健康与安全问题、人权问题作为其采购战略的组成部分,这正是因为在这些领域的良好做法可以为实现供应链连续性和长期效率这一最终目标做出显著贡献。

三是责任采购能够一定程度上弥补社会与环境法律法规不健全及执行不力的缺陷。责任采购是一个对企业日益重要的领域,尤其对于生产主要依靠外包的行业而言(例如,服装和鞋类、电子产品和食品等),并经常出现于社会与环境法规执行力较弱或无效的发展中国家。在这些有时缺乏健全公共治理所需关键因素的国家,企业可能无法依靠政府监管来确保当地的工作条件和生产过程达到可接受的标准。

四是责任采购体现了企业与供应商之间的共同责任。许多企业在全球拥有成千上万家供应商,因此,希望它们对供应链中的所有供应商和分包商的行为负责从法律的角度来看是不恰当的,从实践的角度来看是根本不可能的。然而,由于企业的采购活动,企业可能在影响和监控其供应商的商业行为方面具有杠杆作用。企业在负责地管理供应链时应在合作的基础上与其供应商共同努力,从而不断提高供应商的社会与环境绩效,这符合合理的预期。

2. 实施责任采购的方法

对于与大量供应商来往的企业而言,在整个供应范围内对社会和环境合规性进行监管会给企业带来超出其能力的后勤与财务方面的挑战。在此背景下,以风险为基础的方法可以帮助企业更有效地分配资源,并且将精力集中于最需要且最容易带来变革的地方,从而取得积极的成效。采用以风险为基础的方法需要重点考虑两个方面的问题:

一是在将责任采购相关的思考纳入企业商业采购和风险管理系统的过程中,把供应商选择阶段作为关键的一步。当考虑从低成本国家进行采购时,企业应从一开始就考虑采用风险分析,由此就可以对可能出现的劳工和环境问题产生早期了解,并且在采购的成本收益分析中得到相应的解释。由于并不是所有供应商都存在风险,而且有许多供应商已很到位地实施了良好的商业惯例,因此,企业应将精力与资源集中于高风险领域,并且避免实施"一刀切"的供应链监控系统。

二是企业应考虑在供应链中的参与度应延伸到什么程度。一个可行的方法是将重心放在供应商生产过程的主要步骤(例如,在纺织和鞋类生产中的裁剪、缝纫、服装和鞋类的组装),因为在这些步骤上容易发生劳工和环境方面的低绩效。在其他一些风险更分散于供应链上下游的行业中,对企业而言最有效的是与其直接供应商合作,以确保社会与环境方面的考虑对直接供应商与二三线供应商的业务关系能发挥作用。但是，这种方法对于通过中间市场运营的行业而言并不可行，因为在这些行业中有数百名、数千名的小生产者涌入，会造成供应链的确定变得几乎不可能。

3. 实施责任采购的具体措施

企业应采取切实可行的措施，以一种不断改进、与供应商互相配合的精神来实践改善责任采购。企业实施责任采购可以采取的举措包括：

一是将责任采购要求融入商业采购和风险管理系统。与大量供应商合作的大部分企业已经建立了采购程序，从而管理与供应商的关系。为了避免在企业内部产生不必要的管理层，且在明确的业务重点之上采用长期而有效的管理方法，企业应在日常的商业采购和风险管理系统中包含供应链责任的内容。将企业责任的内容融入企业采购程序的目的在于帮助采购团队更深刻地了解到其决定在工厂层面可能造成的影响。这一目的有助于在不影响供应商遵守相关社会和环境标准的前提下，确保企业买家设定条件的实现，如低价政策或严格的期限规定。此外，为了更好地集中资源于最可能发生问题的领域，对企业而言，将供应商初步分为"低风险"和"高风险"两类可能是个有用的方法。这种以风险为基础的方法可以有效抑制供应商关系中的"要求膨胀"，并且将精力和资源投入最需要也最容易产生改善的地方。

二是清楚地列明预期。对于企业来说，明确规定其对所有供应商的预期是至关重要的。企业至少应该让商业伙伴认识到，企业希望它们遵守所有国家的以及其他适用的法律法规，并且酌情考虑相关国际文书中所包含的原则。由于"供应商行为准则"管理着供应链企业的行为，尤其是社会和环境方面的行为，因此，接下来的步骤是开发这一准则。供应商行为准则通常包括基于相关国际文书的，与工作场所问题（如工资、健康与安全、工作时间、纪律常规、结社自由和童工）相关的准则，还包括相关的对于供应商活动环境影响的规定。当然，当企业做出采用供应商行为准则的决定时，应该对其实施可能引发的实际挑战仔细地进行权衡。尤其是，供应商行为准则的增加和相继带来的对供应商要求的多样性会使得他们遵守时面临许多实际的困难。此外，当供应商行为准则的规定与国家法律相抵触时，就会出现两难的情形。

三是帮助供应商实现承诺和变化的内在化。为了逐步实现持续改善，企业应该从能力建设的角度而不只是从合规的角度来推进责任采购。企业应鼓励供应商来定义管理政策和做法，且在这一过程中考虑国家法律和国际文书。由此，企业就可以通过将本地化管理纳入负责任商业行为的塑造过程来提升绩效，而不是简单地根据自身想法进行规定。对于企业而言，鼓励供应商逐渐改善社会与环境绩效的最有效的方法是以一种"关键业务"的视角在这些领域提出要求，如着重突出健全的商业惯例所能为供应商带来的商业利益。这种方法不仅应该强调维持合同或取得新合同的首要利益，而且应该强调生产力的提高、创新、质量和员工流失的减少所带来的额外战略利益。同时，它可以帮助供应商根据对自身业务能力和业务需求的感知来理解和内化负责任的商业行为，进而非常有助于建立长期的、牢固的供应商关系。如果企业觉得有用或者供应商提出相应的要求，那么企业可以为供应商提供技术支持和培训，以帮助供应商提升管理实践和绩效。这种技术支持应视为采购所带来的知识转移的一部分，并且可能涉及如对于健康和安全实践有更好的认知，以及管理和监督技能的实施或转让。

四是跟踪供应商的表现。一方面，为了评估供应商的行为是否符合供应商行为准则，企业买家越来越要求它们的供应商全面提供活动的社会和环境信息。这些信息可以通过现场考察得以补充，为企业买家有效监督供应商在实施负责任商业行为方面是否缺乏进展提供了一种有用的方法。同时，供应商的环境与社会绩效也能作为业务需求（包括关键的商业考虑，如确保连续性和质量等）定期评估的一部分得以评估，并且可通过更深入或更具体的评估对需要补充的地方加以补充。更进一步，企业买家和供应商携手合作，找出并解决可能发生的不合规问题是一个较监控而言更广泛、更具包容性的过程，而监控只能作为这个过程中的一个步骤。另一方面，有些企业可能还要求其供应商提供独立认证，来证明它们符合社会和环境责任标准。在一些情况下，企业可以通过接受相似的，却可能与要求不完全相同的认证来减轻供应商的负担，这些供应商往往是拥有有限资源的小型和中小型企业。为了降低成本、减轻企业和供应商的负担，企业之间可以合作并采用相同的原则和惯例来审查供应商。实际上，一些行业已开始试图最小化供应商的合规负担，具体做法是：通过行业协会将其供应链中的主要成员（包括供应商、品牌商品的制造商、零售商和客户）汇集起来，以开发共同的工具和方法来协调供应链责任要求。在供应链的各成员之间实现方法的共同性和一致性有助于实现长期的、可持续的、可负担的解决方案。这样的行业举措为某一特定行业提供了交流好做法、好经验的信息平台。沿着这些举措，多个利益相关方的努力也已经出现，使其他重要的成员（如非政府机构和工会）与企业共同努力，一起管理供应链责任。虽然参与这些举措会在促进交流、建立整体信心方面带来重要利益，但是企业应该意识到，这些举措与那些完全以业务为基础的举措相比可能有不同的操作流程和业务目标。

五是管理利益相关方的期望。为了在整个供应链中不断提升良好的绩效，所有的利益相关方都需要承担责任。企业应与一级供应商合作，以确保一级供应商反过来在其供应商范围内提升供应链责任。企业还应与客户保持持续的交流，并和行业内其他企业共同参与行业共同行动，从而将良好的实践作为行业标杆，推动完善行业内的一致做法及互补方法。具体的做法包括：第一种做法是通过第三方验证第一方或第二方的监控做法。第一方监控是指由企业自己进行的监控，第二方监控是指由代表企业的另一个机构进行的监控，而第三方监控则是指由通过企业许可的，在监控计划下执行监控的独立机构来负责。第二种做法是为使客户对企业改善供应链责任的方法建立起信任，收集各个市场上其供应商的绩效信息，并且在年度报告和其他公开通信中报告这些信息。这项工作也可以作为一个管理工具来衡量供应链管理实践和制度的有效性，并找出需要改善的地方。第三种做法是企业应以身作则，实践自身的行为准则，在自身业务中开展对经济、环境和社会情况的评估，并且通过业绩报告来推动不断的改善和持续的透明度。这有助于公司在供应链责任方面的实践方法与其商业原则中体现的总体价值之间保持一致。

六是正确应对供应商的不履责行为。当面对供应商不履责的行为时，对于企业而言，一个激进的做法是：立即与违反公司要求的供应商终止业务关系。然而，这样的做法可能最终会适得其反，因为与供应商业务关系的终结可能会带走该供应商改善商业惯例而需要的经济资源，并可能会导致供应商状况的不断恶化。采购企业也为了自身利益而鼓励大量供应商增强活力，从而增加选择并促进供应商之间的竞争。当供应商达不到要求时，一种建设性的初步方案是：与供应商合作，并且商定达到理想绩效水平所采用的限时措施。如果不能找到合适的解决方案，并且在经过一段合理的、切合实际的时间后供应商的绩效没有改善，那么企业就不得不遗憾地慎重考虑业务关系的终止。

七是发挥政府的首要作用。对所有企业而言，与供应商来往的一条重要原则是选择在业务活动中遵守当地法律的供应商。对法律遵守程度的监管关乎执法问题，而这一作用的发挥依赖政府。但是，在世界的许多地方，社会和环境标准的执行缺乏政府的参与，这使得企业难以确保其良好的商业惯例在全球供应链中都得以践行。因此，企业买家不得不自行解决位于私营机构核心竞争力和职权范围之外的问题，但这也是企业为确保业务的连续性和竞争力而必须承担的。虽然企业可以通过自愿行动来弥补这一监管空白，但很显然的是，如果没有政府更大程度的参与，就很难取得有效的长期进步来确保当地法律得到尊重，且确保国内的工作条件达到可接受标准。世界银行的一项研究表明，企业买家和供应商之间达成了一个明确的共识：当地政府行为的缺乏会对供应商之间实现更好的社会和环境绩效产生最显著的阻碍作用。各国政府应认识到，在这一领域的有效监管和执法会形成显著的经济效益和社会效益。对更高社会和环境标准的追求会带来生产力和国家竞争力的提升，从而反过来吸引投资（包括外商直接投资），并且帮助当地企业提升价值链。因为国家的社会和环境法规并不局限于出口导向型行业，所以政府行为会对整体经济造成影响，从而促进整体经济发展，并实现更高的生活水平。

三、《责任采购指南》中的责任采购规范

国际商会的《责任采购指南》主要从责任采购的步骤和责任采购的措施与工具两个方面对企业实施责任采购提出了要求和指引。①

1. 责任采购的六个步骤

企业实施责任采购主要包括六个步骤：

第一步：挑选供应商。企业在选择供应商时，除了确定最终成本之外，往往还需要评估一系列的供应链问题，例如：产品质量和安全性、供应的连续性和交货速度，以及知识产权保护等。在甄选过程中，如工作条件、环境方面的举措、安全标准，以及人权政策等标准都应该有所考虑。同时，在向低收入国家进行采购时，企业在采购之前还应先进行风险分析。这样做可以在早期发现劳工和环境问题并将其纳入成本效益分析之中。在评估潜在生产风险时，企业应查明生产国家的社会和环境立法以及执法水平等基本情况。

第二步：对供应商遵守法律规定确立明确的期望。与供应商签订合同时，企业应该让供应商知道：它们期望商业合作伙伴能遵守所有的国家法律和规章，包括劳工法和环境法，并酌情考虑超越地方法律的相关国际法律文件。当然，企业也可以采用供应商行为守则。采用之前，企业应考虑到供应商在遵守此守则及其衍生要求时可能遇到的困难，因为供应商往往是中小型企业。为了减轻他们的负担，企业可考虑与制定该行业供应商行为守则的行业协会进行合作。

第三步：将负责任采购变作日常购买行为。通过将责任采购纳入企业的日

---

① 本部分内容的资料来源：ICC Commission on Business in Society. ICC Guide to Responsible Sourcing: Integrating Social and Environmental Considerations into the Supply Chain [R]. 2008.

常购买行为中，企业应当避免削弱供应商遵守社会和环境标准的能力。如紧急订单、最后一分钟改变订单或者订单超过供应商能力等往往会导致过度加班和其他违反守则的低效做法，企业应予以避免。

第四步：支持供应商制定自己的企业标准。企业应鼓励供应商建立自己的责任惯例，而不是把要求强加于他们。实施时，需要着重强调在产品质量、生产效率、合同续签、降低员工流动率等方面，并强调实行这些富有责任性的商业行为所能够带来的商业利益。从具体措施来看，一方面，为了帮助供应商实施内部变革，企业应当让供应商直接参与绩效目标的制定。通过这种方式，供应商可以根据自身能力和需要，把这些目标纳入自己的经营策略中。另一方面，企业还可以为其供应商提供培训，帮助他们改善管理方法和管理绩效。这种支持对于采购所带来的知识转移是必不可少的。管理层和员工的培训方案可涵盖管理技能、环境管理和提高实行健康和安全措施的意识。此外，若企业所属的行业供应链内劳动或健康安全风险可能逐级呈现，企业也可以与其直接供应商合作，从而确保社会和环境因素可以逐级作用于它们与第二和第三层供应商的关系中。

第五步：跟踪供应商遵守协议的情况。企业可以要求它们的供应商提供资料，全面说明其在社会和环境方面的行为措施；也可以组织现场视察，监督供应商是否在提高社会和环境目标绩效的过程中有所进展。对此信息的评估可以成为定期评估企业业务需求（如质量控制）的一部分。同时，为了使监测工作真正有效，企业应该让它们供应商的工厂管理人员和工人参与监测，并给予培训和方法以使他们能开发出自己的守则制度并能有效识别问题。

第六步：管理利益相关方的期望和制作业绩报告。要建立客户信任关系，企业可以收集有关供应商市场表现的信息，并将其发布在年度报告或其他公开形式当中。报告的成果应该用以衡量供应商表现和发现其有待改善之处。

2. 责任采购的措施与工具

企业在实施责任采购过程中可以使用如下措施与工具清单：

（1）查明潜在供应商所在生产国家的社会和环境立法的基本情况。了解这些国家的执法水平，以评估生产风险。

（2）检查潜在供应商是否拥有符合社会和环境公认标准的独立认证。

（3）明确对供应商的期望。明确指出供应商最低限度需遵守的所有的适用法律。

（4）与供应商一起探寻潜在的风险领域，并对绩效水平持有一致期望。如有必要，将供应商行为守则作为遵守基准执行并将供应商的要求纳入商业合同中。

（5）促使采购人员意识到其购买行为对工厂生产有可能产生的影响。

（6）对供应商的设施和措施进行评估。寻找有助于进行评估的组织机构，并向供应商提供有关责任采购措施的资料和培训。

（7）对供应商违规行为的处理。当供应商不符合期望，或企业发现其严重违规时，企业应准许供应商在合理的时间内进行整改。若最终无法得出解决方案并无法改善绩效，应认真考虑终止合作关系。

第四节 绿色和平组织《负责任采购政策》中的责任采购规范

一、《负责任采购政策》概况

绿色和平组织（Greenpeace）成立于1971年，是一个全球性的环保组织，致力于以实际行动开拓一条绿色的发展道路，保护地球、环境及其各种生物的安全及持续性发展，促进实现一个更为绿色、和平和可持续发展的未来。2006年，绿色和平组织在中国开始实施"负责任采购政策"（Responsible Purchasing Policy，RPP）项目，以帮助一些愿意承担社会责任的木材加工和零售企业去识别和拒绝非法木材。在这一项目实施过程中，绿色和平组织了解到一些企业虽然有着参与和制定"负责任采购政策"的强烈愿望，但是由于缺乏相关的知识和指导，往往不知道从何入手，于是就编制和发布了《负责任采购政策》。这本指南的主要目的是为了指导家居建材零售连锁企业如何从零开始，制定和执行与自己木制品采购相宜的"负责任采购政策"。同时，这本指南也适用于那些既从事生产也从事销售的木材企业。

绿色和平组织的《负责任采购政策》分为五个部分，分别是前言、什么是木制品的负责任采购政策、为什么需要负责任采购政策、木材标准、负责任采购政策的建立与执行，各部分的内容如表5-6所示。[①]

二、对负责任采购政策的关键要素的要求

绿色和平组织的《负责任采购政策》指出，木制品的负责任采购政策，是勇

---

① 本节内容的资料来源：刘兵. 负责任采购政策：企业社会责任与森林保护的解决方案 [R]. 绿色和平组织，2008.

表 5-6 《负责任采购政策》的主要内容

章 节	主要内容
前言	介绍这本指南的来源以及告诉读者如何使用该指南
第一章 什么是木制品的负责任采购政策	介绍什么是木制品的负责任采购政策以及一套完整的木制品负责任采购政策应包含的关键要素,例如,木材原则、采购标准、适用范围、采购目标及行动计划等
第二章 为什么需要负责任采购政策	介绍为什么需要负责任采购政策,主要从负责任采购与全球森林保护和负责任采购与企业社会责任两个维度进行分析,通过列举大量非法采伐的现象和体制机制的缺乏,给采购企业带来诸多社会问题和潜在风险
第三章 木材标准	介绍木材标准有哪些,帮助企业在采购中识别哪些木材可以接受,哪些不应该接受
第四章 负责任采购政策的建立与执行	介绍负责任采购政策的建立与执行流程,从准备阶段到供应链审核与 RPP 建立到行动计划的执行,再到总目标的完成与评估,每一阶段下又有相应的步骤,环环相扣,步步深入

资料来源:刘兵.负责任采购政策:企业社会责任与森林保护的解决方案[R].绿色和平组织,2008.

于担负企业社会责任的木材加工或者零售企业为了避免那些来自非法采伐或者破坏性采伐的木制品进入到自己的采购环节,基于自身情况而制定的相关采购政策。一套完整而健康有力的木制品负责任采购政策应该包括企业对木制品的木材原则、采购标准、适用范围、采购目标以及行动计划等关键要素,具体如表 5-7 所示。

表 5-7 木制品负责任采购政策的关键要素

关键要素	含 义
木材原则	阐述企业所认可并且执行的木材标准。比如,对不同标准或者等级的木材是如何进行界定的。在木材原则中,企业应该对这些木材标准进行准确的介绍,以确定企业内部和外界都清晰地知道自己遵循的木材标准
采购标准	企业所采购的木制品必须达到的标准或指标,比如,来源清楚、来源合法,甚至获得 FSC 认证等
适用范围	企业应用上述标准采购木制品的产品范围,比如,木材和细木工制品、地板材料、园艺家具等
采购目标	企业实行负责任采购的目标,比如,在几年后达到全部采购 FSC 产品
行动计划	企业通过严格执行此政策而最终达到上述要求的时间表和相应的行动步骤。一般来说,在行动计划中企业需要明确每一个时间段的分目标以及达到这些分目标需要的具体行动

资料来源:刘兵.负责任采购政策:企业社会责任与森林保护的解决方案[R].绿色和平组织,2008.

三、对负责任的采购策略的要求

按照绿色和平组织的《负责任采购政策》，企业应根据木材标准将木材划分为不同类型，并针对不同类型采取不同的采购策略。《负责任采购政策》将合法性作为核准木材标准的基线，将木材分为可持续木材、向可持续过渡的木材、已知合法来源的木材、已知来源的木材、未知来源的或者非法的木材五类，并明确了企业应相应采取的采购策略，具体如表5-8所示。

表5-8　针对不同类型木材的负责任采购策略

木材类型	具体含义	采购策略
可持续木材	木材来自可持续的森林经营管理，对木材的加工也符合可持续的原则。可持续木材包括FSC认证木材和再生资源	优先采购
向可持续过渡的木材	一些木材已经被确定满足"已知的合法来源"的标准，同时这些木材来自的森林正在通过积极的和可信的项目步骤，在一定时间内确保这些森林最终获得FSC认证，即把这些木材界定为"向可持续过渡的木材"	鼓励采购
已知合法来源的木材	木材已经被确定100%来自合法来源	可以接受
已知来源的木材	对于这类木材从采伐到销售各环节拥有完整的信息，企业可以通过充足的文件追踪到木材来源的森林	不可以接受
未知来源的或者非法的木材	那些不能追踪来源或者已经被界定为非法的木材	拒绝采购

资料来源：刘兵.负责任采购政策：企业社会责任与森林保护的解决方案［R］.绿色和平组织，2008.

四、对建立与执行负责任采购政策的要求

绿色和平组织的《负责任采购政策》建立和执行木制品"负责任采购政策"的过程分为准备、建立、执行和完成四个阶段11个步骤，如图5-12所示。

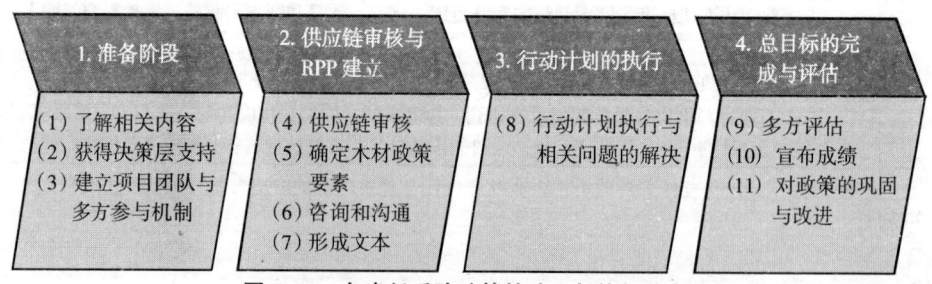

图5-12　负责任采购政策的建立与执行流程

资料来源：刘兵.负责任采购政策：企业社会责任与森林保护的解决方案［R］.绿色和平组织，2008.

准备阶段主要是建立负责任采购政策的前期工作开展，包括了解相关内容、获得决策层支持、建立项目团队与多方参与机制，为后续工作打下良好基础。

供应链审核与负责任采购政策的建立阶段主要是针对供应商环节，审核供应链基线，与供应商沟通，了解供应链现状，同时确定木材政策要素；实施咨询和沟通，主要项目咨询小组与所有项目支持者进行咨询和沟通，包括投资方与股东、供应商、消费者以及相关外部机构；形成规范性的责任采购政策文本，完成负责任采购政策的制定。

行动计划的执行阶段是企业通过严格执行负责任采购政策而最终达到要求的行动步骤，它是整套"负责任采购政策"从理论走向实践的标志。这一阶段项目团队可能会遇到很多困难和问题，并被要求依据实际情况进行分析和解决。这些问题包括如何争取供应商的支持？如何对木材合法性进行鉴别？如何与供应商沟通提供合法木材产品的时间表？如何帮助供应商或者自己的加工厂寻找可信的合法木材资源？如何在网站上公示和更新自己的项目进展？如何对里程碑进行控制和评估？如何进行年度审核？需要什么文件证明木材的合法产地？

总目标的完成与评估阶段主要后期对负责任采购政策进行多方评估，加以巩固与改进。评估可以通过项目总结会的方式邀请企业的决策层、供应商代表、项目咨询小组的成员或者外部利益相关方，如环保机构、行业协会、政府官员等共同参与。

责任采购管理

实 践 篇

概 览

国际一流企业
- 英国石油公司
- 法国电力集团
- 意大利意昂集团
- 巴斯夫集团
- 美国通用电气公司
- 韩国三星电子有限公司

- 公司简介
- 公司社会责任概览
- 实施责任采购管理的动因
- 责任采购管理的组织体系
- 责任采购管理的制度建设
- 负责任的供应商管理实践
- 实施责任采购的特色实践
- 实施责任采购管理的成效
- 评价与启示

国内一流企业
- 华为投资控股有限公司
- 联想集团有限公司
- 宝钢集团有限公司

第六章 国际一流企业责任采购管理实践

与责任投资、责任消费类似,责任采购正在成为全球性发展趋势和潮流。国际一流企业高度重视供应链的社会责任,不断深化对责任采购管理的探索与实践,形成了许多具有特色的责任采购管理模式与成功经验。根据行业代表性,我们选择了三家能源行业跨国公司(法国电力、德国意昂、英国石油)、一家化工行业跨国公司(巴斯夫)、一家机械设备行业跨国公司(通用电气)、一家电子信息行业跨国公司(三星电子)作为研究对象,分别考察了它们在责任采购管理方面的成功实践,以验证前文提出的责任采购管理实施范式和框架的合理性与可操作性。也就是说,我们对每一家公司的责任采购管理实践分析,都是按照前文提出的责任采购管理实施框架分维度进行的。

第一节 英国石油公司的责任采购管理实践

一、公司简介与社会责任概览

1. 公司简介

英国石油公司(BP)是世界领先的综合石油和天然气公司之一,业务领域包括石油、天然气勘探开发,炼油、市场营销和石油化工与可再生能源。同时,英国石油公司也是世界上最大的国际能源公司之一,始终致力于向顾客提供运输燃料、光热能源、油品零售服务以及与人们日常生活密切相关的各种石化产品。

英国石油公司总部位于伦敦,公司股票在全球主要证交所挂牌交易。截至2013年底,公司在全球拥有8.39万名员工,遍布六大洲80多个国家,在全球近30个国家开展油气勘探开发,拥有17个钻探勘探井、14个炼油厂、1.78万家加油站,炼油能力320万桶/日。2013年,由英国石油公司创造的经济价值达4033亿美元,石化产品产量1394万吨。在2014年《财富》世界500强企业排名中,英国石油公司列第 6 位。

2. 社会责任概览

BP 公司很早就开始社会责任实践,并提出了具有企业和行业特色的社会责任理念和战略,建立了相对完善的社会责任管理体系和制度,并有严格的社会责任信息披露程序。

(1)可持续发展理念。[①] BP 将"可持续发展"定义为公司的延续能力,包括更新资产;创造并提供更好的产品与服务以满足不断演变的社会需求;不断吸引新生力量加入公司的员工队伍;为可持续的环境做出贡献;以及保持顾客、股东及公司业务所在社区的信任与支持。

BP 的可持续发展愿景(目标)是为股东创造价值,并以安全、负责任的方式为世界供应能源,努力成为一家世界级的作业方、负责任的企业公民以及优秀的雇主。

(2)可持续发展战略。BP 的可持续发展战略是以负责任的方式,帮助满足不断增长的能源需求,从而为股东创造价值。BP 认为,作为一家公司,其实现可持续成功的最佳途径是在活动中考虑到股东、合作伙伴和社会的长远利益。BP 的可持续发展战略重点及战略举措如表 6-1 所示。

表 6-1 BP 的可持续发展战略重点及战略举措

战略重点领域	战略举措
保障生产安全	坚持不懈地注重安全是 BP 的重中之重。严谨的风险管理有助于保护第一线的员工、运营所在地以及公司创造的价值。在政治复杂的地区和技术要求苛刻的地理环境(如深水和油砂)开展作业,需要对当地环境格外敏感。公司继续强化制度、流程和标准,包括管理承包商及 BP 参与的合资项目作业方的行为可能产生的风险
坚持公平透明	只有在保持公司内外部人士信任的情况下,公司才能开展作业,因此,必须在所做的每件事上都做到公平、负责,从而赢得人们的信任。BP 密切监测公司绩效,并力求以透明的方式进行报告。BP 认为要达到员工、客户、股东以及运营所在地当地社区的期望,良好的沟通和坦诚的对话至关重要
优化公司业务	BP 正努力简化业务,侧重于可以通过自己的生产活动产生最大价值(未必是最大产量)的领域。公司正在加强高回报和寿命较长的上游资产组合,同时构建高品质的下游业务。公司还投资于一些低碳方案,它们有潜力在远期促进满足不断增长的能源需求。所有这一切都有 BP 的专业知识、技术和伙伴关系作为支撑
提升财务业绩	强劲的财务业绩至关重要,因为它使公司能够进行必要的投资,以生产社会需要的能源,同时回报股东并保持股东的支持
支持社区发展	通过供应能源,BP 支持经济发展,帮助无数人提高生活质量。公司的活动还为政府和当地社区促进就业、吸引投资和推进基础设施建设及创造收入

资料来源:《BP 集团 2013 年可持续发展报告概要》。

[①] 资料来源:《BP 集团 2013 年可持续发展报告概要》。

(3)社会责任管理。一是社会责任管理体系。BP的企业社会责任管理体系大体上由管理机构、管理政策、准则、标准及控管程序三部分组成,如图6-1所示。

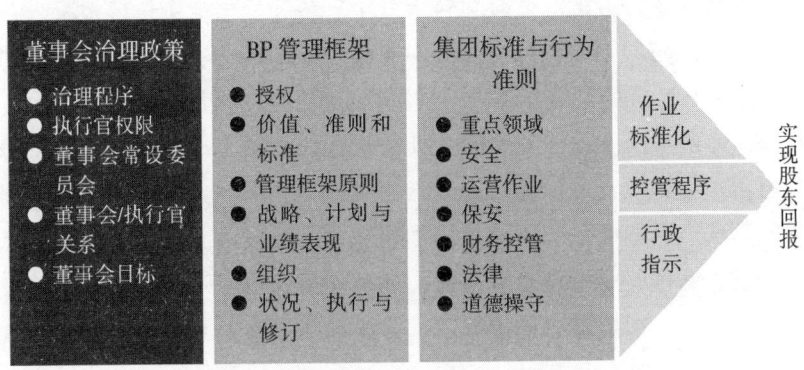

图6-1 BP的企业社会责任管理体系

资料来源:《BP企业社会责任管理案例》。

二是社会责任组织体系。BP的社会责任组织体系由管理监督机构、管理执行部门以及具体实施部门组成,实行统分结合的管理模式,如图6-2所示。

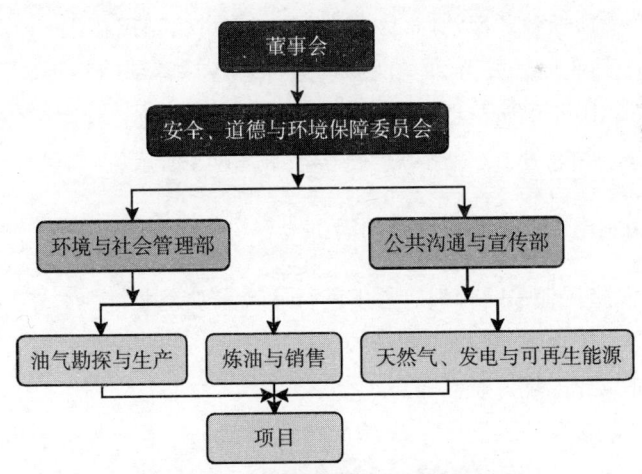

图6-2 BP的社会责任组织体系

资料来源:《BP社会责任案例调研》。

从管理监督机构来看,在董事会层面,董事会代表股东监督企业的可持续发展绩效;BP董事会下的安全、道德与环境保障委员会(SEEAC),对公司规范、道德、健康、安全和环境等方面政策的遵守情况进行监督和评价。

从管理执行部门来看,环境与社会管理部和公共沟通与宣传部是 BP 两个主要的管理执行部门。环境与社会部负责制定公司环境和社会方面政策,在财务决算之前对项目进行评估,监督项目运营中环境和社会政策执行情况,并为项目提供社会与环境方面的咨询。公共沟通与宣传部负责收集和分析内外沟通交流信息、传播品牌、处理突发事件及披露社会责任业绩信息等。

从具体实施部门来看,三大板块即油气勘探与生产,炼油与销售,天然气、发电与可再生能源负责环境和社会政策的实施,并承担大部分责任。管理措施包括早期筛选、影响评估、协商等。早期筛选,即对可能造成社会与环境影响的新项目进行筛选,甄别风险和问题;影响评估,即从细节入手,对社会、环境、健康、冲突等影响逐一分析评估;协商,即与受公司活动影响的社区进行协商,以达成共识。①

三是可持续发展运营体系。BP 于 2008 年引入运营管理体系(OMS),该体系提供了对业务运营进行系统管理的基础。OMS 整合了 BP 在健康、安全、安保、环境、社会责任、运营可靠性以及相关问题(如维护、承包商关系以及组织学习)等方面的各项要求,形成一套共同的管理体系。它在如何管理企业方面,给 BP 提供了一个系统的、受控的整体方法,如图 6-3 所示。

(4)社会责任绩效。BP 所有运营部门(近期收购的部门除外)都应用运营管理体系指导其业务,并努力实现持续达标。各运营部门每年进行一次评估,根据其 OMS 提出的每项要求检查绩效。BP 的经济绩效、社会绩效、环境绩效和安全绩效分别如表 6-2、表 6-3、表 6-4 和表 6-5 所示。

二、公司实施责任采购管理的动因

BP 公司实施责任采购管理,是由其行业特点、企业特性、外部环境、企业战略和对社会责任承担的内在追求决定的。

1. 应对全球能源资源挑战的客观要求

经济发展能源先行,石油、天然气等能源是全球经济社会发展的三大支柱之一。随着全球经济的快速发展,资源能源严重短缺。如何有效开发资源能源,保障石油、天然气稳定供应和可持续利用,对作为世界领先的综合石油和天然

---

① 资料来源:《BP 社会责任案例调研》。

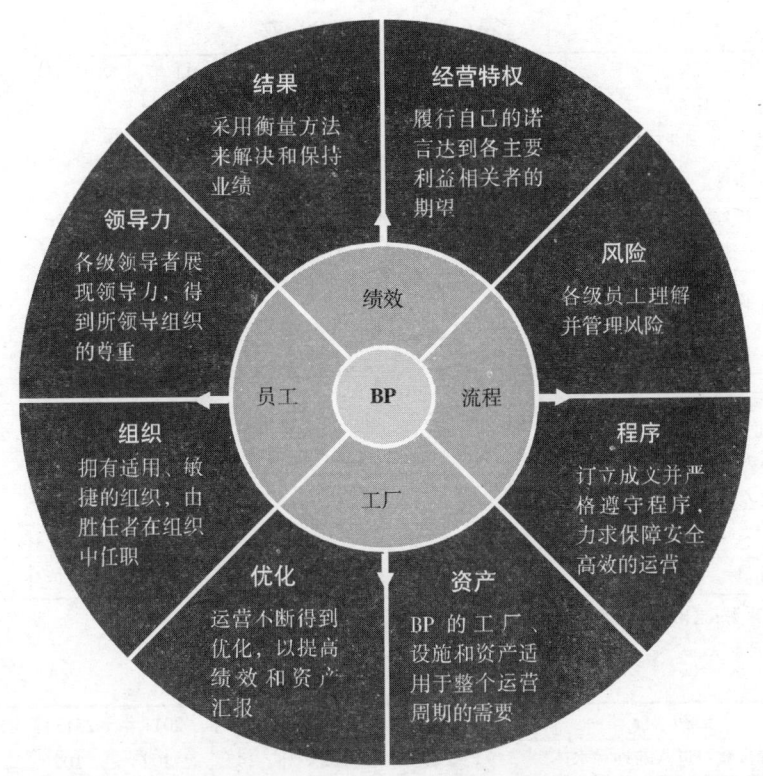

图 6-3　BP 的可持续发展运营体系

资料来源：《BP 企业社会责任管理案例》。

表 6-2　BP 的经济绩效

指标	单位	2009 年	2010 年	2011 年	2012 年	2013 年
碳氢化合物总产量——石油当量	千桶/日	3998	3822	3454	3331	3230
储量替代率	%	129	106	103	77	129
炼油加工总量	千桶/日	2287	2426	2352	2354	1791
石化产品总产量	千吨	12660	15594	14866	14727	13943
重置成本利润	百万美元	13740	-5259	23412	11428	23681
向政府缴纳税金——包括缴付的所得税和生产税	百万美元	10309	12071	16339	15033	13904
支付给股东的股息	百万美元	10483	2627	4072	5294	5441

资料来源：《BP 集团 2013 年可持续发展报告概要》。

表6-3 BP的安全绩效

指标	单位	2009年	2010年	2011年	2012年	2013年
死亡人数——雇员	人	0	0	1	1	4
死亡人数——合同工	人	18	14	1	3	2
损失工时事件——员工	件	134	408	168	152	130
损失工时事件频率——员工	次	0.069	0.193	0.090	0.076	0.070
可记录工伤数量——员工	人	665	1284	677	710	578
可记录工伤频率——员工	次/20万工时	0.34	0.61	0.36	0.35	0.31
工时——雇员	百万小时	174	168	165	182	170
工时——合同工	百万小时	216	255	209	220	203
一次围油失败	次	537	418	361	292	261
1级流程安全事件	次	—	74	74	43	20
2级流程安全事件	次	—	—	—	154	110
石油泄漏（≥一桶）	次	234	261	228	204	185
石油泄漏量	百万升	1.2	1.7	0.6	0.8	0.7

资料来源：《BP集团2013年可持续发展报告概要》。

表6-4 BP的环境绩效

指标	单位	2009年	2010年	2011年	2012年	2013年
石油泄漏次数（进入陆地和水体）	次	122	142	102	102	74
残留石油量	百万升	0.2	0.8	0.3	0.3	0.3
直接二氧化碳排放量	百万吨	60.4	60.2	57.7	56.4	46.0
直接甲烷排放量	百万吨	0.22	0.22	0.20	0.17	0.15
直接温室气体排放量——二氧化碳当量	百万吨	65.0	64.9	61.8	59.8	49.2
间接二氧化碳排放量	百万吨	9.6	10.0	9.0	8.4	6.6
客户二氧化碳排放量	百万吨	554	573	539	517	422
放空燃烧碳氢化合物（上游）	千吨	2149	1671	1835	1548	2028
环保支出	百万美元	2483	18400	8521	7230	4288
环境和安全罚款	百万美元	66.6	52.5	77.4	22.4	2.5

资料来源：《BP集团2013年可持续发展报告概要》。

表6-5 BP的社会绩效

指标	单位	2009年	2010年	2011年	2012年	2013年
雇员人数——集团	人	80300	79700	84100	86400	83900
雇员人数——集团领导	人	492	482	516	546	530
集团领导层女性比例	%	14	14	15	17	18
管理层女性比例	%	23	24	25	25	27
集团领导层英美少数族裔人士比例	%	6	7	6	6	6

续表

指标	单位	2009年	2010年	2011年	2012年	2013年
集团领导层英美以外人士比例	%	21	19	19	20	22
雇员流失率	%	15	15	14	13	15
"员工帮助热线"案件	件	874	742	796	1295	1121
因不合规及不道德行为而被解雇的人数	人	524	552	529	424	113
雇员福利——包括工资、薪水、以股票支付的报酬、福利以及退休金	百万美元	12523	12256	12501	13448	13654
对社区的资助	百万美元	106.8	115.2	103.7	90.6	78.8

资料来源：《BP集团2013年可持续发展报告概要》。

气公司之一，以及世界上最大的国际能源公司之一的BP来说十分重要。为此，BP提出和实践"提供能源以推动人类文明进步与经济增长，满足人们对可持续环境的需求"的经营理念，积极应对全球资源能源挑战。显然，这一理念的践行和挑战的应对要求BP打造绿色产业链，包括对供应商绿色发展与产品提供的要求和管理，如要求供应商提供清洁技术、供应节能环保的设备等，这样可以提高资源利用效率，避免资源的浪费，让有限的资源创造更大的价值。

2. 落实公司可持续发展战略的需要

BP的可持续发展战略是以负责任的方式，帮助满足不断增长的能源需求，从而为股东创造价值。一方面，公司实施责任采购，有利于透明运营，提高采购效率和内部管理水平，并在上下游供应链营造公平竞争的行业环境，实现公司与供应链的可持续发展。另一方面，公司对供应商的严格要求可以约束供应链的质量、安全、健康、环境管理，让产品更能满足客户的要求，实现更多的营业收入，从而为股东创造价值。同时，公司营业收入的提高可以为社区发展提供更多的支持，也是为企业创造良好的外部发展环境。

3. 提升公司业务竞争力的内在要求

国际上石油行业竞争日趋激烈，人们的社会责任意识显著增强，企业履行社会责任已经成为全球趋势。BP只有保证自身是安全、负责任的，才能在全球实现大的发展战略，才能在更多国家开展经营活动。而公司成为安全、负责的作业方的能力在一定程度上取决于承包商的能力与绩效。2012年，在BP的402亿工时中，55%是由承包商完成的。因此，实施责任采购，提升供应商的安全、环境绩效，是保证公司负责任行为的非常重要的一环。通过供应商为公司提供先进技术和设备，以及公司为供应商提供培训和发展项目，实现互利共赢，能够达到供应链整体的管理水平和技术水平的提升。

4."深水地平线"事故后的紧要任务

2010年4月20日,英国石油公司在美国墨西哥湾租用的钻井平台"深水地平线"发生爆炸,导致大量石油泄漏,酿成一场经济和环境惨剧。美国政府证实,此次漏油事故是美国历史上"最严重的一次"漏油事故。英国石油对油井运营负有"最终责任",运行钻井平台的瑞士越洋钻探公司、负责油井水泥工程的美国哈利伯顿公司和止喷装置制造商卡梅伦国际也应担负监管油井的相关责任。用于加固油井的水泥出现问题是原油泄漏的主要原因。这表明加强供应商管理、实施责任采购对BP是亟须完成的任务。因此,BP必须以应对这次危机为契机,重塑发展战略,调整管理架构和体系,将可持续发展的理念更加紧密地与公司发展目标相结合,推动其全面融入公司采购管理中,避免采购物资问题而导致各种经营风险、社会奉献和环境风险。

三、公司责任采购管理的组织体系

BP在全球有8.39万名员工,其中从事采购与供应链管理的专业人士有1500人,管理着全球600亿美元的采购业务(不包含碳氢),[①]是BP责任采购管理的实施者。

1.采购管理部门

BP由于其公司的历史原因,一直是以事业部为单位进行分制,所以是分散采购与集中采购并存的模式。每个门类有一个跨部门的采购委员会,对本门类的采购项目进行细分,采用不同的采购策略和采购模式,以实现最大化的采购价值。同时,BP的采购与供应商管理有自己的市场资讯研究部门,即采购与供应链管理(PSCM)部门,负责收集、研究市场资讯、成本模型构成等,[②]为各部门/分部门的团队在承包和采购过程提供支持,为各部门负责人和成员提供管理报告、当地供应商所处行业分析、合同填写程序、需求规划流程及工具,以支持更有效和更高效的全球采购与供应链管理业务。[③]

2.采购团队

BP的采购团队依据不同的分管采购领域,分为各细分类别的采购团队、各

[①][②] 赵琳琳.采购模式不能"一刀切"——专访BP亚洲地区采购及供应链管理总监冯喆[J].石油石化物资采购,2011(10).

[③] 资料来源:BP公司网站(http://www.bp.com/)。

事业部内部的采购团队和业务服务中心的团队三类（如图6-4所示），并分别设定职责与分工：各细分类别的采购团队职责是负责高价值、风险、复杂度的采购细分和每类产品的供应商数量，包括对所负责的采购领域的授权合同（单个与多个供应商）和授权给地区采购团队的采购领域门槛。各事业部内部的采购团队职责是负责高/中等价值、风险、复杂度的采购细分和供应商数量。业务服务中心的团队职责是负责那些低价值、风险、复杂度的采购细分和供应商数量。那里过去很少或是没有集中什么资源，BP也没有相应的影响和稳固的关系。①

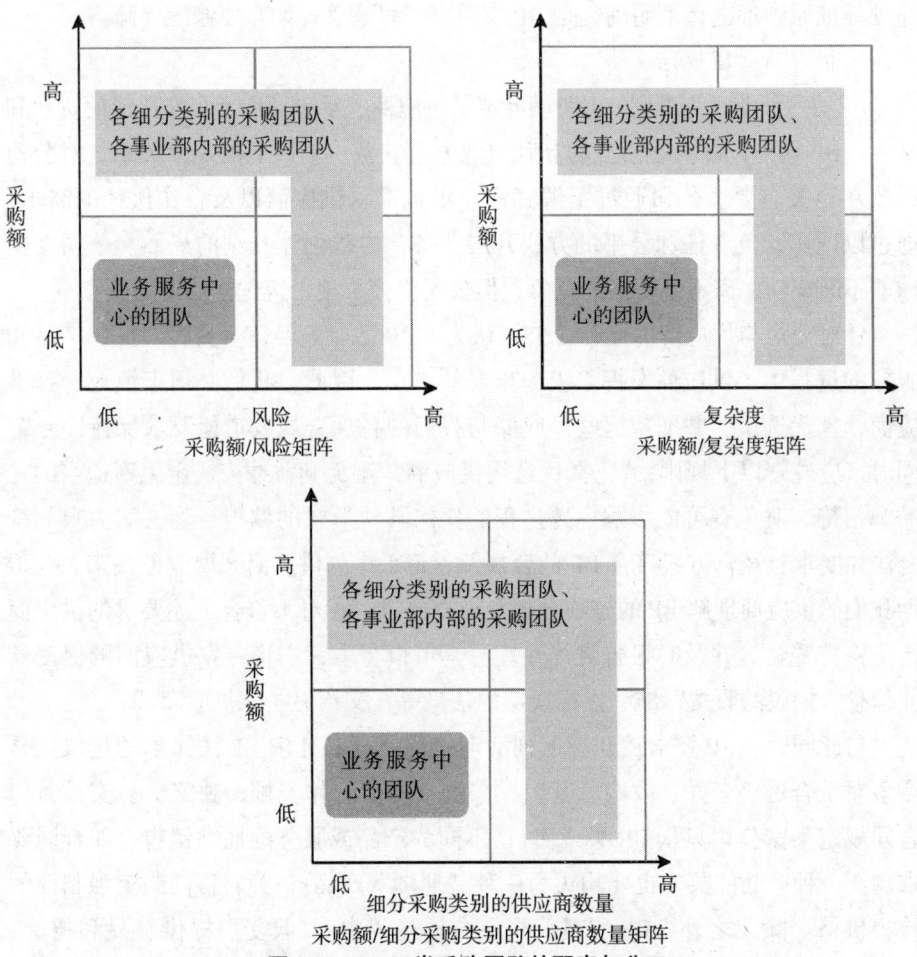

图6-4　BP三类采购团队的职责与分工

资料来源：冯喆.以卓越供应链优化采购运营［R］.中国石油装备采购国际峰会，2012年4月16-18日.

① 冯喆.以卓越供应链优化采购运营［R］.中国石油装备采购国际峰会，2012年4月16-18日.

四、公司责任采购管理的制度建设

BP 拥有包括供应商在内的众多合作伙伴，在长期的合作发展中，BP 已经建立了相对成熟的合作机制。2005 年，BP 发布了《商业行为准则》，界定了公司履行社会责任的范围和方式，主要包括健康、安全、保安和环境，员工，商业合作伙伴，政府和社区，企业资产与财务诚信等方面，是公司履行社会企业责任的原则指南和操作规范。这一准则对供应商管理规范、采购人员行为规范、违规处理原则都进行了明确，是 BP 实施责任采购管理的重要制度保障。

1. 供应商管理规范

BP 在《商业行为准则》中明确界定了供应商、承包商以及合作伙伴的责任和义务。BP 认为，建立在信任和互利（双方都获益）基础上的业务关系，对公司的成功至关重要。公司通过了解客户、承包商、供应商以及合作伙伴的需求，通过以诚实、负责任和公平的方式开展业务，力求创建互利的局面。公司在全球的不断成功，离不开积极的竞争，但公司将公平地、遵纪守法地展开竞争。

针对公司与供应商的交往，公司认为"BP 的业务经营及为客户提供产品和服务的过程中，供应商发挥着极为重要的作用。因此，我们必须审慎地选择供应商，择优选用，并期望这些供应商与我们的各项合规及道德要求保持一致"。同时，应遵守以下规则："①择优选用供应商，避免利益冲突、避免不适当的礼品和招待，避免有可能影响挑选过程的任何其他形式的偏袒行为。②力求与符合法律要求且经营方式符合 BP 的合规及道德承诺的供应商开展业务往来。③帮助我们的供应商理解 BP 的各项合规及道德要求。④对不符合上述要求的供应商行为保持警觉，并及时报告直线经理。⑤审慎行事，不将一家供应商的保密商业信息（提议的收费标准、投标成功的信息等）交给另一家供应商。"

与此同时，BP 要求在开展下列活动之前，务必征求 BP 法律部的建议：与竞争对手合资、合并、收购、营销、采购或类似合作安排；独家交易安排（如合同规定某家公司只从 BP 买或卖）；不同的产品或服务的捆绑销售（如合同要求购买一种产品的买方也要购买另一种"捆绑"产品）；为转售商制定强制性的转售价格。除此之外，BP 还对公司在合作过程中，"收受、提供礼品和招待；利益冲突；竞争及反垄断；贸易限制、出口管制和抵制方面的法律；洗钱"等内容进行了规定。

2. 采购人员行为规范

BP 对员工绝对不可接受的礼品和招待以及也许可接受，但须事先批准的礼品和招待内容进行了规定。

（1）绝对不可接受的礼品：非法的礼品或招待（违反当地或国际反贿赂法规，向政府官员提供的任何礼品或招待）；涉及招标或竞标的礼品或招待；现金或现金的等同物（如礼券、贷款、股票、股票期权）；作为交换条件的礼品或招待（即提供是为了换取）；猥亵、色情性质的招待，不符合 BP 有关相互尊重的承诺的招待，或可能对 BP 的声誉产生不良影响的招待；为避免向公司报告或请求批准，而由个人支付的礼品或招待。这些礼品和招待肯定是错误的，绝对不可允许，而且也没有人能够批准。

（2）也许可接受，但须事先批准的礼品和招待：超过 250 美元或当地 BP 管理层设定的标准（以两者中较低金额为准）的招待；价值超过 50 美元（或当地设定的更低标准）的礼品；可能超过 150 美元（或当地设定的更低标准）的奢华宴请；特殊的大型活动——如世界杯球赛或大型高尔夫锦标赛（这些活动的入场券价值通常超过 250 美元）；旅行或食宿服务。这些可能被允许，也可能不被允许，必须根据实际情况，获得直属经理或集团副总裁（GVP）的批准。

3. 违规处理原则

BP 寻求与按照类似于《商业行为准则》原则开展运营的承包商合作。在可行的情况下，BP 寻求让承包商通过合同条款承诺遵守并在工作中遵循《商业行为准则》。在承包商不遵守其义务时，在 BP 有权利的情况下，将考虑终止与其的合同；或在承包商行为方式与公司的价值观或《商业行为准则》不一致时，考虑不再与其续签合同。2012 年，根据 BP 集团各业务部门的报告，共有 6 家供应商的合同被终止或未予续签，主要原因是其违反健康、安全、安保或环境要求，或盗窃财物。相比 2009 年终止了 30 份合同，2010 年、2011 年各 14 份，[①] 终止的供应商合同数逐渐下降，由此可见，《商业行为准则》对供应商起到了越来越强的约束作用。

五、公司负责任的供应商管理实践

BP 与业内同行一样，很少孤立作业，为了各项工作顺利开展，需要与供应商、承包商和其他合作伙伴进行合作。BP 认为，"我们履行企业责任的能力，在一定程度上取决于我们的供应商、承包商以及合作伙伴的行为。我们以各种方式解决这个问题，从培训和对话，到借助具有法律约束力的协议确认运营标

---

① 资料来源：《BP 集团 2012 年可持续发展报告概要》。

准",①实现对供应商的负责任的管理。

1. 供应商评估

在挑选供应商、承包商的时候，BP的尽职调查旨在识别安全、贿赂和腐败、洗钱以及贸易制裁方面的风险。在上游业务领域，公司采用系统化的挑选流程，包括对某些潜在后果严重的活动进行合同前的质量、技术以及健康、安全、安保和环境审查。

BP拥有一套供应商认证、管理和考核体系。以BP在中国的国际采购中心为例，BP需要认证供应商的质量管理体系、社会责任与合规，以及考核所要采购的货品或服务是否符合BP要求。供应商质量体系评估包括评估供应商质量体系、流程控制、设施、资源管理、技术与制造能力，以及以ISO9000、TS16949等标准为基础的评估。供应商社会责任评估包括对供应商的环境、安全、健康、劳动法、遵守所在地的法律、法规和行为准则等方面进行评估。同时，供应商评估通常还要对供应商是否符合反腐败等其他标准的要求进行预审核。

在评估的基础上，BP会对所有的供应商进行定期分类，对20%的战略供应商，会进行更高层次的协作或合作，包括扩大采购规模、协作开发新的产品和新的解决方案。

2. 供应商自我验证与审验

BP期望供应商、承包商依据其自身安全管理体系开展系统性工作，也期望供应商、承包商进行自我验证，确保他们遵守并使用自身的安全管理体系。对涉及潜在后果严重的活动的新供应商、承包商，BP会在授予合同前对其进行安全、技术以及质量审查。为更好地评估供应商、承包商的绩效，在潜在后果严重的工作上，BP把流程安全与高质量的主要绩效指标写入合同。

3. 承包商管理审查

"深水地平线"事故发生后，BP对承包商管理实践开展了一项深入的审查，力求记载整个BP集团乃至使用承包商从事潜在危险的活动的多个行业的最佳实践，并从中学习经验教训。公司研究了六个行业（航空公司、采矿、建筑、医药及化工、核能以及宇航）的21家大型组织。

审查发现，在潜在高风险领域开展工作的这些组织，公司正在集中关注与选定承包商建立更为深厚、长远、高质量的良好关系，且倾向于选择拥有相似组织结构和实践行为的承包商。例如，在BP的全球项目组织中，公司已与7家

---

① Bernard Looney. Managing Risk in the Supply Chain.

供应商签署了关于工厂视察与监督服务的全球协议，涵盖了以前由60多家供应商进行的工作。

通过此次审查，公司确定有必要在每一个流程的每个阶段都明确界定责任和决定权，并重点关注促使承包商关系有效发挥作用所需的运营活动，如培训、监督和审查。对承包商资格的严格鉴定，包括针对关键角色的素质评估，也十分重要。2012年，BP继续在与承包商合作方面实施变革，在集团范围内确认涉及具有严重潜在后果的活动的合同，并优先对这些合同进行更高程度的监督。

4. 供应商/承包商风险管理

"深水地平线"事故发生后，BP立即采取行动，全面加强供应商/承包商风险管理。2011年，BP进行了承包商风险评估、战略选择与行动分析、在平台交流经验，2012年开始在供应链上游和BP集团将经验运用到实践中，如图6-5所示。

图6-5 BP的供应商/承包商风险管理实施过程

资料来源：Bernard Looney. Managing Risk in the Supply Chain.

BP确定了供应商/承包商风险管理六个关键的主题：①一致的标准和优先事项；②与更少的承包商建立更深、更长期的关系；③详细系统地选择承包商；④明确和具体的合同；⑤强化监督和核查；⑥保证承包商人员的可胜任，并一直围绕这六个主题展开行动，如表6-6所示。

表6-6 BP供应商/承包商风险管理的主题及行动

① 一致的标准和优先事项	② 更少、更深、更长期的关系
● 虽然BP与供应商是分割的结构，但必须制定一致的标准和优先事项	● 更少的承包商
	● 长期的综合关系
● 优先事项必须明确	● 关注潜在严重后果的活动
● 执行团队成员预先审查可能造成严重后果的风险	● 根据风险和开销鉴定战略性承包商
● 持续改善BP的标准	● 执行赞助和定期绩效评价

续表

③ 详细系统地选择承包商 ● BP发展和生产部门成立合同治理委员会 ● 严格评估 ● 批准供应商名单 ● 审计	④ 明确和具体的合同 潜在严重后果活动的合同： ● 增强安全管理 ● 标准合同条款和条件 ● 责任列表 ● 合同摘要
⑤ 监督和核查 ● 新的核查标准 ● 成立安全和经营风险委员会 ● 油井钻塔审计 ● 油井活动操作检查 ● 有针对性地干预 ● 操作停工、暂停或延迟	⑥ 能力 BP能力： ● 适当的PSCM标准结构 ● 招聘计划正在进行中 承包商能力： ● 关键岗位 ● 能力评估

资料来源：Bernard Looney. Managing Risk in the Supply Chain.

5. 供应商/承包商合作

在与供应商、承包商合作方面，BP的运营管理体系内部分别有集团范围和业务部门特定的要求与实践。公司期望供应商、承包商及合作伙伴在代表BP开展工作时遵循法定要求，并持之以恒地按照BP《商业行为准则》的各项原则开展运营。比如，在钻探作业中，在评估了公司的标准与承包商标准之间的差异的情况下，公司要求拟定衔接文件。这些文件界定两套或更多安全管理体系如何共存，使BP与承包商能够展开合作和协调。其目的是在两方面提供保证，即第三方提供的商品、设备和服务达到合同及BP要求，同时各方对相关责任有一致的、共同的理解。

6. 供应商/承包商合同管理

BP正在提高与供应商、承包商之间沟通的清晰度与一致性。这一点从合同做起——合同清晰具体地阐明了公司对供应商、承包商的期许；同时公司正审查合同并考虑合同语言及内容标准化的机会。BP把当地供应商条款纳入公司与战略供应商的合同之中，确保它们在适当或必要时与当地供应商合作。

BP有负责上游合同的治理理事会，审查与核准供应商战略，以及那些可能具有潜在后果的活动的合同。这些理事会将业务线、供应链职能部门以及安全与运营风险职能部门的专业知识集中到一起。

7. 供应商资讯管理

BP对采购进行市场资讯的搜集和管理，其中针对供应商的资讯包括：供应商健康状况，包括财务稳健性评估、运营稳定性、增长潜力；深层诊断，包括供应商竞争力分析、运营健康状况诊断、策略方针评估、组织能力评估。

8. 供应商能力提升

在一些地方,BP 实施多个计划,以提高企业的技能,发展当地的供应链。这些计划旨在帮助当地企业增加权能,达到成为供应 BP 和其他组织企业所必需的标准。例如,在健康与安全领域里,BP 就需要达到的标准提供培训。同时,BP 也获益于商品和服务的本土化采购。[①]

六、公司实施责任采购的特色实践

BP 作为全球领先的跨国公司,不断通过供应链的改善来实现采购运营的优化,形成独具特色的责任采购实践模式。

1. 精细采购

BP 根据社会责任要求、产品特点、部门资源等因素进行精细化采购,针对不同的产品采用不同的采购模式。其中,针对加工设备的采购,BP 采用以公司采购团队为主导的"中心主导模式";针对维修、修理和运营,BP 采取以供应商为主导的"工厂主导模式"。"中心主导模式"和"工厂主导模式"的基本做法如表 6-7 所示。

表 6-7 BP 的"中心主导模式"和"工厂主导模式"

采购模式	基本做法
中心主导模式	● 建立需求计划以便在尽可能早的时间里确认对加工设备的要求,从而实现用最小的成本获得最大的竞争优势 ● 在工厂为每个设备的细分类别确认一个有竞争力的预认证的供应商核心名单,同时用这个名单反复对公司的要求进行竞争性投标,由此降低供应商数量并加强和每个供应商之间互动频率 ● 通过对每个订单的执行情况进行评估来考量每个供应商的表现,用这些收集好的信息来维经过预认证的投标者核心名单 ● 确保内部所有的利益相关方理解并且执行相关策略,以实现公司现在和将来需求的最大竞争力 ● 每个工厂的实际供应商组合取决于每个当地市场的供应商的能力,但是,要大力开发使用相同供应商的可能性以提升价值
工厂主导模式	● 为每家独立的工厂改进供应链管理,使其分配和整合的供应商数量达到最佳水平,从而取得当地有竞争力的市场支持,同时这些供应商合作以保证在程序简化、运营资金减少、需求管理和成本下降的情况能实现供应链的诚心与可靠 ● 确定一些良好的、能力出众的供应商并与之合作,开发其产品系列、技术和地域能力,以便进一步巩固与他们的关系,这为每个工厂将来实现进一步的价值创造提供了渠道 ● 每个工厂的实际供应商组合取决于每个当地市场的供应商的能力,但是,要大力开发巩固供应商关系以提升价值

资料来源:冯喆.以卓越供应链优化采购运营[R].中国石油装备采购国际峰会,2012 年 4 月 16-18 日.

[①] 资料来源:《BP 集团 2012 年可持续发展报告概要》。

2. 绿色采购

"致力保护自然环境,保障我们所在社区的健康和安全"是 BP 公司的一项核心承诺。BP 坚持无论在哪里经营,都将最大限度地减少自己的经营活动对环境造成的损害,在采购过程中始终关注产品本身、生产过程以及物流、仓储、运输是否达到绿色环保的要求。

(1) 供应商环境制度。BP《商业行为准则》中对环境管理的规定,除了全面遵守所有法律要求外,公司通过有效利用自然资源以及减少废弃物和废气排放,不断减少公司的经营活动对环境和健康带来的影响。这些要求适用于 BP 在世界各地的所有业务活动,以及所有设施、装置、炼油厂和办公楼。基于这一原因,BP 集团对外公布自己的环保、健康和安全记录。BP 的员工及供应商必须遵守这些基本规则,勇于承担责任,确保产品和经营活动达到适用的政府标准和公司标准中更为严格的标准;以对环境负责的方式,安全处理、运输和安放原材料、产品及废弃物;迅速报告任何违反 HSSE 法律或 BP 自身的 HSSE 要求的行为。

(2) HSSE 管理系统框架。为实现其健康、安全、保障、环境(HSSE)目标,BP 已建立了一套 HSSE 管理系统框架,即"做好 HSSE 工作"(gHSSEr),为发展当地/工地/设施的 HSSE 管理系统提供了基础。该框架可帮助直线经理们集中关注关键的 HSSE 需求,预测及分配资源,为 HSSE 活动制定方向,持续提高 HSSE 业绩。该框架涵盖全方位的健康、安全和环境风险管理,包括个人保安和产品管理。

(3) 后勤运输管理。[①] BP 一直致力于建立对环境更友好和负责的全球供应链。2011 年,BP 在中国的跨国采购团队与中国供应商共同协作研制了能适合马来西亚当地法规的针对苯二甲酸(PTA)产品的新的储运"铝合金立罐半挂车",仅 2011 年一年,共向 BP 马来西亚的后勤服务承包商出口了 23 台这种新型 PTA 产品的储运"铝合金立罐半挂车",为 BP 马来西亚显著提升了 PTA 产品的储运效率。该项目实现了一系列低碳与可持续性发展的业务目标,显著降低燃料消耗和排放,减少了运输量,减少的运输里程也降低了潜在的在路上的事故。

3. 廉洁采购

BP 将廉洁采购的理念贯穿整个采购流程,从制度、体系等方面对廉洁采购提供保障。从制度方面来看,对于工作涉及挑选供应商或与其合作的员工,BP

---

① 冯喆. 以卓越供应链优化采购运营 [R]. 中国石油装备采购国际峰会,2012 年 4 月 16-18 日.

在《商业行为准则》中对其规定了必须遵守的规则，并建议员工将供应商偏离本《准则》的任何行为报告给当地采购经理，以强化公司供应链的廉洁建设。特别是，BP对员工绝对不可接受的礼品和招待以及也许可接受，但须事先批准的礼品和招待内容进行了规定。从流程体系来看，BP在防止腐败方面，在全公司内有一套健全的采购流程（采购到付款全流程），主要强调分权、透明度和人员培训。具体来说，BP采取分散采购与集中采购并存的采购模式，实现一定程度的分权。跨部门的配合、直属经理汇报机制和员工帮助专线OPENTALK加强了采购信息的及时沟通，提高了采购的透明度。公司对采购人员开展针对《商业行为守则》中有关廉洁采购的内容，以及全套采购流程的培训。

七、公司实施责任采购管理的成效

BP实施责任采购管理对公司的日常运营和社会责任绩效产生了显著作用和效果，同时提升了整个供应链的经济、环境、社会综合价值。

1. 经济效益

BP公司在推行责任采购之后，提升了公司内部管理水平，对提高采购效率、降低采购成本、避免采购风险等方面有很大促进作用。同时，责任采购也促进了供应商经营管理水平的提升。在众多供应商的有效保障下，BP得以成为全球领先的企业，其经营活动遍布六大洲80多个国家。2013年，BP的营业收入3882.85亿美元，石化产品产量1394万吨，重置成本利润236.81亿美元，支付股东股息54.41亿美元，由BP创造的经济价值达4033亿美元。[①]

2. 环境效益

BP通过实施责任采购，促进供应商严格遵守公司对环境、安全的要求，共同降低了对安全、环境的负面影响。2008~2013年，石油泄漏次数逐渐减少，直接二氧化碳、甲烷、温室气体排放量逐渐减少，环境和安全罚款由2008年的66.6百万美元降至2013年的2.5万美元。[②]

3. 社会效益

BP公司每年采购量很大，拥有众多的供应商。推行责任采购政策后，对公司上下游供应商产生了很大影响。通过约束采购团队和供应商行为，防止了商业贿赂和腐败案件的发生，提高了采购的廉洁和透明程度，促进了行业的公平、

---

① 资料来源：BP中国公司网站（http://www.bp.com/zh_cn/china/）。
② 资料来源：《BP集团2013年可持续发展报告概要》。

正当竞争。BP 的责任采购实践对整个石油行业起到了指引作用，促进了行业内的采购活动的规范化。

八、评价与启示

BP 实施责任采购管理，建立了完善的责任采购机制、制度、流程、评估方式，并将此项工作持续推进，严格执行，实现集团与供应链的可持续发展，为其他企业开展责任采购管理提供了有益的启示与借鉴。

1. 重视供应商/承包商风险管理

"深水地平线"事故对 BP 触动非常大，基于这一事故的教训分析，BP 开始将供应商/承包商风险管理作为实现公司可持续发展的关键战略之一。BP 不仅对承包商管理实践开展了深入的审查，开展了承包商风险评估，并制定了相应的流程优化与战略行动策略。而且，自 2012 年起，BP 将承包商风险管理的经验与做法在整个集团和供应链上游进行推广，确定了供应商/承包商风险管理六个关键的主题，以及针对每一个主题的具体行动。供应商/承包商风险管理对于 BP 防范采购风险、获得有质量保障和饱含责任的材料与物品发挥了重要作用，为公司的稳定经营与可持续发展提供了有力支撑。

2. 注重对责任采购管理的全方位保障

BP 十分重视将可持续发展理念融入采购管理之中，并从组织、制度和体系等方面全方位保障公司责任采购管理的实施。从组织保障来看，BP 每个门类有一个跨部门的采购委员会，且有专门的采购与供应链管理（PSCM）部门，为公司在采购过程提供当地供应商资讯收集、市场资讯研究、供应链风险分析、需求规划流程及工具等支持。同时，依据不同的分管采购领域，设定了三类采购团队，分别负责不同的职责与分工。从制度保障来看，BP 以企业价值观、可持续发展理念、公司战略为指导，制定了《商业行为准则》，规范供应商管理行为、采购人员行为和违规处理，以用来指导公司所有的采购行动，同时这些制度能够得到有效的执行，并进行定期评估和改进，为 BP 的责任采购工作推进提供了重要保障。从体系保障来看，BP 拥有高效的公司治理和完善的管理框架，安全、道德及环境委员会是其重要的社会责任管理机构。BP 创建了一套新的运营管理体系（OMS），并在 2006 年创建了集团运营风险委员会和集团财务风险委员会，使风险管理和公司治理及管理整体上都得到了有力提升。BP 从持续完善管理架构、运行体系、指标体系、实践、报告等方面不断推进责任采购工作，形成了较为系统的推进路径。

第二节 法国电力集团的责任采购管理实践

一、公司简介与社会责任概览

1. 公司简介

法国电力集团（éLectricité De France，EDF）成立于 1946 年，是欧洲能源行业中的龙头企业之一，经营范围涉及发电、输电、配电和售电业务的电力价值链各个领域，业务范畴涵盖核电、火电、水电、天然气和能源服务领域。EDF 集团经营区域遍及五大洲，在法国和英国电力市场中占据主导地位，在意大利和许多其他欧洲国家也有着坚实的地位，并且在亚洲和美国开展业务。在运营所在地，集团是优质公共能源服务型企业的楷模。

截至 2013 年底，法国电力在全球拥有员工 158467 人，客户数量达 3910 万人，销售额 756 亿欧元，共发电 653.9 万亿千瓦时，装机容量 140.4 亿瓦。二氧化碳产生率 85.1%，通过电能和热能每发电 1 千瓦时排放二氧化碳 116.3 克，该二氧化碳排放量低于欧洲能源行业平均水平的近三倍。2014 年，EDF 在《财富》世界 500 强企业排名中，名列第 70 位。

为了适应法国和欧盟国家电力市场的开放要求，2000 年 7 月，法国电力集团将发电与输电资产、人力资源和组织机构分离，成立两个独立公司，财务独立核算，并完成了发电公司的股份制改造，成为国家控股的发电股份有限公司，并于 2005 年 11 月整体上市。输电资产部分组成了电力运营与调度中心，并经营国家高度集中的电力运营与调度、电力市场监管业务，即独立于法国发电公司的输电网管理机构——电网公司（Réseau de Transport d'Electricité，RTE），并控制法国高压输电网，RTE 公司的主要职能是确保各发电厂公平接入电网系统。ERDF（électricité Réseau Distribution France）公司建立于 2008 年 1 月 1 日，属于 EDF 公司全资子公司，与地方政府签订特许权经营协定，同样受国家电监会监管。主要负责法国电力的配售业务。①

2. 社会责任概览

（1）可持续发展承诺。法国电力集团之所以成为全球电力企业履行社会责任的榜样，一个主要原因是其有整套完整、成熟的企业社会责任理念。法国电

---

① 张鸽梅. 法国电力供应链管理经验的启示 [J]. 贵州电力技术，2013（10）.

力从自身的行业特点出发，对利益相关方关系、自身所承担的经济责任、社会责任、环境责任都有一个全面认识。EDF认为公司面临的是环境、社会责任和公司治理这三大挑战，并提出通过九项承诺来回应这些挑战，如表6-8所示。

表6-8 EDF可持续发展承诺

领　域	承　诺
环境：应对气候变化与保护生物多样性	● 保持作为欧洲大型电力公司中碳排放最低的企业 ● 在设备、产品及服务中融入气候变化因素 ● 减少对自然环境尤其是对生物多样性的影响
社会责任：促进能源获取，与当地社区建立紧密联系	● 促进能源获取并提高能源效率 ● 与经营所在社区建立和维持密切的联系 ● 支持主要能源议题的教育
公司治理：通过对话、信息披露和沟通对可持续发展做出贡献	● 积极与利益相关方就集团的价值观和战略开展对话 ● 就集团的可持续发展行动进行沟通与披露 ● 积极参与国际、国内的可持续发展讨论

资料来源：EDF Group Corporate Sustainable Development Policy.

（2）可持续发展目标。EDF的目标是使集团成为全球可持续发展领域的标杆，并且使可持续发展成为整个集团的每个员工所关心的问题，建立起长期目标，为所有决策和结果建立有效的监控，使可持续发展成为其管理政策的中心。对于EDF，这意味着：开发能源方面，包括可再生能源，要做出可持续的选择，发掘有创造性的可持续方案，为顾客开发出新的服务，包括节能和绿色能源；与供应商和合作伙伴共同改进方案选择和服务质量；加强与利益相关群体的建设性和开放性的对话；将提高能源效率作为公司未来的重中之重。

（3）可持续发展战略。EDF为致力于公司的可持续发展目标制定了三大发展战略：

第一大战略：确保公司治理的有效性。具体做法：促进公司与股东之间的对话；履行公司的承诺（即符合《21世纪议程》、《公共服务协议》以及《全球契约》）；为促进公司的透明度和风险管理，培养必需的控制力。

第二大战略：以廉价供电满足业务所在区市场的远景规划，满足当地人民的需求。

第三大战略：运用集团在核能、水力发电、节能方面的经验和技术，减少温室气体排放造成的影响，对全球环境管理事项积极做出贡献。

（4）可持续发展管理。EDF建立了较为完善、内外结合的社会责任管理体系。在公司治理结构中引入利益相关各方代表以参与公司政策制定和运营管理，接受内外公开监督；构建基于涉及经济、社会和环境三重底线的较为完善的绩效指标，并持续收集、公开披露；进行公开透明、及时有效的社会责任信息披露；建立与雇员、投资者、用户、供应商、社区、政府、非政府组织等多元利益相关方的关系管理措施。

从2004年11月开始，EDF已经完全按照上市公司的要求设立其组织结构，集团由董事会、执行委员会、专业顾问委员会以及其他特别委员会共同管理。其中专业顾问委员会中设置了伦理委员会，特别委员会中设立了环境委员会。同时，为实施可持续发展战略，公司治理机制充分考虑利益相关方的要求，公司董事会及所属的专业委员会成员吸纳了外部利益相关方代表（如用户代表）、法国政府股东和员工代表。2004年开始，EDF邀请利益相关方代表，成立了可持续发展小组，以帮助公司推进可持续发展战略，建设管理体系，落实社会责任，把可持续发展融入日常业务运作。可持续发展工作小组的成员是多元化的，其中有来自高校的学术专家，如来自牛津大学环境变化学院能源分部的院长Brenda Board-man、来自英国经济和社会研究委员会的主席Frances Cairn Cross、

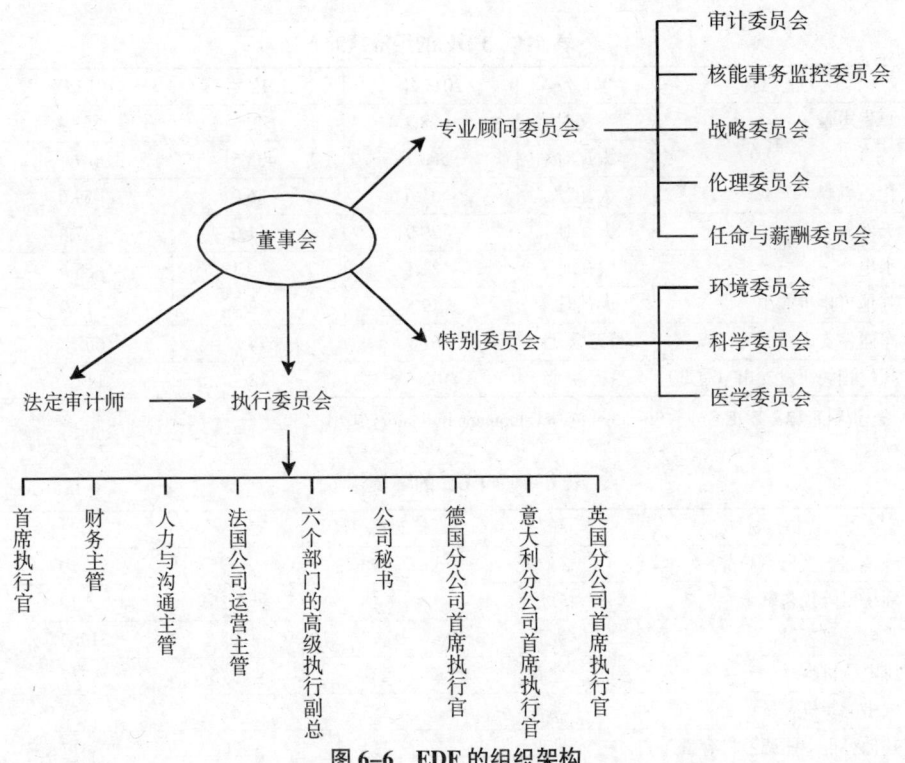

图6-6 EDF的组织架构

资料来源：王敏等.世界知名电力企业社会责任创新实践[M].北京：中国电力出版社，2009.

来自世界可持续发展工商理事会的战略与可持续发展方面的咨询师以及国际透明度组织法国分部的长官,还有来自法国国际关怀组织的成员和一些很重要的非政府组织成员等。除了上述外部工作组成员,该小组还包括法国电力集团内部的一些专家,主要涉及企业的董事会、可持续发展、战略管理、环境管理、伦理管理、人力资源管理和外部联络等方面的人员。

此外,法国电力集团还于2006年成立了一个内部的"企业社会责任对话委员会",以跟踪企业社会责任协议的实施;同时,EDF通过其"地方信息委员会"与利益相关方保持沟通,了解它们的需求和期望。此外,在不同分支机构中,也成立了相应的机构,例如,英国EDF能源公司成立了一个跨董事会的企业社会责任战略小组,每季度举行一次碰头会议,讨论如何推进公司在不同社会责任议题方面的规范和行动。

(5)可持续发展绩效。EDF在可持续发展方面取得了令人瞩目的绩效,经济绩效、环境绩效和社会绩效都得到持续进步,分别如表6-9、表6-10和表6-11所示。

表6-9 EDF的经济绩效

指 标	单 位	2011年	2012年	2013年
总发电量	太瓦时	628.2	642.6	653.9
核电	太瓦时	500.1	485.5	487.1
化石燃料	太瓦时	51.6	56.9	59.6
天然气	太瓦时	29.9	41.6	37.8
水电	太瓦时	37.1	46.3	55.5
其他可再生能源	太瓦时	9.5	12.4	13.9
净研发支出	百万欧元	562	574	652
环境相关研发支出(总部)	百万欧元	105	113	112

资料来源:EDF Group Sustainable Development Indicators 2013.

表6-10 EDF的环境绩效

指 标	单位	2011年	2012年	2013年
环境保护支出(总部)	亿欧元	28	35	29
环境风险预备资金	亿欧元	18	25	19
水电装机容量	兆瓦	21417	21933	21982
风电装机容量	兆瓦	3231	4345	4782
太阳能装机容量	兆瓦	353	428	555
其他可再生能源装机容量	兆瓦	314	266	617

续表

指标	单位	2011年	2012年	2013年
可再生能源发电比例	%	6.8	9.1	10.5
可再生能源发电、发热量（不包含水电）	亿千瓦时	11032	15583	17198
水力发电量	亿千瓦时	37128	46321	55489
风能发电量	亿千瓦时	6272	8533	11258
太阳能（光伏）发电量	亿千瓦时	357	483	556
生物质能发电量	亿千瓦时	2333	2840	1602
生物质能发热量	亿千瓦时	1543	3224	3334
潮汐能发电量	亿千瓦时	527	503	449
销售给最终用户的绿色电量	亿千瓦时	13446	16682	21865
电力和热力生产的二氧化碳排放	克/千瓦时	99.6	117.0	116.3
SF_6排放	万吨二氧化碳当量	—	109.8	95.2
CH_4排放	千吨	32.2	40.5	38.2
N_2O排放	千吨	254.7	329.9	348.9
电力和热力生产的二氧化硫排放	克/千瓦时	0.20	0.20	0.19
电力和热力生产的氮氧化物排放	克/千瓦时	0.22	0.27	0.25
碳-14排放	吉贝可/反应堆	13.06	13.19	12.51
超重氢排放	太贝可/反应堆	18.07	20.47	18.38
传统工业废弃物回收量	吨	294378	253412	251908
传统工业废弃物回收利用率	%	69.3	65.6	69.9
绿色清单废弃物回收利用率	%	92.1	93.8	96.3
冷却水引入量	亿立方米	55.3	54.8	53.9
冷却水排放量	亿立方米	54.6	54.2	53.4
水蒸发量	亿立方米	583	545	549

资料来源：EDF Group Sustainable Development Indicators 2013.

表6-11 EDF的社会绩效

指标	单位	2011年	2012年	2013年
女性管理者比例	%	23.9	25	25.7
新员工	人	12755	12577	10.945
从培训中受益的员工比例	%	76.4	82.2	85.1
缺勤天数	天	—	9.0	8.8
残疾员工人数	人	4601	4519	4645
新员工残疾人数（总部）	人	94	124	110
事故发生率	%	3.9	3.8	3.1

续表

指标	单位	2011年	2012年	2013年
事故损失率	损失工作日/1000工时	0.14	0.16	0.16
涉及至少损失1个工作日的工作场所事故数	次	933	921	750
致命事故数	次	13	14	4
平均集体辐射剂量（总部）	人—西弗/反应堆	0.71	0.67	0.79
商业活动直接带动创业岗位	个	—	—	158467
商业活动直接带动创业岗位	个	—	—	475498
推荐就业/半工半读资格的机会数（总部）	人	1406	1879	2215
已经签订职业培训合同的人数	人	499	473	336

资料来源：EDF Group Sustainable Development Indicatiors 2013.

自2005年以来，EDF被纳入欧元区ASPI指数中，这一指数包括120家在社会和环境领域表现最佳的欧洲上市公司。EDF被评为法国20家最先进的公司之一以及欧洲120家最先进的公司之一。2012年，法国电力集团以总分55/100排名电力行业第九名，具体绩效如表6-12所示。

表6-12 VIGEO对EDF的评价结果

领域	2008年评级	2009年评级	2011年评级	2012年评级
人权	行业领先者	行业领先者	积极行动者	积极行动者
环境	行业平均水平	积极行动者	积极行动者	行业平均水平
人力资源	积极行动者	积极行动者	行业领先者	行业领先者
商业行为	积极行动者	行业平均水平	行业平均水平	表现不佳
公司治理	行业平均水平	行业平均水平	行业平均水平	行业平均水平
社区参与	行业领先者	行业领先者	行业领先者	行业领先者

资料来源：EDF集团网站（http://www.edf.com/）。

二、公司实施责任采购管理的动因

由于能源行业特点、国有企业属性、市场环境以及社会责任要求，决定了法国电力集团需要实施负责任采购管理。

1. 应对全球能源资源挑战的客观要求

经济发展能源先行，能源是全球经济社会发展的三大支柱之一。今天，所有的能源公司都在面临的挑战是要应对日益增长的能源需求，同时应对气候变化。而作为世界上最大的电力供应商之一，法国电力集团站在这一挑战的最前沿。因此，可持续发展是它们的战略心脏，而实施负责任的责任管理则是实现可持续发展的重要途径。因为供应商在法国电力集团的经营管理中发挥了重要作用，如提供清洁技术、供应节能环保的设备等，可以提高资源利用率，避免资源的浪费，让有限的资源创造更大的价值。

2. 落实公司可持续发展战略的需要

法国电力集团为实现公司的可持续发展目标制定了三大发展战略：确保公司治理的有效性；以廉价供电满足业务所在区市场的远景规划，满足当地人民的需求；运用集团在核能、水力发电、节能方面的经验和技术，减少温室气体排放造成的影响，对全球环境管理事项积极做出贡献。为实施公司的可持续发展战略，首先，必须在公司治理中融入可持续发展理念，考虑利益相关方利益，而供应商是法国电力集团的重要利益相关方之一，因此，需要开展负责任的供应商管理。其次，实施责任采购可以降低采购风险，提高采购效率，降低采购成本，从而满足廉价的电力供应。最后，在采购过程中需要考虑环境影响，采购节能环保的产品，才能实现对环境的有效管理。

3. 提升公司业务竞争力的内在要求

人们的社会责任意识已经苏醒，企业履行社会责任已经成为全球趋势。法国电力集团只有保证自身是负责任的、可持续发展的，才能在全球实现大的发展战略，才能在更多国家开展经营活动。公司成为负责的、可持续发展的企业，其能力在一定程度上取决于承包商的能力与绩效。因此，实施责任采购，提升供应商的安全、环境绩效，是保证企业负责任非常重要的一环。通过供应商为公司提供先进技术和设备，以及公司为供应商提供培训和发展项目，实现互利共赢，能够达到供应链整体的管理水平和技术水平的提升。

三、公司实施责任采购管理的历程

法国电力集团自2003年以来，开始了责任采购的探索与实践。10年间，公司从与供应商签订可持续发展章程，到在合同中增加可持续发展条款，再到制定责任采购的政策、制度等，逐渐形成了公司自身的责任采购管理体系，其历程如表6-13所示。

四、公司责任采购管理的组织体系

法国电力集团具有较完善的采购管理组织体系，建立了采购部门，针对不同类别的采购进行分工，并对采购人员提供承包商管理培训和可持续发展培训。

表 6–13 EDF 责任采购管理的历程

年份	责任采购管理举措
2003	● 与供应商签订《进步与可持续发展章程》 ● 集团采购部在其合同中增加了一项禁止使用童工的条款 ● 一个有关环境的法律条款逐渐引入采购合同中，并与附加的社会和伦理条款共同形成了新的普通采购条款
2004	与供应商共同制定采购政策
2005	制定《法国电力集团与供应商可持续发展宪章》
2007	● 将公司的环境政策与环境管理体系相融合 ● 在法国，将供应商章程纳入合同条款中，提出了供应商评估标准，开始了第一次供应商审计 ● 在英国，EDF 依据全球契约对供应商进行评估
2008	制定 14 项可持续发展标准，用于公司投资和采购决策以及供应合同中
2013	通过对 11 项企业社会责任原则做出持久的承诺，在全球运营所在地强调了对工业、雇主和合作伙伴负责任，特别是不容许任何侵犯人权、任何欺诈行为，或在集团公司或在供应商之间的任何腐败

资料来源：根据 EDF 集团网站（http://www.edf.com/）、《世界知名电力企业社会责任创新实践》(王敏等. 世界知名电力企业社会责任创新实践 [M]. 北京：中国电力出版社，2009) 整理。

1. 采购团队建立

EDF 公司 2000 年成立采购部，由三个采购经理分三类负责公司的采购任务，选取合格的供应商，为全资子公司 ERDF 公司的电网设备采购提供市场谈判，保证材料与规范及标准保持一致，满足 ERDF 质量及可靠性要求的需要。法国电力集团为采购人员提供一份《责任采购指南》，要求遵守法国电力集团采购政策要求，包含环境和社会标准规范。2012 年，公司任命了一名责任采购官员。[①]

ERDF 公司三个主要管理部门是技术部、工业策略部、国际大项目部。公司采购工作由 EDF 采购部、技术部、工业策略部、物流中心共同参与，设备面向全球采购，有自己的设备采购技术标准，在 EDF 公司发布的名单中通过商务测评择优选取供货供应商。物流配送中心共有 180 名员工分设 8 个地区、5 个操作平台。

RTE 公司独立后在财务部下成立采购部，共有 170 名员工，下设 7 个地区采购分局，共设有 6 个实体操作机构（采购中心），负责公司 4 万欧元及以上的设备采购及工程采购，86% 采购额由总部负责。合同总价在 40 万欧元以下由地区采购分局自行执行合同，40 万欧元以上由地区采购分局报采购部批准后执行。

---

① 资料来源：EDF 集团网站（http://www.edf.com/）。

2. 采购团队培训

EDF 为采购人员和接触供应商、承包商的员工提供可持续发展培训和承包商管理培训。2012 年，公司为在水电业务线接触承包商的员工（经理、检查员、操作员、维护人员）提供培训。[①] 2010~2013 年，EDF 开展为期两天的采购和可持续发展专项培训项目（共 1000 小时）。2013 年，公司开展了一个新的为期一天的培训课程，向所有业务线的采购人员开放，52 名员工参加了这项培训课程。

五、公司责任采购管理的制度建设

法国电力集团在 2001 年加入联合国全球契约，并以此为依据制定了与责任采购管理相关的制度，保证采购程序的规范。

1. 公司内部制度

（1）《法国电力集团与供应商可持续发展宪章》。2004 年起，法国电力集团参照联合国全球契约、《国际劳工组织公约》和《企业社会责任协议》制定了《法国电力集团与供应商可持续发展宪章》，将其作为公司与每一个供应商之间的约束条文。《宪章》要求 EDF 与供应商共同对包括雇用、培训、放射性保护、工作条件等方面做出了承诺，逐步将公司的价值观和责任理念延伸到分包商和供应商。所涵盖的环境议题包括：采取行动节约自然资源和保护生物多样性、运输最优化（卡车运煤时所产生的尘土、核燃料运输过程中的安全）；经济和社会议题包括：确保供应商尊重人权（尤其是煤矿）、确保供应商尊重劳工权利、采取行动反商业贿赂。《宪章》还要求 EDF 与供应商共同承诺遵守《国际劳工组织公约》和联合国全球契约原则。如果有需要，供应商应设置内部或外部的审计员，并由法国电力集团任命，检查这一章程的履行情况。对于没有签署"国际劳工组织"条约的国家，供应商也应邀履行章程规定。同时，法国电力集团和供应商对其工作每年需呈上一份年度报告，确保遵循这些原则。

《宪章》分为 EDF 承诺、供应商承诺、联合方案、未遵守本章程四部分，每部分的具体内容如表 6-14 所示。

[①] 资料来源：EDF 集团网站（http://www.edf.com/）。

表 6–14 《法国电力集团与供应商可持续发展宪章》的具体内容

部　分	主要内容
EDF 承诺	● EDF 承诺践行《国际劳工组织公约》和联合国全球盟约法则，在影响范围内坚持宣传它的应用，尤其是在供应商和承包商中 ● EDF 致力于在与供应商的合约关系中建立廉洁和相互尊重的协定与原则。并且无论在什么情况下都支持它们，通过供应商的自有程序向其传授 EDF 在劳工、社会和环境问题方面的经验和专业知识。在适用情况下，作为供应链评估的一部分 ● 通过集团的道德规范，关注 "尊重、团结、责任" 三个价值标准，EDF 表示支持涉及集团行为和雇员的多种道德承诺，特别是在健康与安全、环境、欺诈、腐败、尊重利益相关方、尊重个人以及诚信方面
供应商承诺	● 供应商需保证在影响范围内观察、支持和应用《国际劳工组织公约》和全球契约原则，实施必要的资源以确保它们和它们的分包商应用程序本身，特别是在遵纪守法、雇员健康与安全、对客户的道德行为以及保护环境方面 ● 供应商应保证支持 EDF 道德准则的价值观和承诺 ● 在本土或运营国家，供应商行为必须遵守所有国际、国家及地方的惯例和法规，若本土要求较弱则需参照 EDF 章程规定 ● 供应商需保证向其员工、分包商和供应商传达这个章程或经验证价值相等的内部章程 ● 供应商需保证完成企业社会责任问卷和/或接受内外部审计，审计机构由 EDF 任命，通过质量、环境和可持续发展的审计，核实章程在所有或部分的供应链的应用，包括 EDF 网站
联合方案	● 法国电力集团与供应商协同工作，以联合的方式来确定供应链中涉及原则的关键点，确定对管理相关风险必须改进的实践行动要点，并监督它们，特别注意以下几点： ● 管控环境影响：节约资源（水、能源、原材料、新（替代）技术的开发），减少对生物多样性的影响，减少温室气体排放，减少和回收废弃物，以及环保设计 ● 管控劳工影响：诚信、尊重基本人权、童工、强迫劳动、员工的工作条件和时间、卫生和安全（减少员工和分包商的工伤事故）、欺诈和腐败行为，从受保护和合适的部门采购、雇佣因经济形势而长期无业的员工、区域锚定（Territorial Anchoring）和本地化采购
未遵守本章程	发现任何重大环保或劳工方面的不合格，尤其是在尊重人权、童工、强迫或强制劳动、歧视、卫生安全、工作时间和薪酬水平方面，应受到法国电力集团和供应商的联合深入分析，来定义要采取的行动，以迅速减小这些差异。如果供应商拒绝实施改进方案，或者在几次评估或审计后这些差异依然存在，法国电力集团将有权终止与该供应商的合同

资料来源：Sustainable Development Charter Between EDF and its Suppliers.

（2）《法国电力集团道德准则》。法国电力集团在 2003 年制定了《法国电力集团道德准则》，以此作为法国电力集团全体员工服务公众利益的行为准则，并沿用至今。该《准则》要求企业的所有员工以及供应商符合公司的价值观。

《法国电力集团道德准则》由四部分组成：前言、法国电力集团的企业价值观、法国电力集团的集体行动原则以及法国电力集团道德规范备忘录。这是一份表述十分清晰的企业文化纲领性文件，主要内容包括以下两个方面：

一是公司价值观。公司价值观包括五个核心价值理念：人权、环境、绩效、平等、反腐败（见表6-15）。该手册不仅适用于规范公司自身行为，也同样适用于公司在购买原材料与能源时的供应商。

表6-15　EDF的公司价值观

核心价值理念	内　　容
人权	保护与捍卫联合国人权组织的相关工作，并承诺"全球契约"十项原则。为员工提供一个有利于他们安全与健康的环境，促进多样性与平等机会，反对任何形式的歧视。员工要得到尊重，并定期至少每年一次的与其进行交流培训
环境	通过持续改进获得ISO14001认证，积极发展可再生能源，限制碳排放量，保护生物多样性，建立环境标准，并开展员工教育与培训。针对员工保护环境及有效利用能源开展工作的行为予以鼓励
绩效	对有突出贡献的个人和集体进行表彰和奖励，提供就业岗位，并开展继续教育和技能培养。努力遵守所在地的法律法规，力争用最好的公司资源权益，鼓励员工向公司提出好的建议，促进公司发展
平等	为合作伙伴、政府和社会组织提供援助和建议，帮助它们控制能源成本；为经营所在地提供配套设施；在世界范围内为促进电力与能源开展主动合作；调整经济社会运营的产业结构问题；平等就业，无论年龄、性别、残疾等；员工自愿积极参与国际声援活动
反腐败	不能接收或索取任何礼品或好处，但不排除礼貌上的礼物馈赠；确保自身的行为是公益的，不影响公司利益；有关员工敏感及特殊信息要进行保密

资料来源：EDF Group Code of Ethics.

二是集体行动原则。法国电力集团为实践其人权、环境、绩效、平等和反腐败的五个价值观，在生产经营活动中制定了处理企业内外各种伦理关系集体行动准则，反映了集团对于用户、股东、供应商以及地方关系的关注，从而为其企业伦理建设奠定了坚实的思想基础。其中，与供应商之间的关系应遵守以下原则：保证以尊重、公正和平等的态度对待每一位供应商；把分包商在法国电力集团设施中的工作条件纳入自己的社会责任之中；共同追求质量，注重创新；在透明化的基础上建立责任关系；以清正廉洁作为双方的共同行为准则。

2. 公开承诺

EDF的社会责任理念集中反映在集团的社会公开承诺和内外部责任倡议中，并通过规范性的框架承诺文件来确保社会责任的履行，这些文件主要包括《全球契约十项原则》、《法国电力集团21世纪议程》、《法国电力集团商业道德和员工守则》、《法国电力集团社会责任协议》、《公共服务合同》和《法国电力集团环境方针》。EDF要求供应商也要遵守这些文件的要求，以确保采购活动是负责任的。

（1）承诺遵守"全球契约"十项原则。秉承可持续发展的精神，EDF于2001

年加入了联合国全球契约,承诺支持"全球契约"十项原则,涉及人权、劳工标准、环境和反腐败四个方面;通过该倡议,授权签字的各公司同意自 2004 年 7 月起,采纳、支持和运用人权、劳动、环保、反腐败方面的十项通用原则。EDF 把这些原则融入企业的发展战略、企业的文化和企业日常管理中去,还将公司的承诺传递给公司的员工、客户,以及供货商。

(2) 承诺遵守《21 世纪议程》。根据联合国 1992 年里约热内卢"地球高峰会议"通过的《21 世纪议程》,EDF 于 2001 年 12 月 21 日发布了《法国电力集团 21 世纪议程》,提出了 21 项基本原则,包括与供应商合作需要秉承的原则。这些原则构成了 EDF 可持续发展方针的四大支柱:

一是公开透明。侧重于管理及会计责任方面,即坦诚面对、充分讨论、努力合作;与外部利益相关方、专家和审计师共同努力保障承诺的履行。

二是负责任的行为。保护环境,进行 ISO14001 认证。行动以人为本;所有业务符合可持续发展要求;与业务伙伴共同妥善处理核废料,并接受公众质询;遵从环境管理规章;持续提升安全性和透明度;节约能源和自然资源;减少对自然环境的影响。

三是对 EDF 在可持续发展方面所实施的各项活动、投资及产品供应进行系统审查。应对电力工业的温室气体排放挑战;发展可再生能源;为用户贡献可持续发展提供建议;促进和帮助发展中国家提供电力普遍服务;服务城市可持续发展;推动可持续发展研发;不断提升能源供应效率。

四是与其他可持续发展参与者结成伙伴关系,积极参加地区可持续发展,向各种国内、国际组织提供 EDF 的技术专长。与利益相关方共同促进可持续发展要求,推动可持续发展政策的制定和实施;参与地区可持续发展;团结一致帮助贫困人口;提升公众特别是年轻人的可持续发展意识;确保可持续经营,提供稳定的就业机会。

(3) 签署《企业社会责任协议》。2005 年 1 月 24 日,法国电力集团主席兼 CEO 与集团拥有主要股权的公司工会、员工代表及 4 家国际电力部门联合会(化学、能源、矿业和其他行业劳工工会国际同盟 ICEM、能源与矿业国际组织 OIEM、公共部门国际联盟 SIP、工业劳工者世界联盟 FMTI)缔约了《企业社会责任协议》。

该协议确立了法国电力集团对供应商的承诺:尊重其承包商,提供一种框架使得这些企业和它们的服务提供者在社会和环境责任方面保持一致。《企业社会责任协议》强调尊重联合国全球契约的条款,雇员健康和安全,分包商与它们自己的供应商保持一致,以及环境保护。法国电力集团监督承包商在尊重法律、健康、安全标准、与客户的道德关系以及尊重环境方面的表现。

六、公司负责任的供应商管理实践

供应商管理是法国电力集团的常态工作,公司注重以负责任的方式管理供应商,形成了明确的可持续发展管理思路和规范的管理措施。

1. 供应商选择

EDF 在欧洲、亚洲和南非的各国推出了 40 项供应商审核程序,采用以 SA8000 和 ISO14001 为基础的参考框架。[①] 具体做法是:由采购员和技术部专业人员对报名登记供应商进行评审,评审包括供应商考察(事前、事中、制造)、样品检测(内检+外检)、场内使用情况(试用量、试用时间),综合评判形成初选供应商名单,再由专业技术人员和采购人员进行详细的技术评审确定最终技术许可的供应商,经公司物资管理决策层审查批准后由公司发布正式文件。公司采购人员和技术人员与供应商共同协作,积极开展供应商审计工作,鼓励供应商开展技术研发,确保与技术可靠、质量优质、服务优质、诚信的供应商保持中长期合作关系。[②] 2013 年,EDF 以这种方式采用了 608 家新的供应商。[③]

2. 供应商风险评估与改进

法国电力从可持续发展标准和对集团的影响方面评估出与供应商有关的风险。公司遵守联合国全球契约(UNGC)十项原则,特别注重在人权、劳工、环境和反腐败方面的负责任实践。公司向供应商发放一份关于它们在联合国全球契约四个方面的风险的调查问卷,查看供应商的回答,并根据问卷结果将供应商的风险分级,跟踪其不符合要求的地方。具体策略包括:一是对于风险等级为低风险的供应商,公司向他们发放一份实践指南,提供有关联合国全球契约和评估过程中的详细信息。指南也给出了他们为符合要求可以采取的实际步骤。二是对于更加战略或更加重要的供应商,公司与负责该类别的产品采购人员签订一份《联合国全球契约发展行动》,以管理与供应商的关系。产品采购人员即负责与供应商针对任何不符合条件的领域进行讨论。他们共同努力,以确定供应商可能已经实施的任何额外管控措施,或同意为达到要求而共同接受的行动。

[①] 王敏等. 世界知名电力企业社会责任创新实践 [M]. 北京:中国电力出版社,2009.
[②] 张鸽梅. 法国电力供应链管理经验的启示 [J]. 贵州电力技术,2013(10).
[③] 资料来源:EDF 集团网站(http://www.edf.com/)。

与此同时,为能够验证责任采购及衡量它们在整体采购中的份额,公司在2009年加强其审计程序,尝试自我评估调查。例如,在英国,EDF发展了一套以联合国全球契约为基础的评估框架。每一个新的供应商需要对照着框架进行自我评估,在其中将会指出风险。当供应商不符合预期的标准时,EDF将帮助提升他们的体系。[①] 2013年,EDF完成了283项新的供应商发展行动,供应商合格率由2012年底的88.4%提高到91.5%。[②]

3. 供应商审计

法国电力集团基于一个包含SA8000和ISO14001标准的参考框架,对一些供应商进行年度可持续发展/企业社会责任审计。供应商是否遵守环境和社会义务,是通过自我评估问卷和在供应商经营地点进行的可持续发展/企业社会责任审计,集中在尊重人权、全球契约原则、国际劳工组织公约等;社会和环境风险管理,包括有关他们的厂房和设备(健康与安全、工作条件)的风险;生产基地或服务的碳评估绩效;开展关于他们的活动对生物多样性影响的研究;应用创新政策来开发促进环境保护、节约资源和减少污染的替代技术;减少废弃物计划;促进当地经济的发展的积极政策;供应商可持续发展/企业社会责任评估平台对法国电力集团所有业务部门和集团公司可用,该平台是实时传送的。

这些审计是对那些重视可持续发展和企业社会责任的供应商开展的。他们也对采购者提出了要求,拟定新合同或检查现有的合同是否符合供应商承诺。因此,审计结果不能代表所有EDF供应商的行为。

2013年,公司发起了近90项审计,其中已实施60项(2012年57项,2011年57项),高于集团采购部门2013年实施的"责任采购集团协同项目"宣布的目标57项。这60项审计中,令人满意的结果占45%(2012年为51%),可接受的结果占45%(2012年为42%),不合格的结果占5%(2012年为0)。[③]

EDF采购团队会制作供应商的绩效分析表,包括超过200个环境和社会问题;编写供应商可持续发展和企业社会责任审计报告、设计环境和社会风险预测的供应商质量审计报告、涉及社会风险预测的供应商环境审计报告。[④]

4. 合同管理

采购部门支持法国电力集团确定合同要求和起草合同。该部门基于《法国电

---

① 王敏等.世界知名电力企业社会责任创新实践[M].北京:中国电力出版社,2009.
② 资料来源:EDF集团网站(http://www.edf.com/)。
③④ 资料来源:http://rapport-dd-2013.edf.com/.

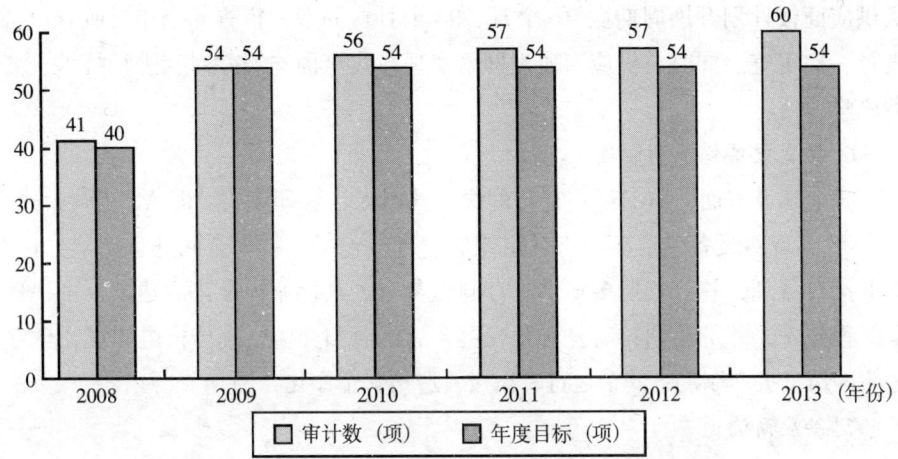

图 6-7　EDF 完成可持续发展/企业社会责任审计的数量

资料来源：EDF Group Sustainable Development Indicators 2013.

力集团可持续发展政策（2009）》、《法国电力集团社会责任承诺（2013）》和各种各样的协议，特别是《法国电力集团社会责任分包协议（2006）》，执行责任采购政策。采取的主要举措包括：[1]

一是 EDF 承诺在 2015 年前，其下属 13 家分公司将在采购合同（不包括在现货市场的能源采购）中纳入一项道德/可持续发展条款（截至 2013 年底，已经有 3 家完成）。

二是集团采购部门实施"责任采购集团协同计划"，使集团子公司的工具和已经开发的相关合同生效，特别是那些涉及供应商实施可持续发展程度评估的工具与合同。

三是供应商可持续发展/企业社会责任评估平台对法国电力集团所有业务部门和集团公司可用，该平台是实时传送的。

四是对于铀的采购，核燃料部门引进了特殊的合同条款，对矿山和监控器供应商进行审计。

5. 履约管理

EDF 高度重视履约及品控管理，发生质量问题的供应商即刻终止合同执行，采购员持续跟进供应商改进工作并积极开展供应商审查；新的供应商每个月开展一次审查检测；供应商如发生产品的技术变更须获公司技术部门认可。对供

---

[1] 资料来源：http://rapport-dd-2013.edf.com/.

货供应商按计划开展周期性（6个月、24个月）的考评审查，三年对所有设备进行一次审查。同时与供应商通过网络实现在线全面沟通并对其进行技术、商务风险评估。

6. 核电设备供应商管理

核电建设方面，EDF运用特有的法国核电工程管理模式，即AE运营模式，使EDF实现对设备供应商的有效组织和管理。包括：将大合同进行切割分包，掌握接口管理；签订长期多年供货合同；参与核电行业标准化的建设；重视核电工程技术人才的培训；与公众开展更多的沟通和交流，宣传核电知识，建立透明的信息披露制度；安全运行，积极营造核安全文化氛围。①

7. 供应商沟通

EDF重视与供应商的有效沟通，主要采取三个方面的举措：一是公司通过两个协调工具来提高与分包商的沟通效果，包括与分包商共同制作工作计划表，帮助他们计划工作；与分包商共同绘制技能图表，帮助他们定义必须具备的技能、需要加强的技能和需要获取的技能。②二是组织供应商参与的会议，比如，公司组织与承包商的会议，向其介绍公司的工作负载。③2009年，法国电力能源公司核发电设施部门的近8000名员工及它们的供应商参加了致力于性能和安全的研讨会。④2012年，EDF组织多样性供应商第一次会议，为公司与供应商的交流沟通搭建了平台，促进了公司价值观的传递、采购标准的普及以及供应商管理方法的不断完善。三是为了更好地管理与供应商的关系，EDF还专门制作了一个供应商网站。⑤

8. MOPIA1项目

法国电力推出MOPIA1项目以加强与服务供应商在质量、安全、培训及改善工作环境方面的投资。合同中包含具有象征性的人力资源信息，EDF在投标中将此项比重增加20%，其中一半对应社会标准，一半对应质量与工作环境安全性。此方式通过与供应商代表合作发展，得到了公司及其员工的支持。例如，在弗拉芒维尔，服务提供商核实了一位负责焊接工作的员工接受的辐射量为4.8毫西弗，少于监管限制的1/4。在EDF的要求中，公司引进了额外的安全和培

---

① 常娟，吴建军.法国电力公司管理经验分析［EB/OL］.http://www.chng.com.cn/，2012-03-02.
② 资料来源：EDF集团网站（http://www.edf.com/）.
③ 资料来源：http://rapport-dd-2013.edf.com/.
④ 资料来源：《法国电力集团2009年行动与可持续发展报告》.
⑤ 王敏等.世界知名电力企业社会责任创新实践［M］.北京：中国电力出版社，2009.

训措施,这些措施被法国核能安全局视为满意。为了避免这种类型的项目发生,EDF 与它所有工作在这个领域的服务提供商分享了信息。

法国电力还呼吁供应商能够遵循与服务产品质量、员工保障、环境等相关的国际标准。同时,为了能与供应商保持高质量的合作,其采购部已获得 ISO9001 与 ISO14001 的认证。法国电力也通过以上规定,确保分包商都能真正地致力于尊重人权和劳动法,保证能源供应的安全性及设施周边人员的安全性,通过与利益相关方的沟通确保当地活动的接受程度,促进经济与社会的发展,以及公司的工作场地与设备对所在地区与人民的影响。[①]

表 6-16　MOPIA1 项目的主要内容

	MOPIA1 项目
内容	● 允许供应商通过新的分红制度共享利润（将其中一部分发放给员工） ● 延伸合同可持续性,给供应商更高的透明度并鼓励其投资员工培训 ● 创办"供应商监管研究会" ● 建立工作论坛活动机制

资料来源:王敏等. 世界知名电力企业社会责任创新实践 [M]. 北京:中国电力出版社,2009.

七、公司实施责任采购的特色实践

法国电力集团作为全球领先的公共能源服务型企业,在责任采购实践的探索过程中逐渐形成了分类采购、绿色采购、合规采购与公益采购等具有其自身特色的模式。

1. 采购理念

法国电力集团采购部采用负责任采购的方式,在采购过程中的每个阶段都考虑了以下因素:采购决策对环境的影响;供应链的社会和社交形势;采购决策对公司、其外部环境及供应商的经济影响。

2. 分类采购

EDF 公司针对不同类型的物资或服务采取不同的采购策略,以实现更加精细化的采购管理。从集团来看,EDF 公司的采购策略分三类采购,其中专业特性产品在法国本土采购,通用产品在全球采购,配网设备在欧洲采购。对于电力设备及自动化,在 60 个区域内开展采购,2010 年总额达 3.91 亿欧元。EDF 的下属公司也采取了分类采购的模式,比如 ERDF 公司的物资采购四类:第一,框架采购（3~5 年 10 万欧元以下物资）,目前有 600~700 个供应商,每年近

---

① 王敏等. 世界知名电力企业社会责任创新实践 [M]. 北京:中国电力出版社,2009.

13000 份合同，约 13 亿欧元，占总量的 70%；第二，项目采购（10 万欧元以上）；第三，针对个别采购（特殊需求）；第四，紧急采购（事故抢险、抢修物资）。①

3. 绿色采购

EDF 努力打造绿色供应链，激励供应商削减能源使用。如果供应商想赢得与大买家的合同，他们必须符合环保要求。② 同时，设立严格的程序，以尽量减少和控制员工和承包商在核电站受到的辐射剂量。2009 年，EDF 在中国广州实施台山项目，对其环境影响进行管理。台山核电合营有限公司（TNPJVC）是中广核和法国电力集团的合作公司，通过了 ISO14000 认证，它制定了一个社会和环境管理计划并监测其执行。中国法律包含了环境质量标准，这些法律也适用于分包商。TNPJVC 通过 Coface 的顾问每六个月一次的现场检查，确保符合国际标准。③

4. 合规采购

EDF 希望通过更广泛的供应链来管理公司的业务、挑战和影响。公司使用联合国全球契约和 DEFRA 可持续采购框架标准来帮助聚焦和提高绩效。EDF 承诺确保将可持续的、道德的实践贯穿于供应链和业务中，并拒绝容忍任何欺诈、腐败或对人权的侵犯，公司将保持符合联合国全球契约的供应链，并展现与 DEFRA 可持续采购框架原则相一致的持续改善。

无论是购头原材料还是能源，EDF 都基于伦理责任和对法律法规的遵守，对供应商的要求与对自己的要求是相同的。集团的"质量与可持续发展"战略同样适用于供应商，以确保其尊重人权与劳工法律、能源供应安全等。EDF 也将集团的伦理章程应用于合作伙伴，在采购合同中，对供应商增加社会责任要求，如增加禁止雇用童工的条款，以确保其供应商尊重集团自己的价值观体系。

EDF 在采购全过程保持廉洁公平，设施采购通过规范的招标过程，对供应商的选择和评价符合特定的标准。同时，EDF 保证对供应商数据的保密，提供公平的竞标机会。

5. 公益采购

EDF 遵循一项政策，志愿从通过雇用长期失业者来促进社会整合的企业采购产品。公司将部分采购额分配到从重返工作岗位的组织（Back-to-work Orga-

---

① 张鸽梅. 法国电力供应链管理经验的启示 [J]. 贵州电力技术，2013（10）.
② 资料来源：EDF Group Sustainable Development Indicators 2013.
③ 资料来源：《法国电力集团 2010 年行动与可持续发展报告》。

nizations）采购。自2010年以来，EDF可持续发展政策制定的从重返工作岗位的组织采购的目标是每年至少210万欧元。对于ERDF，这些购买量在2012~2013年相对保持稳定，约为250万欧元。这些采购的95%以上分为三个部分：网络工程（40%）、树木修剪和清理（35%）及抄表（20%）。①

采购人员的意识迅速提升，关注通过采购合同创造就业机会来促进社会整合（Integration）。这项议题已经被系统性地纳入新采购人员的培训。采购人员可以对Gesat工地（仅社会工作坊）、社会工作坊的市场、Pas@pas非营利组织通过就业部门实现整合。审计也会评估供应商使用社会工作坊的能力。"就业实现整合"的专项条款可以被纳入合同中，它已经被纳入《责任采购指南》，并被广泛传播。

法国电力集团参与Pas@pas非营利组织，旨在从该组织的受保护的成员工厂中开展采购。该组织是通过培训企业和社会工作坊促进整合，法国电力集团是其董事会的一员，成为该组织的财务主管。集团采购部门的一些采购人员来自EDF SA残疾记者网络的成员。集团采购部门和EDF残疾人代表团在2013年制作了一个短片《克服偏见——对受保护和社会整合企业部门的不同看法》，旨在对抗关于受保护和社会整合企业部门的传统观点，赢得了法国电力集团内部的商务沟通类别奖第五名。②

八、公司实施责任采购管理的成效

通过责任采购，法国电力集团能够更有效地管理自身的采购行为对经济、环境和社会的影响，创造了更大的综合价值。

1. 经济效益

责任采购管理通过多种方式为法国电力集团带来了显著经济效益，包括：③一是提高了采购效率，提升了采购产品的质量管控水平，保障了电力的稳定持续供应。在众多供应商的有效支持下，集团实现了总发电量的逐年提升，总发电量由2011年的628.2太瓦时增加到2013年的653.9太瓦时。二是通过实施责任采购，公司对供应商的安全管理和产品安全提出了更高的要求，降低了电力生产过程中的安全风险，减少了公司的经济损失。事故发生率从2011年的3.9%降低至2013年的3.1%，涉及至少损失1个工作日的工作场所事故数从2011年

---

①② 资料来源：http://rapport-dd-2013.edf.com/.
③ 资料来源：EDF Group Sustainable Development Indicators 2013.

的933次降低至2013年的750次。三是提升了公司内部管理水平，降低了采购风险，减少了采购成本，促进了经营绩效的稳步提升。公司总净资产由2012年的1.57亿美元增加到2013年的1.92亿美元。因此，公司的资金能够更多地应用于研发新技术，公司净研发支出由2011年的56.2亿欧元增加到2013年的65.2亿欧元。四是有利于与合作伙伴互利共赢。供应商通过不断改善可持续发展绩效，满足公司的责任采购要求，以达成更多的合作，建立长期的伙伴关系。2012年，BE ZRt在采购和服务方面与EDF协同合作使电力销售比2009年增长了6倍。

2. 环境效益

法国电力通过在采购过程中考虑环境影响，选择节能环保的产品，促进供应商严格遵守公司对环境的要求，共同降低了对环境的负面影响，提升了公司的环境绩效。公司二氧化碳排放量低于欧洲能源行业平均水平的近三倍。2012年，法国大陆电厂的二氧化硫排放量比2005年减少了10%，氮氧化物的排放量减少了32%，烟尘排放量减少了26%。[①]

3. 社会效益

法国电力集团通过责任采购管理，不仅促进了供应商的发展，而且推动了社会进步。具体来说：一是在实现对供应商的高效管理的同时，也通过严格的采购要求，促进了供应商经营管理水平的提升。同时，为供应商提供培训和交流平台，帮助供应商提升可持续发展能力。公司严格的采购流程和标准，为供应商提供了公平竞争的机会。公司将自身的价值观传递给供应商，唤醒了更多供应商的社会责任意识，实现供应链的可持续发展。二是公司通过责任采购促进了当地就业，进而带动了地区的经济发展。2013年，公司业务活动通过供应商和服务提供商的订单创造直接就业机会158467个，间接就业机会475498个。[②]三是公司通过采购社会整合企业的产品，为弱势群体提供帮助，促进了社会公平与正义，增进了社会福利，极大提升了公司发展的社会价值。

九、评价与启示

法国电力集团的责任采购管理具有系统性、持续改进和公益性特征，为其他企业提供了有益启示与借鉴。

---

① 资料来源：http://rapport-dd-2013.edf.com/.
② 资料来源：EDF Group Sustainable Development Indicators 2013.

1. 责任采购管理的系统性

（1）理念与战略引领。法国电力集团对社会责任理念有着明确的定义，聚焦环境、社会责任和公司治理这三大挑战，提出通过九项承诺来回应这些挑战。公司为实现可持续发展目标制定了三大战略，为公司的可持续发展实践提供了方向性的指引。公司的责任采购管理就是以这些理念、承诺和战略为指引，确定了采购管理理念，作为开展责任采购实践的基本指导。

（2）制度保障。EDF 在推动企业社会责任工作和实施责任采购管理时，将社会责任的理念充分反映在集团对外的公开承诺与内部的制度建设中，以外部约束与制度框架来规范指导责任采购实践。

一是标准参照的国际化。法国电力的制度文件、合同承诺、对供应商的审核程序及项目合作等都是以联合国全球契约原则、《国际劳工组织公约》、《企业社会责任协议》与 ISO 国际认证等为框架基础制定与推行的，与国际最先进的社会责任理念接轨。

二是原则执行的内外统一性。法国电力的《集团道德手册》不仅适用于本公司，同样也适用于供应商；社会责任外包协议中不仅要求承包商要履行环境、健康、安全等原则，其服务提供商同样也要履行这些原则；《可持续发展宪章》是公司与供应商之间的共同承诺，双方都要按照宪章要求开展工作。以上都说明，在法国电力对供应商的管理过程中，其坚持内外一致的原则，公司在严格要求自己的同时，也将同样的原则要求于合作伙伴，实现内外统一，并有利于理念的传播与实践。

（3）管理体系保障。法国电力集团成立采购部门，任命三名采购经理分别负责不同类别的采购，并于 2012 年专门设立一名责任采购官员，负责责任采购管理。公司为采购人员提供可持续发展培训和供应商管理培训。为公司全面履行社会责任、实施责任采购管理、实现可持续发展提供了可靠的组织保障。

2. 责任采购管理的持续改进

（1）以供应商评估审计为改进基础。法国电力集团不仅对新供应商要进行全面的评估，而且在与供应商合作过程中强化对供应商的审计，以及实施风险评估，通过这些举措发现供应商不符合社会责任的要求之处。

（2）共同改进。法国电力集团并不是盲目淘汰供应商，而是对不同风险等级的供应商采取不同的改善措施。公司会要求供应商针对评估和审计中发现的问题，制订整改计划，并按照计划完成改正。同时，公司会为不同类型供应商在整改过程中提供不同方式的帮助与支持。

（3）制度建设的持续改进。法国电力集团注重在责任采购管理制度建设方面实施持续改进，不断完善相应的制度规范。比如，2003年所制定的《法国电力集团道德准则》在经过4年的实践与修订后，于2007年在全公司推广发放了一个更为清晰实用的新版本。

3. 强调责任采购的公益性

实施公益采购是法国电力集团独具特色的责任采购模式。EDF志愿从通过雇用长期失业者来促进社会整合的企业采购产品，规定了每年从重返工作岗位的组织采购的额度，并参与Pas@pas非营利组织，提升公益采购效果，切实体现了公司的社会属性与对社会公平正义的追求。

第三节 德国意昂集团的责任采购管理实践

一、公司简介与社会责任概览

1. 公司简介

德国意昂集团（E.ON）由德国两个最大的产业集团费巴公司（VEBA）和维尔格公司（VIAG）于2000年6月合并而成。费巴公司和维尔格公司是成立于20世纪20年代的国营工业控股公司，先后于20世纪60年代与80年代在股票市场私有化。合并后成立的E.ON公司专注于更加长远的战略并成为世界最大的私营能源公司之一。[1]

E.ON公司主要从事针对欧美市场的电力和天然气生产、输送和销售业务，设备横跨欧洲、俄罗斯与北美，同时在巴西与土耳其也开展着商业合作。2013年，公司员工超过6.2万名，为大约3500万人提供着能源服务。[2]根据目标市场的不同，E.ON公司下设五个主要的全资子公司：E.ON能源公司（负责德国、荷兰、匈牙利、斯洛伐克、捷克和瑞士的电力及天然气业务）、E.ON英国公司、E.ON北欧公司、E.ON美国公司（负责英国、北欧和美国的电力及天然气业务）、E.ON天然气公司（负责欧洲天然气业务）。[3]在2014年《财富》世界500强企业排名中，E.ON公司以1801.1亿美元的资产与1625.6亿美元的营业收入居

---

[1][2] 资料来源：E.ON公司网站（http://www.eon.com/）。
[3] 王敏，马宗林，孙刚等. 世界知名电力企业社会责任创新实践[M]. 北京：中国电力出版社，2009.

第 18 位。

2. 社会责任概览

（1）可持续发展承诺。在 2006 年，E.ON 公司的董事会肯定了社会责任对于公司的重要性，并做出了承诺，包括承诺开展对员工、客户、供应商、环境和经营所在地社区负责任的行为，同时在经营所涉及的地方寻找改善生活方式的方法，致力于改善健康、安全与可持续的环境发展。此外，E.ON 公司还更加明确地承诺了以下内容：为市场提供安全、经济、环境友好的能源；在人权、劳工标准、环境保护、反腐败领域支持联合国全球契约十项原则；致力于经营所在地社区成功地长远发展；公开、可靠、自我批判地报告自我绩效，包括利用 GRI 指标适当地、平衡地展示经济、环境和社会绩效；对公司的活动与产业未来会面对的挑战进行客观的陈述。

（2）可持续发展战略。E.ON 公司认为最成功的企业，是那些帮助社会处理气候变化、生态系统变化等全球性问题做出贡献的企业。公司制定了新的更清洁和更优质的能源发展战略，为社会提供更清洁、环保的能源供应，以实际行动正面回应利益相关方对公司的要求。在战略中，E.ON 公司一共设定了四个关键元素，包括绩效、投资、欧洲和欧洲以外地区，如图 6-8 和表 6-17 所示。

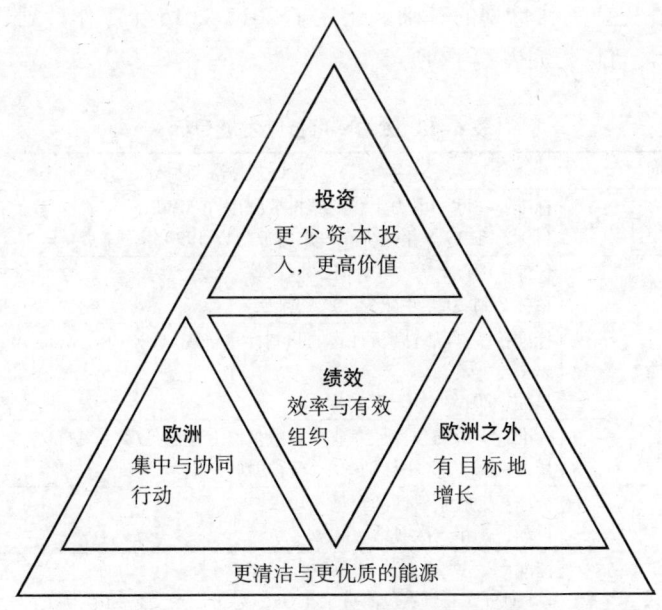

图 6-8　E.ON 公司的可持续发展战略构成

资料来源：E.ON 公司网站（http://www.eon.com/）。

表 6-17 E.ON 公司可持续发展战略关注领域

关键元素	关注领域
投资	● 关注在欧洲和北美环境友好型业务的增长，特别是可再生能源与能源问题解决方案 ● 整合资本和流动资金，使环境友好型的投资占据越来越多的比例 ● 在欧洲以外的新兴市场应用先进技术，可靠、可持续地满足能源需求
绩效	● 通过使组织规划更加高效、管理功能更加完善，从而提高经营绩效 ● 通过 E.ON 2.0 裁员计划（Model E.ON 2.0 Redundancy Plan）增加内部业务竞争，同时减少能源生产带来的环境与社会影响 ● 积极推进可再生能源，逐渐增加产业规模，提高可再生能源应用效率，建立清晰的时间轴，逐步让可再生能源脱离补贴，独立经营
欧洲	● 以 1990 年为基点，在 2025 年将电力生产的碳足迹降低到每兆瓦 0.32 公吨二氧化碳 ● 发展产品与服务，推进可靠、清洁、高效的能源供给
欧洲以外地区	● 与当地伙伴合作开拓新市场，使土耳其、巴西等地的业绩稳定增长；抓住北美再生能源、俄罗斯业务发展的增长机会 ● 在新的增长领域建立有效的治理结构预防经营风险 ● 为发展中或新兴国家的人们提供自我成长计划或特殊产品

资料来源：E.ON 公司网站（http://www.eon.com/）。

（3）可持续发展目标。从 2005 年开始，E.ON 公司开始在生产中绑定集团范围的 4 年可持续工作计划，为集团提供一个清晰的目标概览和达成措施。目前，E.ON 公司在先前工作计划的基础上建立了 2012~2015 年工作计划，设定了 11 项可持续发展目标，如表 6-18 所示。

表 6-18 E.ON 可持续发展目标

方向	评判标准与目标
CO_2 减排（电力生产中）	标准：在欧洲电力生产的碳排放强度（t/MWh） 目标：在 2015 年减少 50%的排放（以 1990 年为基点）
碳足迹	标注：CO_2 吨数（绝对值） 目标：到 2020 年减少 20%的排放
水管理	标准：联合国首席执行官的强制性水合规（UN CEO Water Mandate compliance） 目标：2015 年 100%完成
包容的商业机会	标准：支持的包容性商业计划数量（专业意见/资金支持） 目标：在 2015 年达到 3 个支持计划
股东对话	标准：大股东对话的数量 目标：每年 3 次对话
职业安全	标准： 1. E.ON 员工与承包商员工 TRIF（总可记录受伤频率指数）——a 2. E.ON 员工 LTIF（因伤损失时间频率指数）——b，承包商员工 LTIF——c 目标：在 2015 年，a 降低至 1.0，b 降低至 1.0，c 降低至 3.0

续表

方　向	评判标准与目标
健康状况	标准：提升健康状况 目标：降低 50%的健康风险
性别平等	标准：增加女性管理者百分比 目标：到 2016 年，提供 14%的女性管理者岗位（在德国）
采购（非能源）	标准：评价供应商的百分比 目标：在 2015 年达到 100%
采购（能源部分）	标准：审计数量 目标：4 项审计
投资与资本回收	标准：整合度 目标：2015 年达到 100%

资料来源：E.ON 公司网站（http://www.eon.com）。

（4）社会责任管理。2013 年，E.ON 成立了可持续发展治理委员会作为中央委员会，管理和监控 E.ON 的可持续发展工作，负责决定 E.ON 的长期可持续发展工作目标、政策与倡议。在委员会中，E.ON 董事会成员兼任首席可持续执行官（CSO），其他四名成员分别负责集团、全球、地区事务与支持工作，如图 6-9 所示。

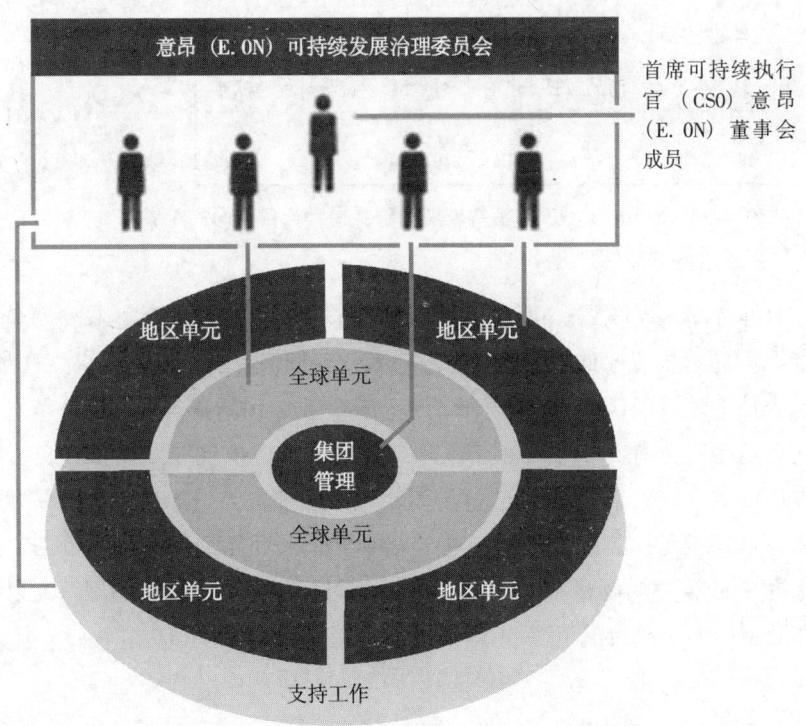

图 6-9　E.ON 可持续发展治理委员会构成及分工

资料来源：E.ON Sustainability Report 2013.

在具体的工作过程中，可持续发展治理委员会与安全健康环境部门、法律部门、战略部门、人力资源部门、采购/运输原料部门、采购/非燃料部门密切合作，推动可持续发展议题的达成，合作形式如图6-10所示。

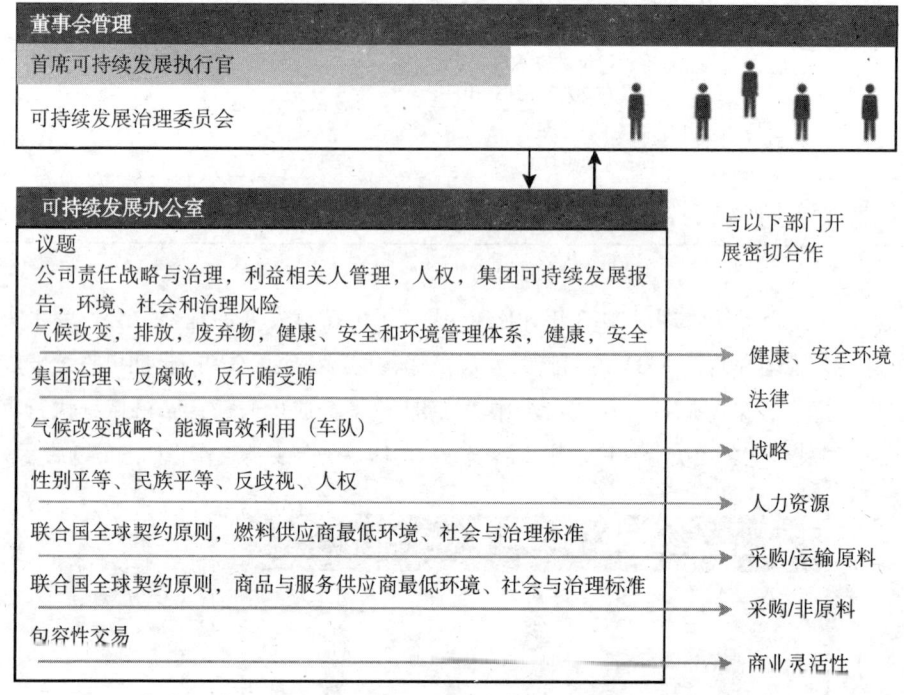

图6-10　E.ON可持续发展治理委员会与各部门合作形式
资料来源：E.ON Sustainability Report 2013.

（5）可持续发展绩效。可测量、有意义且有效的指标对于立志成为全球性专业能源问题解决专家的E.ON来说，是测量自身达成度的基本需求。在环境、社会和公司治理（ESG）领域的标准指标，在评判公司的资本领域起到越发重要的作用，这也是为什么E.ON要围绕ESG的实质性标准连续几年报告自己的可持续发展绩效。作为集团定期进行实质性分析的一部分，E.ON会从内部和外部观点来评价环境与社会中关键议题对于集团经营的影响。E.ON经营范围与关键绩效指标在ESG中的位置如图6-11所示，在环境、社会和公司治理三大议题的关键绩效指标的达成情况如表6-19所示。

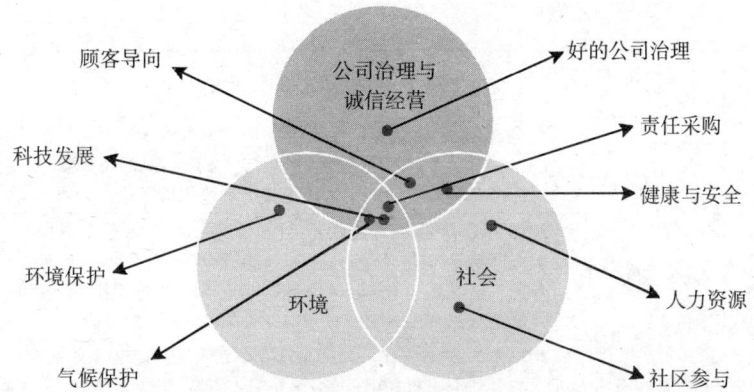

图 6-11　E.ON 经营范围与关键绩效指标在 ESG 中的位置

资料来源：E.ON Sustainability Report 2013.

表 6-19　E.ON 关键绩效指标达成情况

关键绩效指标	统计内容	2013 年绩效
气候保护	总碳排放减少	从能源与热力生产中减少碳排放 1120 万公吨，总排放降低至 1.15 亿公吨
	长期碳排放减少	2013 年，降低二氧化碳排放至 0.45 公吨每兆瓦时； 以 1990 年为基点，在 2025 年将欧洲能源生产中的碳排放强度降低一半； 相较于 1990 年，E.ON 已经降低碳排放浓度 30%
	碳排放减少范围 2&3①	范围 2: 350 万公吨； 范围 3: 1.55 亿公吨
	可再生能源生产与容量	通过可再生能源产能 30.8 万亿瓦时，相当于全部产能的 12.6%； 可再生能源容量从 4 亿瓦升至 104 亿瓦； 通过风能与太阳能，每年在北美节省 4 百万公吨 CO_2 排放； 目标：2020 年，令可再生能源产能占全部产能超过 20%
	可再生能源获利与投资	在可再生能源领域活跃的 E.ON 气候与可再生能源子公司的毛利提高了 6%，达到约 143.1 万元； 2013 年可再生能源投资为 102.8 万欧元，相较于 2012 年的高投资额降低了 40%； 从 2007 年开始，投资风能与太阳能超过 90 亿欧元； 目标：在 2014 年投资可再生能源至 130 亿欧元，同时在 2015 年降低内陆风能成本 25%，海岸风能成本 50%，太阳能成本 35%
科技发展	研发投资 & 支持大学研究	延续 2012 年的 1.19 亿欧元的高研发预算； 增加资金并赞助实验设备共 2900 万欧元

① 范围内包括内容可参考 E.ON 公司官网（http://www.eon.com/）。

续表

关键绩效指标	统计内容	2013年绩效
环境保护	环境管理系统数量	在全部场所（2013年386个）融入环境管理系统（如ISO14001或EMAS II），并且实质的环境影响与大多数案例都经过第三方机构验证；目标：在整个价值链中采用完整的环境风险管理
	减少空气污染	2013年，降低氮氧化物近11.6万吨，与能源总产量相比，具体的NO_x降低至0.47千克/兆瓦时（2012年0.50千克/兆瓦时）；2013年，降低二氧化硫排放至5.8万吨，与能源总产量相比，具体的SO_2排放降低至0.23千克/兆瓦时（2012年0.42千克/兆瓦时）
	总排放，有害及非有害排放	2013年，总有害排放量降低至7.6万吨（2012年104千吨），其中21千吨得到了回收利用；2013年，非有害排放量降低至20.6万吨（2012年251千吨），其中15.7万吨得到了回收利用
	核废料	低中等级放射物排放量降低至2306吨（2012年3407吨）；高等级放射物排放量降低至225吨（2012年246吨）
	环境相关事件	要求对瑞典发生的系列事件进行了24小时的报告，事件中30立方米的原油经过雨水排污管道渗透到了湖水中；在核能源设备中，没有慎重地参考七步国际核事件分级表
	水消耗	淡水消耗量降低5100百万立方米（15.2%）至2.84亿立方米
人力资源	员工数量	从2012年底全球范围内的员工数量降低13.7%，员工人数降至62239人
	女性管理者数量	E.ON集团女性管理者百分比从2012年底的12.9%升至14.1%
	员工平均年龄	43岁
职业卫生与安全	E.ON与承包商TRIF，E.ON与承包商LTIF	2013年，每百万工时TRIF降低至2.8（2012年3.0），意味着已经达成了2015年目标。2013年，E.ON与承包商的LTIF依旧保持在2.0未变，意味着同样达成了2015年目标
	E.ON与承包商的致命意外	在俄罗斯、罗马尼亚、瑞典发生了员工的致命意外
社区参与	社区参与投资	社区参与（CI）投资从3640万欧元降至2810万欧元
顾客取向	顾客满意	近期，E.ON通过Net Promoter Score对德国、英国、意大利、瑞典、捷克、荷兰、西班牙、罗马尼亚、匈牙利的客户开展满意度调查
	智能电表	按比例增加使用智能电表的用户至200万人（2012年150万人）
	顾客取向奖	摘选：E.ON英国：英国最受喜爱的能源与天然气供应商；E.ON西班牙：能源提供与最好的客户支持；E.ON德国：网络签约与在线服务的客户排名铜奖
好的公司治理	腐败风险	E.ON经营的12个国家以及其他5个地区的供应商，在透明国际公布全球清廉指数得分不足60分；我们在这些国家销售9.5%的产能
	承诺报告	承诺披露违反情况与在集团彻底地调查问题

续表

关键绩效指标	统计内容	2013年绩效
好的公司治理	承诺训练	所有的E.ON员工（约60000人）有权使用内网，有权接受E.ON行为规范规定的电子训练计划； 至今，83%的人完成了计划
	政党捐赠	E.ON明确规定禁止向政策制定者捐赠； 2011年12月，E.ON加入了欧盟透明登记计划
	德国可持续规范	从2012年起，E.ON的报告中包含了德国可持续规范的要求梗概
可持续采购	供应链评估	2013年，E.ON实施了关键供应商的中央管理系统，降低风险并确保一致的是市场风险。2013年的定量数据在系统转换期间尚无法提供
	燃料采购	Bettercoal在2012年注册成为非营利组织，组织结构也得到了发展，最初的供应商审计在2014年开始； 我们加入到铀矿最低标准的发展中，这些标准在国际核协会（WNA）工作组核准的过程中

资料来源：E.ON Sustainability Report 2013.

二、公司实施责任采购管理的动因

E.ON公司实施责任采购管理既是实现集团成为社会责任引领者的需要，也是顺应外部市场环境变化的需要，同时也是对政府号召的积极响应。

1. 实现公司成为社会责任引领者的需要

E.ON作为联合国全球契约组织的一员，对联合国做出了维护人权、反腐败、保护环境的承诺，在公司高商业伦理观的指引下，责任采购管理有助于公司在全球范围内的经营过程中开展维护人权、反腐败、保护环境的商业实践。同时，利益相关方也普遍期望E.ON成为履行社会责任方面的引领者。集团也设立了宏伟的目标：在世界电力与燃气行业中成为社会责任实践的推动者。为此，集团将主要在企业社会责任的某些领域，如责任采购领域积极探索、大胆实践，不仅可以为同行履行社会责任实践工作提供有益的借鉴，还可以为利益相关方创造更多的价值，实现公司与利益相关方的共同持续成长。

2. 顺应外部市场环境变化的需要

由于德国正在从核能向可再生能源转变，其他欧洲国家也在致力于扩大可再生能源的市场，并下调了电价，从而对E.ON公司的发展形成巨大挑战。为此，E.ON公司也开始尝试战略转型，尤其是对发展可再生能源的关注与重视。目前，生物质能的采购已经成为E.ON公司采购的关键领域，并为公司提供越来越多的价值。这是因为生物质能作为燃料提供了一个清晰的商业机会，帮助公司在生物质能采购与运输的过程中降低社会、环境与声誉风险。借此，E.ON可以在高商业机会与低风险中寻找到合适的平衡点。也就是说，通过生物质能采购等责任采购的实施，既能帮助公司抓住好的商业机会，又能有效控制风险，从而促进公司的可持续发展。

3. 对政府号召的积极响应

德国的企业履行社会责任主要基于自愿原则，但是在德国的《魏玛宪法》等法律条文中，又处处体现着企业需要对公共利益负责，同时基于德国工会的强大，德国的股份制公司中对于劳方董事数量、劳工权益等均有着严格的规定。近期，德国又公布了德国可持续发展规范。E.ON公司开展责任采购，对劳工、环境、诚信内容进行审核，响应了政府对于企业履行社会责任的号召，有利于公司树立负责任的"企业公民"形象。同时借由责任采购政策对集团经营过程中的社会议题进行管理，降低社会风险，也有利于集团与政府进行对话。

三、公司责任采购管理的组织体系

结合集团的社会责任治理结构，以及采购在集团价值链中的管理方式，可以看出E.ON公司的责任采购，是采购部门和采购人员在可持续发展治理委员会的领导下完成的。可持续发展治理委员会负责梳理责任工作重点并制定工作目标，对集团各个部门进行规定，要求各个部门紧密配合完成工作目标。针对采购部门，可持续发展治理委员会梳理出责任采购的工作重点与目标，集团的采购部门紧密配合可持续发展治理委员会完成工作目标。同时，为共同达成可持续发展目标，采购部门与其他部门也会紧密配合，从而在合作中保障责任采购工作要求与目标的达成，具体的工作开展方式如图6-12所示。

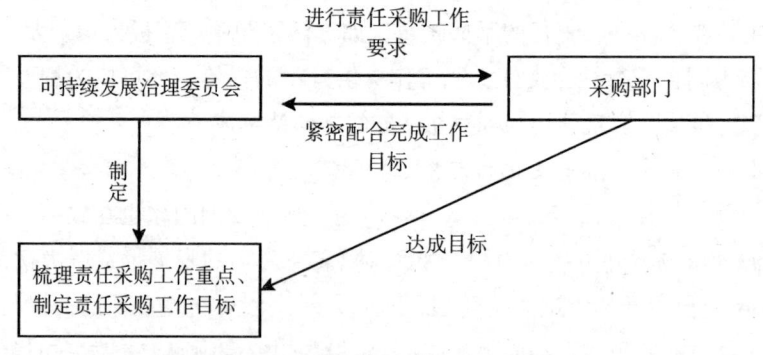

图6-12　E.ON公司责任采购管理的开展方式

资料来源：笔者整理。

四、公司责任采购管理的制度建设

在制度建设上，E.ON 公司先后制定了《E.ON 责任采购政策》与《E.ON 责任采购政策生物质能采购修正案》，以保障责任采购工作的切实开展。同时，在各个不同的经营所在地，E.ON 公司还建立了标准软设备采购的一般条款与合同采购中与劳工签约的一般条款。此外，E.ON 公司还对采购过程中的员工行为进行了规范。

1.《E.ON 责任采购政策》

2007 年，E.ON 公司制定了《E.ON 责任采购政策》，对自己及供应商、承包商和商业伙伴提出了高标准要求。政策规定了 E.ON 对供应商、承包商和商业伙伴的最低企业社会责任绩效期望。E.ON 在考察供应商、承包商和商业伙伴的时候，会考虑国家、文化和其他相关因素的影响，但不会在政策的基础要求上进行妥协。E.ON 公司致力于在整个自身影响范围内的供应链中实施此项责任采购政策，并期望自己的供应商也能够在和他们自己的供应商合作中遵守联合国全球契约十项原则。

表 6–20 《E.ON 责任采购政策》的主要内容

供应商社会责任绩效表现最低标准	
E.ON 定义了供应链高等级社会责任标准的三个关键领域： 1. 尊重人权并为员工提供安全的工作环境； 2. 将环境不利影响降到最低； 3. 保持商业伦理与商业诚实的高标准	
员工	尊重人权； 提供安全、健康的工作环境； 禁用童工，禁止强迫劳动； 禁止歧视与骚扰； 提供透明的工时与薪酬； 允许自由集会与谈判
环境	关心环境； 严管危险材料； 降低资源使用、减少浪费与排污
商业诚信	高商业伦理标准； 透明的商业关系

2.《E.ON 责任采购政策生物质能采购修正案》

在提供能源服务的过程中，E.ON 开始越来越多地使用生物质能为当代人提供能源服务，从而抵消煤炭与其他不可再生能源的损耗。为了更加清晰地进行规定，E.ON 需要对《E.ON 责任采购政策》这一责任采购的统领性文件进行生物质能采购领域的补充。为此，2009 年，E.ON 颁布了《E.ON 责任采购政策生物质能采购修正案》，对于原采购政策中生物多样性保护部分进行了补充，同时对于公司向可再生能源转移工作重心进行了工作要求补充。这一修正案的主要条款包括：

（1）生物质能的生产、运输与利用需要明确降低与燃煤有关的碳排放。

（2）生物质能的生产需要在适合的计划下开展，保证广泛性与透明性，能够与各利益相关方协商与分享。

（3）生物质能必须对经营所在地社会和经济发展有贡献，有益于乡村与原住民的发展。

（4）不使用人类食物作为生物质能原料。

（5）动物饲料、农作物作、农副作物作为生物质能需要满足以下规定：该原料在当地政府（欧盟/政府与欧盟）的管理下；当地或全球食物价格与安全没有受到该原料的影响。

3.《E.ON 行为守则》

2006 年，E.ON 发布了修订后的《E.ON 行为守则》。规定在与供货商的业务关系中，应维持最高的道德标准；尽可能使用与自己拥有相同价值观和标准的供货商；与供货商并肩合作，提升整体绩效；在订购货品或服务时，应商定有关付款条件，并按约定条件付款。守则还针对员工行为进行了防止贿赂规定，要求任何员工不可利用职权向客户、供应商或其他与公司业务有关的人士索取或收受不正当利益。2013 年，集团进一步升级了《E.ON 行为守则》，在选择供应商、服务商、其他商业伙伴部分，规定在选择供应商、服务商和其他商业伙伴时，应该通过先决的程序，对供应商进行客观和充分的商业诚信评价。①

五、公司负责任的供应商管理实践

为了确保能源及其他物资的供应，E.ON 公司以负责任的方式稳步强化影响和监督供应链的能力，推动供应商在影响范围内符合环境、社会与治理标准，以减少供应链风险。

1. 开展供应商审查

2007 年，基于联合国全球契约的十项基本原则，E.ON 出台了针对整个企业的负责任采购政策，要求供应商满足可持续性的标准，如确保适合的工作条件、

---

① 资料来源：E.ON 公司官网（http://www.eon.com）。

符合商业行为道德、保护环境、尊重人权等。E.ON绝大部分的采购,都通过各种认证程序保证供应商符合这些标准:通过资格预审判断新供应商是否符合可持续标准;对主要供应商实施风险分析,在必要时开展培训项目,并支持供应商改进流程;如果识别到不足,会设计行动计划,确定环境或社会的目标,并推荐供应商可采用以达到目标的方法;和外部的专家一起开展产品和制造设备的检测,并对主要供应商进行审计。

2008年,E.ON开展了集团范围的培训项目,让其审计人员获得必要的资质。基于对审计结果,E.ON与供应商一起识别改进领域,并让其采用正确的方法在期限内执行,如果供应商不配合,则终止与其合作关系。2012年,E.ON对占据其开支绝大部分的超过500家供应商实施了包括合规及可持续风险的认证,对关键性的采购领域进行审查。[①]

2. 供应商标准化管理

无论在哪儿运营,E.ON都试图进一步让采购流程标准化,并增强采购透明度。E.ON为了建立一个让供应商熟悉其环境和社会标准的一致及公平的筛选流程,将与采购决策相关的信息集合到一个外部中心数据库中,该流程已在几个国家成功运行了多年。通过拓展至其他国家,并利用独立第三方对供应商提供信息的核实,以确保全球范围的供应商遵循E.ON的最低标准。2013年,E.ON在全集团范围实施供应商管理系统,以管理主要供应商的战略合作关系,强化透明度,开发全球采购的方法以进入新的、价格更优的采购市场。

3. 对供应商指控的管理

媒体的报道可能对E.ON的采购过程或者特定供应商带来大量的关注,E.ON要求供应商不可拖延对媒体指控的回应。如果供应商承认了指控,E.ON要求其按照计划开展纠正行动。如果没有计划,E.ON就要求其制订相应的计划。如果问题依旧没有被解决,E.ON会考虑暂停与该供应商的合作。然而,这样的案例还没有发生过。

六、公司实施责任采购的特色实践

E.ON公司将可持续发展的各项议题充分融入包括责任采购在内的集团管理工作的方方面面,确保可持续发展治理与责任采购相互协调,并基于此确定责任采购的关键领域,提升采购人员能力,实现符合ESG要求的持续采购。

---

① 资料来源:E.ON Sustainability Report 2013.

1. 基于价值链的 ESG 采购

E.ON 积极活跃于能源与燃气的价值链上：上游（勘探与开采，能源生产）、中游（储存、分配、能源运输、批发市场）、下游（终端客户销售与供应），如图 6-13 所示。

图 6-13　E.ON 价值链

资料来源：E.ON Sustainability Report 2013.

通过采购行为、合资和持股，E.ON 相信集团有能力超越集团与围绕集团的供应商和商业伙伴这一范围，对更加广大的外部产生影响。E.ON 的责任采购工作并非只是针对采购工作制定一个独立的政策，而是作为集团整体价值链的一环进行管理的，这样进一步保障了责任采购工作可以切实为集团整个价值链创造价值。基于此，E.ON 通过与内部和外部利益相关方开展对话明确了价值链每一环节的挑战，设定了相应的回应方式。在价值链的"勘探、采购 & 运输"环节，E.ON 所面临的挑战与回应方式如表 6-21 所示。

表 6-21　E.ON 在"勘探、采购 & 运输"环节面临的挑战与回应

	供应链中运输与生产的责任
挑战	为了将可持续发展系统地融入整个价值链，需要同时描述出清晰的供应链责任。这需要 E.ON 密切协调全球商品与生产中涉及相关工作的员工与采购人员
回应	2013 年 E.ON 成立的可持续发展治理委员会，协助改善公司对于可持续发展相关工作的管理能力。可持续发展治理委员会由 Jørgen Kildahl 担任首席可持续发展执行官。这样在公司中完整地规定了 E.ON 可持续发展治理的组织、政策、措施、倡议与监管方式。在可持续发展治理委员会的第一次会议中，就商讨了负责任的煤炭采购议题
	开采中的人权与环境标准
挑战	开采煤矿与铀矿，可能导致有危害性的辐射与地下水污染，以及其他各种有可能的环境伤害。同时，E.ON 需要在有些无法保障人权与劳工权利的国家开采这些燃料时，保障人权与劳工权利。至今，这些地方也缺少工业范围的环境与社会标准
回应	为了确保环境保护与人权工作适当地开展，2012 年 E.ON 与几家主要的依靠煤炭能源的公司发起了"更优质的煤炭"倡议（Bettercoal Initiative），在 2013 年倡议计划成立了组织并建立了许多的委员会。2014 年倡议组织将对成员单位的矿产经营者自查进行分析。同时，组织也将主要由第三方专家开展的大量矿产审计工作。这些自查与审计工作将会建立在全套的可持续发展倡议标准之上
	E.ON 参与了德国工业倡议（Econsense）① 发起供应链计划组织中的可持续发展计划，2013 年，计划组织推出的一系列指导方针中，包括保护人权的方针
	世界核协会的一个工作组正在通过铀矿开采的最低标准，E.ON 将会将这些标准融入未来的矿产审计中

---

① 德国工业倡议是一个德国致力于推动可持续发展的公司成立的沟通网络。

续表

	供应商风险系统、透明管理
挑战	一些有争议的议题,如削减山峰海拔高度的开采会给公司带来声誉风险。通过对于供应商的影响力,E.ON 会同商业伙伴合作在供应链推动社会责任工作
回应	E.ON 的责任采购政策和一般条款,以及非燃料采购要求适用于所有的供应商与国家。E.ON 会在开展商业合作前对供应商进行评估,并对将会超过 500 万欧元交易的供应商进行风险评估
	供应链标准与供应链反腐败
挑战	有能力安全并且有价格优势地取得燃料与其他材料是 E.ON 取得商业成功的关键因素。然而,在很多国家缺少有效的手段服从标准或防止腐败。而且,反腐败法律在世界各地严格程度也各不相同
回应	E.ON 的《E.ON 行为守则》建立了一套清晰的商业伦理标准。全部 E.ON 的员工,包括小股东与大股东都被要求遵守这一守则
	公司建立一套横跨全公司的体系报告违规情况。这个系统由第三方独立组织负责支持。每一份报告都会经过审查
	其他挑战
内容	保障职业安全且保护环境的天然气采购。欧洲需要北欧波罗的海管道这样的基础设施保障安全、多元的燃气供应。然而,这些基础设施计划的开展离不开环境 回应:经营者团体组织开展最广范围的波罗的海环境研究 气候友好且对社会负责的生物质能采购。在一些国家使用生物质能是非常有争议的。例如,在德国一些人就希望废除使用生物质能 回应:E.ON 参加进可持续生物智能伙伴组织(SBP)共同完善生物质能的可持续标准

资料来源:E.ON Sustainability Report 2013.

作为回应"勘探、采购 & 运输"环节的举措和行动,E.ON 在采购中强调了供应链中运输与生产的责任、开采中的人权与环境标准、风险供应商的系统透明管理、供应链标准与供应链反腐败、气候友好且对社会负责的生物质能采购等,涵盖了 ESG 的各个方面,反映出公司不仅强调环境友好型的绿色采购,而且突出社会和谐型的道德采购,也重视有效治理型的透明采购。

2. 分领域针对性采购

E.ON 针对可持续采购,在环境、社会、公司治理三大议题下,结合公司业务,主要设置了硬煤、天然气、铀、生物质能、非燃料五个方面的关键工作领域,并针对性地开展责任采购活动,如表 6-22 所示。

3. 实施以能力为基础的责任采购

在实施责任采购的过程中,E.ON 不希望供应商仅仅专注于责任采购政策,E.ON 会对供应商的健康、环境、社会绩效进行预期。E.ON 的采购专员也在活跃地关注着这些问题,E.ON 基于自己的责任采购目标对这些采购专员进行培训。2013 年,E.ON 开展了承诺计划(Compliance Program),针对反托拉斯法对

表 6-22　E.ON 针对关键性采购领域的举措

挑战领域	应对举措
硬煤	与其他七家欧洲主要能源供应商发起"更优质的煤"规范（Bettercoal Code），以图建立煤炭行业全球性认可的环境和社会标准，促进国际煤炭供应链尤其是煤矿的环境和社会条件的持续改进
天然气	通过长期与富有弹性的供应合同的签署、天然气存储设备和液化天然气供给，以确保价格稳定及供应安全
铀	供应商必须符合其负责任采购政策，从政治稳定国家获得铀以降低风险，终止与出现问题的供应商合作
生物质能	发布了生物质能采购的可持续标准，与供应商的合同及自己的生物质能项目都遵循不影响食物生产和危害生物多样性的原则
非燃料	期望所有非燃料供应商（如技术零件、办公用品、服务等）严格符合全球认可的标准，许多非能源供应商来自 OECD，以降低环境和社会方面的采购风险

资料来源：E.ON Sustainability Report 2013.

采购专员进行培训。这项计划目前已经成功完成了对 620 名负责与世界范围内的供应商交易的采购代表的培训。

通过对于公司内部采购代表的培训，可以向采购工作的负责人明确、系统地贯彻公司目标，确保这些采购代表选择的供应商符合公司的责任采购政策，可以提供符合公司要求的高品质产品。同时，通过对于公司责任采购目标有着充分了解的采购负责人，也可以向有意向合作的供应商明确地传达公司的责任采购理念，帮助供应商提升管理水平。

七、公司实施责任采购管理的成效

责任采购管理不仅为 E.ON 可持续供应链管理打下了扎实的基础，同时在推进工作的过程中，也大大提升了公司的行业影响力和社会影响力，形成了良好的经济效益、环境效益和社会效益。

1. 经济效益

通过开展责任采购管理，能够使 E.ON 公司各个重要利益相关方提升效率和创造价值，并主要体现在四个方面：一是在员工管理中，通过统一的采购目标与政策，可以更加深入地向公司采购员工贯彻公司理念，保证采购专员与适合的供应商进行商务合作，提升员工工作效率和工作成就感。二是在客户关系上，透明、标准的目标与政策有助于公司处理好与客户的管理，体现出公司对于客户管理的重视，而基于负责任采购的能源供应与服务，也能增加客户的价值感知。三是对于股东而言，负责任的采购能够提升供应链管理水平，有助于公司提升财务绩效，从而保证业务增长，使股东获得合理的回报。四是在市场管理中,实施责任采购,有助于做好市场整合,推进责任营销,保证公平竞争。

2. 环境效益

E.ON 在开展责任采购的过程中,不仅仅对自身排污行为进行了规范,也对自己的供应商进行了排污行为的规范,为同业者起到了模范的作用。同时,责任采购的修正案中,对于 E.ON 进行生物质能采购的活动进行了相应的规定,清晰指明了集团在充分利用可再生能源、降低环境影响的过程中,不可因使用动植物而造成不必要的社会风险。这样,基于公司与供应商的共同努力,不但直接降低了公司与供应商对环境的负面影响,而且带动全社会共同开展环境保护,从而产生了积极的环境效益。

3. 社会效益

E.ON 的责任采购政策中,包含对劳工与人权的要求,这有利于集团在落实劳工与人权方面工作内容的同时,引导供应商进一步保护员工权益,支持联合国全球契约关于人权的号召。责任采购政策中,E.ON 强调高商业伦理,对禁止商业贿赂进行规定,同时针对采购人员进行培训,确保其严格按照政策开展采购活动,有利于塑造集团廉洁自律的形象,为 E.ON 向世界电力与燃气行业中社会责任实践的推动者提供了助力。通过对这些要求的践行,公司和供应商都能最大限度地为社会做出贡献,形成巨大的社会效益。

八、评价与启示

E.ON 公司在责任采购管理方面的探索,不仅取得了良好的成效,而且形成了具有自身特色的经验模式,其做法值得其他企业学习和借鉴。

1. 制定统一的责任采购政策与目标

E.ON 在推进责任采购管理的过程中,首先确立了全公司统一的政策与目标,同时在政策的指引下对自身的员工进行培训,并顺应市场的变化不断修缮政策,从而保障公司的政策与目标可以随着市场需求变化而不断完善。具体来说,制定统一的责任采购政策与目标有三个方面的好处:一是有助于寻找与企业标准相同的供应商。在相同标准下,有利于处理供应商关系,同时保证业务在透明、诚信环境下开展。二是便于引领采购专员开展工作。在统一的政策与目标下,可以让员工的工作有法可依,避免工作中的盲目性,提升员工的责任理念。三是可以不断推出修正案,完善制度建设。E.ON 在建立责任采购制度的过程中,先是建立了一个普遍性适用的责任采购政策。在需要完善的时候不是修改政策本身,而是通过修正案进行补充,这样有助于公司的责任采购工作拥有最核心的指导政策。在政策需要完善的时候，通过此种方法，也可以保障公司的责任采购政策与时俱进。

2. 责任采购融入公司发展战略

在很多公司的发展战略中，公司的可持续发展战略往往是集团整体战略的一环，而责任采购环节又仅仅是可持续发展战略的一环，达成责任采购目标仅仅是完成了可持续发展战略的一部分工作，达成可持续发展目标又只是完成了集团整体战略的一部分。但是，在 E.ON 的发展战略中，已经不再区分集团整体战略与可持续发展战略，E.ON 集团新的"更清洁和更好的能源"（Cleaner & Better Energy）可持续发展战略，就是集团的整体战略，责任采购也成为公司整体战略的一环，这大大提高了责任采购工作在集团中的战略层级。

同时，责任采购环节作为集团可持续发展战略中的一环，E.ON 的责任采购工作也融入了集团整体可持续发展的治理。在 E.ON 责任采购的政策中，充分反映了集团的可持续发展管理的要求与承诺，并在行动上充分支持了集团可持续发展承诺的达成。同时，E.ON 把责任采购纳入了集团可持续发展的整体治理之中，要求供应商达成关于环境、社会与公司治理的最低要求，也成为公司可持续发展治理工作的一部分，这样可以保障集团在达成可持续发展承诺的同时，也保证供应商相应地履行社会责任。

3. 通过参与相关组织扩大责任采购影响力

E.ON 在推进责任采购管理过程中，非常重视通过参与各种社会责任组织或可持续发展供应链组织来提升责任采购行为的社会影响力。2004 年，E.ON 加入了碳信息披露项目（Carbon Disclosure Project，CDP）。CDP 目前有超过 650 个机构投资者加入，是全球提倡环保背景下供应链可持续性发展的议题之一，是全球最大的投资者联合行动，其目的是为了促进可持续的商业决策，每年 CDP 号召企业披露其二氧化碳排放量和处理气候变化与水资源的政策。E.ON 利用 CDP 这个平台为投资者及其他利益相关方宣传其负责任的企业管理，也从其他跨行业的企业学习，并增强企业内部对现在与未来有关水及气候变化活动的意识，并改进与利益相关方的关系。E.ON 还加入了德国商界可持续发展论坛"econ-sense"运作的可持续供应链项目组。2012 年，该工作组为大小型企业开发了指导原则，以促进对全球背景下企业可持续发展更好的理解，并简化可持续供应链的对话。进一步来看，积极参与到公共社会责任与可持续供应链组织的活动中，积极响应国际社会责任的纲领与号召，有助于提升公司责任采购能力与经营透明度，也有助于树立公司"好公民"的社会形象与品牌形象，从而提高公司的社会影响力。借助良好的品牌形象与社会影响力，有助于公司进一步成功开展利益相关方对话活动。

第四节 巴斯夫集团的责任采购管理实践

一、公司简介与社会责任概览

1. 公司简介[①]

巴斯夫集团（以下简称"巴斯夫"）是全球领先的化工公司，致力于帮助全球各行各业的客户取得更大成功。公司的产品范围可分为五大类：化学品、特性产品、功能性材料与解决方案、农业解决方案以及石油与天然气。

截至2013年底，巴斯夫的子公司遍布世界80多个国家，全世界拥有6个一体化基地和376个生产基地，业务几乎遍及全球所有国家和地区，拥有112206名员工。其中，欧洲当地员工占63.3%，北美占15.1%，亚太地区占14.9%，南美、非洲、中东占6.7%。

2013年，巴斯夫全球销售额达740亿欧元。其中，56%的销售额来自欧洲地区的客户，北美地区的销售额占集团销售总额的19%，亚太地区占17%，南美、非洲与中东地区占8%。以收入来衡量巴斯夫可以称得上是世界最大的化工康采恩企业，其股票分别在法兰克福（BAS）、伦敦（BFA）和苏黎世（AN）的股票交易所上市，并被美国商业杂志《财富》评为"全球最受赞赏化工公司"。巴斯夫在2014年的《财富》世界500强企业排行榜中排名第75位。

2. 社会责任概览

巴斯夫将可持续发展作为公司发展的DNA，明确了企业宗旨，并意识到可持续发展的战略和组织实施可帮助公司在早期阶段识别风险，开拓新的业务领域。

（1）可持续发展理念。[②] 巴斯夫作为全球领先的化工公司，结合经济发展、环境保护和社会责任，通过研究和创新，公司帮助各行各业的客户满足当前和未来的社会需求。巴斯夫总结以上贡献，确定了企业宗旨：创造化学新作用——追求可持续发展的未来。

[①] 资料来源：巴斯夫公司网站（http://www.basf.com/）。
[②] 资料来源：《巴斯夫2013年度报告》。

(2) 可持续发展战略。①巴斯夫应对公司宗旨面临的挑战有四个战略原则：凝聚集团整体力量增加价值、追求创新帮助客户更加成功、引领可持续的解决方案、建立最佳团队。

面对不断增长的世界人口和有限的资源，公司看到化学创新将在三大领域发挥关键作用：资源环境和气候、食品和营养、生活质量。公司在这三大领域最大限度地发挥潜力，通过培育研发和创新，提供可持续的产品和解决方案，促进客户与公司的长期发展。

巴斯夫的可持续发展有三项战略责任：最小化风险、与内外部利益相关方建立良好关系、利用商业机会，如表6-23所示。公司定期与内部和外部专家进行问题管理过程的分析与评估。公司可持续发展的主要领域是产品安全、气候和能源、水、人类和劳工权益、人力资本开发、生物多样性、可再生资源和可持续发展的产品。

表6-23 巴斯夫可持续发展的战略责任

可持续发展战略责任	责任内容与举措
最小化风险	在早期，公司通过重要性分析识别相关问题使得风险降至最低。公司在环境、安全、保障、健康保护、产品管理、合规，以及劳工和社会标准方面为自身设定了全球统一的标准。公司对生产过程、职业安全，以及环境和健康保护进行内部审核。公司的监控系统框架内包括劳工与社会标准。生态和社会标准也同样适用于公司供应商选择
与内外部利益相关方建立良好关系	公司业务运营会公开讨论问题，这是公司透明的方式。公司与利益相关方在基于开放、尊重与相互信任的基础上进行系统的对话，利益相关方包括员工、股东、社区、工人代表、政治家、媒体、民间社会和商业伙伴
利用商业机会	为客户提供创新的产品和解决方案，促进可持续发展。为了评估在可持续发展、生态效益和可追溯性方面产品和工艺的性能，公司开发了类似的生态效益分析工具，例如，回顾产品组合，确定产品和解决方案，促进可持续发展。此外，公司确保可持续发展融入业务部门战略和研究项目的开发和实施。同时，公司已经将可持续发展标准纳入公司的投资决策流程

资料来源：巴斯夫公司网站（http://www.basf.com/）。

(3) 可持续发展管理。巴斯夫建立了从上至下的可持续发展管理组织体系（见图6-14），并明确了各机构的工作职能（见表6-24）。

---

① 资料来源：巴斯夫公司网站（http://www.basf.com/）。

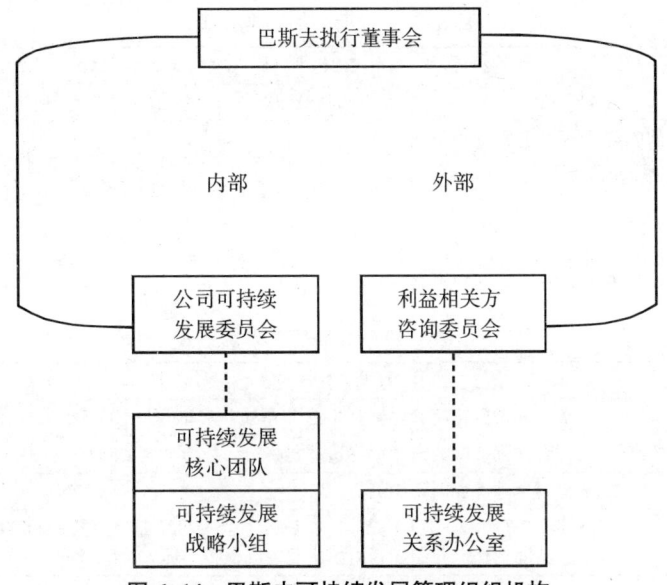

图 6-14　巴斯夫可持续发展管理组织机构

资料来源：巴斯夫公司网站（http://www.basf.com/）。

表 6-24　巴斯夫可持续发展管理机构的职能

机构	职能
公司可持续发展委员会	巴斯夫可持续发展督导机构，机构由董事会成员主持。企业可持续发展委员会监察可持续发展战略和跨部门举措的实施，确定可持续发展目标，并批准可持续发展议题文件
可持续发展的核心团队	支持企业可持续发展委员会，以推动企业可持续发展委员会决定的执行情况，并与可持续发展的社区连接。可持续发展的核心团队还负责监督经批准的可持续发展计划和措施的表现
可持续发展社区	跨部门和跨区域团队的可持续发展社区工作的实际挑战在执行其业务的可持续发展战略，并确保全球范围内对可持续性发展的一致性和知识共享
利益相关方咨询委员会	来自科学界和民间社会以及巴斯夫董事会成员等国内外专家出席利益相关方咨询委员会的定期会议。这种持续对话的目的是进一步发展巴斯夫的可持续发展路径
可持续发展战略小组	通过提供咨询服务，以评估商业机会和风险，评估产品和工艺，并支持不同的业务单位的发展战略，支持巴斯夫集团关于可持续发展活动

资料来源：巴斯夫公司网站（http://www.basf.com/）。

（4）社会责任绩效。巴斯夫在业绩增长、员工、环境、安全与健康等方面都设定了长远的全球目标，并在不断取得进展，如表 6-25、表 6-26、表 6-27 所示。2013 年，巴斯夫再次入选"中国绿公司百强榜"，凭借其可持续竞争力连续七年上榜，并连续 13 年入选道琼斯全球可持续发展指数排行榜，连续第九次荣登 CDP 碳排放披露领导指数全球 500 强企业排行榜。

表 6-25 巴斯夫的财务业绩

指标	年均目标	2015 年目标	2020 年目标	2013 年末情况
销售额	—	约 800 亿欧元	约 1100 亿欧元	740 亿欧元
高于资本成本的收益	年均至少 20 亿欧元	—	—	19 亿欧元
息税、折旧及摊销前收益	—	140 亿欧元	约 220 亿欧元	104 亿欧元
每股收益	—	约 7.50 欧元	—	5.27 欧元

资料来源:《巴斯夫大中华区 2013 年度报告》。

表 6-26 巴斯夫的员工发展表现

指标	长期目标	2013 年末情况
国际化高管比例	提高非德国籍高管比例（2003 年基线：30%）	35.0%
拥有国际经验的高管	拥有国际经验的高管比例超过 80%	81.6%
女性高管比例	提高全球女性高管比例	18.5%
员工职业发展	建立一种共识：员工职业发展是员工个人和经理的共同责任，并制定相关职业发展流程和工具	全球近 40000 名员工已开始落实

资料来源:《巴斯夫大中华区 2013 年度报告》。

表 6-27 巴斯夫的环境、安全与健康绩效

单位：%

指标	2020 年目标	2013 年末情况
能源与气候保护		
生产工艺能效提高（以 2002 年为基线）	+35	+19.8
每吨销售产品产生的温室气体排放（以 2002 年为基线）	-40	-34.0
停止 Wintershall 原油生产中的火炬燃烧（2012 年目标）	100	100
单位数量和距离的天然气运输温室气体排放（以 2010 年为基线）	-10	-9.0
水		
水中的有机物排放（以 2002 年为基线）	-80	-78.5
水中的氨排放（以 2002 年为基线）	-80	-86.8
水中的重金属排放（以 2002 年为基线）	-60	-64.2
生产中饮用水使用量（以 2010 年为基线）	-50	-25.3
在缺水地区的生产基地引入可持续水资源管理体系（以 2010 年为基线）	100	11.1
空气		
空气污染物排放（以 2002 年为基线）	-70	-62.2
运输		
每万次运输的事故数量（以 2003 年为基线）	-70	-61%
生产		
每百万工时损失工时工伤事故率（以 2002 年为基线）	-80	-58
健康绩效指数（年目标）	>0.9	0.89
产品		
对巴斯夫每年在世界各地销量超过 1 吨的产品进行风险评估	>99	56

资料来源:《巴斯夫大中华区 2013 年度报告》。

二、公司实施责任采购管理的动因

巴斯夫作为跨国公司,以其自身的采购规模来看,公司开展责任采购有其必然性,一方面是公司自身发展的需要,另一方面是有效应对运营风险和国际挑战的要求。

1. 落实公司宗旨的重要内容

巴斯夫的公司宗旨已明确了对可持续发展的重视,公司要求将可持续发展融入日常工作;公司可持续发展的三个战略职责也要求最大限度减少风险,与利益相关方在建立信任的基础上创造商业机会、形成良好关系。而采购环节是确保巴斯夫安全运营的重要一环,尤其是化学原材料的生产和运输过程的安全性对于降低公司风险尤为关键。同时,公司要通过加强与供应商的对话,让供应商更好地了解公司的理念与要求,借助自身优势提升供应商的供货与经营能力,这样才可以取得供应商的信赖,建立良好的商业关系,获得双方更多的合作机会,实现共同发展。因此,在采购环节,巴斯夫必须秉承公司"创造化学新作用——追求可持续发展的未来"的宗旨,将公司可持续发展的主要领域,如产品安全、劳工权益等内容纳入采购工作。

2. 应对行业风险的必然要求

巴斯夫所从事的化工行业有其自身特有的风险性。化学品在生产过程中如果操作不当,或者运输过程中出现紧急事故都可能会引发大型危害事件。巴斯夫的原材料在全球采购,2013年的采购达3000种,来自6000个供应商,同时运输也是通过物流供应商提供服务。因此,为了降低与控制风险,巴斯夫必须加强对供应商的管理,而管理不能仅限于产品质量与服务能力,还应包括安全生产、人员保护等各个方面。所以,责任采购管理对于巴斯夫这类属性的公司是十分必要的。

3. 回应国际要求的必然选择

巴斯夫作为一个跨国公司,首先要知晓国际行业规则,才能在行业中发展。而"责任关怀"是于20世纪80年代国际上开始推行的一种企业理念,1992年被化工协会国际联合会接纳并形成在全球推广的计划。20多年来,"责任关怀"在全球50多个国家和地区得到推广,几乎所有跻身世界500强企业的化工企业都践行了这一理念。"责任关怀"的宗旨是在全球石油和化工企业实现自愿改善健康、安全和环境质量,在实践中有六个方面的行动准则,包括社区认知和紧急情况应变准则、配送准则、污染预防准则、生产过程安全准则、雇员健康和安全准则、产品监管准则。同时，责任关怀的原则中要求公司与供应商、承包商共享"责任关怀"的经验和声誉，并提供帮助以促进"责任关怀"的推广。因此，巴斯夫作为"责任关怀"的执行者之一，有义务开展责任采购，帮助与促进供应商共同实行"责任关怀"理念。

三、公司责任采购管理的组织体系

巴斯夫建立了总部层面、区域层面、地区层面的三级全球化物资供应管理和采购运行体系。[①] 全球性、立体化的机构体系为巴斯夫执行全球化采购提供了基本的机构支撑，为其进行全球市场分析、执行具体的采购计划提供了最重要的保障。

在总部层面，设立了全球采购与物流部，下设了五个部门，即全球供应链与过程创新部、原材料采购部、技术采购部、物流采购部、国际贸易公司。全球供应链与过程创新部主要负责战略供应链管理、制度流程制定、全球供应商搜寻以及全球物资采购商务活动优化等工作。原材料采购部要按时、按量为巴斯夫的生产部门提供符合质量要求的无机化学品、添加剂、塑料等原材料，为了致力于在本企业财务预算与社会和环境要求之间寻找平衡点，它们要在世界范围内寻找最佳的产品和服务。技术采购部每年的采购金额在40亿欧元左右，主要负责机电仪表、信息技术、技术商务服务等的集中采购，其最主要的责任在于通过最高的质量要求来实现技术发展的最大化。物流采购部主要负责陆上或海上运输等的集中采购。国际贸易公司主要负责汽油、液化气等化工产品的采购和对外贸易。

在区域层面，巴斯夫在北美、南美、亚洲、欧洲设有四个区域采购机构，分别位于美国新泽西、巴西圣保罗、中国香港、德国路德维希港。在地区层面，巴斯夫每个区域机构都下设有多个地区采购中心，如在中国香港设立了东亚区域采购机构，同时在上海、新加坡等地还设立了多个地区采购中心，具体负责地区采购业务的执行。

四、公司责任采购管理的制度建设

巴斯夫希望供应商及其分供应商和分承包商能完全遵守相关的法律法规和国际认可的环境、社会和公司管理的标准（ESG标准），并在此基础上制定了

[①] 汪明慧. 巴斯夫全球采购背后的秘密 [J]. 石油石化物资采购, 2012 (1).

《供应商行为准则》。与此同时,巴斯夫在公司的《供应商行为准则》中也对员工采购行为做出了规定。

1.《供应商行为准则》的要求

巴斯夫的《供应商行为准则》要求供应商支持、接受和执行表6-28中的ESG标准,这些标准是基于联合国全球契约行动十项原则和全球化工界的责任关怀行动而制定的。

表6-28 巴斯夫针对供应商的ESG标准

ESG	标准要求
环境	● 符合所有相关环保、健康和安全的法规要求 ● 推广安全环保地开发、生产、运输、使用和废弃您的产品 ● 保护您的员工和邻居的生命及健康,以及由于您的工艺和产品固有的风险所涉及的公众 ● 有效地利用资源,采用节能环保的技术,减少固废以及向空气、水体和土壤的排放 ● 降低对生物变异、气候变化和水源匮乏的影响
社会	● 支持国际上公认的人权保护,包括最低工资和工作时间 ● 反对工作场所使用强迫劳动、童工和歧视 ● 维护社团自由和讨论工作条件的言论自由
治理	● 遵守所有适用的国家和国际反垄断和贸易控制的法规 ● 反对腐败包括贿赂,并确保私人关系不会影响业务活动 ● 反对洗钱行为

资料来源:巴斯夫的《供应商行为准则》。

巴斯夫和供应商的关系是建立在相互信任和相互尊重的基础上。巴斯夫希望供应商能通过公司的行为要求或包含这些标准的公司方针来证明自身对这些准则的承诺。另外,如果有必要,巴斯夫可能会要求供应商通过表6-29中的任何一种方式来证明对这些ESG标准的符合性。

表6-29 巴斯夫供应商遵循ESG标准的证明方式

证明方式	做 法
自我评估	我们会要求您填写一份关于ESG标准符合性的问卷
第三方评估	我们会要求第三方提供书面信息,比如,关于你们针对ESG标准符合性和表现的数据
证书/声明	我们会要求您出示一份证书或声明来确认你们符合ESG标准
现场审计	我们或一家经我们授权的第三方会代表我们跟您联络要求到现场来审核ESG的符合性

资料来源:巴斯夫的《供应商行为准则》。

2.公司《供应商行为准则》中的相关要求

巴斯夫制定了《供应商行为准则》(Code of Conduct),作为公司全体员工的行为约束。巴斯夫在《供应商行为准则》中明确表明其员工在采购过程中须遵守的行为规范。

《供应商行为准则》中规定，公司对包括供应商在内的所有业务合作伙伴，必须公平对待。公司与所有业务伙伴的关系完全基于客观标准，特别是质量、可靠性、具有竞争力的价格，以及符合环境、社会和公司治理标准。巴斯夫严格致力于打击任何形式的腐败。因此，巴斯夫禁止其雇员、代理人代表巴斯夫和其他第三方从事任何形式的贿赂。在与业务合作伙伴的合作中，他们绝不被允许或接受任何有价值的东西（如现金、礼品、娱乐或任何其他个人利益），这些会被理解为试图影响或引导业务决策。同样地，巴斯夫员工也不会向其他公司的员工提供个人利益，而获得任何不正当的优势。如果业务合作伙伴提供或要求任何个人利益，公司要求所有员工向他们的经理汇报。同时，公司在《供应商行为准则》中承诺其全部员工遵守反托拉斯法，以确保采购过程的公平、公正。[①]

五、公司负责任的供应商管理实践

供应商是巴斯夫价值链的重要组成部分。公司的目标是与供应商一同创造价值和降低风险，并以可持续发展为导向，实施负责任的供应商管理，以增进供应商对公司的标准和期望的认识，并推动他们以透明的方式为可持续发展做贡献。

1. 原材料供应商管理

除了价格、质量和供应安全外，遵守具体的环境、安全和健康标准是巴斯夫与原材料供应商建立商业合作关系的前提条件。巴斯夫的采购人员不仅要协商合同条款，还要综合考虑原料风险以及供应商所在国家的风险，严格按照风险矩阵来选择供应商，评估产品以及供应商相关的风险。根据这个矩阵（见图6-15），对将采购的所有原材料根据其环境特征、毒性和安全性分为三种危险类别：安全（A）、有害（B）、有毒（C）。属于C3类的产品/生产商代表着潜在的高风险，因而需要进行审慎调查。也就是说，巴斯夫采购部的员工及环境、健康和安全（EHS）专家将拜访供应商，并进行EHS评估来确定供应商是否根据责任关怀标准（例如，废水处理、维护、安全设备、质量控制方面）开展运营。如果潜在供应商的工厂设施满足了公司的要求，则产品/生产商升级为C2类别，代表公司可以开始从该企业定期采购原材料。[②]

---

① 资料来源：巴斯夫公司网站（http://www.basf.com/）。
② 李芮. 做良好企业公民，走可持续发展之路——巴斯夫在中国[J]. 上海化工，2006 (3).

	供应商所在国家风险		
	经合组织成员国	经合组织成员国	非经合组织成员国
	1	2	3
A	低风险潜能		
B			
C			高风险潜能

图 6-15 巴斯夫的原材料供应商风险矩阵

资料来源：田春芳. 巴斯夫：供应链上的"点金术"[N]. 中国石油报，2012-10-18.

2011 年，巴斯夫参加了"携手实现可持续发展"（TFS）。这一举措的目的是制订和实施对商品和服务供给责任的全球计划，以改善供应商的环境和社会标准。评估过程简化为供应商和 TFS 成员公司通过全球统一的调查问卷开展行动。2013 年，该倡议的成员发起了共约 2000 个可持续发展评估和审计。2014 年开始，该活动将扩大到更多的国家，并获得更多新成员的加入。

巴斯夫十分重视公平性和长期的商业关系。公司对审计不符合规定的供应商要求其进行整改，并可通过制订联合行动计划来帮助其解决问题，在几个月后再进行后续审计，如果还是没有达标则终止合作关系。例如，某家在 2005 年首次接受审查的供应商，虽然审查结果总体较好，但仍有一些方面不能满足 EHS 的要求，例如，有毒产品在露天的环境中搬运，缺乏个人保护设备，使工人直接接触到危险的烟尘。在巴斯夫的帮助下，该供应商将露天环境改为封闭，并提供给工人足够的防护设备，巴斯夫这才开始接受他们的供货。2013 年，巴斯夫对 155 家原材料供应商开展了现场审计，并发起 550 个可持续发展评估。[1]2013 年，巴斯夫因审计不合格与 12 家供应商解除了合作。

此外，巴斯夫在 2013 年对 745 名员工提供了可持续发展为导向的供应商管理培训，使得他们能够与供应商对话，提高供应商意识，并尽量减少可能的风险。

---

[1] 资料来源：巴斯夫公司网站（http://www.basf.com/）。

2. 物流供应商管理

巴斯夫的运输及仓储安全法规和措施主要涵盖了原材料运输、巴斯夫生产基地与客户之间的化学品存储与分销,以及废弃物从生产基地到处置设施的运输。公司在全球对所有物流服务供应商提出了统一的规定,并在选择物流供应商的第一个步骤是对潜在供应商仓库、灌区和运输车辆的健康、安全、环保进行复合型检查,通过运用安全的质量评估体系(SQAS)、仓库安全评估及储罐码头安全体系(CDI-T)对潜在的物流供应商进行评估,对有关服务供应商的管理体系、员工培训方式、紧急情况下的响应时间、车辆的装备以及是否已经制订安全计划等方面的信息进行分析。[①] 2013年,巴斯夫专家使用了内部评估和监控工具以及包括《道路安全质量评估体系》在内的国际公认评估方法对物流供应商进行了评估。只有确定合作伙伴完全达到所有安全要求的前提下,公司才会委托他们对产品进行运输与分销。

巴斯夫会对现有物流服务供应商开展定期审计,如果发现不达标的情况,公司会和物流服务供应商进行讨论,并确保他们立即采取必要的改进措施。同时,公司还会通过各种形式来提升物流供应商能力,确保他们能够达标。中国的物流服务供应商会定期参加巴斯夫的安全培训。在2013年8月的培训中,巴斯夫专家向各物流服务供应商分享了事故根本原因的分析方法。2013年,巴斯夫继续成功实施了货物捆扎及固定项目,并在两个生产基地的装卸点分享了货物捆扎及固定模型和其他最佳实践。[②] 此外,巴斯夫还启动了一套门检系统,卡车在进出巴斯夫基地之前需要经过安全检查并获得出入许可。

六、公司实施责任采购的特色实践

巴斯夫在追求"创造化学新作用——追求可持续发展的未来"的过程中,逐渐形成了有自身特色的负责任采购行为。

1. 绿色采购

巴斯夫对于环境保护和安全标准有清晰的界定,也视其为重要的管理责任。公司按照全球通用标准制定了明确的规定,并要求员工在工作场所中始终遵守这些准则。公司制定的《供应商行为准则》包括对供应商环保行为的要求,如有效地利用资源,采用节能环保的技术,减少固废以及向空气、水体和土壤的排

---

① 李芮. 做良好企业公民,走可持续发展之路——巴斯夫在中国 [J]. 上海化工,2006(3).
② 资料来源:《巴斯夫大中华区2013年度报告》。

放;降低对生物变异、气候变化和水源匮乏的影响。同时,公司积极开展生态效益学习研讨会,邀请包括供应商在内的合作伙伴参与。在墨西哥,项目参与者可通过在线方式和参观生产车间进行学习。该项目与墨西哥环境和自然资源部合作,帮助巴斯夫供应商和客户节省能源和资源。该项目从2008年开始,为参与者实现减少碳排放约70300吨。① 此外,巴斯夫坚持购买可再生资源,2013年其购买的原材料中有3.5%来自可再生资源。②

针对公司在世界各地的货物运输,巴斯夫在选择交通工具时,除了会对交通工具的安全、守时等谨慎对待,同时也会在物流决策中涉及负责任的考虑环境和气候保护,尽可能减少运输环节对环境的影响。在选择交通工具时尽可能选择火车为运输的工具,因为相较于卡车,利用火车作为货物运输可以减少65%的碳排放量。③

2. 安全采购

巴斯夫非常重视供应商的安全生产与运输,在《供应商行为准则》中要求供应商要保护企业的员工以及所在社区的生命及健康。针对经常进入巴斯夫生产基地执行日常维修和施工的承包商,公司也建立了一套全面的安全管理体系,其中包括承包商资质评估、进入任何基地前的强制安全培训、工作开始前的设备和工具检查,以及现场监督和检查。经常需要雇佣承包商的部门通过研讨会,与工程采购施工承包商管理团队交流管理技巧和心得,从而将安全管理知识分享给承包商及整个行业。此外,公司通过激励计划,对于开展安全工作的所有承包商和供应商的实践给予奖金奖励。

在运输方面,巴斯夫将门检合格率作为选择公路运输服务供应商的一个关键业绩指标,检验员利用黄色的胎纹卡尺测量大货车轮胎纹深度,以保证轮胎摩擦力,确保安全。根据巴斯夫全球采购规定,所有采购的危险化学品将由巴斯夫指定的物流供应商到厂商提货,而巴斯夫所销售的危险化学品也将由巴斯夫的物流供应商直接送到客户手中,④ 因此,检验员会查看货车及货车司机是否有运输化学品资质的证明。而且,物流供应商在与巴斯夫的合作中,不仅严格按照巴斯夫安全标准进行运输服务,还主动地采取一切措施提高车辆的安全性

---

① 资料来源:《巴斯夫2013年度报告》。
②③ 资料来源:巴斯夫公司网站(http://www.basf.com/)。
④ 田春芳. 巴斯夫:供应链上的"点金术"[N]. 中国石油报,2012-10-18.

能,提高运输效率,确保在危化运输服务的过程中不出现任何安全事故。①

巴斯夫要求在公司工作的全体人员(包括为巴斯夫提供服务的劳务人员和承包商)报告任何潜在危害、事故或不安全状况。大中华区各生产基地的 EHS 经理每月通过电话会议分享全球各地的事故,吸取经验教训,避免事故发生。同时,公司在全球拥有 150 多名交通安全培训顾问,如果安全事件发生,他们会迅速地进行协调援助,并对事故进行评估,预防事件的再次发生。所有事故都将录入巴斯夫全球事故数据库,这有助于公司识别潜在的薄弱环节,并从错误中学习。②

3. 和谐采购

巴斯夫严格遵守《国际劳工组织核心劳工标准》中的要求,并要求供应商也遵守这些劳工标准。同时,针对购买的矿物,公司会进行分析确定其是否来自刚果民主共和国及其邻国。公司调查中的矿物质,如果发现是"冲突矿物",公司将终止与该供应商的业务关系。如果新供应商的产品含有冲突物,他们必须通过公司设计的标准化问卷向公司提前披露。③对于不能做出明确判断的矿物,公司保留外部审计的权利。

4. 共赢采购

(1) 培训与专业支持。巴斯夫在管理原材料供应商与物流供应商时积极开展培训,并设立"供应商日"加强交流,通过评估给予工作整改意见,促进供应商与自身共同进步。同时,巴斯夫一直致力于确保供应商获得所需的专业支持,通过在 500 多个环境、健康及安全(EHS)评估细则上进行合作,分享巴斯夫在欧洲的先进业务经验,这些措施不仅帮助供应商不断取得了进步,提高了服务水平,达到了更高的标准,也最大限度地实现了巴斯夫与供应商的共赢。④

(2) "1+3 项目"的大协作。2006 年,巴斯夫依托中国可持续发展工商理事会的平台倡议发起了"1+3"企业社会责任项目。根据"1+3"项目模式,每个公司带动其供应链上的三大业务合作伙伴(客户、供应商和物流服务供应商),以"1 家中国可持续发展工商理事会会员企业(如巴斯夫)+3 个其供应链上的合作企业(供应商+客户+物流服务供应商)"的理想模式,与他们分享企业社会责任和可持续发展的管理理念以及环境、健康与安全方面的最佳实践,再由

---

①④ 杨辉. 巴斯夫:"物流供应商奖"激励共赢 [J]. 运输经理世界,2009 (2).
② 资料来源:《巴斯夫大中华区 2013 年度报告》。
③ 资料来源:《巴斯夫 2013 年度报告》。

这些合作伙伴将相同的理念传递给各自价值链中的其他企业，如图6-16所示。截至目前，巴斯夫已带动三轮27家合作企业参与该项目，并已逐渐产生了"雪球效应"：通过中国可持续发展工商理事会的平台，该项目已在国内140余家企业中传播。[①]

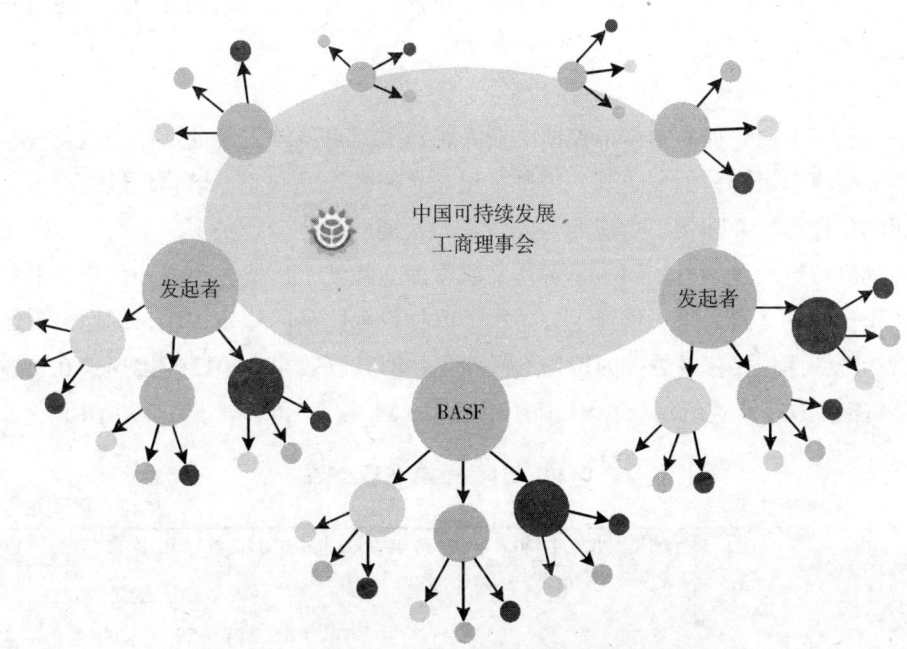

图6-16 巴斯夫的"1+3"企业社会责任项目模式
资料来源：田春芳．巴斯夫：供应链上的"点金术"[N]．中国石油报，2012-10-18．

巴斯夫将第三轮项目的平台向更多利益相关方开放，邀请环保非政府组织和媒体共同参与，面向多方利益相关方构建了一个开放、透明和高效的沟通平台。巴斯夫此举也意在借助来自社会的正面监督力量，更有效地推进项目的积极投入和实施进程。在2013年12月举办的项目总结论坛上，"1+3"项目合作伙伴首次作为巴斯夫重要利益相关方之一参与巴斯夫年度利益相关方对话。通过参加"1+3"企业社会责任项目，第三轮合作伙伴在企业社会责任实践以及EHS管理等领域取得了全面提升。例如，一家"1+3"合作伙伴改善对废气处理装置以减少大气排放；另一家合作伙伴计划在燃煤锅炉上安装布袋除尘器以进一步减少烟尘排放量；还有一家合作伙伴则建立了安全指导委员会，并在企

---

① 资料来源：《巴斯夫大中华区2013年度报告》。

业内部建立了一套完整的 EHS 管理制度,提高职业安全和环境保护。

七、公司实施责任采购管理的成效

巴斯夫的责任采购管理不仅为公司创造了直接经济效益,而且通过供应链的带动作用产生了巨大的社会效益和环境效益,对公司的品牌价值提升也起到了重要的促进作用。

1. 经济效益

责任采购管理的实施不仅使巴斯夫履行了对可持续发展的承诺,也使其与供应商建立了相同的价值观,增进了相互之间的沟通交流,培养了供应商对公司的信任感,并强化了供应商与公司之间长期的战略合作关系,从而,不断提高其供应链的竞争力。同时,责任采购管理还降低了巴斯夫公司和供应链上各合作伙伴的运营风险,保证了公司所需原材料和物品的稳定供应,确保公司运营的稳健性,并获得更大的市场份额和更好的经济效益。2013 年巴斯夫在全球销售额实现十年连续增长,较 2004 年销售额翻了近一倍,如表 6-30 所示。

表 6-30 巴斯夫的销售额及收益

单位:亿欧元

指 标	2004 年	2005 年	2006 年	2007 年	2008 年	2009 年	2010 年	2011 年	2012 年	2013 年
销售额	375	427	526	580	623	507	639	735	721	740
息税、折旧及摊销前收益	77	82	97	102	96	74	111	120	100	104
营业收益(息税前收益)	52	58	68	73	65	37	78	86	67	73
税前收益	43	59	65	69	60	31	74	90	60	67
少数股东权益前收益	21	32	35	43	33	17	51	66	51	52
净收益	20	30	32	41	29	14	46	62	48	48

资料来源:《巴斯夫大中华区 2013 年度报告》。

2. 环境效益

由于外部供应商和服务商的参与,巴斯夫实施环保措施的积极影响已经不仅限于公司内部,而是扩大到整个价值链。早在 2008 年,巴斯夫就开始定期发布全面碳足迹报告,包括整个价值链的排放量(见图 6-17)。巴斯夫根据企业碳足迹报告,规划整个价值链的气候保护行动。[①]从收入增长与供应商的碳排放变

---

① 资料来源:《巴斯夫大中华区 2013 年度报告》。

化情况来看，巴斯夫较好地控制了供应商的温室气体排放量。以 2011 年与 2013 年相比较为例，2013 年的销售额较 2011 年增长了 5 亿欧元，而供应商的温室气体排放量却较 2011 年降低了 1100 万吨，如图 6-18 所示。

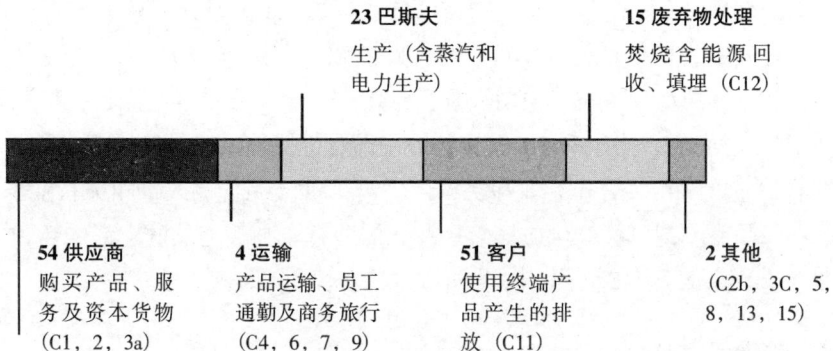

图 6-17　2013 年巴斯夫全球价值链温室气体排放（二氧化碳当量以百万吨计）

资料来源：《巴斯夫大中华区 2013 年度报告》。

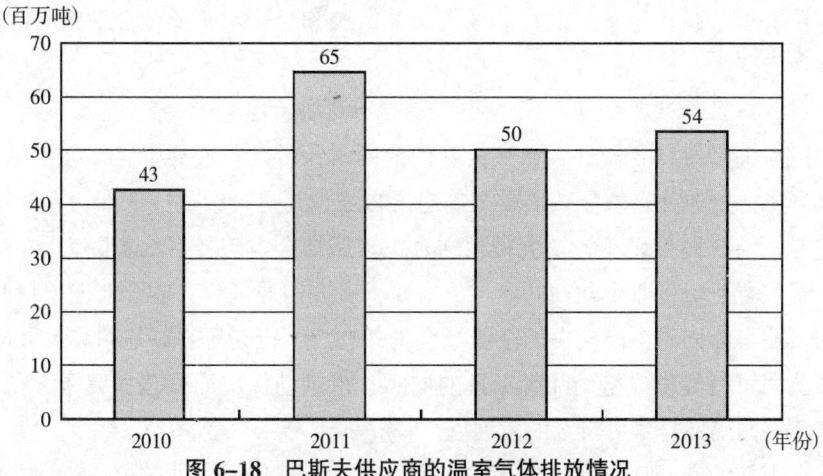

图 6-18　巴斯夫供应商的温室气体排放情况

资料来源：《巴斯夫 2010 年度报告》，《巴斯夫 2011 年度报告》，《巴斯夫 2012 年度报告》，《巴斯夫 2013 年度报告》。

3. 社会效益

巴斯夫强调安全、健康，注重人权保护，在《供应商行为准则》中也明确提出要求供应商反商业贿赂与反洗钱。巴斯夫通过以身作则，并带动供应商一起行动，共同实现良好社会影响。一方面，巴斯夫的原材料供应商达 6000 家，再加上物流供应商以及承包商等，公司拥有庞大的供应商队伍。公司通过审计评估每家供应商在安全、人权等方面的履责实践，以培训或座谈会等方式，与供应商开展交流沟通，提升供应商在社会责任方面的履责能力，切实通过供应商的负责任行为促进社会稳定与进步。另一方面，巴斯夫通过"1+3"的创新模式，向供应商分享公司自身对企业社会责任理念的认识与理解，并将实践经验给予分享，给予的对象不仅限于公司自己的直接供应商，而是希望以"传帮带"的形式进行发展，使得社会责任理念与实践的辐射范围进一步放大，从而在更大范围获得更好的社会效益。长期来看，巴斯夫希望以化工行业为起点和辐射，在未来10年时间里，力争对10个以上相关行业可持续供应链管理产生积极推动和影响。通过与相关合作企业和机构的大力推动，完善和改进相关行业的执行标准和规则，实现可持续供应链管理理念的跨行业和跨地域的广泛传播，[①]促进更多企业的社会责任绩效提升，共同增进社会福利和促进社会进步。

八、评价与启示

巴斯夫充分考虑行业特性和公司实际，积极创新责任采购管理模式，取得了重要进展，赢得了良好的社会评价，其做法和经验对于其他企业具有重要的启示与借鉴。

1. 创新供应链履责模式

巴斯夫坚持自身做好企业社会责任的同时，带动行业履责，最终推动供应链共同履行企业社会责任。巴斯夫确定了自身作为可持续供应链推动者的定位，首先考虑与公司核心业务及决策相结合，然后结合本＋社区的实际需求，联合企业上下游及跨行业企业共同参与，搭建了多方沟通平台。通过推进"1+3"项目的长期实施，使得巴斯夫的企业社会责任理念、行为等得以复制和扩大成效，塑造公司可持续供应链的品牌形象的同时，也推动供应商安全、健康、稳健的运营，从而确保自身可持续的发展。

在当前的全球商业竞争环境中，供应链越来越成为企业的核心竞争力，提升供应商的可持续发展能力也越来越多地成为大型企业所考虑的问题。从巴斯夫"1+3"项目经验来看，公司首先要找到自身的核心优势，并与供应商沟通、分享最佳实践，提高供应链管理的透明度，以强化供应链的企业责任管理。同时，可借助当地相关组织平台，进一步扩大项目影响力，且"1+3"滚雪球的方式也是值得借鉴的，其可以使得公司上游供应链的履责行为得到良性延伸，从而实现更加稳固的运营，并扩大对经济、社会与环境的积极影响。

---

① 李长海.巴斯夫：责任供应链的品牌效应［J］. WTO经济导刊，2014（7）.

2. 重视内外一致的合规管理

巴斯夫制定的《供应商行为准则》适用于全球供应商，并作为对供应商考核评估的一部分。《供应商行为准则》中的内容包含人权、劳工和社会标准，以及环境、健康、安全和反垄断、反腐、反洗钱等相关内容。而这些内容其实与巴斯夫约束自身员工的"合规计划"相一致，即巴斯夫形成了公司内部运营管理与外部供应商管理相统一的管理体系。实际上，企业在进行供应商管理时，与内部管理内容保持一致，不仅有利于对供应商进行审计，也有利于通过自身的实践经验帮助供应商一同履行责任。同时，供应商管理要从公司所处行业的特性出发，如巴斯夫在供应商管理中，非常重视环境与安全。因此，从供应商管理制度，再到供应商的审计评估，以及提升供应商履责能力，公司都要考虑行业特性，制定与其要求相一致的一整套管理办法。

3. 重视对供应商管理工具的开发与运用

巴斯夫在选择和定期审计供应商时均运用了风险矩阵作为管理的依据，在评估物流供应商时还应用了安全和质量评估体系等。以风险矩阵为例，其是将横坐标表示供应商风险，纵坐标表示产品风险。根据这个矩阵，巴斯夫可明确具有潜在高风险的产品或供应商，据此巴斯夫的采购员就要对其进行审慎地调查。

在采购工作中通过利用风险矩阵具有一定的直观性，公司可根据风险等级对风险、风险来源或风险应对进行排序。作为一种筛查工具，其确定哪些风险需要更细致的分析，或是确定应首先处理哪些问题。它还可以挑选哪些风险此时无须进一步考虑。风险矩阵的应用也有助于全组织内沟通对风险定性等级的共同理解。因此，企业在开展采购或进行供应商管理时，均可借鉴采纳风险矩阵或其他评估工具，使得工作执行更加清晰、便捷，也利于内部与外部达成共识。

第五节 美国通用电气公司的责任采购管理实践

一、公司简介与社会责任概览

1. 公司简介

美国通用电气公司（GE）始建于1890年，总部位于美国康涅狄格州费尔菲尔德市，是世界上最大的提供技术和服务业务的跨国公司，也是道琼斯工业指数自1896年创立以来唯一仍榜上有名的企业。GE的产品和服务范围广阔，从电力、石油天然气、水处理、航空和运输,到医疗、照明、电器和金融,致力于通过多项技术和服务创造更美好的生活。GE客户遍及全球160多个国家,拥有30多万名员工。

GE的品牌口号是"梦想启动未来"(Imagination at Work)。GE致力于不断创新、发明和再创造,将创意转化为领先的产品和服务,推动着全球经济发展和人们生活条件的改善。截至2013年,GE总资产达到6565.6亿美元,当年实现销售收入1460.45美元,[①]在美国《福布斯》杂志2014年全球2000强企业排名全榜单中,GE名列第7位;在《财富》世界500强企业排名中,位列第27位。

2. 社会责任概览

GE全球总部制定了"人与社会、地球、经济"的可持续发展框架,系统管理GE需要关注的可持续发展问题。GE对于可持续发展的承诺,不仅贯穿于日常的生产经营中,也体现在对业务所在地的支持和建设中。

(1)可持续发展理念。GE的可持续发展理念是与各利益相关方携手,结合业务和资源,不断满足所在地发展最迫切的需求。GE的使命就是向客户提供能够满足他们需求的出色的产品和服务,同时,积极寻求方法为所处的社区和环境做出积极的贡献。GE承诺在公司实现利润增长目标的同时,致力于对未来进行投资,从而创造出解决环保问题的创新型解决方案并为客户提供有价值的产品与服务。[②]

(2)可持续发展战略。GE的可持续发展战略包含三大内容,如表6-31所示。

表6-31 GE可持续发展战略的内容

领 域	内 容
诚信经营	我们坚持诚信经营,保证自身的生产经营符合当地法律法规的要求,及我们在全球的诚信原则。我们在身体力行的同时,也以这一准则要求业务合作伙伴。这是我们可持续发展战略的基本点
战略求同	我们力求在商业目标和所在国的经济社会发展目标之间寻求一致和契合点。这构成了我们可持续发展战略的核心
协作共建	我们寻求与客户、供应商、学术科研机构、NGO和政府的广泛合作,倡导可持续发展理念,促进可持续发展技术和经营方式的采用。这是我们可持续发展战略的重要组成部分

资料来源:《通用电气(中国)2011~2012年可持续发展报告》。

---

① 资料来源:GE Sustainability Highlights 2013。
② 资料来源:《GE2008企业公民报告,通用电气(中国)2011~2012年可持续发展报告》。

GE 通过对公司面对全球挑战的分析,确立了公司可持续发展战略的重点议题,如图 6-19 所示。

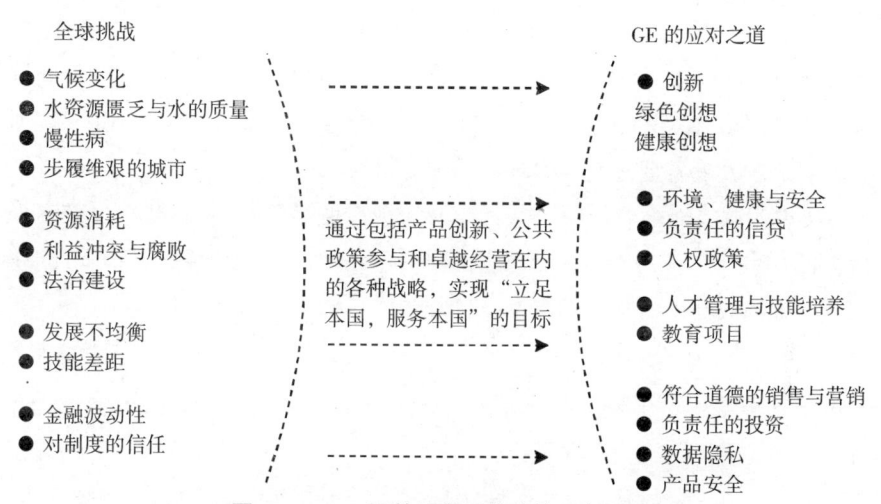

图 6-19　GE 可持续发展战略的重点议题

资料来源:GE 2012 Sustainable Growth.

(3)可持续发展管理。GE 通过完善的组织保障机制,建立了完善的可持续发展治理结构,从公司最高层(董事会)到具体执行部门,都有明确的社会责任分工,如图 6-20 所示。董事会公共责任委员会负责监督 GE 在影响投资者和利益相关方的企业公民责任和重要公共事务上采取的立场。企业公民责任执行

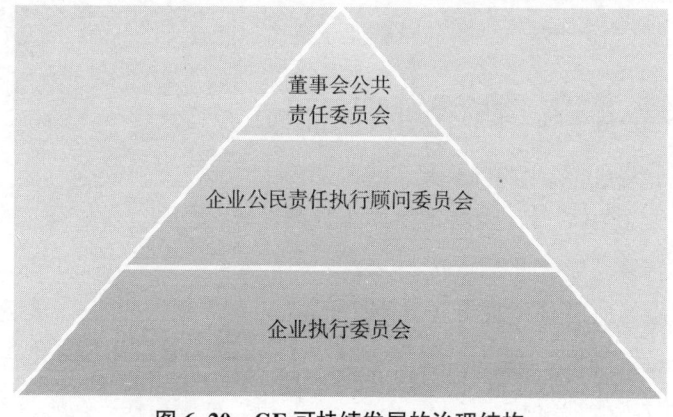

图 6-20　GE 可持续发展的治理结构

资料来源:《通用电气(中国)2011~2012 年可持续发展报告》。

顾问委员会由五名高级执行官组成,定期会面讨论利益相关方人士的反馈和企业公民责任项目实施中的问题,以确保采取了恰当的行动及配置了合理的资源。企业执行委员会讨论公司在战略和业绩上取得的进展,分享最佳实践,并在必要时评估企业公民责任项目。

GE以其先进的管理体系为依托,全面将可持续发展要求融入其管理体系,已经基本建立起了社会责任推进管理体系的总体框架,即以六西格玛管理体系为基础开展质量管理,并以环境、健康和安全为战略重心建立了EHS管理体系,将可持续发展各要素与其管理体系充分融合。

(4)可持续发展绩效。GE积极推动自身及行业创新,与各利益相关方进行广泛交流与合作,在可持续发展领域取得了一系列积极的成就,其创造的经济绩效、环境绩效和社会绩效如表6-32所示。

表6-32 GE的可持续发展绩效

		2011年	2012年	2013年
经济绩效	收益总额(亿美元)	1473.0	1474.0	1460.45
	资产总额(亿美元)	7181.89	6853.28	6565.6
	研发投入(亿美元)	46	45	42
环境绩效	二氧化硫排放量(吨)	1.7	1.6	1.3
	温室气体排放(千吨)	143.8	145.4	140.1
	氮氧化物排放量(吨)	218	220	158
	危险废弃物产生量(吨)	1070	927	901
社会绩效	员工(万人)	30.1	30.5	30.6
	捐赠总额(亿元)	1.46	1.65	2.15
	志愿服务(万小时)	218	220	158

资料来源:GE 2012 Sustainable Growth,GE Sustainability Highlights 2013.

二、公司实施责任采购管理的动因

GE作为全球运营的跨国公司,不仅局限于自身的生产经营,更是延伸到上下游的各个利益相关方。实施责任采购管理是GE开展全球运营、应对全球挑战、实现可持续发展的重要环节。

1. 落实公司可持续发展战略的客观需要

坚持可持续发展之路,是GE基业长青的基石。GE可持续发展的理念之一就是要"符合道德地盈利"。面对全球气候变化、资源消耗、发展不平衡、金融波动等一系列挑战,GE通过实施绿色创想战略、健康创想战略、诚信经营、环境健康安全体系管理、人道主义援助等措施，努力践行着公司的企业社会责任。责任采购管理作为 GE 落实可持续发展战略的重要一环，不仅从自身绿色增长、保护环境的角度出发，更是对其供应商从环境健康与安全、劳工保护、人权等方面提出了要求与标准。这既能提高 GE 的运营绩效和环境绩效，同时也促进供应链企业的可持续发展，符合 GE 的全产业链可持续发展战略要求。

2. 巩固和提升公司的内在要求

GE 实施责任采购管理，遵循公平、公正和透明的采购原则，并遵守当地法律法规政策，不仅是对供应商经营的法律保障，也从制度上保护了供应商员工的利益和安全，减少和规避了企业经营的风险，从而确保了 GE 供应链的相对稳定和健康的发展环境，降低了采购成本，增强了自身产品的竞争力。GE 实施责任采购管理，也在无形中影响和指导着供应商加强社会责任建设的意识和实践。GE 通过 EHS 管理体系，解决采购过程中因公司与供应商之间利益造成的环境和社会问题，同时加强与政府部门、非政府组织的合作，传播 EHS 理念，从而提高 EHS 在当地供应链中的水平，巩固和提升 GE 的企业形象和品牌地位。

3. 实现公司全球化经营战略的必然选择

在全球，GE 制定了"人与社会、地球、经济"的可持续发展框架，系统管理 GE 需要关注的可持续发展问题，努力实现经济发展、环境保护和社会进步的多面共赢。作为世界级的跨国企业，GE 的采购遍布全球各地，渠道之多、范围之广、操作程序之复杂，这就必然要求 GE 要实施负责任的采购管理，一方面可以满足国际上对可持续供应链日益关注的现实，另一方面也能确保 GE 在全球应对各种挑战，确保 GE 在全球的稳定运营。

三、公司责任采购管理的组织体系

GE 设有组织结构较为庞大的采购部，内部组织分工细致而且相互制约，以确保责任采购管理的顺利实施。具体来说：[①]

（1）采购团队分类。采购团队分为直接采购团队和间接采购团队。直接采购团队负责与生产相关的物料和设备，而间接采购团队则负责对管理所需物品和服务的采购。

（2）采购主管权限的相互制约。GE 采购经理下又分为以项目为依托组成的采购主管和根据产品类别划分的采购主管。通常项目采购主管更多着眼于某一

[①] 郑海航，牛晓娟. 从通用电气看我国企业采购制度的完善 [J]. 会计之友，2011（5 上）.

阶段项目的顺利进行，对该项目的几个供应商进行协调服务，确保质量和交期等；产品采购主管主要通过价格谈判、维持与供应商的长期合作关系，重点培养一些可以长期依赖的供应商。

（3）设立供应商质量工程师团队。该团队由专职的工程师组成，隶属于采购部，主要负责对供应商提供产品的质量控制和过程监督。

（4）GE 采购部还设有一个专门的系统操作团队，隶属于专门的采购经理。该系统操作团队有自己的标准规程，一旦采购主管有违反规程的采购请求，成员可以拒绝采购流程。

四、公司责任采购管理的制度建设

GE 与供应商的关系建立在合法、高效和公平的交易之上，GE 期望供应商在商业运作过程中遵纪守法、诚实守信，并且达到公司所要求的供应商商业行为标准。

1.《供应商责任准则》

GE 明确制定了《供应商责任准则》，阐述了公司对于供应商社会责任表现的预期，主要包括：[①]

（1）遵守法律和法规保护环境，不断提高资源的使用效率，不影响当地社区。

（2）为员工提供一个安全、健康的工作场所。

（3）雇用工人要高于适用的最低年龄要求或 16 岁以上。

（4）遵守法律规定的工作薪酬、工作时间以及加班报酬等。

（5）不使用强迫、监禁或契约劳动，以及任何形式的强迫、胁迫或人口贩卖。

（6）遵循当地法律规定，允许员工自由选择是否组织或加入协会进行集体谈判的目的。

（7）禁止身体、性或心理骚扰或胁迫。

（8）确保工人被雇用、支付和其他条款和条件的就业是基于他们的工作能力，而不是他们的个人特征，如种族、国籍、性别、宗教、种族、残疾、年龄和其他受当地法律保护的个人特点。

（9）维护和执行遵守商业道德行为的公司政策要求，包括禁止贿赂政府官员。

（10）尊重他人的知识产权。

---

① 资料来源：http://www.gesustainability.com/.

（11）采取政策和建立系统采购那些被证实为无冲突来源的钽、锡、钨和金等原料，并且在需要时由 GE 供应链在指定平台上向其提供钽、锡、钨或黄金的有效来源数据。

（12）维护符合国际标准操作和设施的安全保护措施，反对任何利用罪犯或恐怖分子的个人和组织。

（13）符合其他类似的供应商标准。

2.《供应商、服务供应方和顾问诚信指导》

GE 还颁布了《供应商、服务供应方和顾问诚信指导》，共分为四个部分内容：通用电气行为守则、通用电气的合规义务、通用电气供应商的责任和如何提出诚信问题。其中，通用电气供应商责任的具体内容包括：[1]

（1）通用电气只与遵守所有适用的法律要求和适用的通用电气政策要求的供应商做生意，包括与劳工、环境、健康和安全、知识产权以及不当报酬相关的要求。供应商对这些标准的完全遵守是与通用电气之间建立互利商业关系的基础。

（2）供应商除了按照订购单或与通用电气达成的协议履行相关的合同义务外，通用电气要求并希望每个供应商遵守所有适用的法律要求和通用电气的政策要求。并要求供应商确保他们的次级供应商同样遵守相同的法律要求和政策要求。这些要求包括（但不限于）：①行为守则。坚持和执行要求坚持合法的商业惯例的公司政策（书面政策），包括禁止向政策官员行贿。②最低年龄。要求雇用的工人在适用的最低年龄以上。③强迫劳动。不使用强迫、监禁或契约劳动，或者让工人处于任何形式的强迫或强制之下。④环境合规。遵守适用的环境法律法规。⑤商业惯例和与通用电气的交易。供应商不得直接或间接向任何与通用电气的采购、交易或商业交易有关的通用电气员工、代表或客户、政府官员提议或提供任何有价值的东西，包括现金、贿赂或回扣。⑥对通用电气员工和代表的业务招待。供应商必须尊重和遵守通用电气制定的管理通用电气员工和代表的业务招待（包括旅行和生活）政策。⑦知识和其他财产权。通用电气供应商应在使用通用电气的信息和财产时，仅仅用于提供它们的目的，不用于其他目的；采取适当的措施来保护和维护通用电气自有信息的机密性；只在加密的基础上通过互联网传输通用电气的信息；遵守和尊重所有的通用电气专利、商标和版权。

---

[1] 资料来源：《供应商、服务供应方和顾问诚信指导》。

(3) 出口和国际贸易管制及海关事务。供应商应当熟悉适用于通用电气及其附属机构的、关于其所提供服务的要求，在没有通用电气的明确书面许可下，不得把通用电气的技术信息转让给任何第三方。在出口或再出口通用电气的技术信息时，供应商必须遵守所有适用的出口管制法律法规。

(4) 隐私。在通用电气客户、员工和其他供应商的资料和个人信息方面，遵守保密和资料保护法律。

(5) 防范洗钱。供应商要遵守适用的反洗钱法律法规和通用电气制定的防范洗钱的政策。

(6) 禁止利用次级供应商或第三方来逃避要求。不允许利用次级供应商或其他第三方来逃避适用于供应商的法律要求和《供应商、服务供应方和顾问诚信指导》的这一章里规定的任何标准。

五、公司负责任的供应商管理实践

GE 建立了较为完善的供应商管理体系，并将社会责任理念和要求融入供应商的管理全过程中，确保真正做到负责任的供应商管理。

1. 供应商分类

GE 根据其提供的产品将供应商进行分类，并且贯穿在对供应商的开发和认证过程中，如表 6-33 所示。

表 6-33　GE 的供应商分类情况

	类别	界定
供应商分类	第一类	非生产供应商：这类供应商生产的产品或服务不直接成为 GE 的产品也不直接对 GE 的客户造成影响
	第二类	工程师实验或样件供应商：这类供应商提供的产品不直接销售给 GE 的客户，而是用于工程师研发或实验的样品
	第三类	间接供应商：这类供应商提供的原料、产品以及服务被 GE 的运营过程消耗，或者是对日常运作的绩效产生影响
	第四类	直接供应商：这类供应商提供的物料和产品最终将成为 GE 销售给客户的设备或者对 GE 工厂或者提供服务的部门产生功能性的影响
供应商状态分类	状态一	没有在使用
	状态二	冻结供应商：这类供应商在被冻结的 12 个月之内不允许接收任何订单，并且如果在之后连续的 12 个月内仍然被冻结将被除名
	状态三	活跃供应商：这类供应商在过去的 12 个月内向 GE 提供其经过认证的产品
	状态四	新产品购买不推荐的供应商：用户在系统中向这类供应商购买其之前没有销售给 GE 的产品时，系统会自动提示该供应商不推荐购买该产品

续表

类别		界　定
供应商状态分类	状态五	逐步被淘汰的供应商：这类供应商可能正在接受审查，因此，在购买时系统会提示不允许下订单

资料来源：郑海航，牛晓娟. 从通用电气看我国企业采购制度的完善[J]. 会计之友，2011（5上）.

2. 供应商的开发与选择

GE 建立了供应商开发的流程，如图 6-21 所示。在开发的过程中，需要不同部门对供应商的各项认证资格进行考核，为今后供应商资格的确认提供参考。GE 所有的生产用料和产品只能够从已经认证的供应商处购买，擅自未经允许向其他供应商购买任何产品或服务将不被批准并受到处罚。而且，供应商的资格确认种类根据采购产品或服务的类型和重要性，以及产品或服务对最终产品质量的影响不同而不同。

3. 供应商审核

GE 会对供应商的社会责任表现进行 SRG（Supplier Responsibility Guidance）审核。SRG 审核对象有三类：[①] 第一类是所有 GE 已批准的属于生产制造类型的合格供应商；第二类是潜在的、欲成为 GE 合格供应商的公司或厂家；第三类是合格供应商的某些二级供应商。

（1）SRG 审核的内容。SRG 审核的基本内容是在 SA8000 社会责任标准的基础上形成的，包括对其供应商的环保、职业健康及安全、劳动用工、安保等方面的督促与管理，具体如表 6-34 所示。

（2）SRG 审核的程序。GE 针对供应商的 SRG 审核主要包括三个步骤：对供应商社会责任现状进行调查及审核、整改要求的确认和供应商评审，每一步骤的主要工作如表 6-35 所示。

（3）供应商审核结果。2013 年，GE 共评估审核了超过 3150 家现有或新增供应商。这些评估审核发现了近 25000 个问题，[②] 其地区和问题类型分布如图 6-22 和图 6-23 所示。此外，GE 还会根据供应商在上一次审核中的评估结果每隔 1~3 年进行一次回访。

[①] 黄袁峰. GE 公司供应商社会责任管理研究[D]. 华东理工大学硕士学位论文，2014.
[②] 资料来源：GE 公司网站（http://www.ge.com/）.

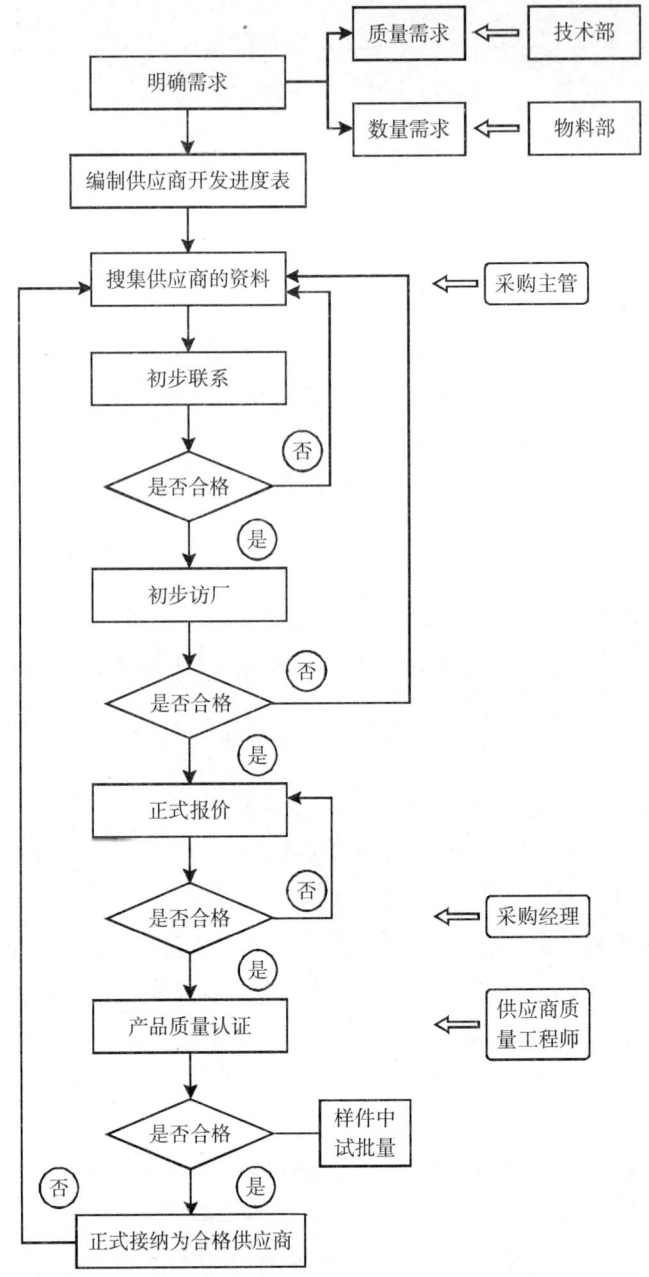

图 6-21　GE 的供应商开发流程

资料来源：郑海航，牛晓娟. 从通用电气看我国企业采购制度的完善 [J]. 会计之友，2011（5 上）.

表 6-34 GE 针对供应商实施 SRG 审核的内容

类别	主要审核内容
环保许可	建设项目环境影响评价报告
	建设项目环保设施竣工验收批文
	排污许可证、排水许可证、辐射安全许可证等
	危险废弃物处置登记备案、危险废弃物处置转移记录
	废水、废物、厂界噪声等环境监测记录
职业健康防护	建设项目职业病危害控制效果评价报告
	建设项目职业病防护设施竣工验收批文
	职业病危害申报登记、职业病危害因素日常监测记录
	员工职业健康体检记录或报告
安全许可	特殊行业安全生产验收批文、安全生产许可证
	特种设备使用登记许可、特种设备作业人员资质许可证
	食堂/餐厅卫生许可
	危险化学品或剧毒、易制毒化学品经营、购买、运输许可证
消防许可	建设项目消防验收批文
	新、改、扩建项目消防登记备案
	消防执法检查记录
劳动用工	认识招聘和薪资记录
	员工年龄与进厂时间汇总
	员工考勤记录和工资发放记录
日常管理	工厂平面图、建筑物内逃生路线图
	工伤事故及处理/赔偿记录
	消防逃生演习记录、消防设施维护检查记录
	保护员工自由参加合法组织/社团以及免受歧视/骚扰的书面政策

资料来源：黄袁峰. GE 公司供应商社会责任管理研究 [D]. 华东理工大学硕士学位论文, 2014.

表 6-35 GE 针对供应商的 SRG 审核程序

步骤	工作内容
对供应商社会责任现状进行调查及审核	● GE 采购部每年定期向所有供应商发出《供应商社会责任问卷调查表》，收集并汇总问卷调查表，并根据回复状况进行初步评估、排序 ● 采购部根据风险评估结果，选定高、中风险的供应商安排进行现场审核 ● 采购部根据《供应商年度审核计划》实施现场审核 ● 采购部在完成供应商现场审核后的一个工作周内提交审核报告，包括审核发现问题、建议改进措施、完成整改期限等
整改要求的确认	● 采购部根据现场审核报告，由供应商提交相关的整改文件、照片等作为依据，确认整改要求完成的情况。通常要求完成整改的时间为 60 天 ● 对供应商整改完成情况分为三级评定：已全面落实、完全符合改进要求；主要问题已改善，基本符合改进要求；没有改进或改进动作很小，不符合改进要求

续表

步骤	工作内容
供应商评审	● GE 采购部根据供应商改进情况，定期与全球负责供应商社会责任审核的主管部门召开会议，讨论保持订单关系的可行性。并依据本年度的审核发现问题和整改情况，决定今后的复审频度 ● 对与任何欲与 GE 建立新订单关系的供应商（即成为 GE 合格供应商），亦需进行现场 SRG 审核，审核报告作为是否批准供应商的依据之一

资料来源：黄袁峰. GE 公司供应商社会责任管理研究 [D]. 华东理工大学硕士学位论文，2014.

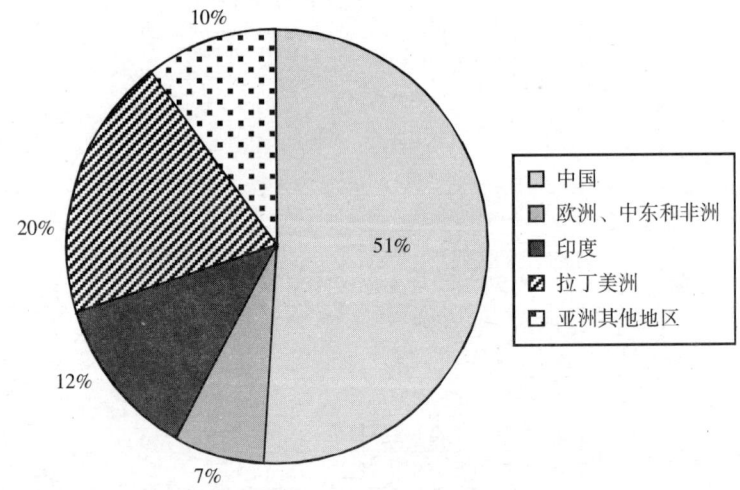

图 6-22　GE 针对供应商审核所发现问题的地区分布

资料来源：GE 公司网站（http://www.ge.com/）。

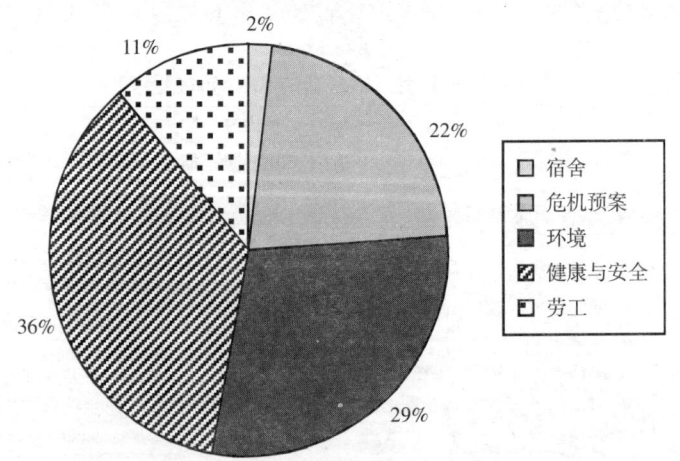

图 6-23　GE 针对供应商审核所发现问题的类型分布

资料来源：GE 公司网站（http://www.ge.com/）。

4. 供应商培训

多年来，GE 通过多种途径为大大小小的供应商提供了各式各样的培训，包括简要的"培养培训师"课程、GE 和供应商间开展的"伙伴关系"、"锦囊妙计"、正式的供应商课堂培训等。

GE 每年为供应商专门开设 EHS 培训课程，旨在把供应商请进教室，通过课堂教育及案例分享的方式，为供应商提供有关环境保护、人生健康、安全生产和人权保护方面的培训，帮助他们加强 EHS 管理水平和能力，以实现双方的共同成长和长期合作，同时提升整个行业的 EHS 标准。自 2006 年起，GE 基金会就支持中国两家 EHS 研究院的可持续社区研究所发展，第一家研究院在广东（现在是 EHS 研究中心），它为当地供应商提供高水平的培训，已有 1500 多家供应商和 150 多个品牌企业参加了它提供的 EHS 培训；第二家研究院（中心）在江苏，目标是两家研究中心每年培训 4000 名 EHS 专家。目前，GE 还在孟加拉和印度建立第三家和第四家 EHS 研究中心，目标是要形成全球的 EHS 研究中心网络，以为全球各地供应商提供高质量的 EHS 培训。

GE 还通过对供应商的主要管理层进行培训，在供应商的经营理念中埋下企业社会责任的种子，让供应商自觉履行和监督采购行为。2010 年 11 月，GE 在上海举办了供应商峰会，邀请了其全球主管环境健康与安全的团队、采购质量与审计团队、同行企业、政府官员和供应商齐聚一堂，分享如何保证员工工作条件不断改进的经验，并讨论在这方面所面临的挑战。[①]

六、公司实施责任采购的特色实践

GE 在"人与社会、地球、经济"的可持续发展框架下，按照责任采购管理的制度要求，积极探索具有自身特色的责任采购实践，最大限度地实现绿色采购、透明采购、道德采购、全球采购和转移采购。

1. 绿色采购

GE 致力于提高环保标准，因此，其运营活动不仅局限于自身，而且还延伸到上下游的各个利益相关方。自 2007 年开始，GE 在"绿色创想"的基础上，启动了"能源寻宝"计划。当年，来自 GE 消费与工业产品集团和 GE 基础设施集团的拉丁美洲团队邀请了 50 家供应商参加了两个"能源寻宝"活动，以在他们的工厂发现节能的办法。活动充分利用了 GE 在节能灯以及其他产品上的专业

---

① 黄袁峰. GE 公司供应商社会责任管理研究 [D]. 华东理工大学硕士学位论文，2014.

技术，以及 GE 在自身工厂实施"能源寻宝"的经验。整个活动找出的节能办法可实现减少二氧化碳排放共计 390 公吨。此后每年，GE 选择和不同感兴趣的供应商开展现场"能源寻宝"活动，以进一步找出潜在节能与减少温室气体排放的机会；同时在活动过程中，也逐步提高了自身和供应商的绿色采购水平。此外，GE 还鼓励供应商通过清洁产业（Clean Industry）项目获得 CI 认证，以保证为公司提供的产品、设备或原材料是"绿色"的。

2. 透明采购

GE 致力于确保供应链能很好地反映公司的价值观和对人权的尊重。在实施责任采购过程中，始终坚持透明的原则，主要表现在以下几方面：①

首先，GE 会验证其产品供应链对人口贩卖和奴役的风险评估和解决办法。GE 会依据对不同国家风险的判断，要求供应商优先制订详细的事前参与计划和随后的定期现场评估方案。

其次，对供应商的行为进行评估审核。通常 GE 会使用内部专业审计师、采购人员和第三方机构针对 GE 标准的特别指示来执行验证和审计程序。当要求进行进场审计时，GE 相关工作人员会使用全球问卷调查和风险加权指标对供应商进行审核与评估。

最后，公开供应商的详细问责标准和程序。GE 通过检查审计追踪工具，自动记录所有现场检查的审计结果，并且监控每一次被改正的缺陷，直到审计结果被随后关闭。

3. 道德采购

实际上，GE 的所有产品都包含矿产锡、钽、钨和金中一种或多种，而从刚果及周边国家开采和进行贸易的这些矿产近些年来引起国际关注，即所谓的"冲突矿产"。GE 竭尽所能地确保供应链符合道德要求和可持续发展要求，履行对尊重人权的承诺，通过责任采购避免使用这些"冲突物"。

4. 全球采购

GE 全球供应链正是依托其电子商务平台，实施全球化采购，这种采购模式也是一种集中采购的体现。即 GE 不论在全球哪个国家进行采购，对供应商的要求、标准、程序及思维操作方式都是一样的。GE 的全球采购队伍不以国家为单位，更多的是以全球为单位，例如，GE 中国区的采购不仅仅是负责中国的采购，还包括中国的工厂或者中国的销售部分，此外还负责帮助其他国家的工厂

---

① 资料来源：GE 2014 Sustainability Report.

5. 转移采购[①]

GE 采购的独到之处是在某个物料或者某个供应商提供的一类产品趋于稳定后将该物料的采购权从采购部转移到物料部门，也就是该物料的最终使用部门。GE 将采购权转移的好处在于：如果当某一种物料的需求数量和时间的信息需要由物料部门来提供，那么由物料部门来向供应商直接下订单，就会缩短流程，节约时间，提高效率；避免了在现实采购过程中，采购主管与供应商长期接触和合作后，出现共同徇私的风险。GE 将采购权转移给物料部门后就可以由物料来决定什么时间按照之前协定好的价格购买多少数量的物料，减少采购主管的干预，也减少供应商提供贿赂的动力。

七、公司实施责任采购管理的成效

GE 通过实施负责任的采购管理，不仅在经济上取得了丰厚的回报，在社会、环境领域也做出了突出贡献，最终为自身赢得了巨大的品牌效益。

1. 经济效益

GE 已经逐渐摒弃传统的拼命压价采购的方式，或是寻找多个供应商并采取分而治之的方式，而是转为通过利用供应商的综合实力来增强自己在最终市场的竞争力。GE 通过依托电子商务平台，让其供货商采取网上拍卖方式，不仅降低了采购成本，而且增强了供应商之间的公平竞争行为。据统计，GE 通过实施电子商务等责任采购方式，每个项目成本大约可降低 30%~50%，[②] 同时也大大提高了采购能力。2013 年，GE 全球销售收入达 1460.45 亿美元，利润增长了 60 个基点。[③]

2. 环境效益

GE 在生产运营中向来高度重视环境问题。在责任采购过程中，恪守当地的环保安全法律法规，并依据所在国的环境保护法规和标准制定了适用于本土的法律法规指南和自我审核检查表。GE 通过加强与供应商及供应链上的其他伙伴的合作，帮助他们有效使用能源和减少环境影响。在包括供应商在内的合作伙伴的共同努力下，GE 正在逐步实现温室气体减排目标（见图 6-24）。2013 年，

---

① 资料来源：郑海航，牛晓娟. 从通用电气看我国企业采购制度的完善[J]. 会计之友，2011（5 上）.
② 张艳. 供应链管理 [M]. 北京：清华大学出版社，2012.
③ 资料来源：《GE 2013 年年度报告》.

GE 共排放温室气体 498 万公吨二氧化碳当量，相对 2004 年设定的基准下降 32%。

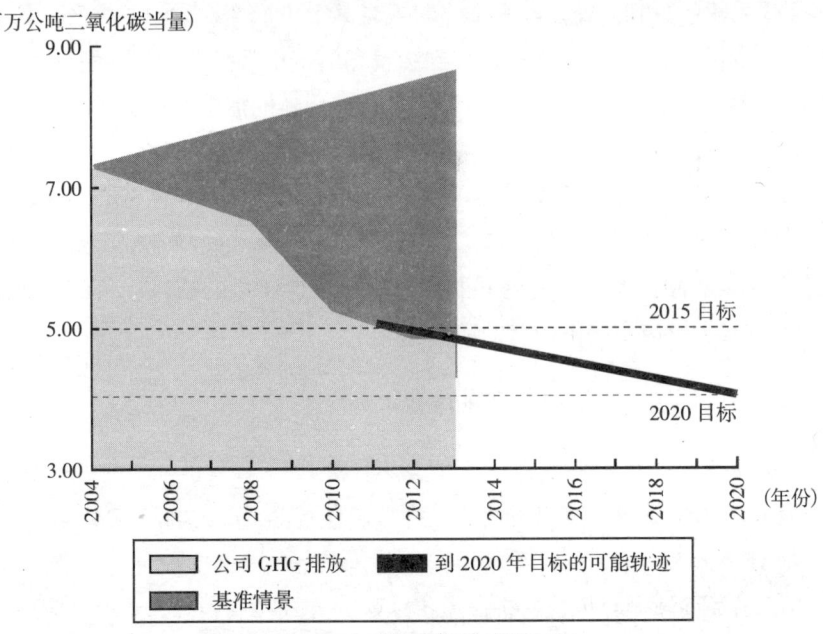

图 6-24　GE 全球温室气体减排目标

资料来源：http://www.gesustainability.com/.

3. 社会效益

GE 始终坚持以人为本，坚信人是取得商业成功的基础，GE 的经营不仅倚靠技术精湛、积极进取、能力卓越的员工，也取决于与供应商及其他合作伙伴的协作共进。GE 通过全球化采购，建立了广泛、多元，以及相对稳定的供应商渠道，依托其电子商务平台，在全球采购过程中实行公开、公正及透明原则，有效杜绝了违规违法及腐败现象的发生。通过质量采购，确保了原材料的安全、合格，最大限度降低了经营风险。通过转移采购权的方式，也有效防止了采购商与供应商共同徇私的风险，保障采购进程的顺利开展。此外，GE 为其所有供应商努力创建一个安全、舒适、健康的工作环境，帮助供应商提高他们工作场所健康安全管理水平。

4. 品牌效益

GE 通过在全球采购领域的诚信经营、保护环境、关注民生、协作共建，构建可持续发展的政策、经济和社会环境，得到了利益相关方的认可和回报，形成了较高的品牌价值。根据世界品牌实验室（World Brand Lab）发布的 2013 年

(第十届)《世界 500 最具价值品牌》，GE 在品牌影响力、市场占有率、品牌忠诚度和全球领导力四项关键指标上得分均为最高值 5 分，并在综合排名中列第六位。2013 年，GE 年终市值达 2820 亿美元，同比增长了 640 亿美元，公司市值排名居全球第 6 位。①

八、评价与启示

GE 作为世界级的跨国企业，其责任采购管理风格和管理方法都带有全球化的印记，其成功经验对其他企业实施责任采购管理具有重要的启示和借鉴意义。

1. 建立相互制衡的责任采购管理机制

GE 对供应商的责任采购管理体系是以 EHS 管理体系为核心发展起来的，GE 在全球的所有工厂都遵守公司全球 EHS 标准，并严格符合当地的政策法规。各业务集团也建立了包括负责 EHS 的区域经理、工厂经理、工厂专员等不同层级的管理架构，确保 EHS 项目的严格实施。GE 在组织机构和流程的设置上体现出制衡机制，例如，采购部与其他部门在质量、成本以及交期服务等几方面互相制约，以力求争取总体效益的最大化。

2. 建立完善的供应商社会责任审核体系

GE 非常重视对供应商的社会责任审核，专门建立了供应商 SRG 审核体系，明确了 SRG 审核的对象、内容和程序，并针对审核发现的问题进行分析，同时在审核过程结束后为供应商提供个别辅导，以帮助问题供应商进行改正。也就是说，GE 的 SRG 审核体系既涵盖了事前的制度规则建设，又形成了审核过程的规范要求，还明确了事后的行动改进与能力提升，是一个较为完善的管理体系，能够真正发挥监督改进作用。

3. 重视供应商的社会责任能力建设

GE 重视与全球供应商的共同成长，将提升供应商的履责能力作为供应商管理的重要内容。GE 不但为供应商提供多种多样的社会责任培训，切实提升供应商的社会责任意识，帮助他们改进社会责任管理体系，分享各个领域的履责实践经验，而且在全球正在逐步建立 EHS 研究中心网络，实现更大范围和更符合本地要求的供应商 EHS 网络支持。此外，GE 不断扩大与供应商合作伙伴的对话平台，注重供应商之间的经验交流，通过举办供应商峰会，更好地促进互相信任的合作关系。

---

① 资料来源：《GE 2013 年年度报告》。

第六节 韩国三星电子有限公司的责任采购管理实践

一、公司简介与社会责任概览

1. 公司简介

三星集团是韩国第一大企业,同时也是一家大型跨国企业集团,三星集团包括众多的国际下属企业,旗下子公司有三星电子、三星物产、三星航空、三星人寿保险等,业务涉及电子、金融、机械、化学等众多领域。[①] 三星集团是家族企业,李氏家族世袭,创始人李秉喆任首任会长,逝世后由其次子出任。旗下各个三星产业均为家族产业,并由家族中的其他成员管理。2013年,三星集团净销售额达到2688亿美元,总资产为4702亿美元,净收益为262亿美元。

三星电子是世界一流的科技企业,为世界各地的人创造了机会。凭借不懈的创新和开拓,三星电子成功地在电视、智能手机、个人电脑、打印机、照相机、家电、LTE系统、医疗设备、半导体、LED解决方案等领域实现了革新。公司成立于1969年,在全球79个国家设有200多家办事处和机构,成为世界排名前10位的品牌。2013年,公司总销售额达到2089亿美元,净利润为272亿美元,在2014年的《财富》杂志全球500强企业排名中居第13位。

三星电子由10个独立经营领域组成,包括消费类电子产品及其关键零部件等,由3个部门管理。消费类电子产品由视觉显示、数字家电、印刷解决方案和医疗设备组成。在过去7年多时间里,三星的视觉显示引领全球电视市场,率先研发出联网智能电视,启动了全球第一家电视应用程序商店,开创了智能互动功能。信息技术和移动通信部门由移动通信、网络、数码影像组成。移动通信部门通过成功推出GALAXY系列,并向客户提供多样化的智能设备,一举成为全球智能手机市场的领先者。设备解决部门包括存储设备、系统LSI、LED。三星电子长期以来作为全球存储设备市场的领军企业,为客户提供最先进的高性能环保型存储方案,在设计和谋划光学LSI方案中,发挥了不可替代的作用。

三星电子提出了走向2020年的阶段式目标:"激励世界,创造未来",营业收益达到4000亿美元,争取成为全球公认的最具创意力以及全球最受尊敬的公

---

① 资料来源:百度百科(http://baike.baidu.com/)。

司之一。为了更加专注于"生命关怀"领域,即医疗生物、环保能源领域,追求便捷舒适,2020年以前,三星电子及其分公司将会在保健和医疗设备领域投资11亿美元。

2. 社会责任概览

(1)社会责任理念。三星电子积极贯彻落实三星集团的社会责任理念,在经营理念、经营原则和核心价值观中充分融合社会责任理念和要求,如表6-36、表6-37和表6-38所示。

表6-36 三星集团的经营理念

经营理念		内 容
理念表述		以人才和技术为基础,创造最佳产品和服务,为人类社会做贡献
理念内涵	首要目标	创造利润,这是企业持续发展并为社会贡献的前提条件
	意义及宗旨	"如何为国家发展及包括客户在内的人类社会繁荣做贡献"而展开事业
	实现目标	三星将为客户带来最佳产品及服务。实现顾客、员工、合作商、股东及各区域的共同利益,并为成为"世界超一流企业"而努力

资料来源:中国三星网站(http://china.samsung.com.cn/)。

表6-37 三星集团的经营原则

原 则	具 体 要 求
遵守法律和伦理	尊重个人的尊严及多样性 依据法律和伦理,公平竞争 通过正确的会计记录,保持会计的透明性 不参与政治,保持中立
保持组织的清廉	在所有业务活动中,区分公和私 尊重并保护公司及他人的知识产权 建立健全的组织氛围
尊重客户、股东和员工	在所有业务活动中,公私分明 追求以股东价值为核心的经营 为提高员工的"生活质量"而努力
重视环境、安全、健康	追求环境与企业同步发展的经营制度 注重人类安全与健康
履行全球企业公民的社会责任	作为企业一员,忠实执行基本职责 尊重当地社会文化,务实合作 与合作伙伴建设共存共赢关系

资料来源:中国三星网站(http://china.samsung.com.cn/)。

表 6-38　三星集团的核心价值观

价值观	具体内容
尊重人才	三星秉承"人才即公司"的理念,一直努力为三星人提供各种机会,让其充分施展才华
追求卓越	三星人拥有不屈不挠、追求卓越的激情,承诺为顾客提供全球最优质的产品及服务
引领变革	如今,全球经济快速发展,变革是永恒的主题,只有不断创新,企业才能继续生存。自公司成立以来的 70 年间,三星始终如一地贯彻创新理念,着眼于未来,积极预测市场需求及需要,成功实现企业繁荣发展,源远流长
诚信经营	合法合理经营是三星奠定事业的基础。三星的任何工作都在相应法律法规的指导下进行,尊重每位股东,保证公平和完全透明
共同繁荣	如果一个企业不能为其他企业或个人创造商机和机会,那它就无法取得真正的成功。三星致力于成为全球优秀企业公民,努力承担其社会和环保责任,为人类社会的共同繁荣贡献力量

资料来源：中国三星网站（http://china.samsung.com.cn/）。

（2）社会责任愿景。三星电子的社会责任愿景是"人、社会和环境的全球和谐"。在这一愿景的指导下,三星电子努力去创造一个人、社会和环境能够和谐相处的社会,如图 6-25 所示。

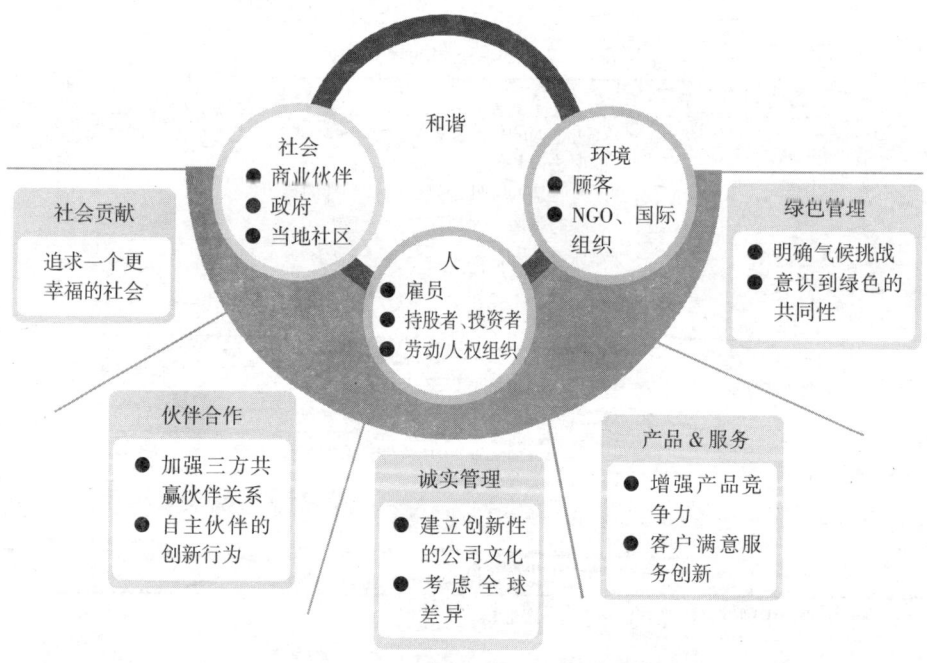

图 6-25　三星电子的社会责任愿景

资料来源：三星集团网站（http://www.samsung.com/）。

（3）社会责任管理。①社会责任组织体系。为了能够系统地推进企业社会责任，三星电子于2009年成立了可持续发展管理委员会，负责公司可持续发展的有效执行。这个委员会每年定期召开两次会议，通常由CEO主持，目的是讨论他们起草的相关计划、检查过程和表现、探讨全球企业社会责任发展趋势、决定如何确定主要社会责任议题。同时，三星电子设立了社会责任联络办公室，直接向CEO汇报。这个办公室的主要职能包括：决定可持续发展管理的战略和方向，组织相关的会议；确定内外部的企业社会责任议题，参与全球可持续发展管理方案制订；发布可持续发展报告，出席公共活动。2013年，三星电子在董事会中建立了企业社会责任（CSR）委员会，以确保公司在道德问题上遵纪守法，监督公司在促进公益事业发展中的贡献，引导实现公司雄心勃勃的企业公民目标的举措。企业社会责任委员会完全由独立董事组成，他们监督和支持公司的社会责任和共同发展的管理活动。企业社会责任委员会成立了二级委员会，由外部专家针对特定的事项进行专业评估联合研究。①②可持续发展管理的核心要素。三星电子确定了经济、环境以及社会责任感作为可持续发展管理的核心要素，并对每一要素的实现方式进行了明确，如图6-27所示。

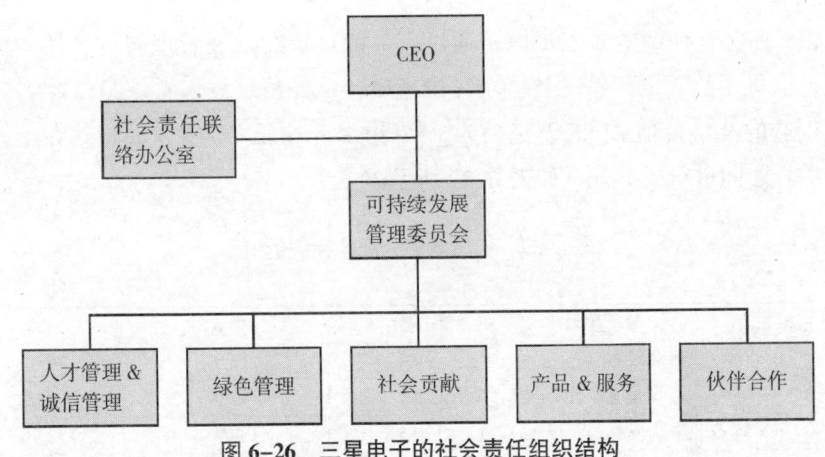

图6-26 三星电子的社会责任组织结构

资料来源：三星集团网站（http://www.samsung.com），Samsung Electronics 2009~2010 Sustainability Report.

---

① 资料来源：Samsung Electronics 2014 Sustainability Report.

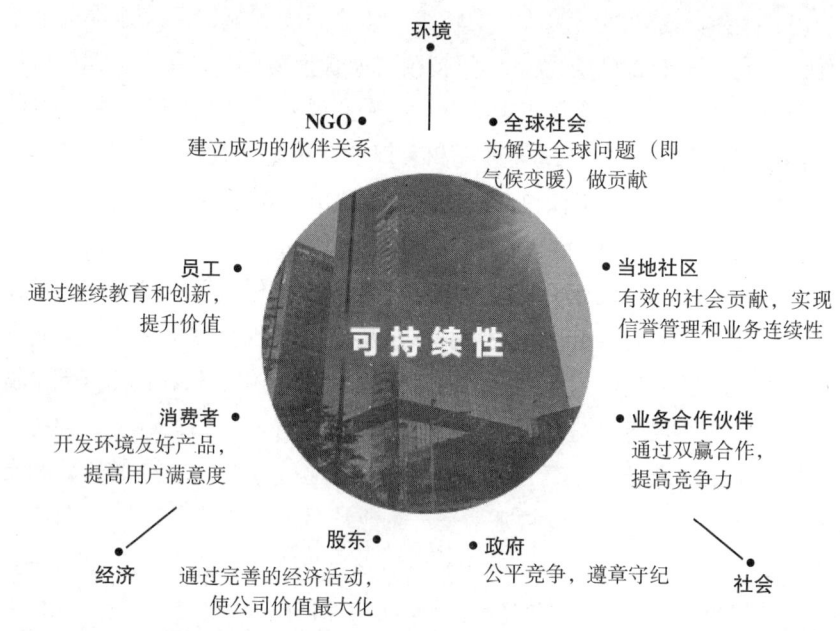

图 6-27 三星电子可持续发展管理的核心要素
资料来源：三星集团网站（http://www.samsung.com/）。

（4）社会责任绩效。三星电子通过有效的可持续发展管理与负责任的运营实践，取得了显著的经济、社会、环境绩效。从经济绩效来看，2013 年，三星电子创造的经济价值 214.8 万亿韩元，较 2012 年增长 14.7%，并将其在不同利益相关方之间进行了分配，如表 6-39 所示。

表 6-39 三星电子分配的经济价值

单位：万亿韩元

利益相关方	分配项目	2011 年	2012 年	2013 年
员工	劳动成本	14.5	16.9	21.4
政府	税收和应缴款	4.2	7.0	9.0
供应商	采购成本	120.5	138.7	152.9
当地社区	社会责任	0.3	0.2	0.5
债权人	利息	0.6	0.6	0.5
股东	分红/净回购	0.8	1.2	2.2
分配总经济价值	收入	153.8	187.2	214.8

资料来源：Samsung Electronics 2014 Sustainability Report.

从社会绩效来看（见表 6-40），三星电子将提高三星服务的人和社区的生活质量作为它们的责任,在这个理念的指引下,它们在全球范围内投入超过5000亿韩元(3.844亿美元)支持企业公民和社区参与计划。三星电子实施了一系列严格、可持续的长期行动,集中于当地的教育、健康/医疗护理、雇员和经济。三星电子不仅是经济上的支持,每年全球雇员的70%都要投入到当地市场的志愿者活动当中去。

表6-40 三星电子的社会绩效

指　　标	2011年	2012年	2013年
员工数(人)	221726	235868	286284
女员工比率(%)	40	39	40
合规培训参加人数(人)	186391	220713	222224
反腐败培训参加人数(人)	183132	227217	294835
捐赠额(10亿韩元)	294	245	536
员工志愿者(韩国)(人次)	288568	2122209	282840
每一员工参与志愿者活动时间(小时)	9.7	9.5	11.1
事故发生频率=(事故数/每年工作小时数·1000000)	0.262	0.347	0.328

资料来源:Samsung Electronics 2014 Sustainability Report.

从环境绩效来看,三星电子从2009年开始实施"将新产品的环境影响评估贯穿到整个产品开发的全过程"的理念,到2013年底已经投入了6.6万亿韩元(63亿美元)到可持续发展努力上,取得的成绩包括减少了50%的温室气体排放,得到了超过3300个第三方绿色产品认证,具体环境绩效如表6-41所示。三星电子保护环境的实践和环境友好设计的产品获得了社会广泛认可,2013年获得了多项绿色环保方面的奖项,如表6-42所示。

表6-41 三星电子的环境绩效

指　　标	2011年	2012年	2013年
绿色管理投资(亿韩元)	7030	4915	5820
CO_2排放强度(吨/亿韩元)	3.70	2.34	2.13
CO_2排放(1000吨)	8378	5943	6394
CH_4排放(1000吨)	2	2	2
N_2O排放(1000吨)	220	278	254
HFCs排放(1000吨)	108	134	149
PFCs排放(1000吨)	859	1015	1079
SF_6排放(1000吨)	1738	115	139
温室气体总排放(1000吨)	11304	7486	8018
能源强度(=总能源消耗/(总收入/价格指数))	50.6	36.0	33.1

续表

指　标	2011年	2012年	2013年
生态友好型产品开发率（%）	97	99	100
生态友好型设备开发率（%）	85	88	100
产品能源消耗提升率（%）	26	31	42
废物回收量（吨）	339418	325545	354599
水回收（1000吨）	121667	68636	68681
水耗强度（吨/亿韩元）	74	41	35
污水量（1000吨）	102906	55150	54257
污水生成强度（吨/亿韩元）	62	33	27
水循环利用（1000吨）	90068	42104	45262
水循环利用率（%）	74.0	61.3	65.9
废弃物回收（吨）	711871	579474	653325
废弃物生产强度（吨/亿韩元）	0.43	0.34	0.33
废弃物循环利用率（吨/亿韩元）	91	94	92

资料来源：Samsung Electronics 2014 Sustainability Report.

表6–42　2013年三星电子获得的绿色环保奖项

类　别	奖　项	国　家	颁奖机构
公司绿色管理	能源节约贡献奖	中国	中国节能协会
	盐湖城再循环认证	美国	盐湖城
	中国顶级绿色公司	中国	道农研究院
	能源之星大奖	美国	环境保护署
环境友好产品和技术	独立企业奖	英国	独立电子零售商
	年度绿色产品	韩国	绿色采购联盟
	能源之星新兴技术奖	美国	环境保护署
	环境友好设计奖	美国	电子消费者协会

资料来源：三星集团网站（http://www.samsung.com）。

二、公司实施责任采购管理的动因

作为全球跨国经营的领先科技企业，三星电子实施责任采购管理，不但是对社会责任热点议题的有效回应，也是公司落实三星集团社会责任理念和实现社会责任愿景的重要途径，同时还是公司获取市场竞争优势的重要来源。

1. 对全球社会责任热点议题的有效回应

随着全球化的不断深入，全社会面临的各种经济、社会、环境挑战也日益突出，由此可持续发展成为包括企业在内的各个组织不得不面对的时代主题。在这种背景下，企业纷纷响应，努力有效管理自身运营对经济、社会、环境的影响，确保自身行为对社会是负责任的。然而，随着企业之间的联系日益紧密，价值链各成员之间的行为表现相互影响的程度不断加深，企业开始超越自身的负责任要求，推动形成负责任的价值链。特别是，由供应链社会责任缺失而导致的企业可持续发展危机事件不断重演，引起全球对供应链社会责任的高度关注，并使得供应链社会责任管理成为全球可持续发展的热点议题。基于此，国际组织制定了各种标准和指南，纷纷推动社会责任与供应链管理的融合，以求社会责任能够渗透到更广泛的领域和范围，如联合国全球契约《可持续供应链》和《供应链责任管理指南》、联合国环境署《可持续供应链创新》等，以推动企业打造形成可持续供应链。由此可见，作为在全球范围内经营的企业，三星电子实施责任采购管理是对全球关注可持续供应链议题的积极回应。

2. 落实社会责任理念与社会责任愿景的重要途径

在三星集团的经营理念中，"创造最佳产品和服务，为人类社会做贡献"离不开供应商向集团及下属机构提供包含社会责任的原材料，也离不开供应商与集团及下属机构一道共同创造价值。而在三星集团的经营原则中，无论是遵守法律和伦理、保持组织的清廉还是重视环境、安全、健康以及履行全球企业公民的社会责任，都要求集团及下属机构把供应商和采购活动考虑其中，不但要将这些原则融入供应商管理和采购活动中，而且要求供应链企业共同遵守和维护这些原则。在三星电子的社会责任愿景中，"人、社会和环境的全球和谐"既包括了三星电子与供应商等合作伙伴的和谐，还包括了供应商与其员工、供应商与社会、供应商与环境的和谐，这意味着三星电子社会责任愿景的实现离不开负责任的供应商管理和负责任的采购活动。以上的分析表明，实施责任采购管理是三星电子践行三星集团经营理念与原则、追求实现公司社会责任愿景的重要途径。

3. 获取市场竞争优势的客观需要

三星电子所从事的电子行业，产品生产往往需要大量的零件、配件和部件，比如，一部手机用到的零配件有几千个，模块则有数百个，而这些零件、配件和部件往往都要通过外包采购的形式获得。对于三星电子这类大规模批量生产的企业来说，获得稳定可靠的零件、配件和部件供应极其重要，而这则要依赖顺畅和强健的供应链系统。不仅如此，三星电子所生产的大量消费者喜爱的产品，都要使用大量原材料及能源，而"防止零部件和产品中出现某些受限制的化学用品，以确保消费者和生产者的健康及安全"是消费者消费电子产品的基本前提，这意味着三星电子的产品竞争力还依赖所采购原材料是否符合环境、安全、健康标准要求，是否富有社会责任。由此可见，三星电子要在产品市场上获得足够的竞争力和相对竞争对手的竞争优势，必然要具备高效稳定的供应链系统，而且要将社会责任理念和要求融入供应商管理和采购活动中，实现负责任的采购管理。

三、公司责任采购管理的组织体系

按照三星电子内部/外部可持续发展管理程序（见图 6-28），公司的责任采购管理应由两个层面主要负责任：公司的社会责任联络办公室与采购部共同确定采购活动中的社会责任议题，并向 CEO 汇报；公司采购部则具体实施所确定的采购活动中的社会责任议题，并承担起责任采购管理的主要任务。

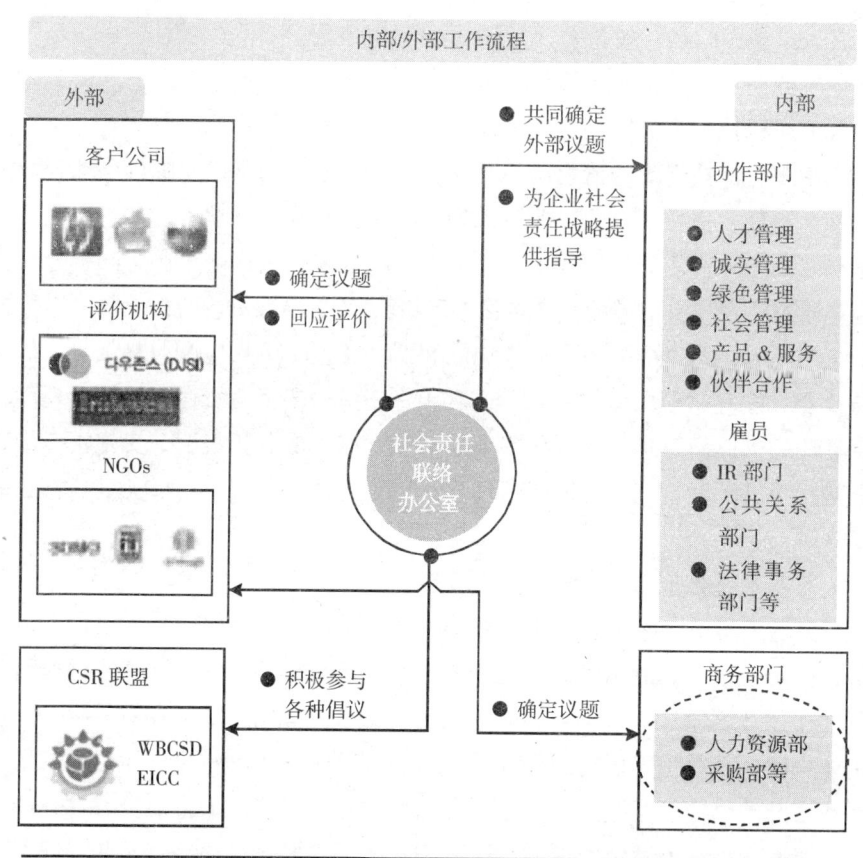

图 6-28　三星电子内部/外部可持续发展管理程序

资料来源：Samsung Electronics 2009~2010 Sustainability Report.

四、公司责任采购管理的制度建设

三星电子对于责任采购管理出台了明确的制度约束。基于三星2005年发布的五大商业准则，三星电子建立了三星电子全球行为准则，即《三星电子行为准则》，作为雇员在商业活动中的行为指引和道德准则，并要求供应商一起执行三星电子全球行为准则。这一准则不但对供应商的行为规范进行了明确要求，而且为员工的行为和判断提供了指引和规范，包括员工与供应商等合作伙伴的打交道要求。

表6-43 《三星电子行为准则》对供应商的行为规范要求

议题		具体规范
劳动&人权	未成年人保护	三星电子对童工采取了零容忍的政策，对发现类似行为的供应商会暂停合作。当雇用新的劳动者时，供应商需要采取必要的手续，包括年龄验证、检查身份证、面对面的身份审核。当雇用未成年人时，供应商需要遵守当地法律的规定，包括高危工作保护的规定
	反歧视	三星电子禁止歧视，包括种族、肤色、年龄、性别、民族、残疾人、孕妇、信仰、政治倾向、团体成员、国别，或者婚姻状况
	工作时间	三星电子执行EICC提供的标准（执行严格的标准保障一周最多不超过60小时或者当地法律允许的时间），保障每周最少一天休息
	志愿工作	三星电子禁止任何形式的强迫劳动，也禁止保留政府发布的身份证原件。另外，在派遣工作前，所有的员工都要用他们懂得的语言得到告知
	工资和福利	供应商应该遵守当地法律要求的最低工资要求，包括加班工资、参加社会保险等。三星禁止将减薪作为惩罚措施。另外，薪水证明应该以工人懂得的语言告知他
	人道主义关怀	三星电子禁止对员工的非人道对待，包括性骚扰、性侵犯、体罚、精神或肉体恐吓和辱骂性的语言。应该遵守当地法律保障病假和产假
健康&安全	防止工伤	为了防止员工暴露在可能的伤害（电击、火灾等）下，供应商需要设计安全点，建立工作程序，提供个人保护装置，实施保护措施长期的培训
	应急准备	有必要去识别和评估潜在的紧急事件和事故，如火灾、坏天气、化学品泄漏，并建立合适的回应措施。同样有必要准备足够数量的灭火器，训练员工如何去使用这些装备，同时进行多次紧急演练
	减少接触健康风险	员工在工作场所接触到健康风险的环节应该被识别、评估和控制
环境	废水和固体废弃物管理	依照当地的法律，监管、合适的控制和处理从建筑工地和卫生场所收集到的废水、污水和固体废弃物
	空气污染管理	依照当地的法律，监管、合适的控制和处理挥发性有机化合物、颗粒物、腐蚀性气体、细粉、臭氧层破坏物质、燃烧副产品

资料来源：Samsung Electronics 2014 Sustainability Report.

表 6-44 三星员工行为和评判标准

议题	具体规范
遵守法律和道德标准	依照法律和商业道德促进公平的竞争；保护商业伙伴信息等
保持干净的组织文化	将员工的公事和私事做严格的区分；创造一个健康的组织氛围等
尊重客户、股东和雇员	在管理活动中将客户满意放在首要位置；致力于将管理集中于股东的价值
关心环境、健康和安全	致力于环境友好管理；评估人员的健康和安全
全球企业公民的社会责任	与合作伙伴建立共存共赢的关系

资料来源：Samsung Electronics 2014 Sustainability Report.

五、公司负责任的供应商管理实践

三星电子为了实现负责任的采购，全面加强对供应商的评估管理、合规管理、能力建设和共同发展，切实打造可持续的供应链。

1. 供应商评估

三星电子通过实施综合的供应商评估来保障供应网络的持续运作。供应商评估不仅包括基本的条件，如技术竞争力、质量、及时性等，而且包括企业社会责任活动表现（见图 6-29）。评价结果将供应商分为 A、B、C、D 四类。那些连续得到 C 两次或以上的企业将被禁止与其他业务部门进行交易；那些连续得到 D 两次及以上的企业会受到重大的惩罚，包括禁止与三星电子在未来继续进行交易。

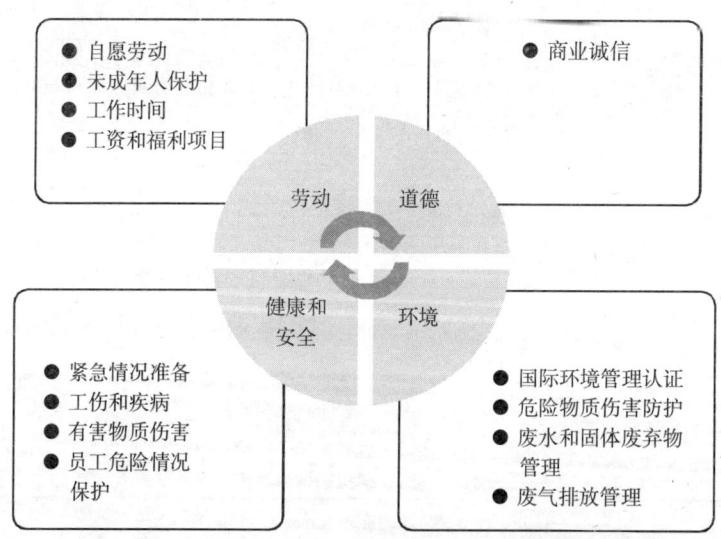

图 6-29 三星电子针对供应商社会责任的关键评价指标

资料来源：Samsung Electronics 2014 Sustainability Report.

三星电子禁止违反重大劳动标准的行为，如禁止使用童工。那些违反了类似规定的供应商需要马上对违法行为做出回应，并立即改正。为了防止问题的复发或者忽视，三星电子实行了零容忍政策，并且会立即停止与他们的交易。

新供应商同样也需要对其社会责任履行能力和水平进行评估，包括严格的劳动、人权、道德、环境标准。如果他们没有达到这些标准，他们就不能成为三星电子合格的供应商。①

2. 供应商合规管理

（1）建立健全供应商合规管理组织体系。认识到供应商合规管理的重要性，三星电子成立了专门的组织来有效管理供应商社会责任相关活动。该组织开发和实施旨在提高供应商合规意识的宣传教育方案，开展供应商合规管理的现场审核，并为解决发现的问题提供支持。

三星电子建立公司范围内（包括子公司/事业部层面）的合作网络。这个特定的供应商合规部门建立了与业务部门和子公司合作机制，以支持供应商社会责任活动。为了按地区和业务类型确定供应商的困难，提供针对性的支持，三星电子已经要求各子公司建立相应的供应商合规部门。供应商合规部门在这个级别的管理和经营归属于各个公司，而总部的供应商合规组织负责监督、共享和指导。

（2）合规管理的供应商自评。三星电子要求供应商对自身的合规表现进行自我评估，并为供应商提供了"自我评估表"和整改指导，支持供应商在自查方面做出努力。这些材料能够帮助供应商了解到他们现在的应用水平，找到可行的改进方向和办法。比如，为了帮助提高供应商的环保安全标准，三星电子制作了环境安全自我评估表（如表6-45所示），以帮助使他们能够发现问题并进行必要的改进。对于那些要求核查的供应商，三星电子派出环境安全专家对问题的识别和改进活动提供指导。如果供应商不符合标准或不遵守必要的议题规定，可能会严重影响环境安全，他们与三星电子的交易会受限制。②

自2014年起，三星电子开始实施一个项目，使得供应商能够进行初步的审查，纠正可能存在的错误，然后再进行自我评估。对于那些需要将实地验证作为自查结果的供应商来说，三星电子派出了专家去实施监督。如果查找出来的问题和自查的问题不一致，供应商将会受到处罚。通过这个系统，三星电子保障了供应商自我评估结果的客观性，从而能够保障供应商认识到他们所面临的

---

①② 资料来源：Samsung Electronics 2014 Sustainability Report.

表 6-45 三星电子的供应商环境安全自我评估

议题	评估事项
安全 & 健康	安全装置、保护装置、工作环境、健康检查等
灾害预防	消防设施、疏散设施、建筑结构材料等
环境	认证/许可、减少污染、有害物质管理、垃圾等
电力	电力变压器开关设备管理、断路器、接地状态等

资料来源：Samsung Electronics 2014 Sustainability Report.

表 6-46 三星电子供应商自我评估情况

单位：家

	2011 年	2012 年	2013 年
韩国	793	647	315
海外	1154	1144	1283
总数	1947	1791	1598

资料来源：Samsung Electronics 2014 Sustainability Report.

挑战，并能够采取正确的办法。

(3) 合规管理的专家团队审核与外部审计。在建立和实施供应商承诺管理相关的系统时，来自三星电子的专家队伍将实施供应商审查。相关领域的专家接受了很好的培训，主要包括审查条例和细则实施的条件。检查条款的关键指标包括劳工和人权、环境安全。供应商们被告知要填写准确的数据，审查者们会仔细地审查这些数据并进行实地调研。当进行实地调研时，审查人员也会与工人进行交谈，以求得知规定的真正实施程度。被访谈者选择的标准遵循 EICC 标准，一对一的谈话也是保密进行的。所有被发现的问题会告知供应商的管理人员，他们需要提出改进措施去防止类似事件的发生。

2013 年，三星电子实施了超过 700 次现场调研，并将问题分配给部门。他们实施了 4196 次任务去解决这些问题，同时也支持供应商内部的改进行动。比如，三星电子 2013 年实施了工作环境的现场调查，并就利益相关方关系的问题在中国针对 200 家供应商的员工进行了访谈。这些活动的实施人员包括供应商合规支持部门、业务部门/下属公司，以及三星中国总部的监管部门。从结果来看，供应商可以提升的领域包括劳动和人权 (57%)、健康和安全 (34%) 和环境 (9%)，这也反映了相关的严重程度。①

(4) 改正行动管理。那些被发现存在违反行为准则的供应商需要在相关的

---

① 资料来源：Samsung Electronics 2014 Sustainability Report.

问题上采取改正行动,并且在管理方法上采取根本性的改变去防止类似违反行为再次发生。三星电子要求"供应商所有的问题都应该在最短的可能的时间内得到解决",并会紧密地观察供应商的改变。

三星电子的集约化供应商管理系统将供应商的问题存储在数据库中,并被分类整理标成绿、黄或者红三个等级,管理系统根据他们的等级提供建议行动。如果供应商在接收到了警告(或者红色等级)后也没有采取有效的改正行动,将会受到包括订单减少在内的惩罚措施。如果供应商没有表示出任何改进或者继续违反关键指标,那么将会被停止业务合作。

3. 供应商能力建设

(1)供应商培训。为了加强与供应商的合作伙伴关系,2013年7月,三星电子建立了共同发展研究院,它为供应商的员工提供了系统和专业的培训支持。作为共同成长研究院的一部分,三星电子推出了领导力和全球教育计划,作为

表6-47 三星电子为供应商员工提供的培训服务

单位:人

		2011年	2012年	2013年
韩国	管理	3963	4380	5420
	技术	161	99	2383
海外	运营管理	597	377	93
	创新技术	330	196	34
	专业技术	228	209	50
受训人员总数		5279	5261	7980

资料来源:Samsung Electronics 2014 Sustainability Report.

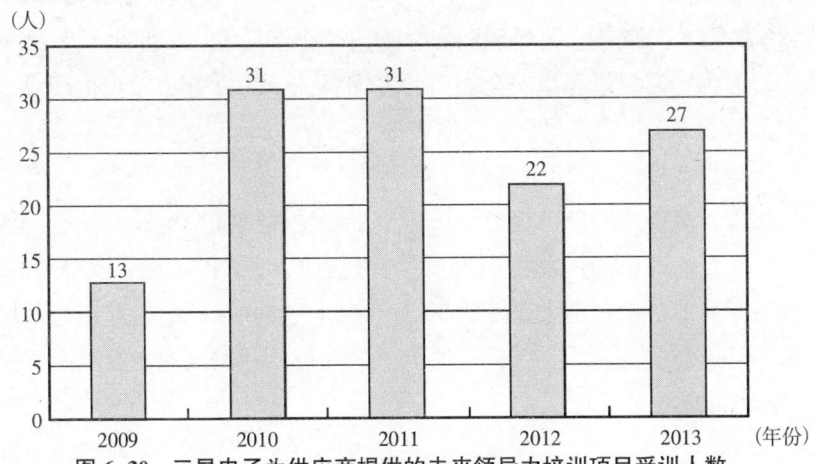

图6-30 三星电子为供应商提供的未来领导力培训项目受训人数

资料来源:Samsung Electronics 2014 Sustainability Report.

现有的制造和生产技术项目的补充。截至2013年底,三星电子为供应商提供的未来领导力培训项目受训人数累计已达到233人。同时,为了努力提高供应商的竞争力,三星电子还显著扩展了专门的技术培训课程。在三星电子,每个下属公司都要在研习班为当地供应商的雇员提供培训。2013年,三星电子在中国共举办了7场包括1050名供应商管理人员和环境安全部门的合规培训。

(2) 供应商沟通交流。三星电子利用多种途径促进与供应商管理层的合规沟通,这些形式包括合作伙伴日(庆祝公司为实现与伙伴和承包商共同成长所做的努力)、沟通论坛、会议和拜访会谈。具体来说:一是为了更新与供应商共同成长的承诺,三星电子每年都会举办共同成长日活动。2013年3月,三星电子举办包括250人的共同成长日活动,其中包括公司的高层管理人员,供应商理事会基金会的总裁,160家供应商的首席执行官和高管。企业合作全国委员会主席和中小企业的韩国基金会副理事长也参加了此次活动。在活动期间,三星电子给那些通过创新取得了突出业绩的供应商颁发了奖励,而与会者提供分享成功共同成长的案例研究。二是举办各种供应商参加的会议,会议的议题主要包括三星电子战略的升级,尤其是三星电子采购政策和产品信息。2013年,超过370家供应商(包括250家一级供应商和120家二级供应商)参加了三星电子的20场会议。①这些会议上收集的问题将由三星电子的供应商管理专家进行分析整理,并在供应商管理主管研讨会上交给三星电子的CEO,讨论共同的成长机会。三是定期拜访,三星电子的管理者们每年都要去拜访供应商,以求更好地了解供应商面临的挑战,并讨论首要的议题。四是举行会谈,三星电子会与一级供应商和二级供应商分别进行会谈,以便能够更加关注他们群体本身的问题。

(3) 提供咨询服务。加强环境安全部门的咨询活动。三星电子为那些处理有害物质的供应商提供环境安全部门的咨询服务。2013年,三星电子的环境专家为中国的227家供应商提供了咨询服务。②

4. 共同成长管理

近年来,商业系统里出现了一个非常重要的关键词"温馨成长"。"温馨成长"指的是大公司和它们的供应商共同努力去创造更好的业绩和取得共同成功,去实施一系列的活动包括大企业对于供应商的支持和培训,以及提高共同的合作。为了增进与供应商的关系,三星电子采取行动和供应商去实践这些原则去创造互利共赢的商业环境。

---

①② 资料来源:Samsung Electronics 2014 Sustainability Report.

(1) 共同成长理念。在三星电子的五条核心原则中，伙伴合作和共同成长活动是基于诚信经营和共同繁荣两条原则的。最高管理者在新年致辞中会强调与供应商合作的重要性，同时也会包括支持供应商增强他们竞争力的措施。为了从根本上提高供应商的竞争力，巩固基于信任的互利共赢的供应商关系，三星电子已经实施了全面系统的合作实践，主要包括三个方面：建立透明采购、增强彼此持续的合作和传播共同成长的文化，如图6-31所示。

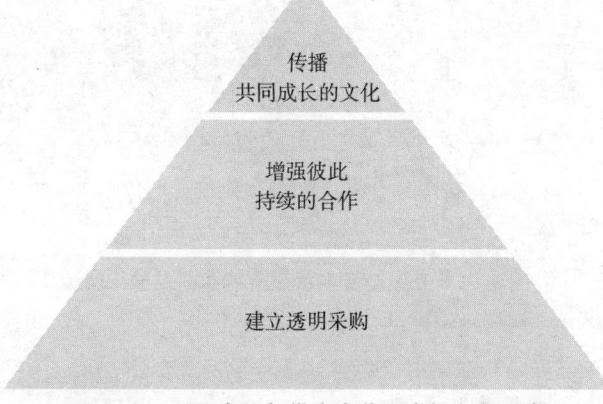

图 6-31 三星电子与供应商共同成长生态系统
资料来源：Samsung Electronics 2014 Sustainability Report.

(2) 共同成长行动。2010年8月，三星电子宣布实施"七条共同成长行动计划"，并从那时开始严格执行。为了将这些行动推向下一个阶段，三星电子在2013年6月设计确定了新项目。在这个项目里，三星电子计划去创建一个健康的商业环境，促进共同成长，并最终与利益相关方建立共同的价值，这一切要通过扩大公司支持收益的群体范围来实现，这个范围不仅要包括与三星有交易的主要供应商，而且要包括二级供应商。

2011年8月，三星电子举行仪式，庆祝其正式的供应商支持计划的开始。通过该计划，三星电子为选定的供应商提供包括融资、人才和制造技术等领域的支持，目的是在确保帮助合作伙伴各自的业务领域得到全面支持。通过对每个供应商的彻底审计，能够在技术、资金、物流、人员管理和业务管理的基础设施等方面为供应商提供全面支持。比如，为了努力帮助供应商聘用合适的人员，以及帮助求职者能找到希望的好工作，三星电子举办了三星电子供应商人才招聘洽谈会，为供应商招聘合格的员工提供机会。共有11家三星子公司的250家一级和二级供应商，包括2012年158家一级供应商在和2013年92家一

责任采购管理

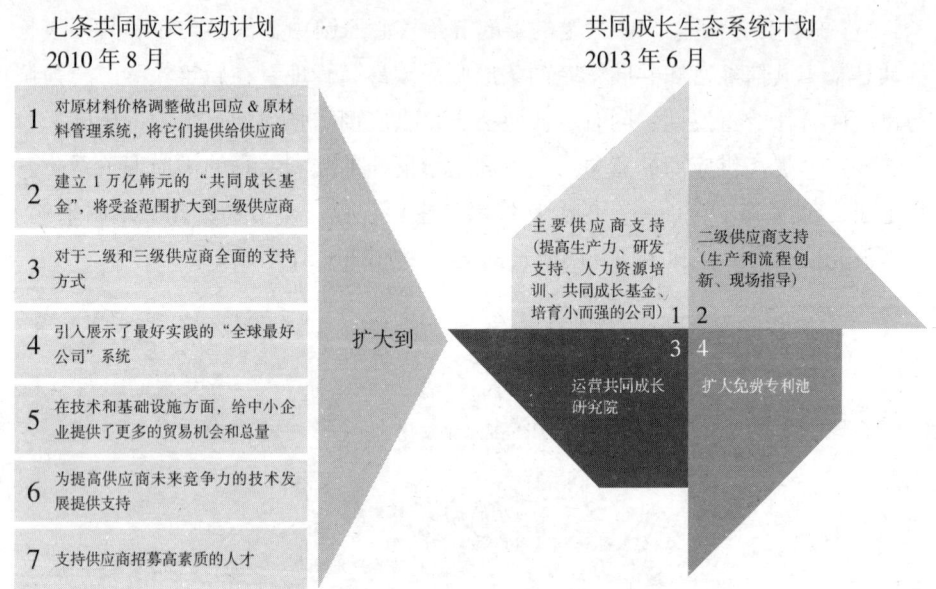

图 6-32 三星电子与供应商的共同成长行动

资料来源：Samsung Electronics 2014 Sustainability Report.

级和二级供应商参加了洽谈会。①

5. 共同成长未来计划

为了给其一级和二级供应商提供全面和系统的支持，三星电子在 2013 年 6 月建立了共同发展研究院。该学院包括一个教育和培训中心、一个教授委员会、一个咨询中心、互惠互利研究中心和青年就业中心。教育和培训中心根据供应商的供应链层级和岗位类别提供系统配套方案，包括企业管理、领导力和专业工作技能项目，以及未来领导力项目。青年就业中心为年轻的求职者提供职业和就业咨询，为供应商推荐人才，通过三星电子的供应商人才招聘会给供应商提供合适的人员。此外，在咨询中心工作的咨询团队由 100 名来自三星电子各领域的主管或主管级的专家构成，这些领域包括开发、生产制造、企业管理、质量、创新，并且考虑到不断上升的咨询要求，计划人数会扩大 200 人。②

六、公司实施责任采购的特色实践

三星电子积极践行责任采购的理念，积极打造绿色供应链，确保采购过程

---

①② 资料来源：Samsung Electronics 2014 Sustainability Report.

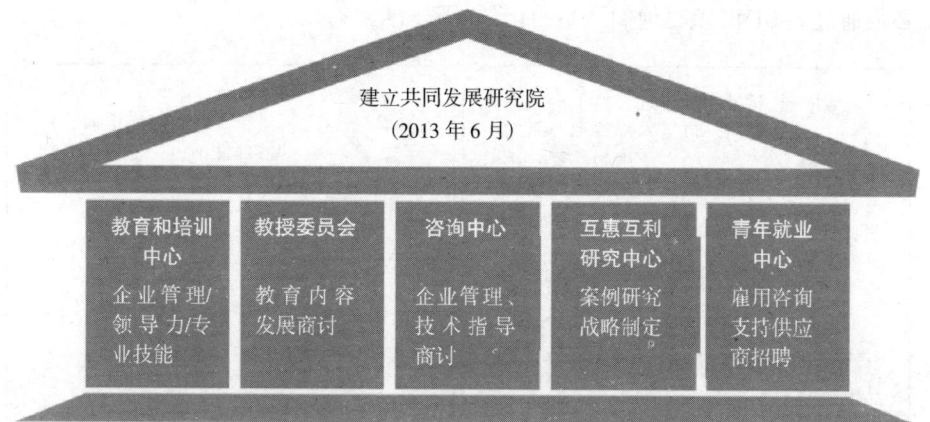

图 6-33 三星电子设立的共同发展研究院
资料来源：Samsung Electronics 2014 Sustainability Report.

的公平和透明，主动加强冲突物管理，支持中小企业供应商发展，形成了具有自身特点的责任采购实践模式。

1. 绿色采购

供应商的绿色环保行为将减少三星电子产品生产及消费过程对资源的消耗和对环境的破坏，促进绿色消费和可持续发展。为此，2005年，三星电子成为首批与韩国环境部签署绿色采购自愿协议的公司。一方面，为打造绿色供应链，三星电子将环保原则纳入供应商管理机制中，把环保指标纳入供应商选择和评价标准。另一方面，三星电子拥有化学物质供应链管控体系，针对产品中所使用的化学物质进行严格管理。不仅符合 RoHS 和 REACH 规定，还积极预防非法规限用，秉承潜在环境影响的化学物质事前预防原则。三星电子根据《产品环境管理物质运营指南（OQA2049）》和《电子信息产品污染控制管理办法》，对产品中使用的法规限用物质及自发管控物质进行管理。为防止产品中出现受控物质，对所有生产现场的零部件和最终成品进行严格的检查和管理。为有效管控供应链，与三星电子合作的供应商必须通过 Eco-Partner 认证，认证不仅包括供应商的零部件、原材料的有害物质认证，还包括生产工艺的环境品质管理体系的认证，从而确保采购的零部件和材料总是生态认证过的。而且，三星电子使用 e-CIMS（环境化学品联合管理系统）去管理 Eco-Partner 认证项目和产品的化学品。供应商可以表明他们产品的环境安全性。要想与三星电子做生意，供应商必须通过 e-CIMS 填写他们产品的化学成分信息。[①]

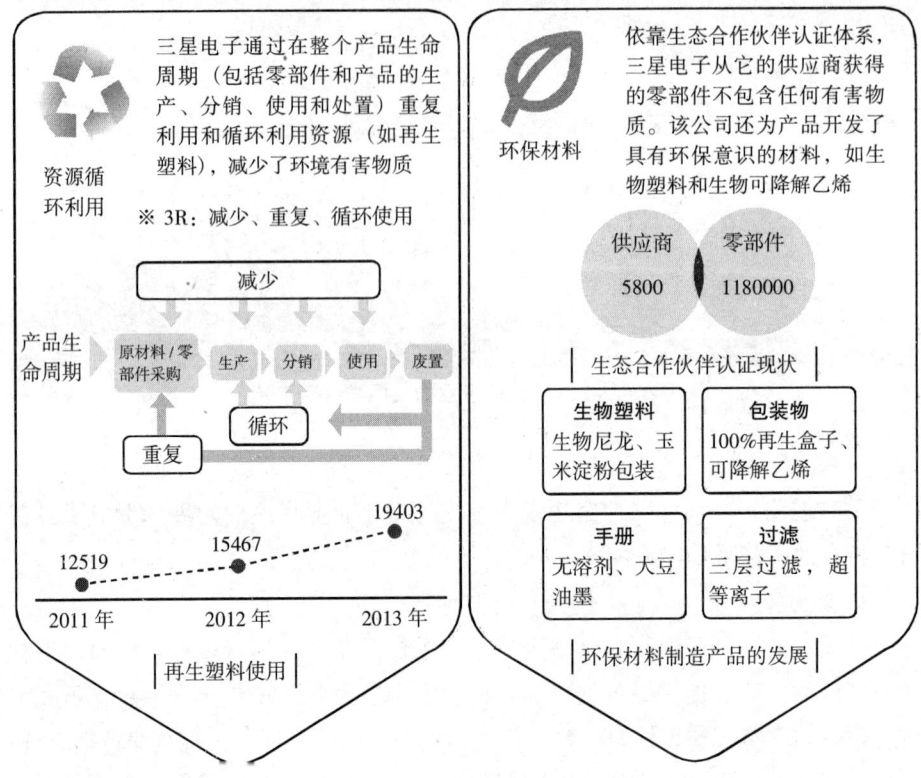

图 6-34 三星电子资源循环利用和环保材料采购

资料来源：Samsung Electronics 2014 Sustainability Report.

表 6-48 三星电子在韩国的绿色采购情况

单位：百万韩元

	2011 年		2012 年		2013 年	
	件数	总额	件数	总额	件数	总额
有害物质减少的零件	很多	75115246	很多	77671452	很多	77677131
绿色产品（环境认证、GR 认证等）	445	38590	362	55733	877	66109
总数	很多	75153836	很多	77727185	很多	77743240

资料来源：Samsung Electronics 2014 Sustainability Report.

---

① 资料来源：三星集团网站（http://www.samsung.com/）。

2. 公正透明采购

（1）优先本土采购。三星电子在海外的 14 个国家进行产品生产。三星电子坚持优先采用有竞争力的本土供应商的政策，因此，能够对当地的发展做出贡献。

（2）公平交易。三星电子评价公司的能力和它们的潜力的标准主要基于公正和有效的特定指标的客观评价，并且采取了多种措施去防止供应商的过度竞争和破坏贸易道德准则。三星电子在尊重当地法律的前提下争取公正和合理的采购。

（3）双赢采购。三星电子寻求基于长期合作伙伴关系的共同发展。三星电子和合作伙伴共同努力去提高零配件的质量和削减成本。三星电子创造了一个公开和友善的环境，以便于合作伙伴能够自由地发表它们的观点。

（4）公平对待中小企业供应商。为了保障供应商专注于创新的理念和技术，并且能够得到与公司公平合作的机会，三星电子运营了宽泛、开放的创新项目，包括创新技术公司委员会（ITCC）、开放资源系统、新技术竞赛。通过这些项目，那些技术上有优势、与三星电子没有商业往来的中小企业能够获得机会申请成为三星电子的合作伙伴，并与公司一起创造新的商业机会，同时也可以参与与三星电子现有供应商同样的共同成长项目。那些与三星电子有长期合作关系的供应商可以加入三星电子供应商委员会，在这里，他们可以参与多个互利

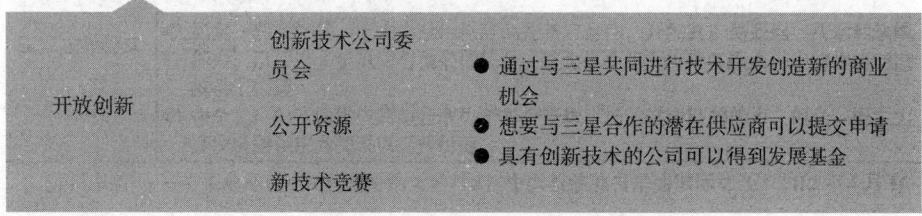

图 6-35　三星电子公平对待中小企业供应商的举措

资料来源：Samsung Electronics 2014 Sustainability Report.

项目，包括金融、招聘和培训、共同开发等，以保证他们在技术、质量、成本方面的竞争优势。2013年，三星电子从39家小而强的候选公司中选出14家新的供应商，并计划在2015年前选择共50家新的供应商。①

3. 道德采购

非洲和印度尼西亚因为采矿引起的人权侵犯和环境破坏已经成为全球的关键问题。三星电子强烈地支持冲突矿产的禁令，对矿物质的道德采购非常重视。三星电子致力于和供应商以及相关的机构共同合作，在供应链上建立一个安全的工作环境，并保证顾客得到的产品能够道德和可持续生产。

（1）禁用冲突矿产管理体系。三星电子的目标是为消费者提供通过合法和道德的分配过程取得的产品，并进行彻底的调查以确保没有使用冲突矿物。三星电子通过开展培训来提高供应商对于这个问题的认识，并促使供应商使用认证过的冶炼厂，同时建议无证冶炼厂加入认证计划。三星电子正在组建一个委员会，成员来自政府、行业成员和相关组织，以识别美国法律对韩国市场的影响，并确定相关行动步骤。通过建立这个委员会，三星电子可以与各利益相关方分享最佳实践和趋势，形成处理该问题的共同立场。

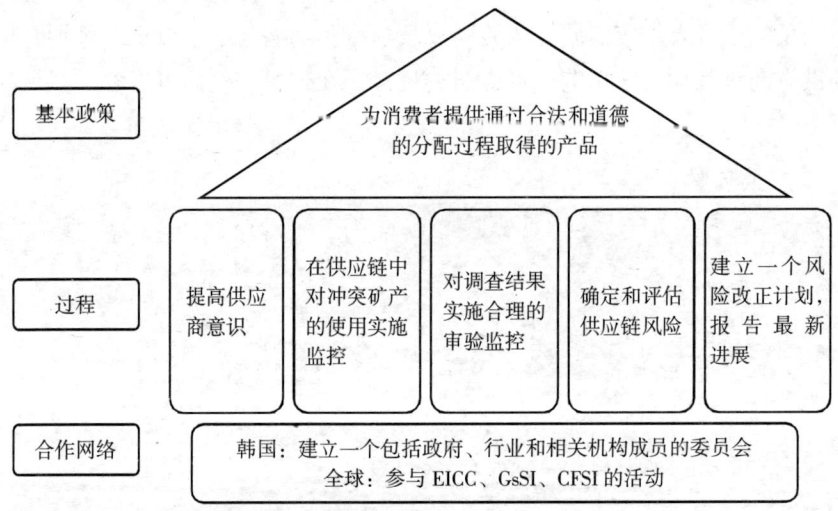

图6-36 三星电子禁用冲突矿产管理体系

资料来源：Samsung Electronics 2014 Sustainability Report.

---

① 资料来源：Samsung Electronics 2013 Sustainability Report.

(2) 三星电子禁用冲突矿产的相关行动。为了实现"为消费者提供通过合法和道德的分配过程取得产品"的目标，三星电子采取多项行动以有效管理冲突矿产的采购和使用。具体来说：一是提高供应商的认知，对冲突矿物使用进行审计。要确定冲突矿物是否已被使用，有必要通过测量整个供应链对冶炼厂和矿山进行调查。2011年以来，三星电子已经针对供应商企业的CEO们举办了年度培训及简报会，强调对冲突矿物的禁令的重要性。世界各地的3000多家供应商承诺遵守三星电子的政策，避免使用冲突矿物。同时，2013年，三星电子针对供应商进行了审计，结果发现了601冶炼厂正在提供给它们的供应商四种主要冲突矿物（钽、金、钨、锡）。二是不再使用从未经认证的冶炼厂。三星电子鼓励其供应商停止使用非认证冶炼厂，转而使用认证过的冶炼厂。三星电子还建议冶炼厂参与与EICC合作的无冲突冶炼厂（CFS）计划。例如，三星电子发现，95%的供应商不使用钽，所以公司建议其余5%确实使用这种矿物的公司应该转移到CFS计划。截至2014年4月，三星电子97%的供应商不使用该矿物。

(3) 关于争端矿物和争议矿物的未来计划。除了近期美国禁止使用冲突矿物的法律外，类似的法律正处于欧盟立法过程中。三星电子将积极参与到禁止使用冲突和争议的矿物质全球倡议中，开展整个供应链的年度审核，并将努力用无争议的矿物质代替。三星电子认识到，要促使禁止使用冲突和争议矿物质工作取得显著进步，全球合作非常重要。因此，公司将积极参与韩国内外各种委员会和相关活动，促进这些全球性问题的早日解决。

七、公司实施责任采购管理的成效

三星电子的责任采购管理不仅为公司的稳健经营提供了强有力的保障，而且为增进公司发展的社会价值和环境价值起到了重要支撑作用，取得了十分显著的成效。

1. 经济效益

责任采购管理对于三星电子保持在全球电子产品市场上的领先地位功不可没，也为公司的财务业绩增长做出了重要贡献。美国市场调查机构SA（Strategy Analytics）的数据显示，2013年三星电子共销售出高达3.198亿部智能手机，拿下32.2%的全球市场份额，份额同比增长1.8%，稳坐智能手机领域的第一宝座。① 同时，公司营业额达到了229万亿韩元，取得了36.8万亿韩元的利润，相对于2009年分别上涨了15%和52%。公司为利益相关方创造的经济价值也持续增长，2013年达到214.8万亿韩元，较2012年增长14.7%。②

2. 环境效益

责任采购管理从两个方面对三星电子的发展产生了巨大环境效益：一是促使供应商减少其经营活动对环境的影响。2012年，三星电子的供应商二氧化碳排放为336.2万吨，较2010年下降25.3%，如图6-37所示。二是保证生态产品开发而降低公司产品对环境的影响。从2010年4月开始，三星电子市面上销售的所有手机和MP3产品不再使用聚氯乙烯（PVC）和溴化阻燃剂（BFRS）。2011年1月开始，研发的笔记本电脑产品均不含PVC和BFRS，三星电子开始替代在电视、显示器和家庭影院中使用的PVC，截至2013年12月，三星已获得TV、显示器、电脑、打印机等553个型号的中国环境标志认证，并获得325个型号的节能认证。2013年，三星电子的生态产品和生态设备开发率达到100%，如表6-49所示。

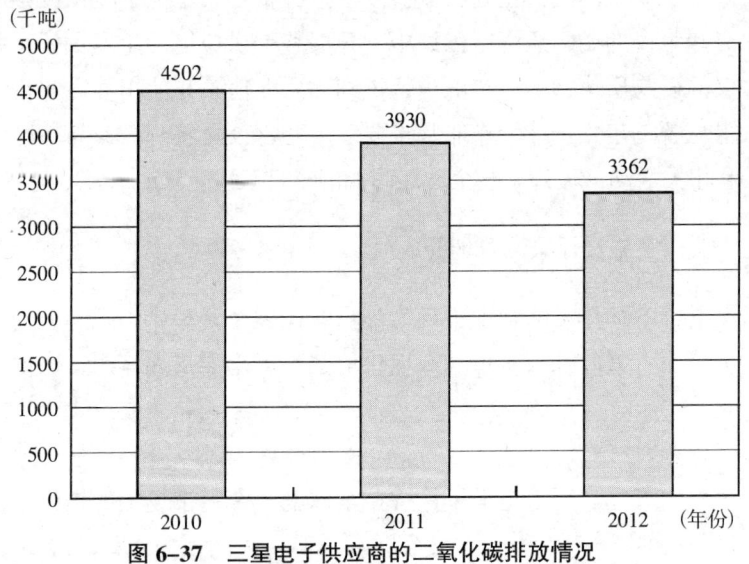

图6-37 三星电子供应商的二氧化碳排放情况

资料来源：Samsung Electronics 2014 Sustainability Report.

---

① 高苑可. 三星电子去年智能机销量破3亿部，约为苹果2倍 [EB/OL]. 环球网（http://www.huanqiu.com/），2014-01-28.

② 资料来源：Samsung Electronics 2014 Sustainability Report.

表6–49　三星电子生态产品开发情况

单位：%

指　标	目标/绩效	2011年	2012年	2013年
生态友好型产品开发率	目标	96	97	100
	绩效	97	99	100
生态友好型设备开发率	目标	80	85	100
	绩效	85	88	100

资料来源：Samsung Electronics 2014 Sustainability Report.

3. 社会效益

三星电子的责任采购管理直接或间接地产生了显著的社会效益，主要包括四个方面：一是促进了供应商的发展，尤其是中小企业供应商的发展，进而增加了社会就业。2011~2013年，三星电子针对供应商的采购额分别为120.5万亿韩元、138.7万亿韩元和152.9万亿韩元，每年都有明显增长。二是促进了全价值链的安全健康发展，不仅供应商侧的安全健康管理水平和实际表现有明显提升，而且为三星电子的安全生产和健康运营提供了有力保障，同时基于安全可靠原材料生产出来的安全健康产品也确保了消费侧的安全健康，进而为整个社会的公共安全水平提升做出重要贡献。2013年，三星电子每万次运输的事故数量相对2003年下降了61%，每百万工时损失工时工伤事故率相对2002年下降了58%，健康绩效指数达到0.89。[①] 三是稳定可靠和富有责任感的采购促进了三星电子持续的产品创新和开发，而各种电子产品和数字产品的大量供应以及各种先进技术的广泛应用，促进了整个社会的信息化水平提升和人民生活品质的改善，促进了社会进步。四是产生了显著的示范效应，三星电子作为全球跨国经营的大型公司，其责任采购管理具有重要的扩散效应，不仅对电子行业的企业履行社会责任具有促进作用，而且对其他行业的企业社会责任发展也会产生一定影响。

八、评价与启示

三星电子对于责任采购管理的重视以及在组织管理、制度建设、供应商管理和特色实践方面的做法，都为其他企业提供了很好的借鉴及启迪。

1. 强调系统性的合规管理

三星电子十分强调责任采购中的合规管理，特别是对供应商的合规管理，

---

① 资料来源：Samsung Electronics 2014 Sustainability Report.

并形成了系统性的合规管理体系。三星电子建立了完整的供应商合规管理组织体系，为供应商合规管理提供了强有力的组织保障；形成了供应商自我评估、专家团队审核、外部审计以及实施矫正行动管理等多个环节构成的完整供应商合规管理程序，从流程上确保供应商的合规管理；制定了全球行为准则，对供应商的合规要求进行了明确，为供应商管理提供了清晰的制度保障；开发了供应商环境安全自我评估表等合规管理工具，为供应商合规管理提供了可操作性支持。

2. 强调系统性的共同成长

三星电子非常重视与供应商的共同成长，并建立了系统性的共同成长管理体系。三星电子明确了与供应商共同成长的理念，并将其作为经营原则在实践中予以落实；制订了促进供应商共同成长的行动计划，明确了推动共同成长的主要途径，并采取了包括培训交流、专业支持、公开合作、透明采购等多项实质性的行动；专门成立了共同发展研究院，为供应商提供全面和系统的支持，形成共同成长的重要载体和平台。

3. 强调系统性的冲突物管理

根据行业特点，三星电子对于生产运营中可能使用到的原材料、设备都进行严格的冲突物管理，包括对供应商使用冲突物的严格管理，形成了完整的冲突物管理体系。三星电子明确了冲突物管理的基本政策，提出"为消费者提供通过合法和道德的分配过程取得产品"的目标，并要求公司与供应商严格遵循这些政策和致力于目标的实现；实施了系统性的冲突物管理行动，包括提高供应商意识、在供应链中对冲突矿产的使用实施监控、对调查结果实施合理的审验等，确保供应商对于冲突物的有效管理；建立了冲突物管理的合作网络，在全球参与EICC、GsSI、CFSI等组织的活动，在韩国则建立一个包括政府、行业和相关机构成员的委员会，以合作的方式实现冲突物的有效管理。

4. 强调供应商的分类管理

三星电子的全球供应商众多，一视同仁的管理必然是效果不佳，因此，公司更加强调供应商的分类管理，这一点不仅体现在公司会针对不同绩效的供应商实施不同的采购策略，而且反映在公司针对不同类型的中小企业供应商的管理上。从前者来看，三星电子根据供应商的基本条件和社会责任表现，将供应商分为A、B、C、D四类，并规定：连续得到C两次或以上的企业将被禁止与其他业务部门进行交易，连续得到D两次及以上的企业会受到重大的惩罚；从后者来看，三星电子针对之前与公司有合作关系的中小企业供应商和之前尚未与公司有合作关系的中小企业分别实施不同的支持行动。

第七章 国内一流企业责任采购管理实践

近些年来,国内企业对责任采购管理也进行了积极探索和实践,一些优秀的企业在推行责任采购管理方面取得了显著进展和成效。按照责任采购管理具有领先性和特色性的思路,我们选择了两家民营企业即华为公司和联想集团以及一家国有企业即宝钢集团作为研究对象,分别考察了它们在责任采购管理方面的成功实践,以进一步验证前文提出的责任采购管理实施范式和框架的合理性与可操作性。

第一节 华为投资控股有限公司的责任采购管理实践

一、公司简介与社会责任概览

1. 公司简介[①]

华为投资控股有限公司(以下简称华为)是全球领先的信息与通信解决方案供应商。公司围绕客户的需求持续创新,与合作伙伴开放合作,在电信网络、企业网络、消费者和云计算等领域构筑了端到端的解决方案优势。公司致力于为电信运营商、企业和消费者等提供有竞争力的ICT解决方案和服务,持续提升客户体验,为客户创造最大价值。截至2013年底,华为的产品和解决方案已经应用于170多个国家,服务于全球近30亿的人口。

公司以"丰富人们的沟通和生活,提升工作效率"为愿景,运用信息与通信领域专业经验,消除数字鸿沟,让人人享有宽带。为应对全球气候变化挑战,华为通过领先的绿色解决方案,帮助客户及其他行业降低能源消耗和二氧化碳排放,创造最佳社会、经济和环境效益。

2013年,华为构筑的全球化均衡布局使公司在运营商网络、企业业务和消

[①] 资料来源:《华为投资控股有限公司2013年可持续发展报告》。

费者领域均获得了稳健的发展,全年实现销售收入 2390 亿元人民币,同比增长 8.5%。①截至 2013 年底,华为全球员工总数为 15 万余人,服务于华为的不同业务领域,其中研发员工比例达 45%。华为海外员工本地化率持续增加,2013 年达到 79%。在海外,2013 年中高层管理人员本地化率达 20.7%。当前华为外籍员工总数接近 3 万人,来自全球 160 个国家和地区。

在 2014 年《财富》世界 500 强排名中,华为名列第 315 位,与上年相比上升 36 位;由全国工商联发布的"2013 中国民营企业 500 强"中华为位列第 3 位。

2. 社会责任概览②

作为全球化的企业,华为在关注自身发展的同时,积极承担社会责任,促进社会的和谐与进步。一直以来,华为坚持可持续发展融入业务运营中,树立了可持续发展理念,确定了可持续发展的战略,建立了可持续发展的管理体系,促进可持续发展在华为的落地,并获得了较好的经济、社会与环境影响。

(1)可持续发展理念。华为明确了可持续发展的愿景与使命(见表 7-1),为可持续发展工作奠定了思想基础。

表 7-1 华为的可持续发展理念

可持续发展理念	内容
可持续发展愿景	消除数字鸿沟,促进经济、社会、环境的和谐与可持续发展
可持续发展使命	构建优秀的可持续发展管理体系,坚持道德和合规经营,持续加强利益相关方的沟通,促进和谐商业生态环境,确保公司可持续发展,回报客户和社会

资料来源:《华为投资控股有限公司 2013 年可持续发展报告》。

(2)可持续发展战略。华为积极制定可持续发展战略,并明确了公司可持续发展的运营目标,有利于可持续发展工作的开展。

战略重点:2013 年,华为持续聚焦消除数字鸿沟、为网络稳定安全运行提供保障支持、推进绿色环保、实现共同发展等可持续发展四大战略(见表 7-2),全面推动企业自身及整个价值链履行社会责任,更加积极主动地促进经济、社会、环境的全面和谐发展。

实现路径:根据公司可持续发展愿景和使命,结合可持续发展的战略重点,华为制定了可持续发展中长期规划,明确了可持续发展战略的实现路径,如图 7-1 所示。

---

① 资料来源:《华为投资控股有限公司 2013 年年报》。
② 资料来源:《华为投资控股有限公司 2013 年可持续发展报告》。

表 7-2 华为可持续发展战略四大重点

消除数字鸿沟	● 人人享有通信，使不同地区的人们均能便捷地接入语音通信 ● 人人享有宽带，使宽带处处可及，推广面向未来的信息通信技术，应对全球挑战 ● 采用建立培训中心和联合教学等方式，培育当地专业人才，实现知识的传递，增强当地人们实现数字化社会的能力 ● 提供客户化的 ICT 应用解决方案，使不同区域、不同需求的人们及不同企业使用信息技术提升经济水平、生活质量、生产效率和竞争力
为网络稳定安全运行提供保障支持	● 把保障网络稳定安全运行特别是在危机时刻（如遭遇地震、海啸等自然灾害和其他突发事件时）的稳定运行的责任置于公司的商业利益之上 ● 通过持续创新，充分考虑业务的连续性和网络的韧性，提升产品的健壮性和防护能力。支持对产品的独立测试、验证和认证，让客户得到国际认可的安全保障。开放透明，积极与利益相关方沟通和合作，遵从适用的安全标准和法规
推进绿色环保	● 把绿色环保理念融入产品规划、设计、研发、制造、交付和服务等各个环节中，通过持续的技术创新，不断提升产品和解决方案的资源使用效率，向客户提供领先的节能环保产品和解决方案 ● 致力于在办公、生产、物流及实验室等方面提升资源使用效率，降低温室气体及废弃物排放强度，将华为运营打造为环境友好型典范 ● 持续保证华为产品的环保符合性；持续保证合作伙伴运营活动的环境合规性；贴近业务，牵引供应链节能减排，提升华为产业链综合竞争力 ● 致力于不断推广绿色 ICT 的综合解决方案，促进各个行业的节能减排，积极推动能源节约、环境友好的低碳社会建设
实现共同发展	● 充分发挥员工专长，为员工提供不同发展通道实现个人价值 ● 为运营所在国家和社区做出积极的社会贡献 ● 严格遵守商业道德标准，反对腐败、倾销和垄断，合规和诚信经营 ● 关注自身经营活动和服务过程中的可持续发展风险管理，逐步成为行业以及全球可持续发展的领先者 ● 与供应商紧密合作，制定标准，定义标杆，将风险管理转变为效率管理，引领产业链可持续发展

资料来源：《华为投资控股有限公司 2013 年可持续发展报告》。

（3）可持续发展管理。华为高度重视通过建立健全可持续发展组织体系和持续改进可持续发展管理体系来实现有效的可持续发展管理，确保可持续发展在公司得到切实落实。

可持续发展组织体系：为了推进公司的可持续发展工作，使可持续发展战略在公司全球范围内从上至下获得执行，华为成立了企业可持续发展（CSD）委员会。作为公司可持续发展工作的统筹和协调机构，可持续发展委员会负责组织、协调可持续发展体系的建立、实施和保持工作，并在业务运营中规划、制定、监督可持续发展战略的有效执行。华为可持续发展委员会每季度定期召开工作会议，对重要可持续发展议题进行决策，保证可持续发展工作的有效开展。在可持续发展委员会下，华为还分别设立了可持续发展战略承接部门、可持续发展体系管理部门和可持续发展支撑部门，如图 7-2 所示。

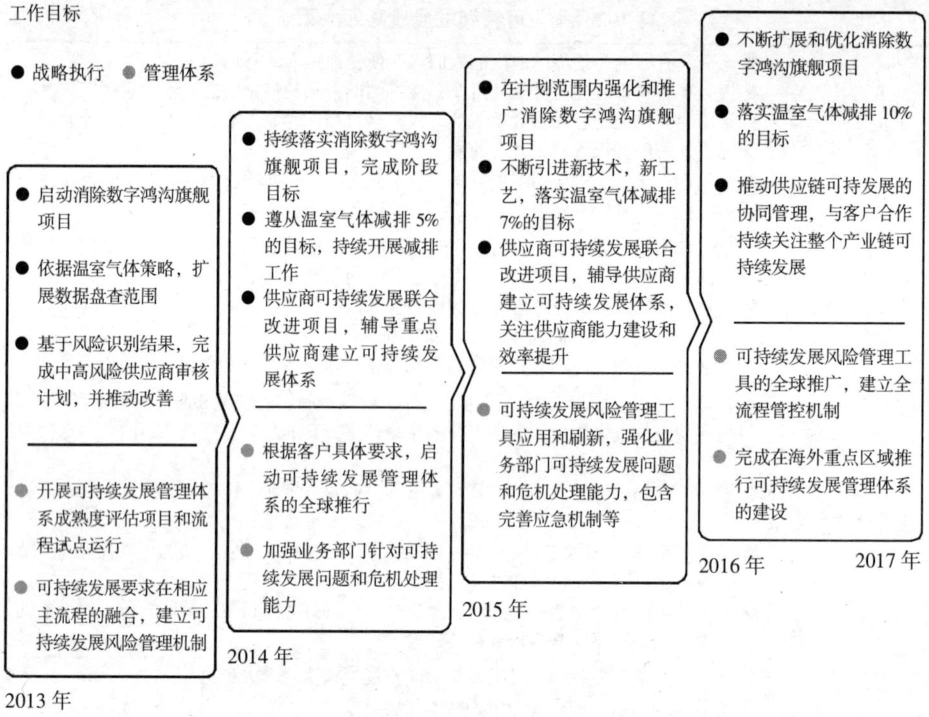

工作目标
● 战略执行 ● 管理体系
● 启动消除数字鸿沟旗舰项目
● 依据温室气体策略，扩展数据盘查范围
● 基于风险识别结果，完成中高风险供应商审核计划，并推动改善
● 开展可持续发展管理体系成熟度评估项目和流程试点运行
● 可持续发展要求在相应主流程的融合，建立可持续发展风险管理机制
2013 年
● 持续落实消除数字鸿沟旗舰项目，完成阶段目标
● 遵从温室气体减排 5% 的目标，持续开展减排工作
● 供应商可持续发展联合改进项目，辅导重点供应商建立可持续发展体系
● 根据客户具体要求，启动可持续发展管理体系的全球推行
● 加强业务部门针对可持续发展问题和危机处理能力
2014 年
● 在计划范围内强化和推广消除数字鸿沟旗舰项目
● 不断引进新技术，新工艺，落实温室气体减排 7%的目标
● 供应商可持续发展联合改进项目，辅导供应商建立可持续发展体系，关注供应商能力建设和效率提升
● 可持续发展风险管理工具应用和刷新，强化业务部门可持续发展问题和危机处理能力，包含完善应急机制等
2015 年
● 不断扩展和优化消除数字鸿沟旗舰项目
● 落实温室气体减排 10% 的目标
● 推动供应链可持发展的协同管理，与客户合作持续关注整个产业链可持续发展
● 可持续发展风险管理工具的全球推广，建立全流程管控机制
● 完成在海外重点区域推行可持续发展管理体系的建设
2016 年
2017 年

图 7–1 华为可持续发展战略的实现路径

资料来源：《华为投资控股有限公司 2013 年可持续发展报告》。

可持续发展委员会
可持续发展体系管理部门
可持续发展战略承接部门
消除数字鸿沟
提供保障支持为网络稳定安全运行
推进绿色环保
实现共同发展
可持续发展支撑部门

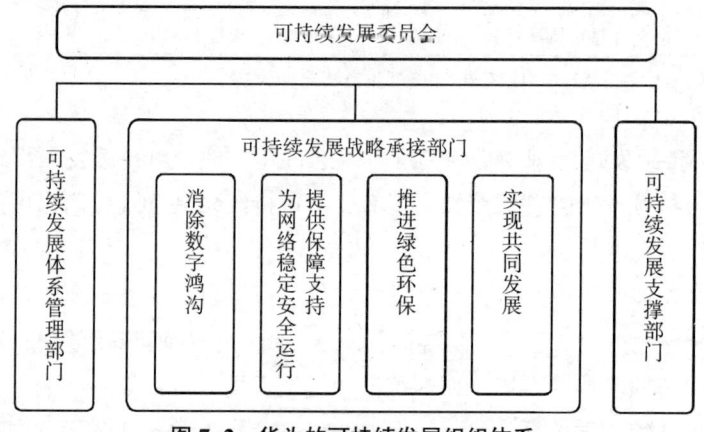

图 7–2 华为的可持续发展组织体系

资料来源：《华为投资控股有限公司 2012 年可持续发展报告》。

可持续发展管理体系：华为基于 ISO26000 指南持续优化可持续发展管理体系（见图 7–3），制定并发布了可持续发展政策、流程、基线和成熟度评估工具

等，从而将可持续发展工作推向更加系统化和深入化管理。

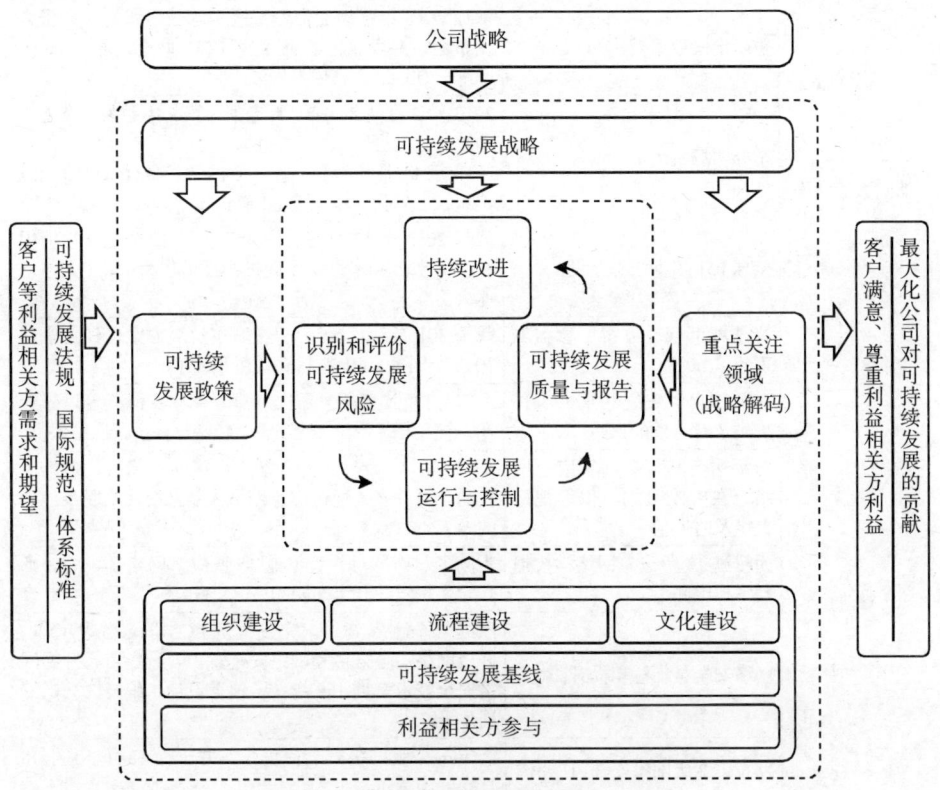

图 7-3　华为的可持续发展管理体系框架
资料来源：《华为投资控股有限公司 2012 年可持续发展报告》。

（4）可持续发展绩效。为了保证华为可持续发展战略能够有效落地，华为每年都会进行可持续发展战略解码，并基于此制定一系列可持续发展绩效目标。可持续发展委员会定期对各目标的执行状况进行监控和跟进，从而保证目标的有效达成。2013 年，华为可持续发展主要目标及完成情况如表 7-3 所示，获得的社会认可，如表 7-4 所示。

表 7-3 华为 2013 年可持续发展绩效目标及实现情况

项目	2013 年主要目标	2013 年完成状况
消除数字鸿沟	重新定义数字鸿沟	参加 2013 年移动宽带论坛暨消除数字鸿沟研究报告发布会，并发表主题演讲；与 EIU 联合发布 Redefining the Digital Divide 报告
	举办两场百老汇论坛	2013 年 2 月举办 MWC 百老汇论坛，主题为"宽带驱动数字化社会"； 2013 年 11 月华为与 ITU 在泰国曼谷联合举办百老汇论坛，主题为"Broadband Enriching Everything"
	全球 ICT 培训中心建设	截至 2013 年 12 月底，华为建立了 45 个全球培训中心，马来西亚多媒体发展机构授予华为"ICT 人才培养大奖"
	智慧城市解决方案的覆盖城市超过 60 个	截至 2013 年底，华为智慧城市解决方案已经在全球 20 多个国家、60 多个城市成功部署
网络稳定安全	对全球自然灾害和重大事件提供及时有效的保障	对 HAJJ 麦加朝觐、雅安地震、菲律宾海燕台风等近 200 个重大事件、自然灾害、特殊事件进行网络保障
	与沃达丰基金会部署应急网络，在灾难时刻和偏远地区提供及时通信	2013 年，华为与沃达丰基金会帮助南苏丹亿达难民营的 70000 多人通过应急网络多年来第一次联系他们的亲人
	为超过 10 所应急网络学校捐赠平板电脑	为刚果、南苏丹、肯尼亚 15 所应急网络学校的教师和学生捐赠 300 台 MediaPad 平板电脑
	网络安全员工意识提升	网络安全融入 BCG，完成全员 BCG 学习签署工作。开展网络安全宣传和网络安全意识教育学习，开展网络安全技术培训 159 场次，覆盖设计、编码、测试等岗位 8522 人
	发布第 2 版网络安全白皮书	制定第 2 版网络安全白皮书，并于 2013 年 10 月 18 日在韩国首尔发布
推进绿色环保	持续开展产品节能环保设计	通过产品节能环保设计创新，2013 年，华为网络设备在使用阶段二氧化碳的排放量减少 10%~40%
	对 10 类产品开展生命周期评估（LCA）	2013 年，完成对 10 类产品的生命周期评估；国家认监委和环保部授予华为"产品/服务碳足迹评价示范基地"
	通过华为全球认证检测中心绿色产品认证的产品超过 20 类	2013 年，共有 24 个产品被评定为"华为绿色产品"
	发布第 4 版华为管控化学物质清单	发布了第 4 版华为管控化学物质清单，包括了 35 类禁用物质和 90 类申报物质
	助力客户提升数据中心能效，PUE 低于 1.3	携手中国移动建成的"黑龙江移动——华为仓储式模块化数据中心"年均 PUE 低至 1.22，并获得"DCD 绿色数据中心奖"
	东莞基地太阳能发电量超过 300 万千瓦时	东莞基地太阳能电站 2013 年全年发电量达 350 万千瓦时，相当于减少二氧化碳排放量 3228 吨，规划在深圳、杭州、南京等地建立太阳能电站项目
	绿色包装发货量超过 20 万件	2013 年，累积发货 214882 件绿色包装，节省木材 45717 立方米，减少二氧化碳排放 30176 吨

续表

项 目	2013年主要目标	2013年完成状况
推进绿色环保	超过2款产品包装采用大豆油墨印刷	2013年华为与美国大豆协会签署协议获得其大豆油墨商标使用权,并在华为秘盒、荣耀3C手机等产品的包装中应用大豆油墨印刷
	建立华为循环经济模型	建立华为循环经济商业模型,并在公司内部推广
	废弃物填埋率低于3%	提高产品再循环、再利用比例,持续降低填埋率,2013年,废弃物填埋率为2.57%
	通过绿色伙伴认证的供应商超过30家	升级HWGP(华为绿色伙伴)为HWGP2.0;完成34家供应商的绿色伙伴认证
	推动供应商开展节能减排,减少2万吨二氧化碳排放量	2013年,选取4家供应商作为试点开展节能减排工作,总二氧化碳减排量超过23000吨
实现共同发展	海外员工本地化率达到75%	2013年,华为海外员工本地化率达79%
	本地员工长期激励项目(TUP)覆盖国家达到60个	海外本地员工2013年TUP方案覆盖全球68个国家
	员工人均培训学时达到30小时	2013年,8万多名员工参加各类培训,人均培训时间达到37小时
	客户满意度较2012年提高	2013年,华为海外及国内客户满意度调查结果较2012年分别实现增长2.78分和3.41分
	新供应商CSR认证率100%,CSR/EHS协议签署率100%	2013年,完成新供应商审核39家,审核率100%,新供应商CSR/EHS协议签署率100%
	供应商现场审核完成率100%	2013年,完成28家CSR高风险供应商及57家CSR中风险供应商现场审核,供应商审核完成率100%
	供应商冲突矿物调查回复率达80%	完成第一阶段191家终端供应商冲突矿物调查,回复率达85%
	"通信未来种子项目"覆盖的国家数量超过20个	2013年,新增8个国家开展通信未来种子项目,培养ICT人才(西班牙、日本、挪威、澳大利亚、越南、坦桑尼亚、德国、意大利),覆盖国家数达23个
可持续发展管理体系	发布公司可持续发展政策	2013年,完成华为可持续发展政策的开发并发布
	发布公司可持续发展流程(12份)	2013年,完成华为12份可持续发展流程的试点并发布

资料来源:《华为投资控股有限公司2013年可持续发展报告》。

表7-4 2013年度华为获得的与可持续发展相关的荣誉与奖项

奖项名称	颁奖机构
应急网络获得MWC 2013年人道主义奖	世界移动通信大会
中国绿公司百强	道农研究院、《绿公司》杂志
金蜜蜂2013年优秀企业社会责任报告——领袖型企业	WTO经济导刊
"民营企业100强企业社会责任指数排行(2013)"第二位	中国社会科学院
ICT产业人才发展奖	马来西亚多媒体发展机构
华为联合中国移动共同获得2013年"DCD绿色数据中心奖"	Datacenter Dynamics

续表

奖项名称	颁奖机构
2013年度最佳 Responsible Supplier	沃达丰
供应链可持续发展管理入选联合国全球契约中国网络"2013促进社会发展与合作最佳实践"	联合国全球契约中国网络
"通信未来种子"项目入选社会投资领域的最佳实践	联合国负责任投资原则组织（UNPSI）

资料来源：《华为投资控股有限公司2013年可持续发展报告》。

二、公司实施责任采购管理的动因

华为实施责任采购管理有其内外部的原因：一方面，公司采购行为要符合整体战略；另一方面，通过负责任的采购可以提升公司供应链管理水平，进而提升公司业务竞争力。同时，华为在国际化道路上想要走得长远，采购行为也必须适应国际化趋势。

1. 落实公司可持续发展战略的客观需要

华为可持续发展的愿景与使命表明，公司注重对经济、社会和环境的影响，明确提出要促进和谐的商业生态环境，这意味着实行责任采购符合公司可持续发展理念要求。同时，华为将实现共同发展作为其战略之一，提出与供应商紧密合作，制定标准，定义标杆，将风险管理转变为效率管理，引领产业链可持续发展，并把供应商可持续发展联合改进项目、辅导供应商建立可持续发展体系、关注供应商能力建设和效率提升置于可持续发展中长期规划中。因此，开展负责任的采购是落实公司可持续发展战略的重要内容之一。

2. 提升公司业务竞争力的内在要求

供应链在一个公司中有着至关重要的位置，公司要将合格并具有竞争力的产品批量交付给客户，完全脱离不了供应链的努力；客户要求更短的货期、更低的价格、更好的服务，这些要求没有优秀的供应链是不可能做到的。也就是说，供应链是影响业务竞争力的重要因素。进一步来看，供应商作为供应链中的重要一环，其出了问题，第一个受到影响的就是公司的产品或者品牌，然后就是公司客户。因此，供应商管理对公司发展有着重要的作用，较好的供应商管理在降低公司运营风险的同时，还可降低成本，提高公司整体竞争力。基于此，华为将实施责任采购管理看作提升业务竞争力的重要途径，努力推动将社会责任的理念和要求融入采购管理和供应商管理之中，提升供应商在人员健康、安全、环保等方面的管理，通过帮助供应商发展，实现共同成长。同时，责任采购不仅会影响到自身供应商行为，也会为供应商的合作伙伴带来积极影响，形成巩固、可靠的供应链。实际上，为了保持企业能力的持续增长，华为积极地在产业链里施加企业社会责任影响。从2003年起，华为与客户一起，逐步建立了具有国际水准的社会责任管理体系，将社会责任和可持续发展的核心理念与优秀实践及时地传递给公司的供应商，从而促进整个产业链可持续发展。供应商社会责任管理不仅仅是华为出于维护自身品牌的考虑，更是企业自身可持续发展的DNA。

3. 适应公司国际化水平不断提高的必然要求

近些年来，华为的国际化运营水平不断提升，全球的业务布局和资源整合步伐持续加快，国际化已经成为华为实现更大发展的基本战略。2005年，华为的海外合同销售额首次超过国内合同销售额，2013年海外销售收入已经超过1500亿元人民币，占销售总收入的比重保持在65%左右，是公司销售收入的主要贡献者。正是在这种背景下，华为实施责任采购管理是深入推进国际化战略的必然要求。

首先，实施责任采购管理是华为提升全球供应链管理能力的需要。在供应链上，华为管理水平与业内其他公司相比存在较大的差距。华为的订单及时交货率只有50%，而国际上其他电信设备制造商的平均水平为94%；华为的库存周转率只有3.6次/年，而国际平均水平为9.4次/年；华为的订单履行周期长达20~25天，国际电信设备制造商平均水平为10天左右。华为为适应国际化需要，对供应链进行重整，就是为了设计和建立以客户为中心、成本最低的集成供应链，为早日成为世界级企业打下良好的基础。[①] 采取负责任的采购则是打造良好基础的途径，通过在全球开展透明、负责任的采购方式，与伙伴建立信赖、共同发展的战略关系，从而提高华为全球供货能力，同时降低因供应商社会责任问题而导致华为甚至客户品牌的受损风险。

其次，实施责任采购管理是华为适应国际规则的重要内容。在经济全球化背景下，为应对全球化过程中的挑战，一些国际组织对推动企业社会责任非常重视，纷纷提出有关社会责任的标准、守则和倡议，并成立了相关机构和组织，在全球积极推行企业社会责任开展。其中影响较大的联合国全球契约组织、经济合作与发展组织、国际劳工组织、国际标准化组织等纷纷推动社会责任与供应链管理的融合，以求社会责任能够渗透到更广泛的领域和范围，如联合国全球契约《可持续供应链》和《客户与供应链指南》，联合国环境署《可持续供应

---

① 张凌. 华为国际化道路 [J]. 经济与管理科学辑，2011（1）.

链创新》等。华为要谋求在国际化发展道路上走得更远，必然需要通过实施责任采购管理来适应这些国际规则。

最后，实施责任采购管理是一流跨国公司的普遍做法。跨国公司不仅自身要遵守一定的社会责任规则，而且往往通过供应链体系，要求其供应商和合约工厂必须遵守一定的生产守则，推动上下游企业承担社会责任。全世界以生产安全、职业健康、保护环境和员工权益保障等为主要内容的企业社会责任生产守则，绝大多数由跨国公司自身制定，从大多数生产守则内容看，通常是参照其国内法、行业规范和国际承认的核心劳动标准制定的，主要是承诺担负社会责任、遵守投资所在国的相关法律、维护劳工权益、改善劳动条件等。

三、公司责任采购管理的组织体系

为促进责任采购管理工作，华为自上而下建立了较为完整的组织体系，包括作为领导层的供应商可持续发展委员会、作为专业管理部门的供应商可持续发展部、作为具体落实部门的供应商可持续发展工作组。[①] 供应商可持续发展委员会由公司首席采购官担任委员会主任，定期评审供应商可持续发展的策略、原则、标准、流程、方案和绩效，确保可持续发展融入采购业务、采购流程、采购日常工作。公司明确了采购业务部门为供应商可持续发展的责任主体，将供应商可持续发展绩效纳入采购业务部门年度目标和相关人员的个人绩效指标，定期进行考核。

供应商可持续发展部直接向首席采购官汇报工作，部门作为专业管理部门，牵头制定和优化管理供应商可持续发展流程和标准，指导采购业务部门执行流程和标准，统筹全球供应商可持续发展管理，通过供应商可持续发展工作组覆盖全球采购组织网络。供应商可持续发展工作组由社会责任首席专家负责，将可持续发展管理纳入主要采购职能和日常运作，从供应商认证和选择、供应商日常管理、供应商绩效考核，一直到供应商退出机制，确保供应商遵守可持续发展要求并持续改善。

2013年，华为对供应链管理服务部门和采购业务进行重新整合，形成了供应链管理服务业务集团，如图7-4所示。

---

① 资料来源：《华为投资控股有限公司2012年可持续发展报告》。

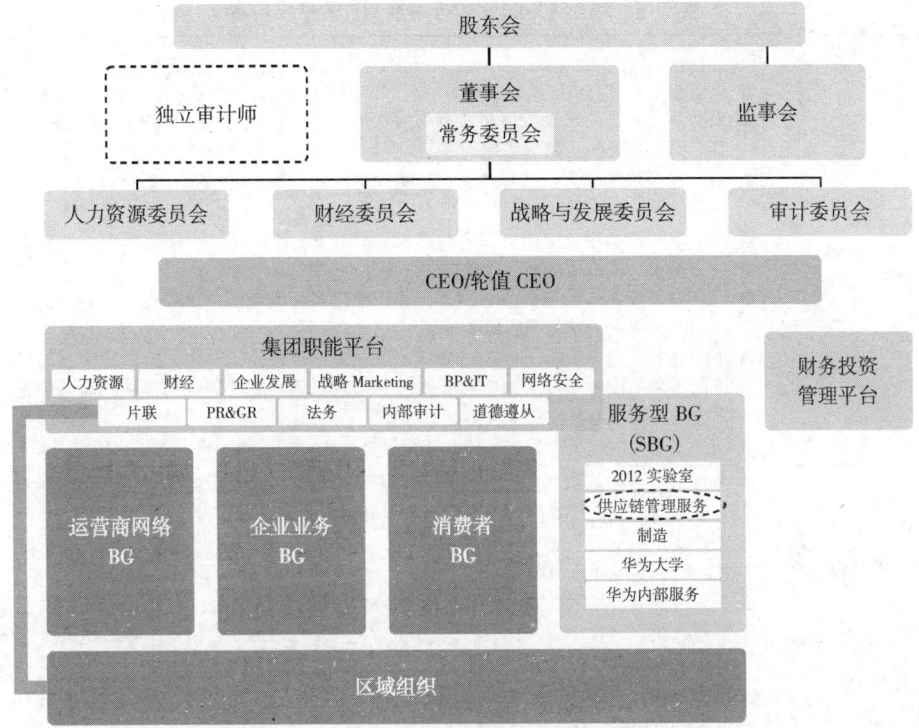

图 7-4 华为专门设立的供应链管理服务业务集团
资料来源：《华为投资控股有限公司 2013 年可持续发展报告》。

四、公司责任采购管理的制度建设

华为非常重视通过制度约束来规范责任采购管理，针对采购人员与供应商两个不同行为主体制定了相应的行为准则，同时对采购过程中可能出现的违规行为制定了相关的处理规定，为实施责任采购管理提供了强有力的制度保障。

1. 公司采购人员行为规范

采购工作有其特殊性，因此，对采购人员的行为管理至关重要。华为 2013 年针对公司采购人员专门制定了相应的行为准则，即《采购业务行为准则》。这一准则是华为对公司采购业务人员行为要求的强调和细化，要求采购人员在与供应商合作及所有的商业活动过程中应注意诚信与商业道德原则。《采购业务行为准则》内容主要包括采购业务执行过程行为要求、采购人员对供应商考察注意事项、商业款待与馈赠的规定，以及对采购信息的保密与使用、采购人员的个人品德操守以及员工与主管责任的要求，如表 7-5 所示。

表 7-5 华为《采购业务行为准则》的主要内容

要求	主要内容
采购业务执行过程行为要求	● 采购业务人员对供应商的承诺必须得到公司合法授权,不得以个人名义对外承诺 ● 采购业务人员应合法发展与所有供应商的关系,在执行业务过程中,要遵守所有适用于业务的法律、法规 ● 不论是接待供应商或参加谈判,华为参与人员不能少于两人,禁止与供应商单独接触 ● 原则上不许动用供应商资源为自己及亲朋好友、部门活动办事,所有员工如有特殊需求,按市场价格结算及付费并申报 ● 禁止贪污受贿。凡是贪污受贿,一律按照公司相关规定严肃处理,并对涉及违反相关法律的,移交司法机关处理 ● 采购业务人员应致力于使公司整体利益最大化,在任何一次采购项目中获得尽可能优惠的商务条件和服务。严格按照采购流程和制度规范选择供应商。禁止供应商与员工或其主要亲属有私人利益关系 ● 原则上华为离职员工投资、持股或担任重要职位的公司不得成为华为的供应商
供应商考察	● 考察目的应明确和具体,考察人数不能少于两人,考察人数和考察时间应本着业务高效原则合理安排,无关人员不得前往 ● 不得要求供应商特意安排车辆到公司、住所、机场、车站、码头或其他地方接送,特殊情况予以说明 ● 不得由供应商报销或支出考察人员的食宿及其他任何费用 ● 驻厂人员,日常用餐一律自理,不得要求供应商免费提供用餐,如果在供应商处用餐,则自行付费
商业款待与馈赠	● 员工不能接受供应商以任何名义提供的非正常款待,如旅游、娱乐等。家属不能接受供应商的任何形式的款待 ● 当供应商提出符合商业惯例的会议、参观或考察邀请时,采购业务人员应主动向上级主管申报;获得批准后,按照出差相关规定处理 ● 采购业务人员可以接受或给予他人符合商业惯例的款待,例如餐宴,但费用必须合理,且不为法律或已知的商业惯例所禁止。如果觉得某一邀请不合适,应予以拒绝或由华为采购业务人员付费 ● 严禁华为员工在非正式商业活动中私自收取供应商任何形式的礼品,违反者将按照华为公司相关管理规定进行严肃处理;并对涉及违反相关法律的,移交司法机关处理 ● 与供应商正式交往中,要尊重供应商在正常商务活动的商业习惯。员工可接受诸如宣传赠品、文化礼品、纪念品等价值不超过人民币 200 元的礼物。在任何情况下,如果收到的礼品价值超过上述标准,只能以公司的名义接受,并规定了相关程序 ● 员工及亲属不能接受可能影响或是令人怀疑将影响供应商与公司之间的业务关系的任何赠礼 ● 严禁直接或间接索取供应商的礼物或利益,严禁接受任何回扣、佣金、小费、现金代用券等现金形式的馈赠 ● 对供应商也应做到有礼有节,相互尊重,杜绝"一哄、二凶、三骂人"
采购信息的保密和使用	● 采购业务人员对采购信息有义不容辞的保密责任和义务 ● 对采购信息的访问和授权应遵循工作相关性、最小授权和审批受控的原则 ● 对供应商及其他业务伙伴的商业信息应保守秘密 ● 应从公开渠道搜集其他公司(包括友商)的资料以进行评价或信用评估,不允许使用任何足以引起争议的方式

续表

要求	主要内容
采购信息的保密和使用	● 禁止向任何供应商做错误或不实的说明，禁止与供应商谈论及传播友商对华为的流言蜚语，禁止与供应商谈论与工作无关的事宜，更不能有意或无意地泄露公司的商业和技术机密 ● 为保护公司采购信息资产安全，采购业务人员离职两年内，不得到供应商处任职或兼职
个人品德操守	严格遵守华为公司关于员工的品行操守要求，包括但不限于： ● 严禁出入不健康的场所 ● 不参与赌博 ● 不应有可能被认为性骚扰的言行或举止 ● 在家庭生活中，要遵守法律和基本的社会公德 ● 不应诽谤、诋毁他人 ● 不应有违反国家法律禁止的其他行为 ● 尊重差异，对来自全世界的供应商的文化、宗教信仰，应予以尊重和公正对待 ● 在与供应商的接触界面，只谈业务，不要涉及宗教、政治及种族等
员工与主管责任	采购业务人员应当详细了解和认真理解行为准则内容，并承担如下责任： ● 对于自己或他人违反行为准则的事件或疑虑，有责任及时反馈 ● 接到投诉信息，应按程序向相关部门报告，禁止将信息反馈给被投诉者 ● 反馈问题应实事求是，以署名方式提出，不应匿名或联名，不得诽谤和诋毁他人 ● 有义务配合有关人员对违反行为准则事件的调查工作 ● 确保采购业务，按流程要求归档所有相关采购文档 除上述员工责任外，各级主管还应担负起更多的责任，包括： ● 根据业务需要，制定相应的行为细则，并通过沟通、培训、监督和检查，确保下属对行为准则的理解和遵守 ● 身体力行，树立诚信的榜样，营造正向的组织氛围；绝不利用自身的职权和关系，影响或诱导员工违反行为准则 ● 要尊重员工，不能训斥、辱骂员工 ● 采购岗位属于关键和敏感性岗位，应特别注意选拔、任用恰当的员工，并通过岗位轮换等措施保护公司利益 ● 对于发现的违纪行为，应及时报告，并采取补救行动，将违纪行为的损失降到最低，严禁姑息和纵容违纪的行为

资料来源：根据华为《采购业务行为准则》整理。

2. 供应商行为规范

华为十分重视对供应商行为规范的管理，专门制定了《华为社会责任采购指南》《华为供应商指南》及《供应商商业行为指引》，主要包括人权保护、业务流程、违规行为界定等相关内容。

（1）《华为社会责任采购指南》。华为于2004年制定了《华为社会责任采购指南》，目的是指导供应商进行社会责任体系的认证与管理，并将重点聚焦于对供应商在人权方面的要求，如表7-6所示。

责任采购管理

表7-6 《华为社会责任采购指南》的主要内容

要求	主要内容
关键要求	● 公司不得使用或支持使用童工 ● 公司不能采用强迫、不自由或不愿意的监狱劳力,不得有强迫性劳动的制度 ● 在涉及聘用、报酬和解职等事项上,公司不得有从事或支持基于种族、国籍、宗教、身体残疾和性别等的歧视制度 ● 公司不得有从事或支持体罚、精神或肉体胁迫以及言语侮辱的制度 ● 公司对所有员工支付的工资应达到当地法律规定的最低工资标准 ● 公司出于对行业危险和具体危险的了解,应采取必要的措施,在可能条件下最大限度地降低工作环境中的危害隐患,以避免在工作中发生有关的事故
一般要求	● 建立保障员工权益制度 ● 禁止使用童工 ● 平等就业 ● 基本工资保证与社会保险 ● 工作时间与休息时间要求 ● 不能有歧视制度与行为 ● 尊重员工结社与平等协商权利 ● 安全健康的工作条件 ● 不能向雇员施加不人道的待遇 ● 保护妇女权益 ● 问题处理及纠正行动

资料来源:根据《华为社会责任采购指南》整理。

(2)《华为供应商指南》。为提高合作效率及质量,让供应商了解公司需要,华为于2005年制定了《华为供应商指南》,主要内容是向供应商介绍华为对采购工作常见问题的处理原则,以及采购业务操作规则等,如表7-7所示。

表7-7 《华为供应商指南》的主要内容

要求	主要内容
常见问题处理原则	● 质量问题处理 ● 退货问题处理 ● 货期延误处理 ● 结算账期计算
业务操作规则	● 询价报价的要求与规则 ● 订单签返与执行的规则 ● 包装运输的要求与规则 ● 送货发货的要求与规则 ● 发票开具、寄送的要求与规则 ● 货款结算与对账的规则 ● 退返货款的规则
附件与常用地址、电话	● 咨询与投诉地址、电话 ● 香港收货地址、电话 ● 送货单 ● 供应商开票清单及VMI专用 ● 公司对账单 ● 供应商送货等级评定办法

资料来源:根据《华为供应商指南》整理。

（3）《供应商商业行为指引》。为规范供应商的经营行为，华为专门制定了《供应商商业行为指引》，主要内容是说明华为禁止供应商贿赂、转包、商业欺诈等行为，并给出相应行为的界定及要求，如表7-8所示。

表7-8 华为《供应商商业行为指引》的主要内容

要求	主要内容
禁止贿赂	● 供应商不得以任何形式向华为员工馈赠"礼金、有价证券、非低值文化用品以及其他贵重物品" ● 不得为华为员工的亲属、朋友等安排工作，提供便利以及为其支付应由华为员工个人支付的各种费用
关联供应商主动申报	● 华为公司现职员工是供应商的直接投资者，或兼任职务 ● 华为现职员工的主要亲属是供应商的直接投资者，或担任职务 ● 前华为公司员工为供应商的直接投资者，或在供应商处担任职务
禁止转包	● 供应商未经华为事先书面允许，不得将其承包的工程转包给其下游供应商，或直接转包、分包华为订单。如供应商私自进行以上行为或存在以上行为而隐瞒不报，被华为查实，将视情况轻重进行处罚
杜绝商业欺诈	● 供应商不得将明知不符合物料技术规格书的物料提供给华为且不事先告知 ● 不得向华为推广不符合行业发展趋势或不符合供方发展路标的物料且不事先告知 ● 向华为提供的文件、资料、数据、陈述和口头陈述等应保证真实、准确 ● 供应商应严格遵守向华为提供的承诺、双方签署的合同、协议和备忘录，按时、保质、保量提供货物 ● 合理报价，不进行商业欺诈 ● 不以次充好、不偷工减料
NO PO, NO WORK	● 严禁在没有签署采购合同或者没有合法PO的情况下，强行入场。如有华为员工向供应商提出无PO进场施工要求，供应商需及时反馈给华为采购人员

资料来源：根据华为《供应商商业行为指引》整理。

3. 违规行为处理规定

华为对贿赂和腐败行为坚持"零容忍"态度，制定了全面的违规行为管理办法，形成了较为完善的举报管理机制及处理违规行为的管理机制。

（1）《关于鼓励供应商、合作方、代理商等合作伙伴向华为公司举报员工索贿、受贿问题的处理规定》。为促进员工遵守商业行为准则，诚实劳动，减少或杜绝内部腐败，华为制定了《关于鼓励供应商、合作方、代理商等合作伙伴向华为公司举报员工索贿、受贿问题的处理规定》，其主要内容包括：

一是供应商、合作方、代理商等合作伙伴和华为合作过程中，若发生了行贿，以及华为员工、外部中间人索贿或受贿的行为，相关合作伙伴或经办人主动向华为公司举报并配合调查的，可免于民事责任，并不起诉。并将保证在追缴回来的赃款中，退还其应得的全部款项（除法律没收外）。这类供应商在承诺以后不再发生类似问题的情况下，不影响继续合作，并可考虑提高除质量要素以外的采购地位。

二是明确提出这一规定不限事件所发生的时间和地域。也无法律时限问题，只要提供准确证据的，一律按此规定办理。适用于华为控股有限公司及其全球范围内直接或间接控股子公司的所有供应商、合作方、代理商等合作伙伴。

三是对于举报单位、举报人以及举报内容将严格保密。对未举报的供应商，一经发现将采取适当的采购限制条款。

四是明确提出这一规定与双方签署的其他协议有冲突的，以这一规定作为优先参考，修订相关冲突。

五是要公开举报邮箱、电话。

（2）《对"供应商假借公司各级主管名义来影响采购业务"的处理指导意见》。因发现存在个别外部公司和人员试图假借公司各级主管名义来影响采购业务的情况，华为为有效处理重大采购例外事件，专门制定了《对"供应商假借公司各级主管名义来影响采购业务"的处理指导意见》，要求按照这一《指导意见》严格处理供应商假借公司各级主管名义来影响采购业务事件，包括：

一是第一时间向相应专家团主任、所属的采购认证部部长汇报；发生在地区部的还需要向地区部交付副总裁、地区部总裁汇报，并抄送采购运作支持及内控部备案。同时，公开了采购认证运作支持及内控部备案渠道，包括邮箱及电话。

二是相关专家团/区域采购认证部约见涉及公司的总经理或接口主管沟通核实是否存在假借华为主管名义的情况，同时宣传华为"阳光采购"等制度要求，明确告知华为各级主管绝不会去影响和干扰公司采购业务。

三是如核实对方公司确实存在假借华为各级主管名义的行为，针对该公司业务在华为公司的不同状态，处理原则是：如该公司不是公司供应商，则将该公司列入黑名单，严格控制认证和使用；如果该公司是公司正在认证过程中的供应商或华为现有供应商，应将该供应商此类不诚信行为作为供应商关键事件进行记录，在保障供应的前提下，原则上应对该供应商控制使用，暂停业务或减少合作份额等，相关专家团/地区部采购认证部将对该供应商的处理意见提交对应采购管理委员会二级分会/地区部分会决策；相关专家团/地区部采购认证部按照采购管理委员会二级分会/地区部分会的决策结论实施，并将决策结论及实施情况通报给集团采购管理委员会。

（3）《发现供应商违反商业行为准则的及时报告和处理指引》。华为要求员工对供应商违反商业行为准则进行及时报告和处理,并专门制定了《发现供应商违反商业行为准则的及时报告和处理指引》,明确了所有采购认证部员工、涉及采购业务的人员(包括但不限于被授予采购权限的人员)及所有与供应商有业务往来的人员针对采购活动中出现的供应商违反商业行为准则行为的处理原则,如表7-9所示。

表7-9 华为员工针对供应商违反商业行为准则行为的处理原则

员工类型	处理原则
采购体系	● 当事人及时向专家团主任层级主管报告 ● 采购主管向相应采购认证部部长报告,并提交内审部报备 ● 应选择合适的方式退回所收物品等,退回时应有见证人,并保留对方签收手续 ● 情节严重的,由相应采购认证部部长组织供应商法人(或总经理及以上级别)人员会谈退回所送物品等,会谈需由采购业务部门人员、采购运作支持部人员,并邀请内审部人员共同参与进行,供应商收回所送物品,双方必须履行交接签收手续并存档 ● 将该供应商的直接当事人列为不受欢迎的人,今后不能作为华为业务接口 ● 由采购管理委员会二级分会根据情节的严重程度,对"是否取消该供应商当次采购项目的参与资格(如该供应商正在参与华为采购项目),现行有效合同是否中止,该供应商是否列入供应商观察黑名单等"给出处理意见后,提交集团采购管理委员会决策 ● 对双方正常交往过程中的互赠低值文化礼品,依据《关于规范处理与供应商正常业务活动中收到礼品的管理规定》处理 ● 对于其他特殊情况,提交集团采购管理委员会决策
非采购体系	● 非采购体系员工报告直接主管,同时知会采购运作支持及内控部 ● 公开接口人及其ID、电话 ● 由采购运作支持及内控部组织当事人、当事人主管、供应商所属专家团主任向相应采购认证部部长报告,并提交内审部报备 ● 应选择合适的方式退回所收物品等,退回时应有见证人,并保留对方签收手续 ● 情节严重的,由相应采购认证部部长组织供应商法人(或总经理及以上级别)人员会谈退回所送物品等,会谈需由当事人及主管、采购业务部门人员、采购运作支持部人员,并邀请内审部人员共同参与进行,供应商收回所送物品,双方必须履行交接签收手续并存档 ● 将该供应商的直接当事人列为不受欢迎的人,今后不能作为华为业务接口 ● 由采购管理委员会二级分会根据情节的严重程度,对"是否取消该供应商当次采购项目的参与资格(如该供应商正在参与华为采购项目),现行有效合同是否中止,该供应商是否列入供应商观察黑名单等"给出处理意见后,提交集团采购管理委员会决策 ● 对双方正常交往过程中的互赠低值文化礼品,依据《关于规范处理与供应商正常业务活动中收到礼品的管理规定》处理 ● 对于其他特殊情况,提交集团采购管理委员会决策

资料来源:根据华为《发现供应商违反商业行为准则的及时报告和处理指引》整理。

五、公司负责任的供应商管理实践

华为十分重视开展负责任的供应商管理,明确了负责任的供应商管理基本思路,与供应商签订社会责任协议,形成从新供应商认证到供应商日常管理及绩效考核等方面的可持续发展管理流程。①

1. 负责任的供应商管理概况

(1) 负责任的供应商管理基本思路。华为要求供应商的所有业务必须根据公司可持续发展协议要求部署并执行,所有供应商必须遵守其所在运营国家的法律法规和国际行为规范与标准等要求。

公司强调超越合规遵从和客户驱动,与供应商一起针对问题开展根因分析和改进,挖掘价值机会,提升供应商能力,提升采购效率,降低业务成本,提升业务竞争力。华为积极鼓励供应商与公司深度协同,探索业务创新机会,开发新产品,开拓新市场,探索新商业模式;鼓励供应商与公司一同联合推动节能减排的环保新技术创新,助力低碳社会和循环经济。

2013年,华为在"客户导向的供应商社会责任风险管理"的基础上继续深化向效率管理转型,将可持续发展融入业务流程,引领产业链可持续发展趋势。华为的供应商可持续发展管理聚焦在四个方面,如表7–10所示。

表7–10 华为的供应商可持续发展管理的重点

重点领域	主要内容
风险管理	聚焦重点,分级管理,把CSR风险管理融入采购全流程和供应商生命周期,通过业务牵引供应商持续改善,有效地监督和控制风险,展示业界最佳实践
效率管理	超越合规遵从和客户驱动,通过CSR挖掘价值机会,提升供应商能力,提升采购效率,优化业务流程,减少浪费,降低业务成本,提升业务竞争力
业务创新	前瞻性思考,深度协同,通过CSR探索业务创新机会,开发新产品,开拓新市场,探索新商业模式,将CSR深度融入业务战略和品牌
行业合作	关注行业系统性问题,选取典型CSR议题展开跨界对话和合作,参与制定行业规则,树立行业标杆,引领行业发展趋势,彰显公司使命和品牌形象

资料来源:《华为投资控股有限公司2013年可持续发展报告》。

(2) 负责任的供应商管理流程。华为将可持续发展贯穿于供应商管理的各个环节,包括在新供应商认证、分层分级/风险评级、风险检索及通报、现场审核及改善跟进、供应商绩效考核及结果管理中融入社会责任内容,并以行业合

---

① 资料来源:《华为投资控股有限公司2013年可持续发展报告》。

作对话、供应商培训等方式提升供应商的可持续发展能力,形成公司实施负责任的供应商管理的完整流程,如图7-5所示。

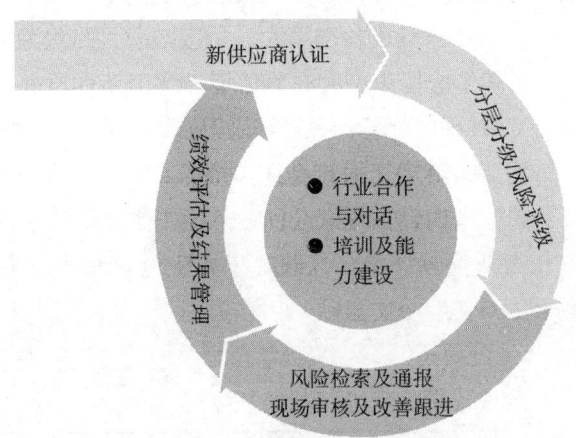

图7-5 华为负责任的供应商管理流程
资料来源:《华为投资控股有限公司2012年可持续发展报告》。

(3) 供应商社会责任协议。华为基于EICC电子行业行为准则、SA8000社会责任国际标准和ISO26000社会责任指南,考虑客户要求和行业特点,拟定了供应商社会责任协议,并将其作为与供应商必签协议之一。同时,华为保留权利随时检查或审核供应商,评估是否遵守供应商社会责任协议要求,并要求供应商将同样的要求延伸到下级供应商,逐级传递到整个供应链。华为的供应商社会责任协议的原则包括:① 所有供应商必须完全遵守运营所在国家的法律、法规与规定;所有业务应超越法律责任,采用国际认可的标准;所有业务必须根据协议要求部署并执行;所有供应商应要求下游供应商承诺并实施社会责任原则;华为有权经在适当的预先通知后审核供应商;所有供应商应通过ISO14001和OHSAS18001体系认证,并根据SA8000国际标准建立管理体系。2013年,华为的供应商社会责任协议的签署率达到95%。

2. 新供应商可持续发展认证

新供应商可持续发展认证是华为供应商认证流程不可或缺的一部分,所有新供应商必须经过可持续发展认证,以确保供应商的系统管控能力达到公司的要求。通过认证来评估供应商在劳工、人权、环境和社会影响等方面的绩效表

---

① 资料来源:《华为投资控股有限公司2011年可持续发展报告》。

现和遵守社会责任协议的能力和水平。审核结果可以分为通过、有条件通过、不通过三种。可持续发展审核具有一票否决权,对于审核不通过的供应商,供应商整改完成后,进行复核,只有复核通过的供应商,才能进入华为供应商清单。

2013年,70%的新供应商第一次就通过了审核,没有通过审核的候选供应商都要求制定改进措施,并接受华为的复审,复审合格后才有机会进入华为的新供应商清单。此外,即便是通过审核的供应商,也需要制订相应的改善计划以持续改进。为了充分体现公平、公正、廉洁、诚信合作的精神,抵制商业贿赂和不正当竞争和商业欺骗,华为在选择供应商的过程中,会与供应商签署《诚信廉洁合作协议》。

表7-11 华为新供应商可持续发展认证数量

单位:家

年 度	引入新供应商数量	供应商认证数量
2011	55	55
2012	48	48
2013	38	38

资料来源:《华为投资控股有限公司2013年可持续发展报告》。

3. 供应商可持续发展风险评估

面对数量庞大、种类繁多、分布广泛、差异化极大的供应商,华为采取分层分级的方式管理供应商可持续发展。华为基于供应商所在国家或地区、产品类型、业务量和业务关系、可持续发展绩效、潜在环境风险、风险管理体系和能力等几个方面对所有供应商进行综合评估,评估结果分为高、中、低三个等级。2013年,公司完成了735家供应商的风险评估。

表7-12 华为的供应商风险评估结果

单位:家

年 度	评估供应商数量	潜在高风险供应商	潜在中风险供应商	潜在低风险供应商
2011	633	19	144	470
2012	686	45	56	585
2013	735	28	146	561

资料来源:《华为投资控股有限公司2013年可持续发展报告》。

4. 供应商可持续发展审核

华为把可持续发展相关标准融入了采购业务全流程,从供应商认证、选择、评估、绩效管理、业务履行,一直到退出机制。公司对于全部潜在高风险供应商开展现场审核,对于潜在中风险供应商抽样审核,此外还与客户开展联合审核。2013年,华为完成了28家潜在高风险供应商和57家潜在中风险供应商的现场审核,审核计划完成率100%。

表7-13 华为的供应商可持续发展现场审核情况

单位:家

年 度	潜在高风险供应商审核数量	潜在中风险供应商审核数量
2011	19	68
2012	45	56
2013	28	57

资料来源:《华为投资控股有限公司2013年可持续发展报告》。

5. 供应商可持续发展绩效管理

华为根据供应商可持续发展审核结果及其改善进展,收集供应商动态数据,定期评估供应商可持续发展绩效。供应商可持续发展绩效评估指标包括劳工标准、安全健康、环境保护、商业道德和管理体系等方面的关键要素,也包括供应商可持续发展红线管理要求,共15个指标。根据评估结果,供应商可持续发展绩效分为A、B、C和D四个等级,分别代表优秀、良好、合格和不合格,如表7-14所示。

表7-14 华为供应商可持续发展绩效的等级划分

等 级	标 准	评价等级
A	得分90~100(90≤得分<100)	优秀
B	得分80~90(80≤得分<90)	良好
C	得分70~80(70≤得分<80)	合格
D	得分<70,或严重红线问题	不合格

资料来源:《华为投资控股有限公司2013年可持续发展报告》。

对于一年内接受可持续发展审核的供应商,可采用审核结果作为绩效评估结果;对于违反社会责任红线问题且风险较大、发生严重社会责任事件或客户审核不通过等严重问题而未能终止的供应商,经社会责任工作组集体评审其绩效可直接评为D级。同时,华为将供应商可持续发展绩效与商务挂钩,持续推进优胜劣汰,对于可持续发展表现好的供应商,在同等条件下提高采购份额,优先提供业务合作机会;对于可持续发展表现差的供应商,将减少采购份额或业务合作机会,限期整改,甚至可能取消合作关系。

6. 供应商可持续发展能力建设

"授人以鱼不如授人以渔",供应链的可持续发展能力提升是华为供应商管理的基础。对内,华为给供应商管理人员赋能,使其掌握扎实的专业知识。2013年,华为培训了14名社会责任专业审核员,120名采购经理及66名SQE。对外,华为持续向供应商推广CRCPE(Check, Root Cause, Correct, Prevent and Evaluate)五步法,引导供应商采用根因分析和成本效益分析,识别管理体系和能力上的改善机会,主动将可持续发展融入日常业务运作,从而提升效率,降低成本。

表7-15 华为供应商可持续发展能力建设的CRCPE五步法

五步法	具体内容
举一反三,全面检查	识别和分析存在的同类问题及其风险,尤其是认识和管理制度方面的缺陷,识别优先考虑的问题
根因分析	针对识别出的问题,连续追问五个为什么,调查问题产生的根本原因,直到识别出管理体系层面的缺陷
纠正措施	针对识别出的问题采取可量化可追溯的行动,消除问题或者降低其风险水平
预防措施	针对根因分析结果,采取预防措施,包括制定和优化管理体系,消除问题产生的根本原因,防止问题再次发生
评估改善效果	对照法规和标准要求,评估纠正和预防措施是否有效和落实,确认是否消除问题或者降低其风险,必要时持续改善

资料来源:《华为投资控股有限公司2012年可持续发展报告》。

此外,华为还通过组织各类社会责任培训课程、研讨会等来提升供应商的认知和能力,2013年供应商共有400多人次参加华为举办的各类社会责任培训。供应商可持续发展大会也是华为提高供应商意识和能力的重要方式。华为每年都举办全球供应商可持续发展大会,邀请客户和NGO组织代表及供应商高层出席。供应商可持续发展大会已经成为供应商了解客户要求、可持续发展趋势和机遇以及经验交流分享的平台。

六、公司实施责任采购的特色实践

按照价值采购的总体思路,华为在坚持将可持续发展理念融入采购管理的过程中,逐渐形成了阳光采购、绿色采购、廉洁采购和道德采购的特色实践模式,努力实现采购活动的综合价值最大化。

1. 阳光采购

阳光采购是企业实现采购行为公平有序、高效有效的重要保障和基本前提。

华为通过对采购工作进展等信息进行披露，规范采购管理机制及供应商管理，保障了供应商的权益，推动了公平公正的产业发展秩序的建立，有助于华为、供应链及全社会的可持续发展。

（1）信息公开透明。华为注重提高采购的公开透明性，加强与利益相关方沟通，增强社会对公司的认可度，进而为公司的发展创造良好的外部环境。公司定期发布《可持续发展报告》，总结年度供应商管理工作，并通过在官方网站设立供应商板块，向公众及供应商提供采购须知、采购行为准则及采购系统链接，积极披露公司采购动态，披露公司采购政策及合规管理办法，保障了供应商的知情权；公司还设立了投诉渠道，接收违规信息举报，确保采购交易公开、公平、公正，一定程度上提高了采购工作的透明度，加强了公众监督力度，为公司提升责任形象、赢得公众的理解和支持创造了良好的基础。

（2）规范采购流程。华为从选择供应商开始就制定了严格的采购流程，要求供应商选择应遵循技术及技术服务（T）、质量（Q）、响应能力（R）、供货表现（D）、成本（C）、环保（E）、社会责任（S）、网络安全（S）综合最佳的原则；经过新供应商认证后，公司还会对供应商进行风险评估，并对于全部潜在高风险供应商开展现场审核，定期评估供应商可持续发展绩效，持续推进优胜劣汰。通过施行规范化的采购流程，有利于供应商知晓公司的工作程序，也在审核过程中了解到自身与公司要求的差距，能够更好地采取改进措施，不断提升自身供货能力，实现与华为共同发展。

2. 绿色采购[①]

华为在采购过程中，不但考虑内部规章制度要求和业务发展目标，而且充分考虑采购行为对环境的影响，积极开展供应商环境资质管理，降低供应链环境风险，减少供应商碳足迹。公司开展绿色采购对于发展循环经济具有环保导向作用，对提高全社会的环境意识、推动行业技术进步、引导社会绿色消费、实现可持续发展有十分重要的意义。

（1）供应商环境管理。2006年开始，华为参与了深圳市环境保护局发起的"绿色采购"计划，将政府提供的企业环保表现数据用于供应商管理。2013年公司持续加强与非政府组织公众环境研究中心（IPE）的沟通与合作，将该组织管理的全国企业环保表现数据库用于供应商管理。月度检索供应商环保风险，对PCB、电池等环保高风险供应商开展专项审核并推动改善，降低供应链环境风险。

---

① 资料来源：《华为投资控股有限公司2013年可持续发展报告》。

(2) 绿色伙伴认证。华为绿色伙伴认证计划（HWGP）鼓励供应商实施系统的产品环保管理和生命周期管理，做到绿色设计、绿色生产，从源头上控制各种限制物质的使用，构建绿色供应链。2013年，华为在绿色伙伴认证标准中加入环境管理体系、能源与温室气体管理等要求，将GP标准升级为GP2.0。全年34家供应商通过华为绿色伙伴认证。

(3) 减少供应商碳足迹。供应商碳减排越来越成为客户关注的重点，供应商在提高其能源效率、降低经营成本的同时，也能降低客户自身碳足迹。华为联合供应商进行绿色环保节能减排创新，构建绿色供应链。2013年，华为选择了不同产品类别的4家试点供应商，启动了供应商能效提升和碳减排项目。公司专门成立了供应商能力建设团队，直接对供应商进行现场辅导，并进行碳排放盘查方法培训，分享华为在碳减排方面的经验和方法，帮助供应商降低碳足迹。2014年，华为计划将该项目推广到20家供应商。

(4) 推行绿色物流。华为在不断优化全球网络布局和运输路线、改善供应模式和物流方案的同时，也选择与全球领先的物流服务供应商（LSP）协同合作，实现降低物流成本，减少温室气体排放，降低对环境负面影响，实施绿色物流。

表7-16 华为实施绿色物流的举措

对象	主要举措
外部	● 要求所有主要物流服务商均符合华为环保标准 ● 与物流服务商就绿色物流策略及解决方案展开紧密合作 ● 要求物流服务商定期提供绿色物流的相关报告以展示其绿色相关成效
内部	● 优化运输方案，开发海空/空陆/空海等多样化方案 ● 通过早期介入大项目运输方案制订，实现阶梯到货减少空运比例 ● 推行海外供应中心直发站点，减少中途转运对环境的影响 ● 提高区域仓库使用效率，节约仓库资源

资料来源：《华为投资控股有限公司2013年可持续发展报告》。

3. 廉洁采购

华为按照廉洁采购的要求，恪守商业道德，坚持诚信经营，对贿赂和腐败行为持"零容忍"的态度。华为要求所有供应商签署反贿赂诚信廉洁协议，通过建立管理制度及监督体系，严格落实在采购过程中的公平运营，依法杜绝采购过程中贿赂和索贿行为的发生。

(1) 廉洁制度建设。为实施廉洁采购，华为专门为供应商及内部员工制定了《供应商商业行为指引》和《采购业务行为准则》，并鼓励供应商等合作伙伴向公司举报员工索贿、受贿问题，规定了违反商业行为准则处理原则。《供应商商业行为指引》中明确规定禁止供应商做出贿赂、转包、商业欺诈等行为，并给出了具体要求；《采购业务行为准则》要求采购人员在采购业务执行过程中合法发展与供应商的关系，禁止贪污、受贿等行为，对供应商的考察、宴请和交际应酬活动都进行了相应的规定。华为通过针对内外部采购对象制定相对接的管理制度，将贪污受贿、商业欺诈等行为进行明确界定，不仅可以规范内部员工及供应商廉洁从业，也加强了公司反腐倡廉工作，维护公司利益。

（2）监督渠道建设。为确保廉洁且公平、公正的采购行为，华为建立了采购稽查部，并作为公司设立的独立的第三方部门，负责受理和处理华为供应商的相关投诉；采购稽查部直接向华为公司全球采购总裁汇报；经采购总裁授权，采购稽查部可查看、获取与采购业务相关的所有文档、文件，并回溯、审视华为与供应商之间发生的所有采购活动。凡是发现华为员工、华为采购组织、华为供应商在采购业务中存在这些问题，包括但不限于受贿、索贿、回扣、佣金、关联关系、欺诈、作假、贪污、利用公司资源和渠道牟私利，以及如果在参与华为招标过程中受到不公平、不公正情况，比如受到排挤、被误导等都可以通过邮件、电话或传真及时反馈给采购稽查部，并在3个工作日内做出响应。投诉监督渠道的建立，有效加大了外部监督力度，促进公司廉洁采购工作的开展。

4. 道德采购

华为希望通过自身的行动促进经济、环境和社会的和谐与可持续发展。公司在采购过程中非常注重供应商的员工权益保护及自身采购对社会的影响，切实将道德采购的思想与理念付诸实践。

（1）注重人权保护。华为非常重视供应商对员工权益的保护，通过制定《华为社会责任采购指南》，要求供应商建立保障员工权益制度、禁止使用童工、实现平等就业、确保员工基本工资与社会保险、符合相关规定的工作时间与休息时间要求、不得有与员工相关的歧视制度与行为、尊重员工结社与平等协商权利、为员工创造安全健康的工作环境、不能向员工施加不人道的待遇、保护妇女合法权益。公司通过制度来规范供应商在人权方面的管理，可有效督促供应商注重员工合法权益保护，避免因供应商违反人权而产生的负面影响。

（2）不使用冲突矿物。[①] "冲突矿物"是锡、钽、钨、金等原产于刚果民主共和国及其周边国家的矿物，这些矿物的销售收入可能为当地持续的武装冲突提供财力支持。华为高度重视冲突矿物问题，并采取行动处理这一问题。自2002

---

① 资料来源：《华为投资控股有限公司2013年可持续发展报告》。

年开始，华为一直与客户合作，联合开展供应链冲突矿物调查。华为还公开发布了禁止使用冲突矿物声明，承诺不采购也不支持使用冲突矿物。华为要求所有供应商不得采购冲突矿物，要求供应商将这一要求延伸到下级供应商。2013年5月，华为依照EICC和GeSI的冲突矿物要求对调查表进行更新，对超过200家终端供应商重新启动了第一阶段调查。截至2013年12月，一共有191家供应商反馈了调查结果，反馈率超过85%，覆盖各类原材料供应商。2014年1月，华为启动了第二阶段331家网络设备供应商的调查，计划全年完成对重点供应商的调查。

七、公司实施责任采购管理的成效

华为通过实施责任采购管理，不但有效地增强了供货能力，促进了整个供应链整体管理水平的提高，提升了品牌形象和业务竞争力，而且为实现公司发展的经济、环境、社会综合价值最大化打下了坚实基础。

1. 经济效益

责任采购管理的实施，一方面为华为持续良好的财务表现做出了贡献，另一方面也促进了所在行业的增长和带动所在地区的经济发展。从前者来看，首先，华为通过负责任的采购，使得自身与供应商之间的信息流更加畅通，避免供应商末端因远离信息源而导致信息传递失真，需求信息被过度放大或缩小，产生"牛鞭效应"。防止出现市场需求放缓或负增长而导致整个供应链资金周转不良，尤其是影响供应链末端的小企业的良好运作，甚至导致企业倒闭的情况出现；也没有出现市场需求增加时，供应商无法支持华为的生产需求。其次，供应链上的协同管理，大大提高了华为的供货效率，经过重整供应链，华为的及时到货率逐年提高，全球销售收入也稳健攀升（见图7-6）。最后，华为运用供应商可持续发展绩效管理，实现了对核心供应商的有效整合，并通过与供应商共同发展，形成战略合作伙伴关系，在保证稳定供应的同时，也在一定程度上降低了管理成本和采购成本。

从后者来看，华为通过持续增长的采购规模，促进了通信设备的上游产业和相关服务业的发展，也为运营所在地的经济发展做出了重要贡献。比如，2013年，华为面向欧洲采购34亿美元，用于购买元器件、本地工程服务和国际物流服务等，[①] 在澳洲的采购金额也由2010年的3600万美元增加到了2012年的

---

① 陈姝. 华为去年对欧采购34亿美元 [N]. 深圳商报，2014-01-28.

第七章 国内一流企业责任采购管理实践

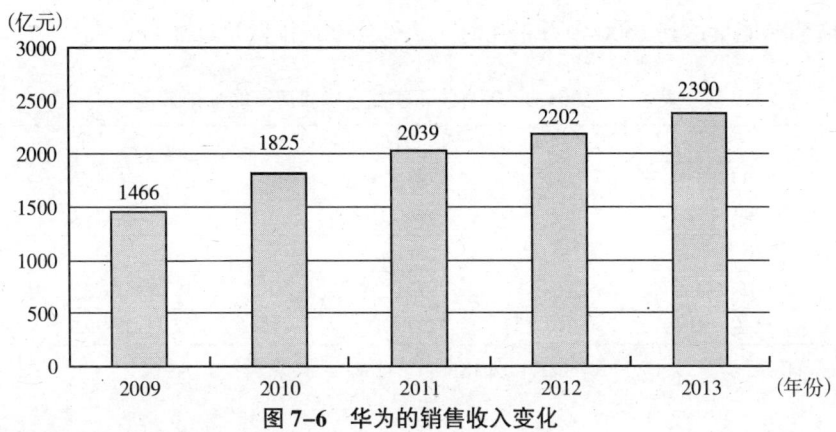

图 7-6 华为的销售收入变化
资料来源：《华为投资控股有限公司 2013 年可持续发展报告》。

1.36 亿美元，[①] 2012 年在日本的采购金额达到 9 亿美元，预计未来几年还将增加一倍，[②] 这些都在一定程度上促进了当地经济的发展。

2. 环境效益[③]

华为始终贯彻"绿色管道、绿色运营、绿色伙伴、绿色世界"的环保战略，通过实施绿色采购，与供应商一起，降低产品生命周期的环境影响，促进社会环境的可持续发展。首先，绿色采购很大程度上减少了华为公司的业务运营对环境的影响和破坏。华为遵守世界各地所有产品相关的限制使用有毒有害物质的环境法律法规要求，2013 年，公司发布了第 4 版华为管控化学物质清单，管理在制造过程中所使用的材料、零部件和产品，并积极探求替代物质，禁用的物质达 35 类，申报的物质达 90 类，持续不断地减少有害化学物质的使用。除了严格管控原材料、零部件、工艺制程中的有毒有害物质的使用外，华为还积极探索使用对环境友好新型环保材料，最大限度地减少对环境的影响。例如，2013 年华为开始在手机产品中使用生物基塑料。生物基塑料具有传统塑料无法比拟的优势：不仅可以减少生产塑料的不可再生资源石油的消耗，而且其都是从纯植物中获取的，这在很大程度上减少了对环境的污染和破坏。其次，绿色采购的实施还促进了供应商的节能减排和生态环境保护。2013 年，由华为选出的 4 家试点供应商，通过开展一系列节能减排项目，取得了显著成效。4 家试点

[①] 蒋均牧. 华为扩大在澳采购额 2013 年将增 10% [EB/OL]. C114 中国通信网，2013-08-09.
[②] 薛之白. 华为公司扩大在日本采购额 [EB/OL]. 联合早报网，2013-06-12.
[③] 资料来源：《华为投资控股有限公司 2013 年可持续发展报告》。

供应商节能量达到 2500 多万千瓦时，二氧化碳减排量超过 23000 吨。

表 7-17　2013 年华为的 4 家试点供应商节能减排情况

供应商	节能量（万千瓦时）	CO_2 减排量（吨）
S 供应商	845.7	7800.5
C 供应商	1016.5	9375.5
D 供应商	611.5	5639.8
H 供应商	111	1023.7
总　计	2584.7	23839.5

资料来源：《华为投资控股有限公司 2013 年可持续发展报告》。

3. 社会效益

责任采购管理的实施，也极大地提升了华为对社会的贡献。首先，责任采购管理能够确保华为获得稳定可靠的和所需的设备、技术与服务，进而有力促进了华为创建可持续的网络、消除数字鸿沟的努力与绩效。2013 年，华为保障了全球近 30 亿人口的通信畅通，支持 170 多个国家、600 多个客户 1500 多张网络的稳定运行；对沙特麦加朝觐、中国雅安地震、菲律宾海燕台风等近 200 个重大事件、自然灾害、特殊事件进行网络保障。[①] 其次，"阳光采购"、"廉洁采购"和"道德采购"的实施，极大拓展了华为对促进社会和谐的贡献。公司施行的"阳光采购"、"廉洁采购"可避免采购过程中的"暗箱操作"、吃回扣等贪污腐败现象，有利于推进企业社会责任进程，打造廉洁经营氛围，为供应链企业及行业内企业提供廉洁典范，充分体现公平、公正、廉洁、诚信合作的精神。公司坚持有道德的采购行为，对供应商的评估审核包括劳工、人权方面的内容，不仅可以带动供应商重视并承担起相应的责任，也使得员工权益保护的覆盖范围得以扩大。同时，公司一直坚持把全球社会责任作为自己的目标，要求所有供应商不得采购冲突矿物，要求供应商将这一要求延伸到下级供应商，从而降低国际武装冲突的可能性，赢得良好的国际社会效应。

4. 品牌效益

责任采购管理的实施，不仅促进了华为与供应商和谐关系的建立，赢得供应商的利益认同、情感认同和价值认同，而且增强了社会对华为可持续发展表现的认可，获得了社会的广泛理解、信任和支持，极大地提升了公司的品牌知名度、认知度和美誉度，品牌价值得到稳步增加。2013 年，华为消费品全球品

---

① 资料来源：《华为投资控股有限公司 2013 年可持续发展报告》。

牌知名度从 2012 年的 25% 提升到 52%，超过 1 倍增长，在发达国家市场上更有 3~4 倍的品牌知名度增长。① 而在世界品牌实验室（World Brand Lab）发布的 2014 年（第十一届）《中国 500 最具价值品牌》的名单中，华为以 1072.59 亿元的品牌价值跃居排行榜第 11 位，在信息技术行业名列第 3 位，较 2013 年品牌价值提升了 4.9%，较 2004 年品牌价值提升了 176.5%。

八、评价与启示

华为的责任采购管理实践探索取得了显著成效，其管理模式与实践做法都具有自身特色，为其他企业开展责任采购管理提供了有益的启示和借鉴。

1. 责任采购管理的系统性

华为的责任采购管理以公司的可持续发展理念和战略为指引，通过建立健全组织体系、加强制度建设、强化流程管理等方式，实现对责任采购的全方位和系统性管理。

（1）以明确的可持续发展理念与战略为指引。企业行动和决策通过理念的指引，可避免工作中的盲目性；制定的战略规划则要以企业的社会责任议题与核心业务为依据，作为企业行动的指南。华为确定了清晰的可持续发展理念、使命和战略，这为公司实施责任采购管理提供了正确的指引，确保公司的责任采购管理体系构建和责任采购实践不偏离正确的方向。

（2）以合理的组织管理体系为基础保障。华为建立了较为完善的和细分型的供应商管理组织体系，由领导层负责定期评审供应商可持续发展管理的策略、原则、标准、流程、方案和绩效；由专管部门负责供应商可持续管理政策的制定、风险评估、审核及改善追踪等，统筹供应商可持续发展管理；由执行工作组将可持续发展管理纳入主要采购职能和日常运作，确保供应商遵守可持续发展要求并持续改善。三层组织体系形成连贯性的管理体系，实现层层把关，责任落实，为公司实施责任采购管理提供了强有力的组织保障。

（3）以有效的制度建设为激励约束。通过制度建设形成对供应商和公司采购行为的激励约束是华为责任采购管理的重要组成部分。华为制定并出台了多项关于供应商行为规范、采购工作人员的行为规范以及违规处罚制度，这不仅使得供应商和采购工作人员对于自身的行为有章可循，而且也为公司的责任采

---

① 蒋均牧. 华为聚焦终端品牌价值 2013 年全球认知度 52% [EB/OL]. C114 中国通信网，2014-01-24.

购管理提供了依据，并对各方形成明确的激励约束预期。

（4）以完备的流程管理为重要抓手。供应商管理实践是落实公司负责任采购的重要环节。华为建立了完备的供应商可持续发展管理流程，涵盖了新供应商可持续发展认证、供应商可持续发展风险评估、供应商可持续发展审核、供应商可持续发展能力建设、供应商可持续发展绩效管理等全部环节，切实实现对供应商可持续发展的全过程管理。

2. 责任采购管理的契合性

华为对供应商可持续发展的管理都是基于行业特性、企业发展要求以及对外部环境需求的回应，是契合自身与社会环境要求的，并在逐渐发展的过程中走出了有自身特色的责任采购管理模式。

（1）与行业性质的契合性。无论是责任采购管理的指导思想，还是责任采购的具体实践做法，都应该考虑企业所处行业的特点。华为根据自身从事信息技术行业的特点，提出消除数字鸿沟，促进经济、社会、环境的和谐与可持续发展的愿景，并以此作为实施责任采购管理的基本指导思想。在此基础上，华为责任采购管理中的供应商管理、采购流程、管理制度等都充分考虑了信息技术行业的特点，确保符合信息技术业务开展的需要。

（2）与企业特征的契合性。责任采购管理模式和具体做法与企业的规模、国际化程度等企业特征因素密切相关。华为作为一个全球运营的大型跨国公司，其责任采购管理充分考虑了跨国供应链的复杂性以及采购过程中的责任多元性特点，在供应商可持续管理体系构建上符合跨国经营的需要，而供应商管理规范则充分吸收了社会责任国际标准 ISO26000 和 SA8000 等国际标准与指南的要求，确保满足国际化的需要。

（3）与外部环境的契合性。责任采购管理是企业可持续发展管理的重要组成部分。由于企业的可持续发展管理必须适应外部利益相关方和社会的期望与要求，因此，责任采购管理也必然要求与外部环境具有高度契合性。华为根据社会关注的热点和全球可持续发展中的突出共性问题，结合企业自身的优势，确定每年的可持续发展优先议题，这些议题也包括了责任采购管理中需要重点关注的领域和问题。也就是说，华为责任采购管理中除了符合一般性责任采购的要求外，还结合外部环境变化动态确定出责任采购中关注的重点议题，确保二者之间的高度一致性。

3. 责任采购管理的价值共享

华为在开展责任采购过程中，除了制定相关的规定与管理流程外，还积极地开展与供应商的沟通交流,以供应商大会、培训等方式提升供应商的履责能力,注重与供应商的共同发展,实现真正的共赢和价值共享。这意味着,一方面企业应与供应商之间开展良好的沟通,形成价值认同。可通过定期会谈、供应商大会等多种形式了解供应商的诉求,听取意见;同时将公司的价值理念传递给供应商,加强供应商对公司采购管理、可持续发展理念等各方面的认识与理解,从而实现价值认同。另一方面企业还应该为供应商提供必要的支持。稳定的供货渠道和良好的供应链关系是公司运营的关键,公司可通过组织培训等方式,向现有供应商或潜在供应商提供技术或管理上的帮助;利用自身优势让供应商了解客户需求、知晓社会责任前沿趋势,从而提高供应商的供货能力,促进供应商持续发展,与其形成紧密的战略合作伙伴关系。

4. 责任采购管理的持续改进

任何管理都不是一成不变的,华为在责任采购管理的道路上不断地探索,不论是制度建设的完善,还是供应商管理方式,都是一种渐进式的改进管理模式。华为责任采购管理的持续改进实践具有很好的启示:一是要不断完善基础管理。理念战略与管理机制是供应商可持续发展管理的基石,只有确保这些因素的可靠性,才能顺利推进责任采购管理实践的落实。企业要在实际操作过程中,善于发现现有不足,根据实际情况不断完善供应商管理的组织体系与制度建设,并依次调整管理流程,最终实现相对理想的管理模式。二是不要一味地淘汰供应商。供应商的稳定对于企业发展十分重要,因此,供应商管理中绩效考核不能成为直接淘汰供应商的方式,而是通过考核给予其改进成长的空间。通过建立红牌制度等方式,对违反可持续发展原则或没有通过绩效考核的供应商要求其立即整改,对于存在严重问题而不能及时整改的供应商,现场启动红牌制度,给对方一定时间进行改正,如最终合格则可以继续履行供应商职责。

第二节 联想集团有限公司的责任采购管理实践

一、公司简介与社会责任概览

1. 公司简介①

联想(HKSE:992,ADR:LNVGY)是一家营业额达 340 亿美元的个人科

---

① 资料来源:《联想(中国)企业社会责任报告 2012/2013》。

技产品公司,是全球第一大个人电脑厂商,也是 PC+产品领域新晋领导厂商。联想客户遍布全球 160 多个国家,凭借创新的产品、高效的供应链和强大的战略执行,联想专注于为全球用户提供卓越的个人电脑和移动互联网产品。集团由联想及前 IBM 个人电脑事业部所组成,在全球开发、制造和销售可靠、优质、安全、易用的科技产品及提供优质专业的服务,产品线包含 Think 品牌商用个人电脑、Idea 品牌的消费个人电脑、服务器、工作站以及包括平板电脑和智能手机等的一系列移动互联网终端。集团在日本大和、中国北京、上海、深圳及美国北卡罗来纳州罗利均设有重点研发中心。在 2014 年《财富》世界 500 强排名中,联想名列第 286 位,较上一年前进 43 位。

2. 社会责任概览①

联想认为有效的社会责任管理是企业可持续发展的基石,联想期待成就基业长青的伟大事业,致力于在全球范围内践行可持续和负责任的业务模式,并与企业社会责任同道者共同行动,推动社会的可持续发展。

(1) 可持续发展承诺。联想致力于成为道德企业公民以及在所有业务活动中推广可持续发展。联想恪守承诺,对社会、环境及经济价值进行高透明度和负责任的管理,并将这些价值尊重告知所在社区内的所有利益相关方。联想对可持续发展的承诺(如表 7-18 所示)适用于公司在世界各地的运营,要求各个机构都必须支持这些承诺,而每位管理人员、员工以及联想的所有供应商均需对这些承诺承担个人责任。

表 7-18 联想的可持续发展承诺

领域	政策承诺
经济	● 向联想的投资者及利益相关人士提供长远价值 ● 提供最佳技术及方案,协助客户提高经济产值 ● 提供合适资源,满足上述目标
社会	● 为员工提供安全、健康及良好的工作环境 ● 成为运营所在社区中公平尽责的成员 ● 与供应链合作,确保维护联想的价值及期望 ● 将联想的经验、产品及成功的经验带到运营所在社区,为其发展做出贡献 ● 作为员工及企业,成为道德的及负责任的公民
环境	● 达到甚至超出联想运营地的所有环境要求 ● 时刻关注潜在的环境影响,持续致力减少联想运营、产品及服务的环境影响 ● 将联想对气候变化造成的影响降至最低成为尽责的资源管理者

资料来源:《联想(中国)企业社会责任报告 2012/2013》。

---

① 资料来源:《联想(中国)企业社会责任报告 2012/2013》。

（2）社会责任理念。作为联合国全球契约的缔约方和成员，联想将公司战略决策与联合国全球契约的十项原则保持一致，秉持"科技引领 PC+时代"的理念，建立了"六为"社会责任实践路径图（见图 7-7），为客户、员工、合作伙伴、投资者、环境和社会承担责任。

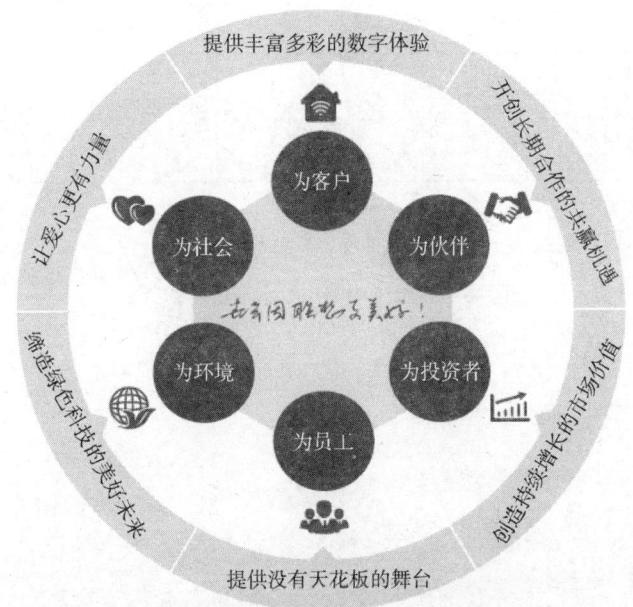

图 7-7　联想"六为"社会责任实践路径

资料来源：《联想（中国）企业社会责任报告 2012/2013》。

（3）社会责任管理框架。联想设立全球可持续发展工作委员会，在其指导下，联想（中国）成立了企业社会责任推进部，在各部门及区域明确企业社会责任联络员，全方位推动联想（中国）的企业社会责任工作。2012/2013 财年，联想（中国）与公益组织、专家、行业组织等外部利益相关方广泛沟通，搭建了公司的外部合作体系，内外协同的合作体系共同构成了联想（中国）的社会责任管理架构。

（4）社会责任实质性议题。作为对全球报告倡议组织《可持续发展报告指南》（G4）新要求的回应，联想（中国）在 2013 年初实施了可持续发展实质性议题分析（结果如图 7-9 所示），用于直接指导公司战略、行动制定及对外披露信息的选择。

责任采购管理

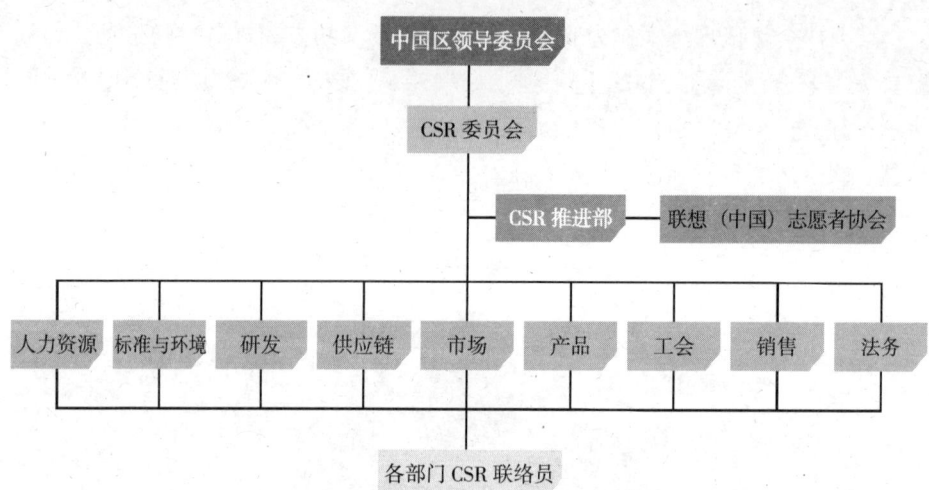

图 7-8 联想（中国）社会责任组织架构

资料来源：《联想（中国）企业社会责任报告 2012/2013》。

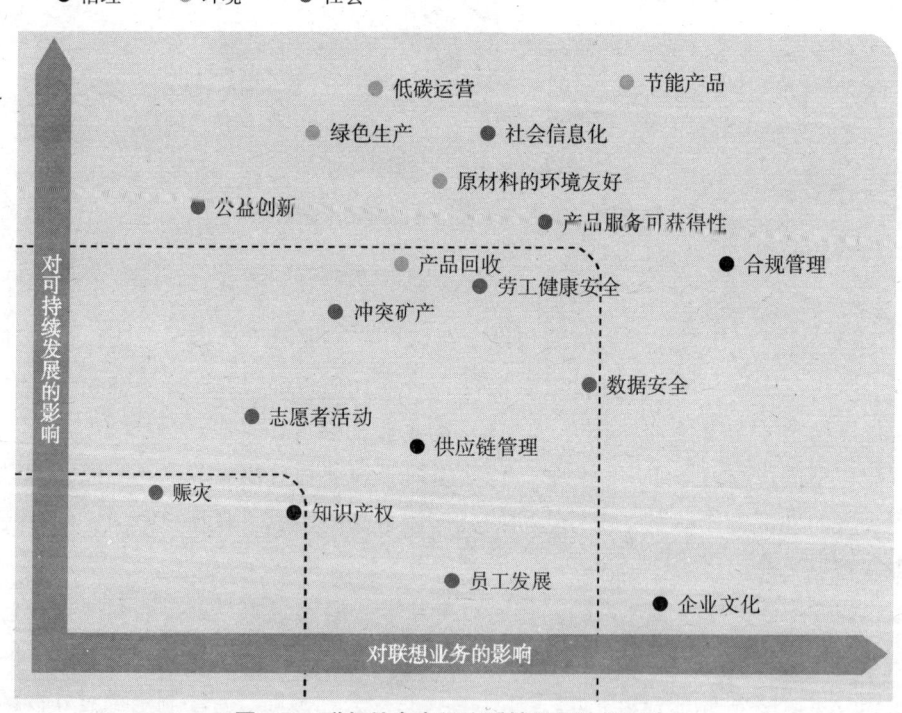

图 7-9 联想社会责任实质性议题分析矩阵

资料来源：《联想（中国）企业社会责任报告 2012/2013》。

（5）社会责任绩效。联想在可持续发展方面的努力使得公司的社会责任绩效不断提升（见表7-19），并赢得了广泛认可，获得了多个社会责任奖项（见表7-20）。

表7-19 联想的社会责任绩效

	2010年	2011年	2012年
销售收入（亿美元）	99	124	145
新增专利数（个）	383	1104	2192
个人电脑产品市场占有率	29.5%	35.3%	37.9%
客户满意度	89.9%	90.5%（Idea 产品系列） 90.9%（Think 产品系列）	89.9%
联想（中国）员工总人数（人）	21945	21566	14389
劳动合同签订率	100%	100%	100%
高层管理人员中男女比例	4.6∶1	5.3∶1	5.7∶1
生产场所用水量（立方米）	302391	508935	602155
废水排放量（立方米）	272541	484072	549678
二氧化碳（直接排放量）（吨）[1]	3465	3109	3595
二氧化碳（间接排放量）（吨）[2]	105647	539988	1707.625
无害固体废弃物（吨）	7831	16766	13507
有害固体废弃物（吨）	16.83	11.20	8.32

注：1. 由于加入了对收购的德国 Medloe 公司、与 NEC 合作成立的合资公司的统计，联想在2012/2013财年调整了温室气体排放量。
2. 范围3包括了联想在商务旅行、产品运输、废弃物处理、员工通勤、采购以及能源运输等方面的温室气体排放量。
资料来源：《联想（中国）企业社会责任报告2012/2013》。

表7-20 联想获得的社会责任奖项

奖 项	颁发机构
2012促进社会发展最佳实践	全球契约中国网络
首都慈善奖	北京市人民政府
《电子信息行业社会责任实践案例集》	中电标协社会责任工作委员会
"金蜜蜂企业社会责任·中国榜"——金蜜蜂企业奖	WTO经济导刊
2012企业社会责任25强 中国企业榜单第2名	《财富》（中文）
● "微公益 做不凡"荣获年度责任案例奖 ● 2012年度责任报告第一名 ● 2011年中国企业社会责任优秀企业	中国企业社会责任年会
● 年度企业社会责任案例 ● 年度责任报告 ● 2011中国企业社会责任评选——优秀企业	南方周末
● 2012中国优秀企业公民 ● 企业社会责任（CSR）优秀案例奖	中国社工协会企业公民委员会
2012中国绿公司百强证书	道农研究院《绿公司》

资料来源：《联想（中国）企业社会责任报告2012/2013》。

二、公司实施责任采购管理的动因

联想实施责任采购管理既有内生性动因,即对可持续发展的承诺和追求、适应国际化发展战略的需要,亦受到外源性驱动,即因应快速变化的市场环境的需要。

1. 履行可持续发展承诺的重要内容

供应链社会责任对于 ICT 行业的可持续发展来说是一个重要的议题,并成为联想 PC+时代企业竞争力的核心要素之一。按照联想对可持续发展简明而又直观的定义,可持续发展就是让世界因为联想的存在而更加美好。[①] 联想的客户、员工等价值链伙伴,乃至全球社区,都应当能够从联想的行动中获益。联想在可持续发展承诺中明确表示与供应链合作,确保维护联想的价值及期望。在联想建立的"六为"社会责任实践路径图中,为伙伴开创长期合作的共赢机遇是重要内容。由此可见,实施责任采购管理,既是直接实施联想可持续发展战略的表现,也是联想按照"六为"社会责任实践路径图全面实现可持续发展承诺的重要途径。

2. 应对快速国际化挑战的需要

联想采取的是跨越式的国际化战略,通过跨国并购 IBM 个人电脑业务和 x86 服务器业务以及摩托罗拉手机业务、与 NEC 成立合资公司等举措,迅速成为一个在全球具有影响力的大型跨国公司。然而,跨过并购也使得联想不得不思考如何面对以前没有遇到的问题。特别是,在 2004 年收购 IBM 个人电脑业务后,联想不得不面对现实变化对公司供应链管理带来的挑战,包括:从本地策略来看,联想的全球供应链运作须考虑不同地区和国家市场的不同特征,在整体规划的前提下支持不同终端市场的本地需求,为其配置高效的实体产品与服务组合;从渠道库存来看,为了保证订单履行率等服务水平表现,库存充当了缓冲作用,但处于仓储、运输等不同状态的库存占用了大量的流动资金,其带来了持有成本和风险,因此控制渠道库存水平将是联想降低成本和盘活资金的重要手段;从策略性订单处理来看,对于个人需求和组织需求,联想应有不同的处理方案,并沿供应链向上游推进到制造与采购段,保证供应链系统的整体绩效。正因如此,在阿梅里奥上任后三个月内,他提出了联想国际化进程的三大任务:产品设计、营销推广和提高供应链效率。同时,随着联想成为全球第

---

① 资料来源:《联想(中国)社会责任报告 2008》。

一大个人电脑厂商和PC+产品领域新晋领导厂商，公司不但需要直面跨国巨头的业务竞争，还要遵循和适应国际竞争规则，包括满足负责任的跨国供应链建设的国际要求。实际上，国际社会对跨国公司的供应链社会责任提出了诸多的要求和期望，一些国际组织在全球范围内推动与供应链管理有关的社会责任指南、标准，不同的国家和地区发布了法律、法规要求产品符合特定的标准等，这就要求联想从源头做好供应商的社会责任推进工作，使其采购的产品和服务符合相关的国际法律、法规、指南、倡议的要求，避免公司承受不必要的风险，以促进公司国际化的进一步发展。

3. 应对快速变化的市场环境的需要

随着个人电脑技术的成熟，个人电脑制造商的竞争日渐激烈，产品的生命周期不断缩短，产品品种大幅度增加，市场需求难以准确预测。只有能够把握市场需求并快速应对的企业才能生存下来，这也迫使制造商主动寻求管理模式的创新，其中供应链创新和渠道变革成为企业提升竞争优势的主要途径之一。超极本（Ultra Book）是联想PC+时代的典型产品，在其开发阶段，联想曾经遭遇了前所未有的挑战——部件精度更高，模具更加精密且难以维护，生产线装配难度不断加大，公司新品上市时间限制又非常严苛，全球供应链上下游厂商众多，这都需要一一协调解决。这使得联想清晰地意识到，PC+时代单纯实现产品的卓越质量保障不是根本目的，而是需要通过产品质量使客户享受到卓越的用户体验，需要与合作伙伴，尤其是供应商共同协作来完成产品的研发、设计、制造等。为此，联想必须要从将自己的社会责任管理理念推广到供应商群体之中，促进供应商的发展，保证联想在快速变化的市场竞争中取得优势地位。

三、公司责任采购管理的组织体系

从社会责任组织架构来看，联想并没有设置专门的责任采购管理领导机构或部门，其领导职能应该由社会责任委员会来承担，即对供应链和采购中的社会责任问题进行统筹部署和监督审查，执行职能则应该由供应链部门和社会责任推进部门共同承担，后者重点是推动前者在供应链建设中满足公司的可持续承诺和社会责任政策要求（见图7-10）。

四、公司责任采购管理的制度建设

联想主动加强责任采购管理制度建设，从采购的原材料要求、采购过程要求等方面制定了相关的管理规范，具体如表7-21所示。

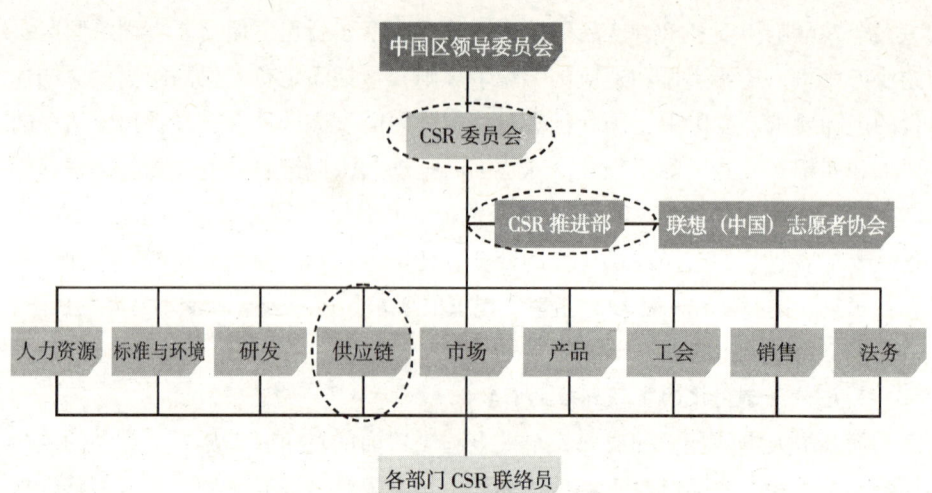

图 7-10 联想的责任采购管理职能承担部门

表 7-21 联想责任采购管理的相关制度要求

制度文件	主要内容
《联想对于冲突矿产的政策及行动措施》	积极主动地与供应商协作，追溯金属原材料的供应来源，避免使用冲突矿产。联想遵守所有关于冲突矿产方面的法律法规，并在以下方面采取行动： ● 不在冲突地区购买锡、钽、钨和黄金等矿产 ● 告知供应商其冲突矿产政策 ● 通过供应商大会和沟通培训使供应商认识这个问题的重要性 ● 支持 EICC 关于冲突矿产尽职审查的方法和工具的研究 ● 支持经济合作与发展组织（OECD）的无冲突矿产指导 ● 支持 EICC 和全球电子可持续发展倡议组织（GeSI）无冲突冶炼厂（CFS）计划的实施 ● 支持地区采购计划发展，以便为矿区和矿物使用公司之间建立更好的联系 ● 联想认识到解决诸如无冲突采购这样的复杂问题和通过多行业、多层次的协同努力来解决这个问题，推动供应链的透明度所面临的挑战。联想作为 EICC 提取物工作组成员将努力开发共同的行业解决方案
《员工行为准则》	在对待供应商方面，规定如下：在与供应商交往中，应该遵循诚信和公正的原则，努力寻求供应商与公司利益的双赢。 ● 采购政策应以联想的整体利益为前提，依据价格、质量、服务及产品和服务的适用性等原则，对供应商进行严格筛选 ● 无论产品或服务的采购都应该采用招标方式进行，货比三家，最大限度维护公司利益 ● 应回绝带有偏见的协议（如完全排除另一供应商的协议） ● 不能接受贿赂或回扣，不能接受将会给决策带来不利影响的任何礼金和款待 ● 对采购信息（包括不限于价格、客户）进行保密，未经许可不得透露
《关于用于联想产品的材料、部件和产品的基本环保要求》	要求材料、部件供应商必须坚决遵循联想发布的设计技术规范提供部件和材料，其中包括了关于节能、禁用有害物质等具体要求。鼓励所有材料部件的供应商申请获得 ISO14001 认证，并将此作为与之合作的重要依据。除了对供应商这些层层严格的环保考核、环保承诺外，联想工程师甚至还直接"蹲点"供应商进行监督

五、公司负责任的供应商管理实践

供应商作为联想价值链中不可或缺的一环，对联想满足客户需求，实现在PC+领域的增长至关重要。联想期望与供应商遵循相同的原则，建立起更为紧密的战略合作关系，共享价值，着力打造跨越四屏的生态系统，为下一步决胜PC+奠定扎实的基础。

1. 负责任的供应商管理流程

联想建立了涵盖四个环节的负责任的供应商管理机制，包括制定供应商履行社会责任要求、与供应商签约EICC协议、推动供应商自我评估、推动供应商实施审核，如图7-11所示。特别是，联想"标准采购订单条款和条件"规定供应商必须遵循相关环境规范和材料申报流程，并完全符合进出口和产品安全的适用法律，必须建立符合ISO9001的质量管理体系和ISO14001的环境管理体系。联想制定了与电子行业行为准则（EICC Code）在劳工、环保、健康安全、道德和管理方面要求一致的采购政策和流程，要求供应商建立EICC标准操作规范，帮助供应商制定运作模式，定期总结、分享和推广经验和成果。

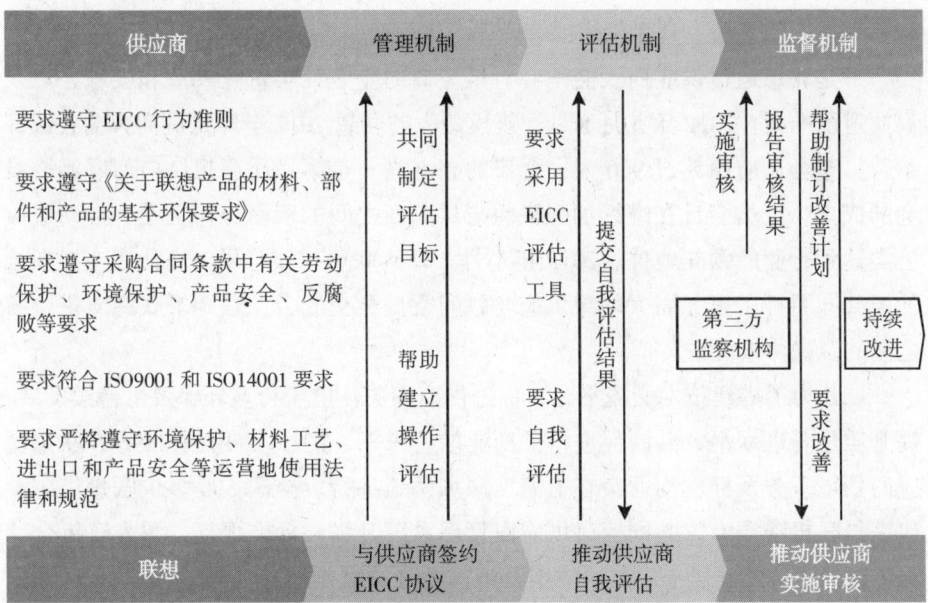

图 7-11 联想负责任的供应商管理流程

资料来源：《联想（中国）企业社会责任报告 2012/2013》。

2. 供应商社会责任审核①

联想相信，对供应商进行审核有助于提升供应商社会责任绩效。联想在质量、服务、交货及时性、技术、成本等关键领域，定期评估供应商绩效，还将企业社会责任指标纳入评估过程，通过纠正机制帮助供应商持续改进。

作为EICC成员，联想在确保自身恪守该准则的同时，要求一级供应商全面执行EICC标准，并帮助实施标准化全球方案，以监督供应商在维持可持续发展及履行社会责任方面的表现。联想与其他成员企业共同制定一项全面的策略，用于实施一种标准化方式对供应商在社会责任方面的表现进行监督，包括开展由EICC认可的第三方机构进行的合规审查。2012/2013财年，在供应商参与和承诺符合EICC标准方面，联想凭借三个阶段的方案使供应链运营水平持续提升，逾95%的供应商符合EICC标准，并签署了正式协议。超过90%的一级供应商进行EICC审计，并采取纠正措施，第二轮审计较第一轮审计的整体合规比率提升了10%以上，而总合规比率则是90%以上。

3. 供应商沟通与培训②

联想希望加强与供应商的沟通与合作，持续帮助他们进行能力建设，使其更好地理解联想的要求和期望，提高对联想交易政策的了解和对联想供应链综合管理技能的掌握。具体包括：

一是联想通过供应商大会阐释对供应商的企业社会责任期望和要求，以及商业道德准则。2012年5月8日，规模最大的联想2012全球供应商大会在成都举行，参会供应商超过900人，会议的亮点之一是第一届联想供应商顾问委员会的成立，委员会旨在继续加强联想与供应商之间的双赢协作关系，推动成员公司达到行业的领先地位。2013年1月8日，联想与核心供应商代表在拉斯维加斯共同召开了第二届大联想供应商顾问委员会交流会，强调了联想与供应商之间的双赢协作关系。

二是为了搭建技术交流平台，促进供应商关注电子行业环保及可持续发展，提升质量管理水平，共同促进电子产业绿色未来，2012年10月25日，联想供应商环境事务及标准沟通会在上海、深圳两地举行，全国500多位联想供应商代表与联想资深专家共同探讨供应商管理系统升级和标准更新，深入解析全球绿色环保法规最新动态、解决方案及可靠性测试服务。

三是联想在关注自身产品碳足迹的量化管理、了解产品全生命周期的碳排

---

①② 资料来源：《联想（中国）企业社会责任报告2012/2013》。

放情况的同时，积极推动供应链节能减排。联想同供应商合作开发和贯彻碳/水报表工具，检测和报告供应链的碳排放和用水量，优化整个产业链的碳足迹和水足迹。联想将供应商应对气候变化的表现和策略的评估作为联想选择供应商的重要标准，并主动与供应商们一起探索减少碳排放量的方法与措施，对供应商进行碳足迹培训，帮助供应商优化碳足迹管理。2011年12月，联想举办供应商"碳足迹"培训，帮助供应商通过碳足迹盘查改善产品设计，思考如何进一步减少产品生命周期中的碳排放量，应对气候变化国际相关要求。

4. 共建责任供应链[①]

联想积极与供应链伙伴开展责任领域的协作，打造电子行业的"责任供应链"，为整个电子产业的可持续发展做出贡献。为此，联想不仅要求一级供应商全面执行EICC标准，而且将EICC标准向二级供应商扩展，并与EICC、工艺组织及第三方审核公司或咨询机构合作，共同打造一个可持续发展的责任供应链，成为业界在可持续发展的责任供应链方面的"领头羊"。

六、公司实施责任采购的特色实践

联想建立了全球统一的采购体系，不断创新责任采购实践，形成了共赢采购、绿色采购、和谐采购的实践模式。

1. 共赢采购

联想在采购中秉承与供应商合作共赢的基本理念，这一点在联想的采购愿景、采购战略、采购原则和采购策略中均有充分体现。从采购愿景来看，联想提出要成为供应商最钦佩的合作伙伴。从采购战略来看，联想提出要使供应商受益于与联想的长期合作、资源共享和共同发展：在探索下一代技术、研发新产品、优化合作流程等方面制定规划、共同创新，并通过遵守高标准的质量要求，保持供应灵活性，持续提升运营效率。从采购原则来看，联想提出客户服务原则，即深入理解供应链的潜力和需求，主动整合联想和供应商的观点，加强沟通；创新精神和企业家精神原则，即持续提高技术、价格、质量、响应度、速度和效率等方面的竞争优势；准确与求实原则，即坚信并坚持跨部门参与原则，确保商业决策基于慎重理解之上；信任和诚信原则，即联想和供应商在信任、坦诚的基础上建立长期合作，不为区域利益牺牲整体利益。从采购策略来看，联想建立了规范的采购制度、流程和申诉机制，坚持以公正、透明的采购

---

① 资料来源：《联想（中国）2009~2010社会责任报告》。

管理模式保护供应商利益。联想设立了申诉办公室、全球专职采购专员及热线，收集和处理违反联想采购原则的行为，并在企业的合规体系和员工行为守则中做出了更为全面的规定，如联想员工及其家庭成员不得向供应商和准供应商索取酬金或接受其给予的酬金，员工只可接受 25 美元或以下的礼物。

2. 绿色采购

联想建立了全球环境管理体系，管理联想在各地区生产运营的环境影响和产品环境属性，监督并核查供应商、渠道商的环境表现，量化、记录并减少供应链和产品对环境造成的影响，以提高整个产业链的绿色生产能力。为此，联想努力通过控制化学物质采购与使用、采购节能环保材料、推动供应链节能减排以及推行绿色物流等措施来实现绿色采购。

（1）控制化学物质采购与使用。联想针对产品中的化学物质管理采用预防性方法，制定严格的化学物质管理政策，通过技术创新，确保所使用材料无害。联想要求其供应商遵守包括 RoHS 指令、① REACH② 等相关法规，使用行业标准申报表对供应商申明物料进行管理，并将其作为供应商选择的重要标准。

联想按照国际电子生产商联盟（iNEMI）对有机卤化物的定义，支持淘汰溴化阻燃剂（BFR）、聚氯乙烯（PVC）等的使用，并致力于推动供应链实现这一目标，以满足联想对技术、质量、环境、健康和安全的要求。联想在推动供应链实现逐步淘汰溴化阻燃剂和聚氯乙烯进程中，针对供应链现场作业制定了资源使用和废物回收的基线和目标。如果供应商每年提供的物料中，高度关注物质（Substances of Very High Concern，SVHC）总量超过 1 吨，联想将告知欧洲化学品管理局，并与供应商协助寻找替代材料。2012 年，联想针对低卤素产品开展供应链调查，针对包括主板制程工艺改进、产品材料、产品生命周期管理等在内的多方面生产流程进行审核，以确保其符合联想低卤素要求。

（2）采购节能环保材料。使用回收材料作为电脑制造及包装材料，是联想贯彻绿色理念的重要实践。联想在笔记本、台式机、工作站、显示器和外设产

---

① RoHS 指令：全称是《关于限制在电子电器设备中使用某些有害成分的指令》（Restriction of Hazardous Substances），是由欧盟立法制订的一项用于规范电子电气产品的材料及工艺的强制性标准，旨在消除电机电子产品中的铅、汞、镉、六价铬、多溴联苯和多溴联苯醚共 6 项物质，并重点规定了铅的含量不能超过 0.1%。

② REACH：全称是《化学品注册、评估、许可和限制》（REGULATION concerning the Registration, Evaluation, Authorization and Restriction of Chemicals），是由欧盟建立的涉及化学品生产、贸易、使用安全的法规提案，旨在保护人类健康和环境安全、增加化学品使用透明度、促进非动物实验、追求社会可持续发展等。

品的生产制造中使用消费后再生塑料（PCC），是首家在台式电脑上使用PCC的厂家。为克服设计和生产电脑尤其是笔记本时使用再生材料的难题，联想与原材料供应商积极合作，研发并提升塑料树脂等级，达到IT行业使用的标准。在IT产品中使用PCC是巨大的挑战，联想与供应商一道精心处理PCC，使其能够具有独特的性能，达到联想产品所要求的功能特性。塑料树脂中PCC的含量在10%~65%，一些塑料树脂还含有高达20%的工业用后再生材料（PIC），所有这些材料都满足环保和应用限定性条件。[①] 自2005年以来，联想已经回收使用了超过50000吨的具有一定再生比例的PCC/PIC材料，其中PCC和PIC净重总计超过20000吨。[②]

（3）推动供应链节能减排。供应链行动作为应对气候变化战略的一部分，联想有责任积极推动供应链节能减排。联想长期参与电子行业公民联盟（EICC）的环境可持续工作小组，同供应商合作开发和贯彻碳/水报表工具，监测和报告供应链的碳排放和用水量，进而优化整个产业链碳足迹和水足迹。联想建立了碳报告体系，用于收集和分析联想全球供应链部门和环境事务部门确定的供应商碳足迹，并将供应商应对气候变化的表现和策略的评估作为联想选择供应商的重要标准。联想还主动与供应商们一起探索减少碳排放量的方法与措施，2011年11月，基于第三方碳足迹计算工具的监测结果，联想对供应商进行碳足迹培训，帮助供应商优化碳足迹管理。同年，联想在供应链中启动了计算机产品碳足迹评价试点工作，在商用台式机ThinkCentre及商用笔记本ThinkPad上推广碳足迹及碳减排认证，率先在中国个人电脑行业建立碳排放、碳足迹评价体系，制定标准并开展核查。2012年，联想支持并参加EICC对供应链温室气体排放追踪工具的开发，并在供应商管理中依照电子产业行为准则（EICC Code）的要求，实施有利于节能和碳减排的采购。通过与占采购开支95%的供应商合作，联想已改善供应商的温室气体排放状况。联想与EICC之间的持续合作也包括记录供应链对水的影响，最终使联想能够记录供应商的用水控制。如发现供应商用水未合规，联想将与供应商展开进一步的讨论，以寻求提升用水控制的改善方法。此外，联想正在评估供应链用水造成的环境影响，并应用Institute of Public & Environmental Affairs的数据库，对中国供应商的水资源管理表现进行监控。

---

① 资料来源：《联想（中国）2009~2010社会责任报告》。
② 资料来源：《联想（中国）企业社会责任报告2012/2013》。

(4) 推行低碳物流运输。联想在物流运输方面综合考虑环境、速度以及成本，通过改变运输方式、缩短运输距离、集中发货及改进包装，降低物流环节的碳排放。联想在美洲、欧洲和亚洲使用当地的生产设施，并尽可能地使用铁路或海运等低碳的运输方式。2008年7月，联想获得了美国环境保护署（EPA）SmartWay燃油效率运输标准方案认证。2012年，联想启动产品运输指标和追踪运输排放项目，范围包括航空、铁路、公路和海洋运输产生的一切相关排放，以进一步量化物流运输中排放的温室气体，采取针对性行动控制碳足迹。

3. 和谐采购

随着国际化程度的不断加深，联想对产业链社会责任的关注逐渐加深。虽然冲突矿产在现阶段还没有在行业中得到足够的重视，但是面对这一信息通信全球产业链可持续发展的实质性问题，联想主动地与金属供应商协作，追溯金属的供应来源，避免使用因开采而造成严重人权与环境问题的冲突矿产。联想参与了电子行业公民联盟和全球电子可持续发展倡议组织（GeSI）提取物工作组，共同开发用于在供应链中跟踪锡、钽和黄金来源的工具，支持采取行业性措施解决冲突矿产问题。联想参与了锡业协会（ITRI）开展的"无冲突采购"试点计划，并为该计划提供资金，旨在确定电子产业供应链中所用矿物的原产地。

七、公司实施责任采购管理的成效

责任采购的成功实施，不仅使联想大大提升了企业经营的速度、灵活性和效率，成为高德纳公司的"2013年高德纳供应链25强"，[①] 而且显著提升了公司的社会绩效和环境绩效。

1. 经济效益

实施责任采购，增进了联想与供应商的关系，规避了在采购环节中不必要的风险，保障了联想创新产品零部件稳定的供应，这为联想推进PC+战略提供了有力保障。基于供应链管理的不断完善以及凭借创新的产品和强大的战略执行，联想业绩连续四年处于行业领先水平，迅速发展成为世界最大PC供应商，2012/2013财年，联想全球个人电脑市场份额达到15.5%，较2009/2010财年提高7.2个百分点（见图7-12）；实现销售收入339亿美元，较2009/2010财年增长了两倍以上（见图7-13）。

---

① 资料来源：《联想（中国）企业社会责任报告2012/2013》。

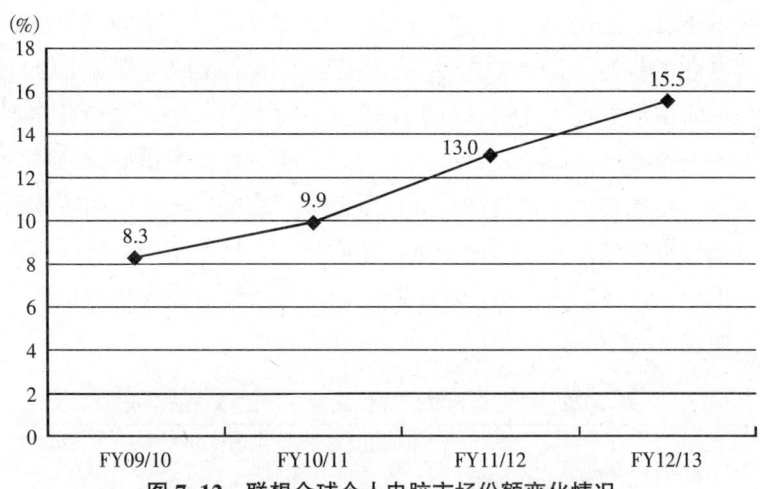

图 7-12　联想全球个人电脑市场份额变化情况

资料来源:《联想集团有限公司 2012/2013 年报》。

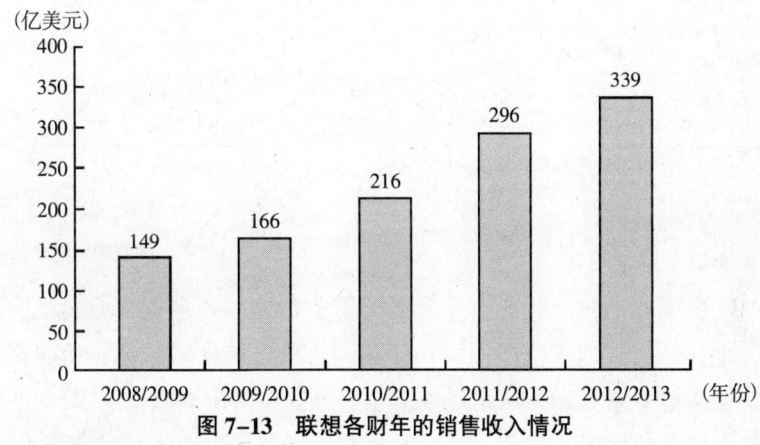

图 7-13　联想各财年的销售收入情况

2. 环境效益

联想推动供应链一同在环保方面不断改进,促进环境友好型技术的使用,公司与供应链的节能减排取得了明显进展。2012/2013 财年,实现了对 100% 的 3 级供应商进行环境绩效的审验,推动联想供应商在 EICC 报告项目的参与比例由 80% 上升到了 95%;在联想供应链中推动优秀的水资源管理实践,联想供应商在 EICC 报告项目的参与比例由 80% 上升到了 95%。[1] 2005 年 5 月至 2011 年 6 月,联想使用消费后再生材料和工业用后再生材料中的塑料共占 39%,包装材料可

---

[1] 资料来源:《联想(中国)企业社会责任报告 2012/2013》。

回收率达100%,从而减少二氧化碳排放量约21319吨。① 与此同时,联想提出了应对气候变化的目标,即到2015年控制温室气体排放行动覆盖全球,到2020年发达国家的排放量减少30%(与1990年的水平相比),到2050年全球排放量减少50%(与1990年的水平相比)。基于此,联想将能源供应商为联想提供能源所产生的碳排放和供应链为联想提供服务、产品及运输产生的碳排放作为重要领域。尽管近年来由于联想的产量快速增长导致这两个领域的碳排放总量有所增加,但单位产量的碳排放却在下降,而单位产值的碳排放量也在下降或正在改善,如表7-22所示。

表7-22 供应商为联想提供业务支持的碳排放情况

	2009/2010 财年	2010/2011 财年	2011/2012 财年
能源供应商为联想提供能源所产生的碳排放(吨)	68133	61072	89297
能源供应商为联想提供能源所产生的碳排放/联想销售额(吨/亿美元)	410	283	302
供应链为联想提供服务、产品及运输产生的碳排放(吨)	15675	24316	31588
供应链为联想提供服务、产品及运输产生的碳排放/联想销售额(吨/亿美元)	94	113	107

资料来源:碳排放总量数据来自:《联想(中国)企业社会责任报告2011/2012》;单位销售额碳排放数据为计算所得。

3. 社会效益

作为支撑亮相PC+时代可持续发展的重要基础,联想更多地关注供应链的可持续管理体系,形成了高度团结和稳定的合作伙伴体系,进而带动整个产业链的可持续发展。责任采购管理的实施,一方面,保证联想输出的产品能够保障产品符合各地的环保、安全、质量等要求,增进了联想核心社会功能的发挥,切实贯彻了"世界因联想而美好"的理念;另一方面,也促进了各利益相关方的价值增值,提高了利益相关方的满意度,形成了更加和谐的利益相关方关系,促进了社会稳定和进步。

4. 品牌效益

责任采购管理也为联想在社会中构建负责任的形象做出了重要贡献,有力促进了联想品牌价值的提升。在世界品牌实验室(World Brand Lab)发布的2014年(第十一届)《中国500最具价值品牌》的名单中,联想以1168.25亿元的

---

① 资料来源:《联想(中国)企业社会责任报告2011/2012》。

品牌价值跃居排行榜第 10 位，在信息技术行业名列第 2 位，较 2013 年品牌价值提升了 14.8%，较 2004 年品牌价值提升了 94.2%。

八、评价与启示

联想的责任采购管理有鲜明的特色，展现了联想对可持续发展的承诺和秉承的社会责任理念，一些经验和做法值得其他企业学习和借鉴。

1. 注重供应商的共同成长

联想从建设可持续的产业链出发，实施"大联想"战略，与供应商分享联想多年打拼沉淀出的经营理念、业务模式、管理方法等，帮助供应商提升可持续发展能力。同时，与供应连成员紧密合作，促进资源要素的合理聚集，实现整个供应链的共同增值，与供应商共享价值、共同成长。

2. 注重发挥行业性标准的作用

联想非常重视在责任采购管理中遵循应用电子行业行为准则，不但制定了与这一准则在劳工、环保、健康安全、道德和管理方面要求一致的采购政策和流程，要求供应商建立 EICC 标准操作规范，而且开展由 EICC 认可的第三方机构进行的合规审查。此外，联想还支持并参加 EICC 对供应链温室气体排放追踪工具的开发，支持 EICC 关于冲突矿产尽职审查的方法和工具的研究，以及支持 EICC 和全球电子可持续发展倡议组织无冲突冶炼厂计划的实施。

3. 注重系统性的绿色采购管理

自 2010 年起，联想开始实施全面长期的气候变化战略，对应对气候变化实践行动进行全面统筹管理，这其中包括了打造低碳绿色环保供应链行动。为此，联想从战略、规划、目标的制定，到具体计划、行动、实践等的整个阶段统筹规划，并通过量化温室气体排放信息，进行更有针对性的供应链低碳管理。比如，联想专门针对"能源供应商为联想提供能源所产生的排放"和"供应链为联想提供服务、产品及运输产生的排放"提出了相应的减排战略目标与具体举措，如表 7-23 所示。

表 7-23 联想通过责任采购管理应对气候变化的战略目标和措施

目标	目标/指标	措施建议
较 2008/2009 财年，大幅降低"能源供应商为联想提供能源所产生的排放"	● 2011 年 3 月 31 日，排放量降低 10% ● 2013 年 3 月 31 日，排放量降低 13% ● 2016 年 3 月 31 日，排放量降低 16% ● 2020 年 3 月 31 日，排放量降低 20%	● 通过提高运营能效，安装高能效设备，完善公司能源使用标准，提高能源使用效率 ● 当技术和经济可行时，配置当地可再生能源生产资源 ● 在经济和技术条件不允许的地区，购买可再生能源信用额度
大幅降低与供应链碳足迹相关的排放量	2011 年 3 月 31 日，设计出定量措施，制定基线，制定至 2012 年 3 月 31 日前的减排目标	● 参加世界资源研究所（WRI）利益相关方咨询工作组，支持其关于"供应链为联想提供服务、产品及运输产生的排放"和产品排放协议的研发 ● 支持并参加电子行业公民联盟（EICC）对供应链温室气体排放追踪工具的开发 ● 实施有利于能源和碳减排的采购
减少产品采购过程中的碳排放	2011 年 3 月 31 日，设计出定量措施，制定基线，制定至 2012 年 3 月 31 日前的减排目标	● 继续在联想产品中加大可回收材料的使用 ● 减少包装材料 ● 加大包装中对可回收材料的使用 ● 量化并减少运输过程中的碳排放量 ● 提供产品回收机制以保证产品和材料的循环利用

资料来源：根据《联想（中国）企业社会责任报告 2011/2012》整理。

第三节 宝钢集团有限公司的责任采购管理实践

一、公司简介与社会责任概览

1. 公司简介[①]

宝钢集团有限公司（以下简称宝钢），是中国最大的钢铁公司，是国务院国有资产监督管理委员会监管的国有重要骨干企业，于 1978 年成立，总部位于上海。宝钢以钢铁为主业，形成普碳钢、不锈钢、特钢三大产品系列，应用于汽车、家电、石油化工、机械制造、能源交通、金属制品、航天航空、核电、电子仪表等行业。经过 30 多年的发展，宝钢已成为现代化程度最高、最具竞争力的钢铁联合企业之一。截至 2013 年底，宝钢员工总数为 130962 人。

---

① 资料来源：宝钢集团有限公司网站和《宝钢集团有限公司 2013 年社会责任报告》。

宝钢的多元产业，重点围绕钢铁供应链、技术链、资源利用链，形成了资源开发及物流、钢材延伸加工、工程技术服务、煤化工、金融投资、生产服务等相关产业板块，与钢铁主业协同发展。2013年，宝钢实现销售收入3031亿元，实现利润总额101亿元，盈利居世界钢铁行业第三位。钢铁主业完成钢产量4504万吨，位列全球钢铁企业第四位。2014年，宝钢连续第11年进入美国《财富》杂志评选的世界500强榜单，位列第211位。2013年，宝钢连续当选最受赞赏的中国公司，成为中国钢铁行业唯一上榜企业。标普、穆迪、惠誉三大评级机构给予宝钢全球综合钢铁企业中最优信用评级。宝钢集团还连续五年获得中国公益领域最高政府奖——中华慈善奖。

2. 社会责任概览

2008年，宝钢首次提出了"将履行社会责任融入公司的日常经营活动"的指导思想，并初步系统构建了社会责任体系，形成了以分类管理为主、分层管理为辅的管理体系和"前店后厂"的工作模式，在社会责任管理和社会责任实践领域不断丰富和完善。

（1）社会责任理念。宝钢始终坚持诚信、协同、追求企业价值最大化的核心价值观，积极致力于成为世界一流的钢铁产品、技术和服务供应商，成为钢铁技术的领先者，成为绿色产业链的驱动者，成为员工与企业共同发展的公司典范。

（2）社会责任战略。宝钢社会责任战略作为公司战略的重要组成部分，是对公司战略中"备受尊重"和"世界一流的国际公众化公司"的诠释。宝钢社会责任战略是以持续创新、绿色经营为本；坚持环境友好、生态文明的理念；营造快乐工作、共创未来的氛围；达到回馈社会、和谐共赢的目标。通过社会责任战略，实现不断满足全球各利益相关方的需求，成为备受社会尊重的世界500强优秀企业的目标。宝钢社会责任战略的构成如图7-14所示。

（3）社会责任管理。宝钢根据社会责任实践发展的需要，系统构建了社会责任组织管理体系，如图7-15所示。其中，社会责任委员会总体协调公司社会责任事务。社会责任委员会办公室负责具体组织制定社会责任指标体系、组织编写和发布社会责任报告以及委员会的日常事务性工作。在社会责任委员会下设经济、环境、员工、社会四个推进小组，负责社会责任体系框架下各专业领域的具体推进工作，形成了以分类管理为主、分层管理为辅的管理体系。此外，宝钢还设有经济管理研究院可持续发展研究所，研究公司的可持续发展策略。

责任采购管理

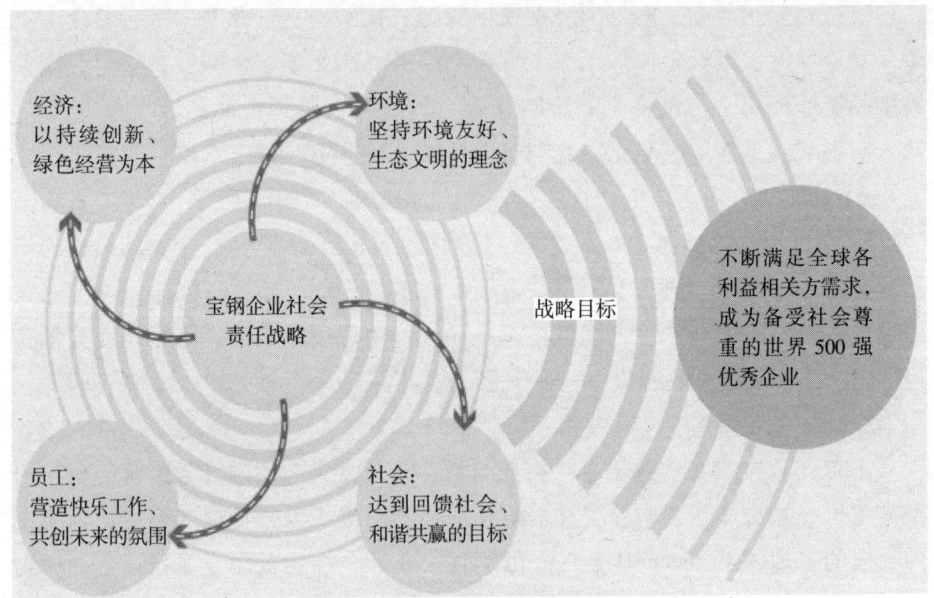

图 7-14　宝钢社会责任战略结构

资料来源：《宝钢集团有限公司 2010 年社会责任报告》。

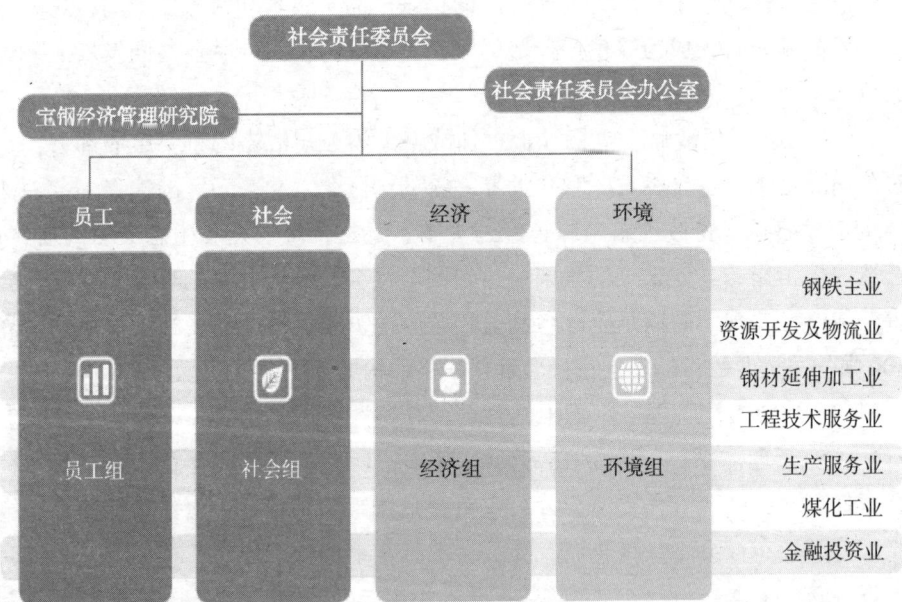

图 7-15　宝钢社会责任组织管理架构

资料来源：《宝钢集团有限公司 2010 年社会责任报告》。

与此同时，宝钢还积极开展社会责任培训和社会责任管理提升活动；通过加强与利益相关方沟通，增强公司的社会责任信息披露能力。2013年宝钢继续通过官方网站、纸质问卷、电话访问等方式，针对社会责任关注点进行调查，以帮助各利益相关方了解公司信息。

（4）社会责任绩效。在对社会责任管理与实践的持续探索和积极行动下，宝钢在经济绩效、社会绩效和环境绩效等方面均有较好表现，具体如表7-24所示。

表7-24 宝钢的社会责任绩效

绩效	指标	2011年	2012年	2013年
经济绩效	粗钢产量（万吨）	4427	4383	4504
	利润总额（亿元）	181.5	104.2	101.0
	营业总收入（亿元）	3262.5	2882.3	3031.0
	资产总额（亿元）	4673.0	4984.4	5294.6
	所有者权益（亿元）	2662.4	2771.3	2738.6
	研发投入金额（亿元）	63.5	60.4	58.8
	新产品销售率（%）	18.8	18.1	18.1
社会绩效	员工总数（人）	116702	130401	130962
	员工薪酬总额（亿元）	109.4	115.2	149.1
	人均培训课时（小时）	111	107	73
	伤害频率（百万工时伤害人数）	0.15	0.18	0.78
	员工敬业度（%）	45.2	52	53.8
	引导供应商通过ISO14001或环境管理体系认证数	宝钢股份大宗原燃料供应商10% 宝钢股份资材备件供应商30% 八一钢铁供应商10% 韶关钢铁供应商6.0%	宝钢股份大宗原燃料供应商13% 宝钢股份资材备件供应商37% 八一钢铁供应商10% 韶关钢铁供应商8.3%	宝钢股份大宗原燃料供应商14% 宝钢股份资材备件供应商44% 八一钢铁供应商6% 韶关钢铁13.1%
	对外捐赠（万元）	6087.7	6439.8	6858.6
环境绩效	同比节能量（万吨标煤）	—	48.3	38.8
	SO_2减排量（吨）	—	16585	7018
	COD减排量（吨）	—	701	463
	固废资源回收量（万吨）	—	842	794.5
	固废资源产业化率（%）	—	53.8	59.7
	固废资源综合利用率（%）	98.81	98.9	96.92

资料来源：根据《宝钢集团有限公司2013年社会责任报告》整理。

二、公司实施责任采购管理的动因

责任采购是供应链管理的重要组成部分,也是企业提高产品质量、防范供应风险的关键。宝钢实施责任采购管理的动因可以分为外在环境要求和内在发展需要两方面。

1. 落实国家钢铁行业产业政策的客观要求

钢铁工业是我国重要的基础产业,但同时也是高污染、高耗能及产能过剩的行业。近年来,国家要求钢铁等传统产业积极进行转型优化升级,从经济、社会和环境和谐的角度,审视社会责任和企业长远可持续发展的关系,把社会责任转化为企业发展的动力和长期利益。宝钢作为我国规模最大、现代化程度最高、地域范围最广的大型钢铁联合企业集团,在发展过程中始终以"企业长期价值最大化"为使命,认真落实国家钢铁行业产业政策,积极推进战略重组和产业结构调整,在提升钢铁行业综合竞争力方面发挥着表率和示范作用。这意味着宝钢要从钢铁行业可持续发展的高度,积极承担社会责任,推动社会责任融入企业的经营管理全过程,特别是要把绿色发展的理念融入其中,涵盖绿色研发、绿色采购、绿色生产、绿色营销、资源回收利用、绿色产业等各个环节,努力实现企业经济效益和社会利益共赢的双重发展目标,促进整个钢铁行业的发展转型。

2. 提升企业可持续发展竞争力的内在选择

宝钢的社会责任发展战略崇尚以人为本、绿色经营、环境保护和生态文明建设。而责任采购就是将履行社会责任的理念和要求全面融入宝钢的采购全过程中,进而保证所提供的产品和服务是"负责任的",一方面避免了供应链的责任风险,保障了供应商的利益和诉求;另一方面也践行了环境保护的宗旨与目标。具体来说:一是实施责任采购管理,可以优化供应商结构,并在采购管理过程中加强对供应商安全、健康、环境等管理,建立与供应商的双赢机制,实现与供应商的共同发展,进而形成稳固、持久的供应链体系。这不仅有利于降低供应链成本管理,而且对于提升公司整体竞争力,最终实现企业与经济社会的可持续发展具有重要意义。二是宝钢通过建立责任采购组织体系、责任采购规章管理制度、供应商责任采购管理发展战略及具体措施等,在企业和供应商两个层面加强对责任采购理念的认识,并对供应商实施责任采购进行指导、管理和监督,引导供应商追求经济效益、环境效益和社会效益的协调,最终带动宝钢的绿色产业链发展,提升其可持续发展竞争力。三是世界级的供应链能使企业在应变能力、资源取得、运营成本、技术应用等方面拥有得天独厚的优势，从而为企业达到世界一流水平打下坚实的基础。宝钢实施责任采购，也是顺应国际市场需求、打造国际供应链、更好走向国际化运营的必然趋势。

三、公司责任采购管理的组织体系

宝钢在集团层面的责任采购管理主要由运营改善部负责（见图 7-16），2009 年还专门成立了采购管理改善小组；在股份公司层面则分别成立原料采购中心和资材备件采购部（见图 7-17），负责相应的物资采购管理。

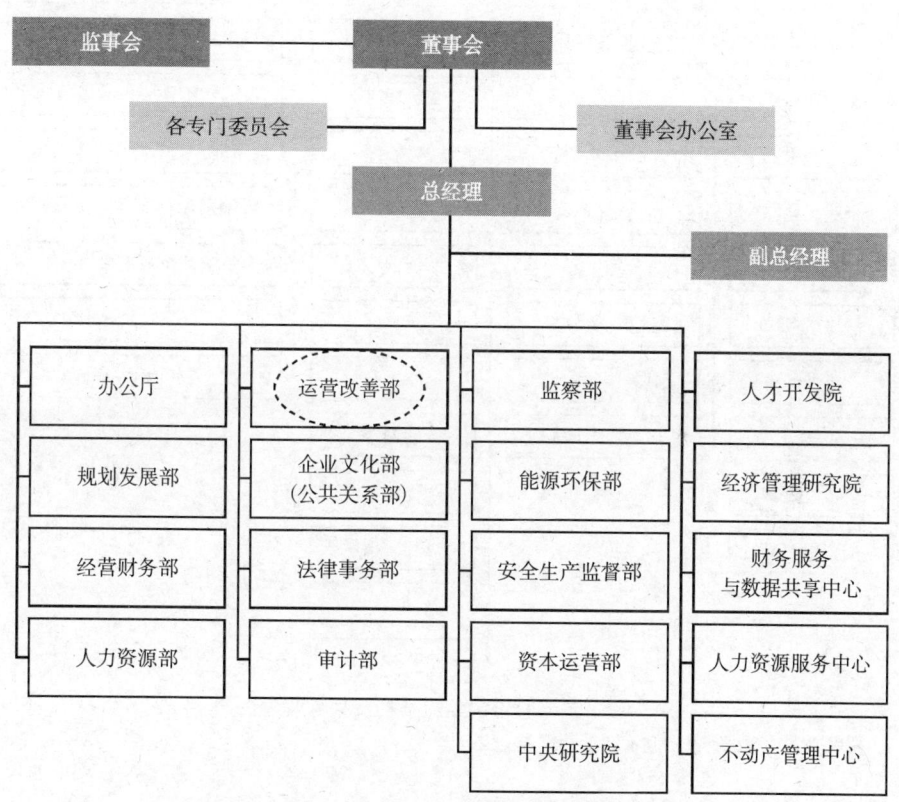

图 7-16　宝钢集团的组织架构及采购管理部门
资料来源：宝钢集团有限公司网站。

责任采购管理

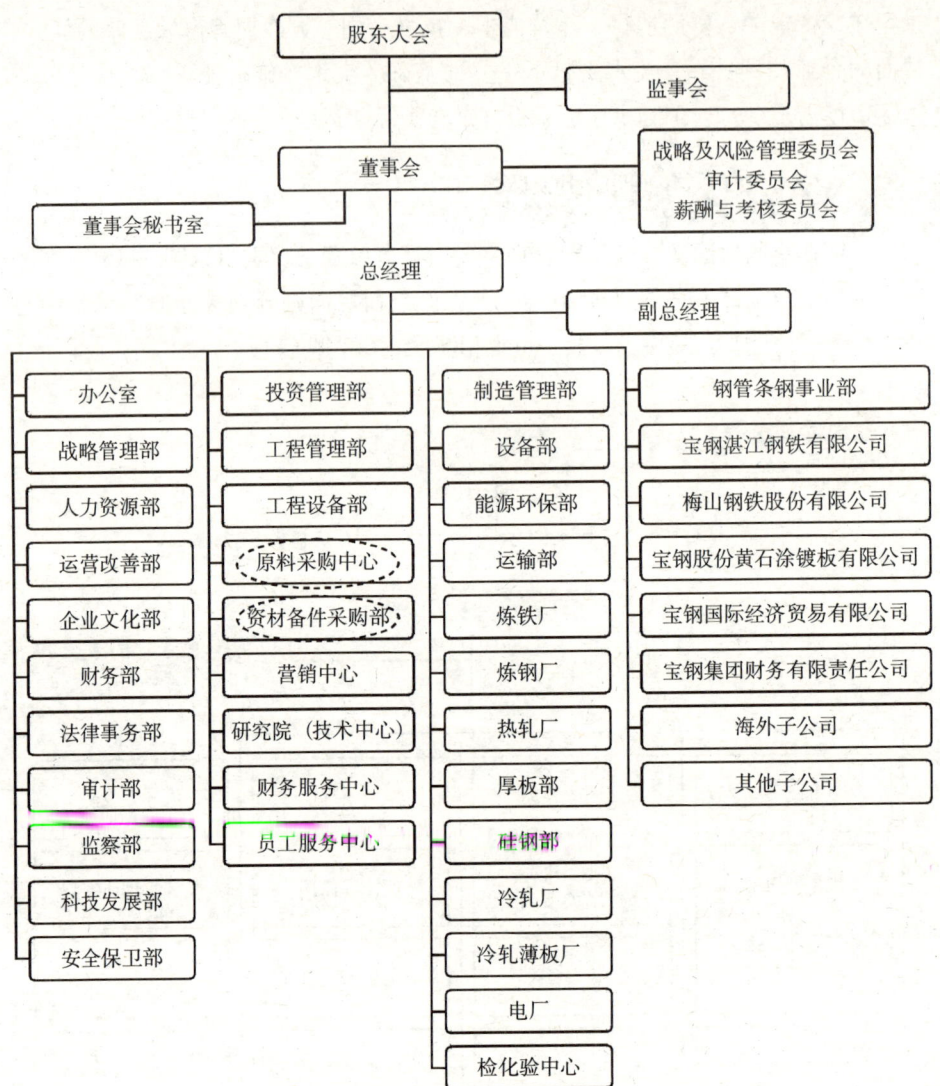

图 7-17　宝钢股份的组织架构及采购管理部门
资料来源：宝山钢铁股份有限公司网站。

四、公司责任采购管理的制度建设

宝钢在规范招投标采购、规范供应商采购行为、监督采购过程、实施绿色采购等方面制定了一系列政策和制度，以确保公司责任采购的顺利开展。

1. 绿色采购制度建设

2008年，宝钢在国内钢铁行业资材备件采购领域率先启动了《绿色采购行动计划》，通过在宝钢股份电子商务平台上公开发布《绿色采购行动计划》，向社会传递宝钢股份绿色采购政策，使社会对"绿色采购"的认同感增强。2009年，宝钢在采购门户网站（eps.baosteel.net.cn）上又公开了公司的采购政策，具体包括：一是以"保障供应、控制成本、提升管理"为主要任务，通过实施战略采购管理，吸引最优秀的供应商，建成规范、开放、协同、最具竞争力和影响力的采购体系。二是以诚信与合作的精神发展与供应商的关系，履行社会责任，实施绿色采购，从全球的视角优化资源配置，提高采购供应链的整体竞争力，让用户满意。2011年，宝钢发布了国内钢铁首个《绿色采购指南》（第一版），该指南以提高寿命、降低消耗、节约能源、减少排放、循环使用为原则，建立优先、限制及禁止采购目录，梳理代码目录7万个，推广厂房绿色照明等36个绿色采购产供研项目。《绿色采购指南》不仅是宝钢环境经营的"自律书"，也对供应商提出了明确要求。

2. 采购招投标制度建设

2008年，宝钢制定和发布了《原副料招标采购管理办法》，促进了采购方式的规范和透明。2010年，宝钢制定了《招标监督管理办法》，通过三级救助系统、呼叫中心与电子招标监控系统，受理供应商、客户的信访、电话投诉10余起，对违规行为进行了查处和通报。加强了责任采购管理的过程监督，净化了经营环境。

3. 供应商管理制度建设

宝钢对供应商实行制度化管理，制定了《原料供应商管理制度》、《原料供应商管理细则》、《原料供应商评价标准》、《原料采购合同管理办法》、《原料质量异议处理管理制度》等一系列规章制度。同时，还出台了《宝钢集团有限公司廉洁协议双签管理办法》，加强对供应商商业行为的管理。此外，公司还建立了供应商档案，把供应商的基本情况、供应实绩、评审记录都输入计算机，实行实时动态管理。

五、公司负责任的供应商管理实践

宝钢高度重视与供应商共同发展，不断强化供应链合作关系。在"阳光、伙伴、责任"的理念下，宝钢努力为供应商建立一个公平、公正、公开的环境，使宝钢成为供应商展示实力的竞技场，形成众多优秀供应商与宝钢紧密合作，建立起伙伴式的双赢关系。

1. 供应商"三分"管理

宝钢视供应商为采购资源的重要组成部分,并对供应商进行"三分"管理。[①]最终形成合格评审、合同评价、商务策略、业务反馈、类别管理和等级评价为闭环的供应商准入、评价和退出机制。

首先是分类管理。根据供应商所供物资的重要程度、历史供货能力及业绩,与宝钢的相互依存关系和供应商知名度,把供应商分为四类:战略供应商、一般供应商、简单供应商和一次性采购供应商。其中战略供应商是宝钢最重要的供应商,从采购量来看,占整个采购额的60%~70%。

其次是分级管理。通过对供应商的不同准入标准进行分级管理。宝钢供应商准入标准分为两种:一是取得环境管理体系,如ISO14001、GB/T24001等体系认证要求的供应商;二是通过ISM/NSM体系认证的供应商。

最后是分权管理。从价格、质量、交付、供应、服务和协同6个方面在公司不同职能部门之间进行分权管理。

2. 供应商自荐机制

宝钢采购部门建立了供应商自荐管理机制,成立了供应商自荐管理工作小组,制定了供应商自荐及准入操作流程,并在采购电子商务平台中为供应商专门开辟了自荐渠道,以吸纳优秀的供应商顺利进入设备采购供应商资源库,创建更为开放的供应商管理系统。仅仅2009年下半年,宝钢资材备件采购部就有48家供应商通过宝钢采购电子商务平台进行自荐,申请成为宝钢供应商,经集体评审有6家成为合格供应商。[②]

3. 供应商准入管理

宝钢坚持以"诚信"为核心的价值理念,通过规范供应商准入条件,建立科学评价体系,不断强化和提升供应链合作关系。公司资材备件采购完善并严格执行供应商准入/淘汰制度、供应商集体评审制、第二方现场审核以及供应商年度评估等制度体系,通过竞争机制来管理供应商队伍,公开、公平、公正地构建有序、高效、规范、廉洁的商务环境。

(1)环境体系认证要求。近年来,宝钢对环境负荷较大的制造型供应商重点推进环境管理体系(ISO14001、GB/T24001)认证等,对于新供应商的引入,以供应商通过环境管理体系认证作为优先条件。2013年,宝钢股份总部资材备

[①] 韩强、王金圣、程爵浩.宝钢的供应链管理模式[J].经济管理,2003(8).
[②] 资料来源:《宝钢集团有限公司2009年社会责任报告》。

件采购供应商通过环境管理体系认证的达到 425 家,认证率达到 44%,如图 7-18 所示。

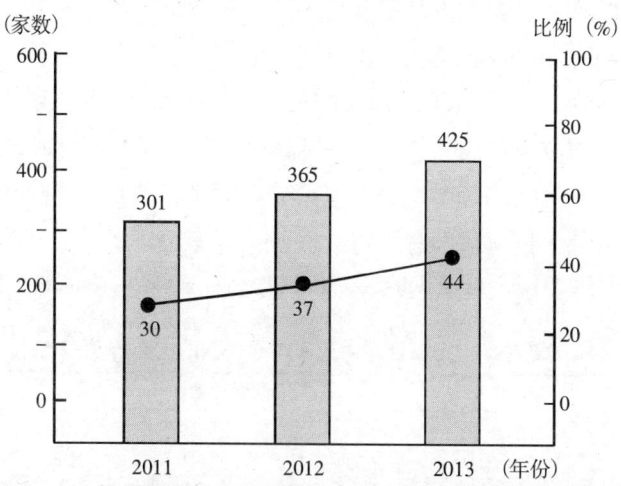

图 7-18　宝钢股份总部资材备件供应商环境管理体系认证情况
资料来源:《宝钢集团有限公司 2013 年社会责任报告》。

(2) ISM/NSM 管理体系认证。宝钢在对拥有船舶承运商的选择上,要求承运商通过 ISM/NSM 体系认证或者其船舶必须由通过 ISM/NSM 体系认证的船舶管理公司管理。公司在对重点承运商通过 ISM/NSM 体系认证的比例已经达到 100%。

4. 供应商评估

供应商评估是宝钢供应商关系管理中重要的一个环节。公司采取对供应商量化评审的方法,建立科学的可量化评价体系,不断强化供应链合作关系。公司对供应商的交付、成本、生产制造、质量控制、服务、协同合作六个能力进行量化打分,按四个等级评定,作为供应商资格保留、取消和升降层次的主要依据,每年度集中评审,然后发布合格供应商名单。截至 2013 年底,宝钢股份总部资材备件采购合格供应商 964 家。[①]

宝钢通过建立一套合理科学的评价体系,包括质量、供应、经济和服务等指标对供应商进行定期的评价,及时将评价的结果反馈给供应商并采取相应的措施,不仅在供应商之间形成了一种激励和竞争机制,也使得最优秀的供应商保留在供应链体系中,保证了整个供应链体系的健康运作。

---

① 资料来源:《宝钢集团有限公司 2013 年社会责任报告》。

5. 供应商沟通与能力建设

宝钢为了深入推进与供应商的双赢合作，以利益共享、风险共担、共同发展为原则，不断加强供需双方高层互访沟通，建立信息交流机制，强化供需双方的技术合作与专题培训交流；组织召开供应商大会和各类专业会议，保持与供应商的良好沟通。公司以解决采购供应过程中的实际业务问题为目的，组织宝钢现场用户、相关专业主要供应商参加，提供一个用户与供应商面对面交流沟通的平台，在用户使用技术、成本改善、国产化研制和保障供应等方面加大合作层次，提高整个供应链的竞争力。同时，加强与供应商沟通评估结果，为供应商提出的改进建议，帮助供应商的自我提高，实现与宝钢共同发展。

表7-25 宝钢针对供应商沟通采取的主要行动

年份	主要沟通行动
2009年	7月17日，宝钢召开了首届供应商大会，在面临全球金融危机的经济形势下，与供应商继往开来、携手共进，推动双方合作共赢，为形成有价值的供应链而努力
2010年	● 4月，主要轧辊供应商参加了宝钢股份组织的轧辊管理研讨会，表示将在供需双方加强制造技术与使用技术之间的协同 ● 5月，耐材辅料供应在资材备件采购部组织的绿色采购供应现场会上，与宝钢股份签订了倡议书，倡议在降低环境负荷方面积极努力，共建绿色供应链 ● 11月，原料采购中心分别组织召开了宝钢股份废钢供应商大会和铁合金供应商大会，通过面对面沟通，深化供需双方的战略合作关系，并在会上表彰了多家优秀供应商
2011年	● 4月，组织召开宝钢设备与备件联合研制供应中心第十九次全体理事会，来自一重、二重、太重、大连重工等85家理事单位的180名代表和宝钢相关单位人员参加了会议。大会围绕"携手共进、变挑战为机遇"主题，形成以变化应对竞争的共识。供需双方将继续加大对自主知识产权技术和产品的集成创新力度，构建稳定、持久、互信的供应链 ● 11月，召开炼钢耐材产供研工作推进会，围绕生产现场在耐材品种拓展、冶炼技术进步、降低消耗、环保节能等方面的新需求，确定了转炉钢包提寿降耗、RH无铬化技术开发等19个产供研协同项目，在会上与相关供应商签署了耐材产供研项目攻关协议书，并提出吨钢耐材消耗降低2%~5%等目标 ● 11月，召开了2011年宝钢股份轧辊管理研讨会，会议围绕《深挖潜力，共同促进适应市场变化》的主题，与会各轧辊使用管理单位以及轧辊供应商代表进行了交流发言和分组研讨，在轧辊使用和制造技术融合、综合评价机制的完善、绿色制造、质量提升、技术降本、库存优化、供应链增值上达成了共识
2013年	9月，在宝钢人才开发院举办了采购供应链研修（耐材辅料专题会）活动，共31家耐材辅料供应商应邀参加。活动重点向供应商介绍了宝钢采购供应链建设目标，传递宝钢需求、达成发展共识、谋求长期双赢、提升采购供应链整体竞争力，建立"干净、开放、双赢"和长期稳定的合作伙伴关系

资料来源：《宝钢集团有限公司2009年社会责任报告》，《宝钢集团有限公司2010年社会责任报告》，《宝钢集团有限公司2011年社会责任报告》，《宝钢集团有限公司2013年社会责任报告》。

六、公司实施责任采购的特色实践

宝钢以绿色、公开、透明为宗旨,以制度创新为基础,以信息技术为手段,规范权力运行,大力推进阳光采购工程和绿色采购工程,努力将公司采购系统建设成为一个干净、开放、双赢的新型采购系统。

1. 绿色采购

宝钢一直积极推进绿色采购战略,并重视绿色供应链的建设。自2003年以来,宝钢历年对社会发布的环境报告中均对此进行了强调。2008年,宝钢在国内钢铁行业资材备件采购领域率先启动了《绿色采购行动计划》;2010年,宝钢正式将"环境经营"确定为公司发展战略,而绿色采购正是公司环境经营的重要组成部分。为确保绿色采购工作的积极推进,宝钢采取了以下举措:

一是建立优先、限制和禁止采购目录,规划采购绿色产品的比例逐年提高。通过梳理采购目录,从推进涂料等采购标准规范化、梳理采购物品的环保要求等方面为抓手,明确绿色采购重点品种,组织使用部门、技术部门优化采购技术标准,将节能环保要求细化到标准中。

二是进一步明确供应商环境管理的要求。要求供应商逐步完成环境管理体系认证,有效保证采购物资的环保节能和循环利用。采购人员在与供应商沟通、交流、合作等活动中,积极阐明公司循环经济方面的政策和对供应商环境管理的政策要求。宝钢对供应商进入厂区工作做出严格规定,在服务人员、车辆交通、安全、环保等方面制定了相关条款纳入采购合同。在供应商准入、退出方面完善管理制度,对于新需求的采购,或者新资源、新供应商的引入,以供应商通过环境管理体系认证作为优先条件。在供应商关系分类、供应商绩效评估方面将供应商环境管理体系是否通过认证、体系运行是否有效作为重要因素之一予以考虑,以促进现有供应商推进实施环境管理体系。

三是完善回收物料利用管理体系,整合并优化回收利用管理流程,提升废旧物资和包装材料的回收利用比例及效率。宝钢积极推进废钢铁一体化,实现了上海地区废钢库存物流的统筹管理,大力推动废钢基地直接配送的试点工作,减少了废钢贸易的"体外循环",强化了废钢的回收利用。同时,公司积极推进清洁废钢利用,2010年重点推进了国产破碎料采购和质检标准的制订,并积极开发国内破碎料供应商和供应渠道,有效提高了清洁废钢的使用比例,减少了环境污染。2010年，原料采购中心共推进国产破碎料开发利用22.5万吨。①

四是推行绿色物流。在大宗原料远洋运输船舶的选择上，优先应用节能型新船，以减少船舶运输燃油消耗、降低对环境的污染，2010年远洋运输总艘次中，2005年（含）后建造的节能型新船的比例达到43%左右。②

五是推进绿色采购的产研供协同与交流。宝钢股份资材备件采购部先后与国内外知名企业如韩国浦项制铁、美国通用电气、法国道达尔、上海通用汽车、长安福特汽车、日本理光、日本三菱重工、中国铝业、青岛海尔等企业的采购同行，就如何推进绿色采购进行学习和交流。

截至2013年，已经对近18万个资材备件品种进行绿色属性的识别（2012年为15万多个），约占宝钢股份总部资材备件品种数的52%。宝钢股份总部资材备件的绿色采购金额及比例如图7-19所示。

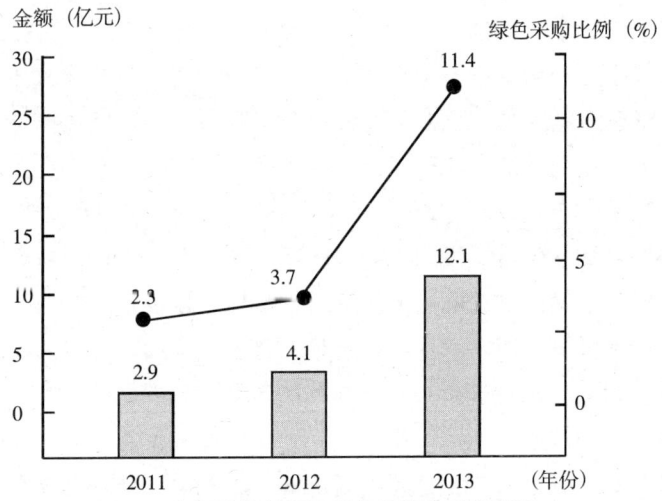

图7-19 宝钢股份总部资材备件绿色采购情况

资料来源：《宝钢集团有限公司2013年社会责任报告》。

2. 阳光采购

宝钢的阳光采购政策通过流程优化和信息化手段的应用，规范采购流程、权限，为供应商提供公平的机会。规范和完善供应商进入、评价、淘汰等机制，按照"专业发展、总量受控、运作规范"的原则梳理流通型供应商；完善管理文件，规范紧急采购；建立"三级投诉（救助）系统"，全面推进阳光采购的各

---

①② 资料来源：《宝钢集团有限公司2010年社会责任报告》。

项工作。

(1) 建立倒推机制，协同推进落实。自 2008 年起，宝钢就将推进阳光采购行动方案列入了公司年度重点工作，成为集团效能监察的重点关注项目。集团公司运营改善部、监察部建立"倒推"工作机制，变"正向推进"为"逆向推进"：要求集团各业务单元对除战略采购、策略采购之外的所有通用物资，能上网采购的品种，均要拟定实施时间；对不上网采购的品种要说明不上网的理由。由运营改善部对各单位网上采购模式分析报告进行备案，监察部健全阳光采购的监督机制。公司各单位结合自身业务特点，纷纷制订推进计划，落实责任分工。

(2) 完善平台建设，规范采购行为。作为阳光采购的重要手段，宝钢通过整体规划电子商务功能架构，分步稳妥推进实施采购电子商务。2009 年，公司完成了 BPMS 系统和 EPS 系统的建设，实现设备采购业务全过程电子化管理，采购业务相关的计划管理、拟选管理、拟签管理、合同执行管理、资金支付管理等信息都能在系统中予以保存。另外，根据内部控制要求在系统中设置了管控环节，对关键的点和环节进行跟踪和管控，保证过程受控。通过加强电子信息平台建设，形成了公开竞价、核价竞价、综合竞价和单据协同等标准网上交易模式，并重点推进了通用物资、备品备件、工程材料、化工原料、铁合金、废钢、办公用品和劳防用品网上采购，采购规模大幅增加，同时加大了网上销售、网上招标力度，推进了正品钢材、闲置资产、废旧物资、废次材、循环物资和化工产品等网上竞价销售。2012 年，宝钢股份资材备件采购部还针对标准、通用的零星物品，构建工业品超市平台。工业品超市平台对供应商公开需求信息，全程开放竞价，从而可以更广泛、更高效地寻找有竞争力的供应商，发现市场价格。2013 年全年通过工业品超市平台，公开寻源并签约的零星品超过 1 亿元，共吸引 184 家供应商报名总计 621 次，其中 139 家通过审核参与竞价 440 次。[①]

(3) 优化采购方式，加强公开透明。宝钢对新增供应商全部实行网上自荐、网上评审、评审结果网上发布，增强了供应商进入的透明度，从源头上保证了宝钢采购系统成为一个"开放的平台"。同时，针对不同采购物品及其市场竞争的成熟程度，采取差异化的采购方式。加强大宗原燃料策略采购，实行高附加值原料 JIT 模式，试行"寄售"模式，制定和发布了《原副料招标采购管理办

[①] 资料来源：《宝钢集团有限公司 2010 年社会责任报告》。

法》，促进了采购方式的规范和透明。为防范风险、践行阳光采购，宝钢股份总部资材备件采购对近一万个品种的零星物品进行系统梳理，以"公开、公平"原则，合理打包匹配竞价规则，向全社会公开采购，吸引行业中的优秀供应商参与。2013年宝钢股份总部资材备件采购负责的钢材、钢管、电缆、管桩、电缆桥架等工程材料，依法公开采购3.62亿元，其中招标采购2.70亿元、工业品超市854万元。①

（4）加大监督力度，确保廉洁合规。宝钢围绕阳光采购销售各个环节开展效能监察工作。一方面，加强阳光采购销售的过程监督，制定了《招标监督管理办法》，通过三级救助系统、呼叫中心与电子招标监控系统，受理供应商、客户的信访、电话投诉，对违规行为进行了查处和通报。另一方面，加强对供应商的商业行为管理，制定《宝钢集团有限公司廉洁协议双签管理办法》，同时就资材备件采购部党风廉政建设状况向供应商发放无记名调查问卷（如表7-26所示），确保采购人员的廉洁合规。

表7-26 宝钢资材备件采购部党风廉政建设状况调查问卷

调查问题	供应商选择
1. 您感觉到宝钢的廉洁从业管理水平相对于您的其他用户：	
A 高于其他用户	
B 差不多	
C 低于其他用户	
2. 您对采购部业务人员廉洁诚信程度的总体评价是：	
A 较高	
B 一般	
C 较低	
3. 采购部推进的阳光采购各项举措中，您最认同的是：	
A 电子采购，包括在线询比价、订单协同、发票协同等	
B 供应商评估管理	
C 供应商准入管理	
D 开展公开招投标等优化采购方式的工作	
E 其他，请注明	
4. 您感觉到采购部哪个业务流程最需要进一步完善，以体现"三公"原则：	
A 拟选供应商	
B 询比价	
C 公开招投标	

---

① 资料来源：《宝钢集团有限公司2010年社会责任报告》。

续表

调查问题	供应商选择
D 验收	
E 付款	
F 其他，请注明	

资料来源：《宝钢集团有限公司 2010 年社会责任报告》。

七、公司实施责任采购管理的成效

宝钢以科技为支撑，通过不断实施绿色、阳光等透明高效的责任采购管理，招标采购稳步提升，集中采购逐步规范，网上采购业务增效明显，并逐步探索出了新型科技反腐模式，有效净化了采购环境，取得了巨大的经济、社会、环境以及品牌效益。

1. 经济效益

宝钢按照"用户导向、环境经营、创新驱动、风险防范、精准高效、持续改进、安全健康、和谐发展，建成全球最具竞争力的钢铁企业和最具投资价值的上市公司"的综合管理方针，通过负责任的采购实现了公司业务增长和利润增长的目标，也为供应商创造了显著的经济效益。

首先，宝钢通过集中规模采购，整合了采购渠道，减少了中间环节，有效控制了采购成本的上升；集中一体化采购通过相互借鉴，规范了标准，取得了使用性能更加优化的效果，进而产生了可观的经济效益。

其次，宝钢通过电子商务平台的网上采购模式，直接减少了费用支出。通过虚拟库存，进一步开展"零库存"供应，降低了库存资金占用，节约了物资供应的费用。[①] 由于网上采购代替了实地采购，减少了供应商的差旅费用，同时也大大提高了供货速度与效率。截至 2013 年底，宝钢股份总部资材备件采购订单网上协同项数比例达 98.5%，电子合同份数比例达 81.5%。2013 年宝钢股份总部通过东方钢铁电子商务平台进行公开采购的钢材、电缆、油缸等资材备件，签订合同总数 129 份，3578 项，总金额 9205 万元。[②]

最后，宝钢积极建立与供应商的全面协同体系，深化战略合作内涵，加强与供应商在采购供应模式创新、物流优化、新资源与新品种开发、使用技术创新等方面的协同，实现采购供应价值链上的"双赢"合作。公司在进一步优化

---

① 韩强，王金圣，程爵浩. 宝钢的供应链管理模式 [J]. 经济管理，2003 (8).
② 资料来源：《宝钢集团有限公司 2013 年社会责任报告》。

供应商结构的基础上,在铁矿石、煤炭、远洋运输等战略资源方面,加强供需双方高层互访沟通,与供应商签订长期战略合作协议,实现采购效率的最优和供需双方合作共赢。公司还积极探索策略采购新思路,在实施策略采购中探索出一种可进可退的"渐进性"新策略,实践证明,这种"柔性"策略采购方式在维护改善供应商关系和创造效益两方面都取得了较好的效果。[①]

2. 环境效益

钢铁行业是传统的高碳耗能行业,对资源和环境的损耗都会产生巨大的影响。自从2008年以来,宝钢积极探索绿色采购供应模式,先后率先发布《绿色采购行动计划》、《绿色采购指南》等政策文件,引导供应商推进绿色制造,成为国内钢铁行业绿色采购的先行者,并逐步建立供应商环境绩效评价体系,培育了一批致力于环保、低碳事业的绿色合作伙伴,形成更大规模的"绿色"产业链,进而促进了绿色制造,取得了显著的环境效益。2013年,宝钢实现同比节能量38.8万吨标煤;与年度目标相比,二氧化硫减排量7018吨,下降19.9%;COD(化学需氧量)减排量463吨,下降23.1%;氮氧化物减排量6749吨,下降9.7%。固废资源综合利用率96.92%,与2012年相比提高0.87%。[②]

3. 社会效益

责任采购管理促进了宝钢对社会进步与发展的贡献。一方面,宝钢始终强调公平、公正、透明的供应链管理,尤其对供应商的劳工、人权、工作环境及薪酬福利给予高度重视和关注,确保供应商的道德经营,为社会的稳定和谐发展提供了有力的基础保证。同时,宝钢通过阳光采购和廉洁采购,积极探索采购信息化反腐新模式,全面推进效能监察,形成采购全过程管控,促使供应链上的供应商坚持依法合规运营,从源头上杜绝腐败的诞生,促进了公平正义的良好社会风气形成。另一方面,宝钢注重对中小企业和运营所在地的采购,促进了社会就业与运营所在社区的发展。2013年,宝钢股份总部向中小企业供应商[③](进口除外)采购资材备件32亿元,占比30%(见图7-20);本地采购[④]资材备件43亿元,占比40%(见图7-21)。

[①] 资料来源:《宝钢集团有限公司2009年社会责任报告》。
[②] 资料来源:《宝钢集团有限公司2013年社会责任报告》。
[③] 参照《中小企业划型标准规定》(工信部联企业〔2011〕300号),采用注册资金≤1000万元(若为外币,则折算)的标准界定为中小企业供应商。
[④] 按注册在上海市的生产型企业界定为本地供应商(贸易企业、代理商、外资中国公司除外)。

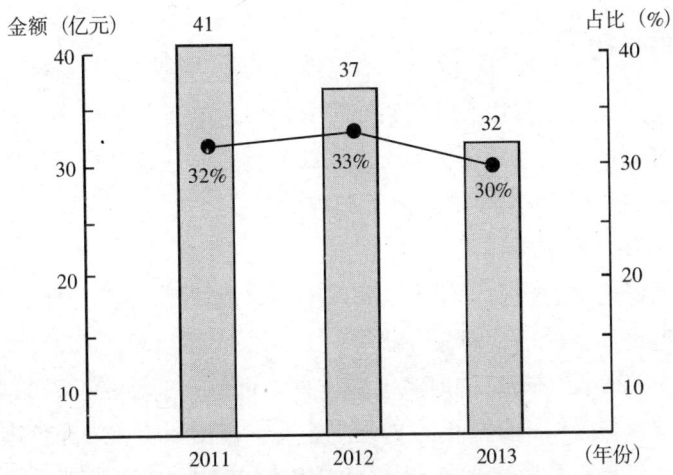

图 7-20　宝钢股份总部向中小企业采购资材备件情况

资料来源：《宝钢集团有限公司 2013 年社会责任报告》。

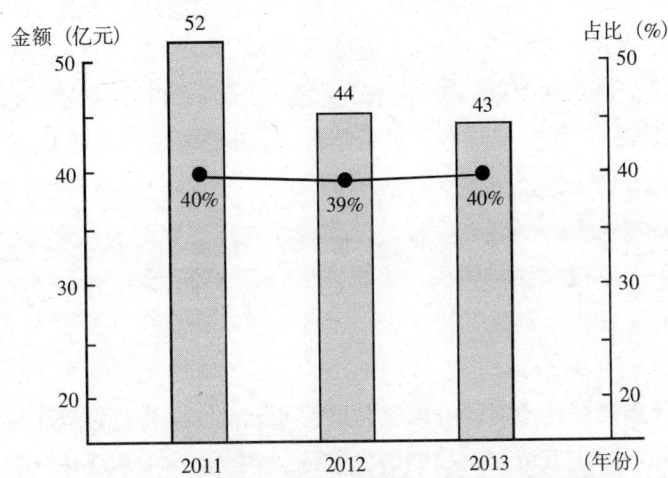

图 7-21　宝钢股份总部资材备件上海本地采购情况

资料来源：《宝钢集团有限公司 2013 年社会责任报告》。

4. 品牌效益

宝钢负责任的采购管理和持之以恒的环境经营实践，成就了钢铁行业领军企业驱动绿色产业链发展的良好形象，品牌价值被广泛认可。在世界品牌实验室（World Brand Lab）发布的 2014 年（第十一届）《中国 500 最具价值品牌》的名单中，宝钢以 812.94 亿元的品牌价值居第 30 位，位列上海地区品牌分布的第二位，较 2013 年品牌价值提升了 11.1%。

八、评价与启示

宝钢在生产经营和环境经营的道路上，以绿色和责任采购为起点，努力探索可持续发展新模式，致力于引领一个崭新的钢铁时代，其责任采购管理的一些特色做法与成功经验值得其他企业学习与借鉴。

1. 重点议题的匹配性

宝钢选择绿色采购作为责任采购实践中的重点议题，是与其所处的行业和公司发展战略高度匹配的。钢铁行业是一个高碳耗能行业，社会对于钢铁企业的节能减排具有广泛期望，同时节能减排也是钢铁企业转型升级的必然要求。正因如此，宝钢作为中国钢铁行业的领军企业，提出要"成为绿色产业链的驱动者"的绿色愿景，并从2009年开始实施环境经营战略，近年来更是着力推进"绿色转型"和"二次创业"，从环境角度重新思考原有的经营理念，探求环境效益和竞争力相结合的具体实践方法，对产品实行"全生命周期"的经营管理，将新的环境经营理念贯穿于企业经营的各个方面，包括从原材料购买到产品的设计、生产、营销、消费以及废弃物回收等。因此，绿色采购这一议题的选择是宝钢经营战略的重要组成部分，更是宝钢实施责任采购管理的核心重点。

2. 采购平台的支撑性

宝钢非常重视采购平台建设，通过采购业务全过程电子化管理以及工业品超市平台建设，不仅保证了采购过程的公开透明，而且促进了交易成本的降低和交易效率的提升，为公司推进阳光采购提供了重要支撑。

3. 认证管理的准入性

宝钢十分强调将社会责任考虑作为供应商的准入条件，持续推进供应商的环境管理体系（ISO14001、GB/T24001）认证和ISM/NSM管理体系认证，确保所选择的供应商符合相关社会责任标准的要求。

4. 沟通管理的持续性

宝钢始终致力于建设与供应商的合作共赢关系，强调通过多种方式加强与供应商的沟通，不仅实现双方的信息透明和业务协同，而且增进双方的深层合作与能力提升，为双方建立相互理解、相互信任、相互支持、相互合作的新型伙伴关系奠定基础。

参考文献

[1] Auriol, E., & Laffont, J. J.. Regulation by Duopoly [J]. Journal of Economics & Management Strategy, 1992, 1 (3): 507-533.

[2] Beekun, R. I., & Badawi, J. A.. Balancing Ethical Responsibility Among Multiple Organizational Stakeholders: The Islamic Perspective [J]. Journal of Business Ethics, 2005, 60 (2): 131-145.

[3] C. R. Carter. Interorganizationalantecedents and Determinants of Environmental Purchasing [A]. Dissertation Presented in Partialfulfillment of the Requirements for the Degree Doctor of Philosophy [C]. 1996, 3.

[4] C. R. Carter. Interorganizational antecedents and Determinants of Environmental Purchasing [A]. A Dissertation Presented in Partial Fulfillment of the Requirements for the Degree Doctor of Philosophy [C]. 2006, 3.

[5] Carr A. S., Smeltzer L.R.. An Empirically Based Operational Definition of Strategic Purchasing [J]. European Journal of Purchasing & Supply Management, 1997 (4): 199-207.

[6] Carroll, A. B.. The Pyramid of Corporate Social Responsibility: Toward the Moral Management of Organizational Stakeholder [J]. Business Horizons, 1991, 7-8: 39-48.

[7] Carroll, A.B.. A three-dimensional Conceptual Model of Corporate Performance [J]. Academy of Management Review, 1979, 4 (4): 497-505.

[8] Carter, C.R., & Rogers, D.S.. A Framework of Sustainable Supply Chain Management: Moving Toward New Theory[J]. International Journal of Physical Distribution & Logistics Management, 2008, 38 (5): 360-387.

[9] Carter, C.R.. Purchasing and Social Responsibility: A Replication and Extension [J]. Journal of Supply Chain Management, 2004 (40): 6.

[10] Charkham, J.. Corporate Governance: Lessons from Abroad[J]. European

Business Journal, 1992, 4 (2): 8-16.

[11] Clarkson M.. A Stakeholder Framework for Analyzing and Evaluating Corporate Social Performance [J]. Academy of Management Review, 1995, 20 (1): 92-117.

[12] Cobb, B.and M.Clarkson. A Simple Procedure for Optimizing the Polymerase Chain Reaction (PCR) Using Modified Taguchi Methods[J]. Nucl.Acid Res, 1994, 22: 3801-3805.

[13] Cooper, Martha, Lambert & Pagh. Supply Chain Management: More Than a New Name for Logistics [J]. The International Journal of Logistics Management, 1997, 8 (1).

[14] Craig R. Carter and Joseph Carter.Interorganizational Determinants of Environmental Purchasing [J]. Decision Science, 1998, 29 (3): 659-685.

[15] Donaldson, T., & Dunfee, T. W.. Toward a Unified Conception of Business Ethics: Integrative Social Contracts Theory [J]. Academy of Management Review, 1994, 19 (2): 252-284.

[16] Donaldson, T., & Preston, L.E.. The Stakeholder Theory of the Corporation: Concepts, Evidence, and Implications [J]. Academy of Management Review, 1995, 20 (1): 65-91.

[17] Drumwright, M.E. Socially Responsible Organizational Buying: Environmental Concern as A noneconomic Buying Criterion [J]. Journal of Marketing, 1994 (58): 7.

[18] Elkington, J.. Cannibals with Forks: The Triple bottom Line of 21st Century Business [J]. New Society Publishers: Stoney Creek, CT, 1998.

[19] Engel, J.R.. The Procurement Centre [EB/OL]. http: www.ism.ws/ResourceArticles/Proeeedings/2003/EngelFA.pdf, 2003.

[20] Hayek, F.A.. The Corporation in a Democratic Society: In Whose Interest Ought it and Will it be Run? In Ansoff, H.I. (ed.), Business and Society, Harmondworth, 1969.

[21] Freeman, R.E., & McVea, J.. A Stakeholder Approach to Strategic Management, 2001.

[22] Friedman, M.. Capitalism and Freedom [M]. Chicago: University of Chicago Press, 1962.

[23] Frooman, J.. Stakeholder Influence Strategies [J]. Academy of Management review, 1999, 24 (2): 191-205.

[24] Garriga, E., & Melé, D.. Corporate Social Responsibility Theories: Mapping the Territory [J]. Journal of Business ethics, 2004, 53 (1-2): 51-71.

[25] Gilbert, S.. Greening Supply Chain: Enhancing Competitiveness Through Green Productivity [M]. TaPei, Talwan, 2001: 1-6.

[26] Harding, M., Harding, M.L.. Purchasing [M]. 2nd ed.Barron's Business Library, 2011.

[27] Heinritz S. F.. The Principles of Purchasing and Its Application [M]. New York: Free Press, 1959.

[28] Henriques, I., & Sadorsky, P.. The Relationship between Environmental Commitment and Managerial Perceptions of Stakeholder Importance [J]. Academy of management Journal, 1999, 42 (1): 87-99.

[29] Jones, T.M.. Instrumental Stakeholder Theory: A Synthesis of Ethics and Economics [J]. Academy of Management Review, 1995, 20 (2): 404-437.

[30] Kause, D.R., Pagell, M., Curkovic, S.. Toward a Measure of Competitive Priorities for Purchasing [J]. Journal of Operations Management, 2001, 19: 497-515.

[31] Kofman, F., & Lawarree, J.. A prisoner's Dilemma Model of Collusion Eeterrence [J]. Journal of Public Economics, 1996, 59 (1): 117-136.

[32] Kraljic, P.. Purchasing must Become Supply Management [J]. Harvard Business Review, 1983 (9-10): 109-117.

[33] Lajara, B.M., Lillo, EG.. SMEs and Supplier Alliance Use: An Empirical Analysis [J]. Supply Chain Management: An International Joumal, 2004, 9 (1): 71-85.

[34] Levitt, T.. The Dangers of Social Responsibility [J]. Harvard Business Review, 1958 (9-10).

[35] Liu, F., Ding, F.Y., Lall, V.. Using Data Envelopment Analysis to Compare Suppliers for Supplier Selection and Performance Improvement [J]. Supply Chain Management: An International Journal, 2000, 5 (3): 143-150.

[36] Loarne, S.L.. Working with ERP Systems-is Big Brother Back [J]. Computers in Industry, 2005, 56 (6): 523-528.

[37] Maignan, I., & Mcalister, D.T.. Socially Responsible Organizational Buying: How Can Stakeholders Dictate Purchasing Policies? [J]. Journal of Macromarketing, 2003, 23 (2): 78–89.

[38] Melvor, R.. A Practical Framework for Understanding the Outsourcing Process [J]. Supply Chain Management: An International Journal, 2000, 5 (1): 22–36.

[39] Nagel. Environmental Supply-chain Management Versus Green Procurement in The Scope of a Business and Leadership Perspective [R]. IEEE, 2000.

[40] Narasimhan, R., Das, A.. The Impact of Purchasing Integration Practices on Manufacturing Performance [J]. Journal of Operation Management, 2001, 19.

[41] Pagell, M., & Wu, Z.. Building a More Complete Theory of Sustainable Supply Chain Management Using Case Studies of 10 Exemplars[J]. Journal of Supply Chain Management, 2009, 45 (2): 37–56.

[42] Pfeffer, J. Salancik. The External Control of Organizations: A Resource Dependence Perspective [Z]. 1978.

[43] Rawls, J.. Political liberalism [M]. No. 4 Columbia University Press, 1993.

[44] Roberts, P. W., & Dowling, G. R.. Corporate Reputation and Sustained Superior Financial Performance. Strategic Management Journal, 2002, 23 (12): 1077–1093.

[45] Roberts, S.. Supply Chain Specific? Understanding the Patchy Success of Ethical Sourcing Initiatives [J]. Journal of Business Ethics, 2003, 44 (2–3): 159–170.

[46] Shawn Tulley. Purchasing: New Muscle [J]. Fortune, 1995.

[47] Strasberg, Jenny. Saipan Lawsuit Terms OKd [N]. San Francisco Chronicle, 2003-04-25 (BI).

[48] Strausz, R.. Collusion and Renegotiation in a Principal-Supervisor-Agent Relationship [J]. The Scandinavian Journal of Economics, 1997, 99 (4): 497–518.

[49] Stuart U. Rich. Handbook of Purchasing Management [M]. International Thomson Business Press, 1975.

[50] Tirole, J.. Hierarchies and Bureaucracies: On the Role of Collusion in Organizations [J]. Journal of Law, Economics, & Organization, 1986, 2 (2):

181-214.

[51] Van Weele, A.J.. Purchasing Performance Measurement and Evaluation [J]. Journal of Purchasing and Materials Management, 1984, 20 (Fall).

[52] Walton, V.S.. The Green Supply Chain: Integrating Suppliers into Environmental Management process [J]. International Journal of Purchasing and Material Management, 1998, 4: 2-10.

[53] Webb L. L.. Green Purchasing: Forging a New Link in the Supply Chain [J]. Resource, 1994, 1 (6): 14-18.

[54] Willa, J.. Freeman and Philanthropy: An Interview with Milton Friedman [J]. Business and Society Review, 1989, 71 (fall): 11-18.

[55] Zsidisin G. A., Siferd S. P.. Environmental Purchasing: A Framework for Theory Development [J]. European Journal of Purchasing and Supply Management, 2001, 7: 61-73.

[56] Zsidisin, G.A., Siferd S. P.. Environmental Purchasing: A framework for The Ory Development [J]. European Journal of Purchasing & Supply Management, 2001, 7: 61-73.

[57] 艾米科·班菲尔德. 战略采购管理 [M]. 北京: 中国财政经济出版社, 2005.

[58] 白玉. 基于供应链的采购管理系统研究 [D]. 河北工业大学硕士学位论文, 2004.

[59] 鲍盛祥, 张琦. 基于SCOR模型对绿色采购管理研究 [J]. 交通企业管理, 2009 (9).

[60] 波斯纳. 法律经济分析 [M]. 蒋兆康译. 第四版. 北京: 中国大百科全书出版社, 1997.

[61] 曾美莲. 关于战略采购对提升我国企业竞争力的思考 [D]. 上海社会科学院硕士学位论文, 2007.

[62] 常娟, 吴建军. 法国电力公司管理经验分析 [EB/OL]. http://www.chng.com.cn/, 2012-03-02.

[63] 陈姝. 华为去年对欧采购34亿美元 [N]. 深圳商报, 2014-01-28.

[64] 陈英. 企业社会责任理论与实践 [M]. 北京: 经济管理出版社, 2009.

[65] 程玉忠. 基于供应链环境的企业采购管理研究 [D]. 武汉理工大学博士学位论文, 2008.

[66] 崔捷. 供应链管理环境下的采购管理的研究 [D]. 上海：上海交通大学硕士学位论文, 2006.

[67] 大卫·波特. 世界级供应管理 [M]. 何明柯等译. 北京：电子工业出版社, 2003.

[68] 范罡. 采购管理在企业中的应用 [D]. 厦门大学硕士学位论文, 2002.

[69] 冯喆. 以卓越供应链优化采购运营 [R]. 中国石油装备采购国际峰会, 2012年4月16~18日.

[70] 富士施乐高科技（深圳）有限公司. 责任采购互利双赢 [J]. WTO经济导刊, 2008 (5).

[71] 高攀. 战略采购对制造企业知识获取的影响研究：供应商网络视角 [D]. 西安理工大学硕士学位论文, 2010.

[72] 高苑可. 三星电子去年智能机销量破3亿部，约为苹果2倍 [EB/OL]. 环球网 (http://www.huanqiu.com/), 2014-01-28.

[73] 韩强, 王金圣, 程爵浩. 宝钢的供应链管理模式 [J]. 经济管理, 2003 (8).

[74] 何海燕. 基于供应链的企业采购管理研究 [D]. 武汉理工大学硕士学位论文, 2005.

[75] 侯方淼. 绿色采购研究 [D]. 对外经济贸易大学博士学位论文, 2007.

[76] 黄小原. 供应链模型与优化 [M]. 北京：科学出版社, 2010.

[77] 黄袁峰. GE公司供应商社会责任管理研究. 华东理工大学硕士学位论文, 2014.

[78] 加托纳. 供应链管理手册 [M]. 北京：电子工业出版社, 2004.

[79] 贾金英. 基于成本控制的采购管理研究. 天津大学硕士学位论文, 2007.

[80] 蒋均牧. 华为聚焦终端品牌价值2013年全球认知度52% [EB/OL]. C114中国通信网, 2014-01-24.

[81] 蒋均牧. 华为扩大在澳采购额2013年将增10% [EB/OL]. C114中国通信网, 2013-08-09.

[82] 蒋秀兰. 企业采购管理创新研究 [D]. 河北农业大学硕士学位论文, 2002.

[83] 荆凤龙. 供应链管理视角下的企业采购管理模式研究 [D]. 对外经济贸易大学硕士学位论文, 2007.

[84] 拉塞特. 战略采购管理——与供应商的合作与竞争 [M]. 王求真等译.

北京：经济日报出版社，2002.

[85] 莱维特. 社会责任的危险性 [J]. 哈佛商业评论，1958.

[86] 黎娟. 供应链环境下的采购管理 [J]. 商业研究，2003（18）.

[87] 李恒兴，鲍钰. 采购管理 [M]. 北京：北京理工大学出版社，2007.

[88] 李剑锋. 松下电器在中国召开CSR采购方针说明会 [J]. 电器，2007（4）.

[89] 李明洲. 供应链环境下的采购管理系统研究与开发 [D]. 国防科学技术大学硕士学位论文，2002.

[90] 李芮. 做良好企业公民，走可持续发展之路——巴斯夫在中国 [J]. 上海化工，2006（3）.

[91] 李伟阳，肖红军. 基于管理视角的企业社会责任演进与发展 [J]. 首都经济贸易大学学报，2010（8）.

[92] 李伟阳，肖红军. 走出"丛林"：企业社会责任的新探索 [M]. 北京：经济管理出版社，2012.

[93] 李雅彬. 战略采购对供应商参与新产品开发的影响研究 [D]. 西安理工大学硕士学位论文，2009.

[94] 李长海. 巴斯夫：责任供应链的品牌效应 [J]. WTO经济导刊，2014（7）.

[95] 刘彬，朱庆华. 绿色采购实践研究评述 [J]. 中国人口资源与环境，2009，19（1）.

[96] 刘兵. 负责任采购政策：企业社会责任与森林保护的解决方案 [R]. 绿色和平组织，2008.

[97] 刘光溪. 共赢性博弈论 [D]. 复旦大学博士学位论文，2006.

[98] 刘红波. 基于战略采购的供应商开发研究 [D]. 天津大学硕士学位论文，2007.

[99] 刘勇. 原材料采购管理模式研究 [D]. 重庆大学硕士学位论文，2010.

[100] 娄季峰，龚其国. 基于绿色供应链的采购管理研究 [J]. 华北电力大学学报（社会科学版），2007（7）.

[101] 马士华，林勇，陈志祥. 供应链管理 [M]. 北京：机械工业出版社，2001.

[102] [美] 迈克尔·波特. 战争优势 [M]. 陈小悦译. 北京：华夏出版社，1997.

[103] 倪明. 供需网理论及其在企业管理变革中的应用 [M]. 成都：西南交

通大学出版社，2011.

[104] 牛文元. 可持续发展理论的基本认知 [J]. 地理科学进展，2008 (27-3).

[105] 欧盟委员会内部市场和服务司，就业和社会事务司. 关于社会责任的公共采购考察指南（引言）[J]. 中国政府采购，2011（9）.

[106] 潘文昊. 基于战略采购的供应商选择研究 [D]. 湖南大学硕士学位论文，2008.

[107] 曲如晓，张旭. 论跨国公司的道德采购 [J]. 黑龙江社会科学，2008（1）.

[108] 邵敬中，张帆. 节约60%成本的方法：战略采购 [J]. 中国企业家杂志，2003（2）：21-22.

[109] 施晓东. 浅述企业采购管理 [J]. 经营管理者，2014（4）.

[110] 宋华. 供应链管理环境下的战略采购 [J]. 中国工业经济，2003（6）.

[111] 宋旭娜，王可. 构建责任政府推进我国可持续政府采购 [J]. 环境与可持续发展，2011（4）.

[112] 苏金栋. 采购管理内涵及相关概念研究述评 [J]. 商场现代化，2008（2）.

[113] 孙国锋. 社会信用的制度分析 [J]. 社会科学研究，2002（5）.

[114] 唐宾彬. 战略采购成本管理研究 [D]. 湖南大学硕士学位论文，2006.

[115] 田春芳. 巴斯夫：供应链上的"点金术" [N]. 中国石油报，2012-10-18.

[116] 汪明慧. 巴斯夫全球采购背后的秘密 [J]. 石油石化物资采购，2012（1）.

[117] 王槐林. 采购管理与库存控制 [M]. 北京：中国物资出版社，2002.

[118] 王敏，马宗林，孙刚等. 世界知名电力企业社会责任创新实践 [M]. 北京：中国电力出版社，2009.

[119] 王雯. 基于战略采购的供应商选择研究 [D]. 山东科技大学硕士学位论文，2011.

[120] 吴虹飞，李向晟. 论公司的战略采购及其构成 [J]. 浙江统计，2005（7）.

[121] 吴亚东. 基于集成供应链的战略采购流程研究 [D]. 天津大学硕士学位论文，2005.

[122] 徐金发，卢蓉. 战略采购的过程模型及其作用模式 [J]. 中国工业经济，2006（3）.

[123] 徐新林. 供应链环境下的采购管理 [D]. 武汉大学硕士学位论文，2005.

[124] 薛之白. 华为公司扩大在日本采购额 [EB/OL]. 联合早报网，2013-06-12.

[125] 杨罡. 供应链环境下的采购管理研究 [D]. 大连海事大学硕士学位论文，2008.

[126] 杨广菊. 制造企业集中采购管理模式研究 [D]. 哈尔滨工业大学硕士论文，2008.

[127] 杨辉. 巴斯夫："物流供应商奖"激励共赢 [J]. 运输经理世界，2009（2）.

[128] 殷格非，崔征. 合乎道德的采购是对企业社会责任的贡献——专访欧洲外贸协会高级顾问 Heinz-Dieter KOEPPE [J]. WTO 经济导刊，2006（8）.

[129] 尹国河. 采购管理中供应商能力和采购提前期关系研究 [D]. 天津大学硕士学位论文，2009.

[130] 约翰·密尔. 论自由 [M]. 程崇华译. 北京：商务印书馆，1959.

[131] 张鸽梅. 法国电力供应链管理经验的启示 [J]. 贵州电力技术，2013（10）.

[132] 张建良. 浅谈采购管理的新理念 [J]. 能源技术与管理，2007（2）.

[133] 张凌. 华为国际化道路 [J]. 经济与管理科学辑，2011（1）.

[134] 张文杰. 改善企业采购管理模式研究 [J]. 企业改革与管理，2014（2）.

[135] 张艳. 供应链管理 [M]. 北京：清华大学出版社，2012.

[136] 赵琳琳. 采购模式不能"一刀切"——专访 BP 亚洲地区采购及供应链管理总监冯喆 [J]. 石油石化物资采购，2011（10）.

[137] 赵清华，朱庆华. 绿色供应链管理及其绩效评价研究述评 [J]. 科研管理，2005（4）：93-98.

[138] 赵欣. 供应链管理环境下的采购管理研究 [D]. 河北大学硕士学位论文，2010.

[139] 郑海航，牛晓娟. 从通用电气看我国企业采购制度的完善 [J]. 会计之友，2011（5 上）.

[140] 郑磊. 采购管理及其在企业中的应用 [D]. 天津大学硕士学位论文，

2006.

[141] 朱虹宇. 供应链环境下企业采购管理体系研究与设计 [D]. 北京交通大学硕士学位论文,2010.

[142] 朱庆华,耿勇. 企业绿色采购影响研究 [J]. 中国软科学,2002 (11):71-74.

后 记

供应链社会责任缺失事件时有发生,使得责任采购管理问题越来越成为全社会关注的焦点。本书虽然从理论、标准和实践三个方面对这一问题进行了系统性的探索,并希望起到抛砖引玉的作用,但由于责任采购管理是一个跨界的前沿性问题,并受笔者知识面和认知水平所限,未来对这一领域仍需做更多的创造性研究。本书在写作过程中进行了大量的理论文献、标准规范和企业案例的收集、整理和翻译工作,得到了中国社会科学院研究生院张哲博士、北京融智企业社会责任研究所王海龙、冯岳峰、邵晓鸥、梁婷、牛杉、范玉国、陈婷婷等同志的帮助,在此表示衷心感谢!经济管理出版社申桂萍在本书出版过程中付出了大量心血,在此也要向她表示深深的谢意!

作 者

2014 年 10 月 28 日